版本目錄學研究

Bibliographical Studies of Traditional Chinese Texts

——日記與尺牘

復旦大學中華古籍保護研究院資助

復旦大學中華古籍保護研究院系列叢刊

版本目録學研究

袁行霈題

Bibliographical Studies of Traditional Chinese Texts

——日記與尺牘

復旦大學出版社

目録

日記

尺牘

版本

日記版本目錄學研究

夏承燾與丁懷楓交往事輯

吴　格

摘　要：本文據《夏承燾日記全編》輯録詞學大家夏承燾與女詞人丁寧(懷楓)五十載交往事迹，藉夏老記録補充安徽省圖書館古籍館員丁寧女史生平史料，以此致敬懷楓詞人及夏承燾、龍榆生、周子美、施蟄存諸學林前輩。

關鍵詞：丁寧　夏承燾　龍榆生　周子美　施蟄存

【整理者按】據夏承燾先生(1900—1986)日記載，夏老與揚州女詞人丁寧(1902—1980)之友誼長達五十年之久。近代詞壇兩位名家之交往，始於全面抗戰前之1931年，止於"文革"結束之1980年。夏老初知懷楓女士之名，得諸老友程善之先生介紹："女士幼喪父，十三能吟詠，二十能散文，三十善擊劍，至其身世，頗類袁素文，恨無簡齋爲其兄耳。"丁寧字懷楓，號曇影，室名還軒，生於鎮江，長於揚州，早工吟詠，文武兼習，自述"身世之畸零，非楮墨所能盡。早離椿蔭，憂患備經。長適不良，終致離異。孑然一身，依母以活"。夏老其時執教於杭州錢塘江畔之江大學國文系，教學之餘，正肆力於《唐宋詞人年譜》等專著之編撰，並與任教上海暨南大學之龍榆生先生交往密切，切磋砥礪，勤治詞學，近代詞學研究正由此而發皇。自1932年始，夏老與懷楓女士郵筒往返，詩詞唱和，相知漸深。夏老激賞懷楓女士之詩詞造詣，於日記中謂"近日女界文學，以予所知，端推此君矣"，又評論時人詞作云"近日所見，惟一丁寧可爲後主、納蘭"，並亟亟向龍先生推薦懷楓女士。未幾，龍氏主編之《詞學季刊》即刊出"曇影樓主"詞作，懷楓女士及其詞作遂由民間進入公衆視野。至1938年，龍、夏兩先生與懷楓女士相逢於滬上，感事傷時，詩詞酬酢，志趣益相契合。此後縞紵情深，音問不輟，雖經歷喪亂，聚散靡定，而憂念家國，關心出處，託諸豪素，結爲韻語，皆見於夏老日記。20 世紀 40 年代，丁寧曾任司書於南京澤存書庫，“蒼茫劫海偷生際，曾向書城投老。危樓悄，記丹鑒宵深，落葉殷勤掃”。抗戰結束前夕，又受閣樓主人囑託保護庫書，歷盡艱危，始克完諾。嗣隨澤存書庫圖書移交，懷楓女士先後服務原中央圖書館及南京圖書館。1952 年後，轉至安徽省圖書館管理古籍，“插架琳琅三十萬，老書城不羨黄金闕”，遂以古籍館員終老，成爲圖書館界古籍後學共同景仰之前輩。筆者業師華東師大周子美先生（1896—1998），因夫人羅莊女史（1896—1941）生前“雅擅倚聲，運筆空靈，含思温婉，深得詞家正宗”，曾爲之輯印《初日樓稿》，有聲於時。周師古道熱腸，曾與懷楓女士同事於澤存書庫，欽其“素擅詩詞及流略之學”，“甘淡泊，重然諾，迥非尋常閨閣所能及”，遂不避險夷，於 1957 年爲懷楓女士繕輯《還軒詞存》，油印四十册以廣流傳（1980 年又重印），仁懷雅誼，並足風世。1975 年，華東師大施蟄存先生獲讀周師所輯《還軒詞存》，一見爲之傾心：“余展誦終卷，驚其才情高雅、藻翰精醇，琢句遣辭謹守宋賢法度，製題序引亦雋潔古峭，不落明清凡語，知其人于文學有深詣也。並世閨閣詞流，余所知者，有曉珠、桐花二吕，碧湘、翠樓二陳，湘潭李祁、鹽官沈子苾、潮陽張蓀簃，俱擅倚聲，卓爾成家。然以《還軒》三卷當之，即以文采論，亦足以奪幟摩壘，况其賦情之芳馨悱惻，有過於諸大家者，此則辭逐魂銷、聲爲情變，非翰墨功也。”推崇備至，亟思通問，惜未及相晤而懷楓女士謝世。至 1981 年，施先生創刊《詞學》，以繼龍先生之業。1985 年上海書店重印《詞學季刊》，請夏老作引言，夏先生遂撰《影印〈詞學季刊〉題辭》以應，追憶三十年代與龍先生交遊並助編《詞學季刊》情景，所述寓意深長。以上夏、龍、周、施諸老與懷楓女士交往之遺事，皆屬近代詞學研究史之寶貴資料，浙江古籍出版社新近出版之《夏承燾日記全編》中記載詳悉，多可覆按。兹以困居無俚，不辭覼縷，鈔輯成篇，願與同好分享焉。壬寅春疫癘禁足聲中古烏傷後學吴格識於滬東小吉浦。

一九三一年

〔十二月十日〕

接程善之信，謂秦恩復書名《詞系》，其後人不肯出借。書甚繁重，他日當再設法。附來其女弟子揚州丁寧一詞甚工，亟録於次：

臺城路　丁寧

蝶衣零落西風冷，年時夢痕何處。斷漏敲心，愁懷織雨。一息依依微駐。浮沉暗溯，但萬景疑烟，寸漚睎露。惘惘前塵，半身涼意散輕霧。　無端游思幻想，閒中重唤起，愁滿冰紵。咽恨成灰，銷譏作粉，自向燈花盟取。烏絲漫撫。

膡蟬翼霏霜，墨痕寒貯。似醒華鬘，戍樓聞角語。

善之書云："女弟子丁氏，雖生長富家，其境遇至可悲詑，兹擷録其一詞奉閲，蓋已現肺癆證候。竊以爲揚州治詞者，殆莫能尚之也。"

一九三二年

〔一月廿五日〕

程善之寄來丁寧女士手書詞六七首。小楷頗工，善之稱其詞近蔣鹿潭。

〔五月一日〕

接榆生復片，向予詢丁寧女士全集，謂《詞學》雜誌欲先出彊翁專號，屬撰一文。

〔五月九日〕

發程善之先生片，爲榆生問丁寧女士全集及其生平。

〔五月二十九日〕

接程善之先生復，謂丁寧女士幼喪父，十三能吟詠，二十能散文，三十善擊劍。至其身世，頗類袁素文，恨無簡齋爲其兄耳。附來丁女士一牋，自謂身世之畸零，非楮墨所能盡。早離椿蔭，憂患備經。長適不良，終致離異，孑然一身，依母以活。數年來受種種之摧折，神經激刺，幾欲成癲。近乃從善之學佛，稍除昏擾云云。善之及丁女士皆寫示一詞。丁詞淒婉，似爲予問全集而發，録之如下。

滿江紅　丁寧女士

逝水沉沉，流不盡、倦懷千疊。却幻作、星星唾影，暗凝嗚咽。素迹自同宵鶴警，微吟半逐秋螢咽。鎮何心、檢點蜕蛾絲，殘蟫屑。　淒涼雨，伶俜月。哀蟬恨，啼鵑血。歎十年禁受，一朝都決。陳夢漸隨燈影黯，淚華寒共冰綃結。更那堪、回首覓音塵，循離玦。

〔六月二日〕

復善之函，附一書三詞（彊村挽詞、《減蘭》、《水龍吟》）示丁寧及王叔涵，一宣楮乞丁寧寫詞。

〔六月五日〕

題丁寧女士寄詞

離鸞之操黍室歎，欲展秋燈還掩卷。百靈噎恨聽哀絃，杳杳霜空落孤雁。倘持血淚論文字，歐公坡公等游戲。看人豪素奪春工，留兹宙合作秋吹。瘦籐相將一老母，無家猶可依佛祖。若無煩惱便無禪，請爲涪翁下轉語。

〔六月十一日〕

接善之先生函，謂丁寧女士不敢爲予寫詞。

〔六月十二日〕

發善之復,寄題丁寧詞七古。發榆生片,告丁寧身世。

〔六月廿九日〕

作復榆生函,附去瞿安信,屬其攜予作《夢窗年譜》及《後箋》往詣瞿安,看其《校箋》。告榆生,《後箋》如附朱箋後,自負刻資。寫示寄丁寧女士七古。

〔八月十九日〕

接善之先生信,謂丁寧女士近病大嘔血,醫謂胃癌潰決,恐有生命憂。又新喪其兄,慘痛不堪。善之與女士居止隔一墻,甚詳其家庭間隱痛,謂若嫁而仳離,猶其可陳説者。不知尚有何慘酷身世。善之謂女士劍術、國技皆超人,而有此病,知憂傷深矣。即復一函,勸其以佛法自寬,鑒澈浮幻,或勝效於藥石。

〔九月十七日〕

丁寧女士自揚州雙桂巷四號寄來挂號信,附一長幅及十二小箋,皆精書其所作詞。近日女界文學,以予所知,端推此君矣。

〔九月十九日〕

發丁寧女士復,附去《水龍吟》《三姝媚》二詞及善之函,問秦氏《詞系》消息。

〔九月廿三日〕

接榆生片,屬爲《詞學季刊》撰一通論,并問丁寧女士詞。

〔十月六日〕

命方志學抄丁寧女士詞寄榆生。

〔十月二十日〕

接善之函,論詞,附來王叔涵一詞甚工。謂叔涵詞澤於古者深,感於今者淺,嘗戲勸其入淫坊造悲歡,以助詞境。揚州工詞者,近惟叔涵及丁寧女士。丁女士所謂以百凶成就一詞人,非王君所能望矣。文藝以情感爲上,專飾文字已落下乘。近日所見,惟一丁寧可爲後主、納蘭。自惟未歷憂患,性又拘迂,只能修身爲鄉愿,偶喜爲開放語效東坡、稼軒,境遇、性情去之甚遠,長此以往,必不能爲作者。故年來遯爲研求搜討之業,欲以此自見。嘗笑以漁洋、竹垞之平生而欲以詩文見長,用違其遇,亦猶叔寶、鍾隱之君人國耳。近思舊稿《詞源疏證》,既已有蔡嵩雲先我爲之,擬擴之爲《詞樂考》一書,體裁效《燕樂考源》,分《總論》《考調》《考譜》《考拍》諸章,取《詞源》《白石集》《碧雞漫志》《音樂舉要》諸説臚列之,惟《詞例》未成,不遑旁涉此業耳。

一九三三年

〔一月廿九日〕

復丁寧信,論作《詞樂考》,謝其和詩,附寄《聞戰訊不眠》詩。

〔二月十日〕

接丁寧女士函，附一詩一詞。……復善之函，附丁寧書，許其至性文字，可與黄仲則、江弢叔同傳。

〔五月廿四日〕

接榆生片，屬寄稿。即復一函，寄詞四首、題丁寧詞一詩、《紅鶴山房詞序》及瞿安一函，并告《方回年譜》卒年未定，不可示人。

〔七月十日〕

接丁寧女士函，和予《北堂吟》韻詩。

〔七月十三日〕

發善之、丁女士復。

一九三四年

〔九月廿三日〕

榆生寄來新刊《中國韻文史》，并一扇一箋，皆丁寧女士屬書者。

〔九月廿四日〕

爲丁寧女士寫一直幅。

〔九月廿五日〕

發丁寧書扇，寄榆生。

〔十月三日〕

接榆生復，謂欲邀丁寧女士出任教，屬予爲作《東坡詞箋序》。

一九三五年

〔一月十四日〕

接武漢大學劉弘度永濟函，謂予《姜譜辨》尋姜、張遺緒，功在嚴四聲、辨上去之上……寄《姜詞斠律》與善之、丁寧、劉弘度、朱東潤。

一九三八年

〔三月十六日〕

吴瞿庵湘潭來書，圭璋已由湘赴漢，不日將入蜀。丁寧女士已奉母來申，不知善之先生何往也。

〔八月十三日〕

接榆生函，謂瞿安已入桂林，依其二子居，來書力勸予赴滬。林鐵尊先生、丁寧女士皆自揚來滬。程善之先生尚在泰縣鄉間。又謂上海各大學教員供過於求，教書等於行乞矣。

〔九月一日〕
聞王叔涵于揚州失守時被難，爲之惋歎。往年在滬兩面，頗怪其聲雌，不謂結局如此也。
丁寧女士前月來滬，居鄰榆生，少頃來會，唁其太夫人之喪，猶泫然欲涕。世亂家破，孑然一身，此境誠不易處。榆生欲爲其辦一小學，不知成否。
〔十月四日〕
早接丁寧女士函，謂不日返揚州，前日來訪不值，約與予作長談。有“讒人掉舌，使歿者銜冤，生者抱恨”之語，爲之訝然。初疑往年王叔涵告我女士被繼母虐待，前日榆生則云，是親母女，實相依爲命者。女士所云，殆指此誤會。逮傍晚晤於榆生家，則遽斥某君爲禽獸，益令人驚訝不置。六時榆生歸，與過其寓樓小坐，借其所作《還軒詞存》一册及《朝沐》詩二首歸。見其幼年侍母照相，其揚州故家有亭林之勝，諒先人亦豪於資者。
燈下教内子誦丁女士《朝沐》詩二首，至爲沉痛，學黄公度《拜曾祖母墓》詩甚似。又誦其《還軒詞》，尤深歎佩，吾温數百年來女流無此才也。
〔十月五日〕
讀丁寧女士詞，與玉岑可稱二難，誠令人俯首也。
〔十月六日〕
予以丁寧女士詞稿相示，翁（格按，謂金松岑）匆匆過目，謂“薄命妾辭和遺山”一題未安，其實遺山本不作“妾薄命”也。
過丁寧女士，還詞稿。爲予訴家庭身世及夫己氏事。六時方歸。見王叔涵遺墨，爲之慨歎。丁寧欲與予卜鄰，云目前不便北歸，其師陳含光延韡有書，勸其暫勿離滬也。
〔十月十三日〕
過丁寧女士談詞，三時半返寓。
〔十月十五日〕
丁寧女士來，謂喪母以後，但名懷楓，而廢其姓矣。
〔十月廿三日〕
午後與一帆過榆生久談，見趙堯生手札甚多。談時局，極感喟。三時半與一帆、懷楓過林鐵尊師，送還詞稿一册。五時歸。
〔十月廿九日〕
接丁寧寄詞。
〔十月三十日〕
休日。午榆生、林子有招飲於漁光邨子有家。同席夏劍丞、冒鶴亭、林鐵師、廖懺盦、李拔可諸老及陳彦通、吕貞白、楊无恙三君，大半初面，談藝甚洽。間及時事，相與感喟。二時散。與彦通、榆生同出，過懷楓小談歸。

〔十月三十一日〕
晚丁寧來,送菊花一束。今日重陽,在避難中。榆生昨命爲詞,未能即成,由體弱憚於構思也。
〔十一月廿日〕
早過榆生、丁寧,見建德周氏新印宋本《宣和宮詞》。九時鐵師、仇亮卿、心叔、著新、一帆來會,集丁寓久談。十一時散。鐵師攜來"美意延年"四匾字,乃孫廑才翁手筆。
〔十一月廿七日〕
休日。早榆生來,云懷楓在緑楊村候吃早茶,與偕往久談。謂揚人有朱菊屏老人,甚工詩。九時王巨川踵至,榆、楓别去。
〔十二月四日〕
休日。早過天五寓,與同過榆生、丁寧。
〔十二月十八日〕
早王巨川來,邀同過榆生、懷楓,見懷楓新詞數首甚佳。

一九三九年

〔一月二日〕
早過榆生,晤其從兄松生,見圭璋成都函。懷楓、南屏踵至,談二時許。
〔一月三日〕
午後懷楓女士來,取南屏詞稿去,云覓裴景福《湖海崑崙録》不得。
〔一月九日〕
夜懷楓來,攜來榆生壽大人詞《水調歌頭》一首,懷楓示《落葉》一詞。謂昨謁林鐵師,鐵師問其後日如何,不覺出涕,謂俟葬母後,當盡捐不動産與揚州教育局。鐵師勸其撫一王姓子爲夫後,彼不以爲然。九時借《白雨齋詞話》去。
〔一月廿六日〕
過丁寧,見張家鼒所刊《遺山新樂府》,比朱刊多百首左右,其第五卷《臨江仙》以下八十餘首皆壽詞,不免俗濫。
〔二月四日〕
夕懷楓過談,示數詞。
〔二月十七日〕
夕丁懷楓女士來,以一詞相商。謂予舊作《臨江仙・病起》詞首二句用典不當,甚是甚是。
〔三月十二日〕
二時與懷楓女士謁鐵師,病已愈,風采比去年好。云詞集旬日内可出書。三時過逸休翁,殷殷勸懷楓學佛,懷楓與談《楞嚴》。四時重過懷楓與榆生,談至上燈歸。

懷楓下月將返揚州矣。於懷楓處見陳含光《五公頌》,諸葛孔明、曹孟德、陶淵明、孔文舉、□□□,謂五公之文,皆直抒胸臆,不假雕飾。

〔三月十九日〕

閲丁懷楓所校《遺山詞》。戲爲一詞。

減蘭　前詩送願同,願同意不足,謂予詞勝詩,堅索一首

平生百首。韓杜周秦同一手。失笑花間。占了詩名大小山。　枯桐何語。海水天風初送汝。漚鷺休猜。恐有蛟龍側耳來。

〔三月二十日〕

夜懷楓來,留飯。謂善之今夜將自泰州來。九時去。共商一詞。以水晶小水盂爲予四十壽。

〔三月廿七日〕

丁女士來晚飯,共讀善之先生《漚和詞》,共三四十首。九時去。

〔三月三十日〕

夜札丁女士所校《遺山詞》,張刊比朱刊羡百餘首。如作《全金詞》,此與金道人各詞皆不可漏。

〔四月三日〕

午後懷楓來,謂不日返揚。聞敵近在揚强迫十八至四十餘歲男女入反共自衛團,逃來滬者甚多,歸去仍不安也。彼甚仰林鐵師,謂俟服除後,當來拜爲義父。

〔四月四日〕

午後馬碧篁、綺琴來,與同訪懷楓。并過榆生小坐,見夏劍翁所批《小山詞》,聞尚有《夢窗》《清真》各種。

〔四月七日〕

過榆生、懷楓,皆不值。五時返寓。……夜懷楓來久談,與商略《宋詞考事》稿,謂名《宋詞微》較好。彼近爲揚州歸計,甚躊躕。鐵師勸其即歸,榆生則力尼其行。

〔四月十三日〕

午後懷楓來,示一詞,以揚州方言爲之,甚可喜。予亦欲效顰,未能成。謂于何女士處見天五令妹和其一詞,甚佳,因同過天五索閲,果然,天五亦未嘗見。其爲詩詞,出手便工,猶勝潘、徐二生也。

〔四月十四日〕

午後懷楓冒雨送示三小令,皆以揚州方言爲之。予欲效顰,未能成也。

〔四月十六日〕

午後過榆生、懷楓久談,晤方、何二女士。

〔四月十九日〕

欲作一詞送丁女士,未成。理《詞史》舊稿,可取者僅十三四耳。

〔四月廿一日〕

理《詞史》舊稿。晚與内子過懷楓,遇心叔夫婦,懷楓約來夜談。六時吴雯來,因留其晚飯。七時懷楓來,坐至八時半去。

〔四月廿四日〕

夜丁女士來久談,勸予於某君須杜漸防微,甚感其好意。欲爲《揚州慢》送其返揚州,猶未成也。九時冒雨去。

〔四月三十日〕

揚州慢　送丁懷楓女士歸揚州

> 白雁謡來,啼烏泪盡,江船歸興何濃。過竹西舊月,只一片哀鴻。尋夢路、已非故國,瓊花消息,忍問春紅。但平山亂豔,賊邊開謝隨風。　春衫雪色,負十年、酒舸吟筇。奈回首先驚,山河壚下,身世牆東。護索聽翻胡語,料秋墳、沉魄猶雄(客歲王叔涵君罵寇死)。剩隨身孤劍,何時咒起癡龍。

〔五月二日〕

接丁女士到揚州快信,謂家中損失頗重。

〔五月四日〕

發懷楓復,附去《揚州慢》詞。接王欣夫函,約七日在約翰大學餞春。

〔五月廿七日〕

買《河海崑崙録》,懷楓謂甚愛此書。

〔六月八日〕

作貞晦翁復,附去送懷楓詞。

〔七月六日〕

作鐵夫翁復。作懷楓函。讀《詞菿》。

〔七月七日〕

早發丁懷楓函、林鐵師函,求改新作二詞。

〔七月廿二日〕

接懷楓揚州復。接林子有示《落花》詞,當有寄託。

〔十月八日〕

休日。早作懷楓復,乞代求陳含光先生翰墨爲大人娱。

〔十月十三日〕

接懷楓寄一詞及家居照象二張,園林瓜熟,抱貓入寂,可笑亦可羨。懷楓之遇奇慘,其人亦奇。胸襟坦白,自忘爲一女子,朋友亦忘其爲女子,宜其詞必傳也。頗思爲一序贈之。

〔十月廿四日〕

發太炎文學院函、雍如函及蓀簃、懷楓片,告歸省。

〔十二月十六日〕
心叔示丁懷楓書,燈下作一片抵揚州。
〔十二月十九日〕
發丁懷楓、陳超常書。
〔十二月廿七日〕
午後往校,接炎生九日函,謂十日往彭嶴看墓。附來各友人函:丁懷楓唁函,謂病中仍以予温州之行爲念。

一九四〇年

〔一月二日〕
接懷楓函。
〔一月廿二日〕
發懷楓函,作泠生函,皆告鐵師即世。
〔一月三十一日〕
接懷楓函,言林鐵師逝世事,并謂一月廿日至廿六日齋戒頂禮,爲予父誦《金剛經》一百廿卷,其誠可感。
〔二月七日〕
發松岑先生蘇州片。發丁懷楓揚州函,寄林師挽詞。
〔二月十二日〕
發止水信,附去叔炎書及懷楓《金剛經》單,問大人、岳父安厝日期。
〔三月六日〕
接懷楓函,示一詞,并寄來陳含光先生挽林鐵師一詩。
〔三月十三日〕
作《四聲平亭》。作懷楓復。
〔五月十日〕
接懷楓函,前月吐血失眠。謂陳含光先生有便面屬綺琴畫,去冬寄來,迄今未到也。夕作復書,求含翁畫一小幅。
〔七月十九日〕
心叔送示懷楓書,示二詞,謂中秋前後將來滬一行。其《仙人掌》詞甚佳。
〔七月廿一日〕
發懷楓復。
〔九月十一日〕
午後丁懷楓來,謂到滬五日矣。攜來陳含光先生畫"胡馬窺江"詞意一幀,并長歌一首、七律一首,誠近代一大作手。懷楓留晚飯,談林鐵師、榆生事,謂榆生興致大好。

〔九月十九日〕
午後懷楓女士來，談至傍晚去，心感林鐵師不置。予出新詞請商。
〔九月廿九日〕
午後過懷楓于福煦路許宅，見其留别一詞。
〔十月六日〕
夕招懷楓來小酌，談含光先生、榆生事甚多。予出孟劬翁論佛學函示之，懷楓謂其用力相宗，非初學所能解。囑予先看《楞嚴正脈》，金陵刻經處印。詳繹數次，必得入處。九時送其上電車去，約八日同往大陸殯儀館拜林鐵師靈柩。
〔十月八日〕
午後與懷楓、心叔往海格路大陸殯儀館拜林鐵師殯，懷楓獻花一尊。
〔十月廿二日〕
午後懷楓過談含光先生信僧事，甚可笑。夜七時去，謂月杪即返揚州矣。
〔十月廿七日〕
休日。爲懷楓寫二詞。
〔十月廿八日〕
夕懷楓來，謂其尊堂運柩事已辦妥，旬後返揚。留雕桃核及玉帶鉤贈予，八時半冒雨去。
〔十月三十日〕
夜許國志電話來，謂懷楓以昨早行矣。

惜黄花慢　送懷楓歸揚州

未酌離觴。便較量夢路，何似江長。聽去鵾身世，累蓬蹤迹，住原濩落，去也回皇。舊山各在橫流外，看去先放、單舸雷塘。念射堂。唤歸夜月，今照何鄉。　荷衣耐得風霜。謝故人問訊，湖海行藏。雍門孤唱，尚能慷慨，霓裳再聽，都是伊涼。待彈别鶴招奇翼，奈天際、黯黯斜陽。但斷腸。更誰共理疏狂。（眉批：清稿在後）

〔十一月九日〕
接懷楓到揚信及陳含光先生書，謂前有一書致予，以懷楓滬寓遷移而浮沉。
〔十一月十一日〕
作懷楓復。
〔十一月十二日〕
發懷楓函，寄《惜黄花慢》去。
〔十一月廿五日〕
得懷楓復，謂含光先生頗許予《惜黄花慢》，以爲勝《木蘭花慢》。懷楓在滬寓其乾親許家，懷楓離滬之次日，其家二女自戕，懷楓以此刺激甚大。

〔十二月八日〕
晤儀徵厲君星槎，以《國學通訊》一紙爲贈，識含光翁及丁懷楓。

一九四一年

〔二月十九日〕
接丁懷楓揚州信，謂客歲歸後，爲世情所累，幾斷送老頭皮。不知何事。附來和予《惜黄花慢》，和予送别詞一首。另一長調則記星家言，其禄命止于今春。懷楓伉爽有男性，雖身世甚苦，而能自排遣，詞則悲抑哀怨，不似其爲人。
〔二月二十日〕
何祚忻來，談懷楓事。
〔二月廿四日〕
夕復懷楓信。懷楓意度高爽，談吐雲上，而下筆伊鬱悽愴，使未接其人，將疑爲如説部中之林颦卿矣。
〔三月十八日〕
午後往巨籟達路訪程善之。民國十一二年在西安，以楊昺文介紹，始與善之通信，迄今幾二十年，乃得奉手。善之年六十餘，尚輕健。談在泰州四年所見聞。謂兵皆是匪，有口號曰："大炮一響，黄金萬兩。"謂敵兵到即潰去劫掠百姓也。又談懷楓往年在鎮江幾殆。
〔三月廿六日〕
得懷楓書，自述性行。附致心叔書，于予多過情語。
〔三月三十日〕
休日。早作懷楓復，略言平生讀書制行，事事不及心叔，性情之詞，卓然成家，不及懷楓。
〔四月一日〕
以寄懷楓信交心叔，附去《祭書稿》五古。
〔五月十八日〕
終日畫荷，約十餘紙。爲懷楓畫一紙則不稱意，以紙牋稍佳，所謂"以黄金注則殙"也。
〔六月八日〕
接榆生函，知懷楓月前赴寧，助其編《同聲月刊》。
〔六月十日〕
復榆生，附去懷楓箋。懷楓忽往南京，出人意外也。
〔六月十五日〕
接榆生函，附來《金縷曲》詞。謂聞懷楓言，去歲予爲其入寧，數夕不寐，感此而作。

〔七月三日〕

得懷楓揚州函,謂此次赴寧,一由忍寒再四招往助編《同聲月刊》,一由有不可言、亦不願言之苦衷。不知爲何事也。

〔八月五日〕

發榆生、懷楓函。念榆生家累太重,不能如予來往脱然。

〔八月廿二日〕

得懷楓八月廿日長函,謂于予函有嗜痂之癖。故鄉既不可久居,在京又有某公時來絮聒,身心不安之極,欲與予訂雁蕩結鄰之約。附來《柳枝詞》(和忍寒《鷓鴣天》)一首,落寞情懷,可想見也。

〔八月廿四日〕

懷楓屬和《楊柳枝》,作一七絶應之:

紅板青溪幾倚闌,但愁流水欲歸難。柔條苦被風牽引,莫作人間青眼看。

〔八月三十日〕

發懷楓信,寄《柳枝詞》一首,勸其立定脚根。

〔十月四日〕

得懷楓信,多撝謙過度語,示數詩及和屈翁山《夢江南·落葉》詞二首,不勝幽怨。

〔十月廿一日〕

前日懷楓來快信,謂某君爲介入陳某所辦圖書館,與佩秋同事。昨復一函,勸其勿涉足政界。彼函云有人爲推薦行政院,堅辭不往。

〔十二月七日〕

夕唐生志軒來。與予閒談懷楓,惜哉,此奇女子。

〔十二月十二日〕

得懷楓書,示《曉發》一詩,有云:"潛鱗餌不貪,棲鳥枝猶擇。煙塵接天地,我行將何適。"此情良可憫也。

〔十二月十四日〕

復榆生、懷楓函。爲懷楓誦陶公"雲鶴有奇翼"句,望其能見機歸來。榆生以身殉家累,此情可諒,懷楓則不可解矣。

〔十二月十五日〕

發榆生、懷楓復。發雍如函,問北平燕京現狀。

〔十二月十七日〕

校閱來上海後日記,稍稍塗没忌諱語。佩秋來,謂白門人物,頗有詢予近況者,爲之訝然。前日寄懷楓函,已隱示介然之操。燈下閒談,予聞甚不滿龍、丁,友人中亦有怪予不決絶者。予終以飽食暖衣之日,駡人墮行爲無恥。平生從未經患難,今日正真金入火之時矣。
午前百辛攜郎過訪,予方校日記,得其前年寄示文文山詩"遺老猶應愧蜂蟻,故人半已化豺狼"之句,相與慨歎。
〔十二月卅一日〕
接懷楓寄手鈔《還軒詞存》一册,分《曇影詞》八頁、《丁寧詞》十二頁、《懷楓詞》十二頁,三卷,末卷喪母後作。燈下與予聞共讀數首,淒然增慨。

一九四二年

〔一月五日〕
接天五函,論懷楓諸人事,問予何日税駕,彼當縛屋龍湫、靈巖間,載書籍相從。謂平生百念灰冷,惟此一事,耿耿未忘耳。枕上思安頓舊稿甚煩難,恨不聽内子勸,早寫成書。
〔一月七日〕
得懷楓函,聞予親出提煤球,謂曳裾朱門者,雖不自殺,亦當愧死。附來七律一首,有云:"身後是非排却易,當前興廢欲忘難。泪珠不似明珠貴,换得羈棲數月餐。"其來信謂願來生作予兒女,隨裾繞膝,永遂瞻依。此何言也?寫日記舊詩。
〔一月九日〕
予聞得天五書,和予一詩,有云:"看鏡心情何日盡,畫眉深淺此時難。"并論龍、丁出處。屬予當此風色,須有巖巖氣象方得云云。予對人濡忍不能剛決,龍、丁西行後,予仍與書札往復,頗來友朋之譏,予聞且謂予以此誤懷楓。夜枕爲一詞報天五,未成。
〔一月十四日〕
午之江國文系同事聚餐于清華同學會。到勝白、瑗仲、泉澄、心叔、蓀移、希真七人,逸休、重熙已歸不與。席間頗多諧笑。散後與心叔諸人談譚某及龍、丁事,又多感喟。心叔諤諤堅定,甚可佩。前人詩云:"平生所學爲何事,政要如今不動心。"甚恨懷楓造次也。
〔二月十日〕
晚佩秋來,新自寧返,談懷楓近況。聞伊塙在彼服官矣。
〔二月廿四日〕
作榆生、懷楓復。數月不作復書,不忍遽絶之,勸懷楓長葆蕭然物外之姿。勸榆生自承爲公養之仕,勿論時事,免滋多口。初寫三箋,措語過重,重書亦恐責人太嚴,當再改寫。
〔三月十五日〕
見陳含光先生爲懷楓作和杜《佳人》詩。善之謂懷楓喪母後,塙已窮困矣。

〔三月廿二日〕
得懷楓書，謂家境實窘，平生所歷之奇慘，甚於説部家言。南行實非本意，傭書書館，見聞尤出意外。屬予在温爲另覓生計。並言忍寒家事，極可太息。
〔三月廿三日〕
早得榆生復，謂欲敦士習，護善類，爲平生所志云云。此猶是門面話也。午後作復懷楓書，因附一箋與之。懷楓屬在温州謀一事，爲他年卜隣之約。作天五書，附去詞稿，覆視皆不稱意。
〔三月廿七日〕
得佩秋片，謂晤懷楓，頗感予言。佩老自謂託隱書叢，蘄免道墐而已。
〔四月七日〕
上午在温州同鄉會晤揚州包翔仲，能説温州話，與陳含光、程善之、丁懷楓皆相識。謂其兄綬伯壐治經學能文，已故。以《蝶戀花》詞寄欣夫、巨川及胡宛春。
〔五月十九日〕
天五得蔣雲從藍田函，謂前月杪師範學院有聘書致予。發懷楓南京片，告返温，并告善之先生病卒常州。
〔六月廿五日〕
佩秋十一日片謂，《趙能静日記》全帙已借來閲過，其精處一帆録出十三四，餘俟札迻成册。懷楓已返邗，恐不能安穩，亦一可憐人云云。懷楓夏正三月杪揚州函，已於三月十三返揚。云如可苟延，暫時擬不他往。
〔六月廿七日〕
發懷楓覆，諷其在鄉設帳授女學徒，自贍一身，勿重赴南京。萸君四出邀人，或迫于府主之命，然不當牽連摯好。附去《洞仙歌・盤梅》詞及《鷓鴣天》二首。天五謂懷楓見此，當不能重墜深淵。

一九四三年
〔三月十日〕
日來念懷楓久久無信息。去年寄揚州一書，屬其勿再往南京，語多訐直，或以此見怪耶。
〔三月廿一日〕
眉仲示詩詞稿，有江沅芝女士《摸魚子》看花詞甚佳。予所見女子能詞者，懷楓、珍懷外，無過沅芝者。
〔四月二十日〕
懷楓仍在澤存書庫，有書問予近況云。
〔四月廿九日〕
作懷楓書，由南屏轉，招其入内地，附去《小重山》《玉樓春》二詞。懷楓家能自給，其往南京不可解。前月擬邀其來浙大任助教,恐不能涉遠路而止。
〔五月廿六日〕
接李佩翁上海五月四日片,謂“懷楓幽憂憔悴,有天寒袖薄之慨,恐出兄意外”云云,不知何意也。又云“弟衰病侵尋,不溘死而偷活,愧何如耶”,此語可慨。

一九四四年

〔一月八日〕
王欣夫、丁懷楓、吴眉翁久無消息,皆可念。心叔在滬聞懷楓將嫁,誠多此一舉。
〔三月五日〕
昨夜失眠,成《洞仙歌》一詞,爲念懷楓作也。懷楓曠爽如男子,而淹滯白下不歸,終不可解。
〔九月廿九日〕
午後與天五行野,談丁懷楓。

一九四六年

〔一月十二日〕
晚作懷楓揚州信、鮑慶豐蘭谿復,送至平湖秋月郵筒,遇雨歸。與懷楓别來五六年,無一字往復。前月心叔自滬來,有易安再適之傳説,未悉信否也。
〔一月廿六日〕
接丁懷楓一月廿四南京頤和路二之一號快函,謂三十一年二月就澤存書庫事,閣樓主人(閣)取《中庸》“不睹不聞”之義相待,逾于尋常。三十四年八月,主人自裁,遺書相託,以維持一年爲期,不得不與佩秋共任艱危。尚有書庫十餘間,主人嘗言:“三十年心血所積,東南文化可首屈一指。”一俟啓封,即作歸計。箋後自訴家況,謂年來窮困,在欲固守舊廬,成先人之素志,不然,朝署券暮擁多金矣云云。年來疑於懷楓之流言,以此洗然,快慰快慰。
〔一月三十一日〕
午後作懷楓復。
〔二月十三日〕
得懷楓快函,謂一月後即返揚州。揚州戰氛又熾,垂老幽棲,頗有窮途日暮之感。寄予《好事近》一詞。

孟春十日讀髯公常雲峰詞賦此詞云

摇首一長吟,嵐翠浮空欲滴。天與好山好水,壯先生行色。　幾回屈指問偕游,往事已陳迹。却憶月輪湖上,正明朝生日。

〔六月廿四日〕
李佩秋翁來，别五年，今年六十三，稍清瘦，精神尚健，去年曾賣藥臺灣。留一飯别去。謂懷楓仍在京書館。
〔七月十六日〕
作懷楓覆，勸其仍居書庫。
〔七月十七日〕
發懷楓、竹師、才甫覆。

一九四七年

〔一月八日〕
覆丁懷楓，勸其就松江女中講席。
〔一月十五日〕
早季思來，屬其作書介懷楓于藝專學校教詩詞。
〔三月十七日〕
得丁懷楓十三日揚州書，云已以三月四日返揚，倘禬掬可飽，暫時不擬再出云云。
〔三月十八日〕
發懷楓復。
〔五月三十日〕
得懷楓昨日南京書，已入國史館供職，謂不耐公務員生活，屬代問浙大職員。
〔十一月十八日〕
午前在閲報室看報，一女子來訪，出名刺則施劍翹也。云以陳仲陶介，求予與聲越、心叔書畫。與過聲越小談。……其人狀貌彷佛丁懷楓，豪爽健談甚相似，能報父讐，能詩，信佛法亦相似也。

一九四八年

〔十一月十五日〕
發懷楓南京信，寄去《蝶戀花・九日》詞，託索柳翼翁近著《放翁入史局考》，前見于《國史館館刊》。
〔十一月二十日〕
得懷楓十六日快函，謂時局甚急，故鄉不能歸，欲來杭小住。夕心叔來，謂可往商于羅斯文、徐綺琴。
〔十一月廿二日〕
復懷楓，約其來杭避亂。今日心叔已往羅斯文處接洽住所。惟前日人傳杭州爲兩鐵路交點，共黨思以武力佔據，來日亦不可知耳。

〔十二月三日〕
日來念懷楓無回信,昨夜且形之夢寐。以前日去函意欠懇切,當再作書邀之。患難間友朋不可不盡心,免有後悔。每憶天五兄妹如何待我,我不當回向此心以報人人哉?
〔十二月廿四日〕
得懷楓函,謂如來杭州亦在兩月後。南京如不可居,將先暫寓上海也。
〔十二月卅一日〕
發懷楓、天五、榆生、蒙庵諸人覆書,明日郵費加五倍矣。

一九五〇年

〔一月十八日〕
寄《白石詞譜説箋證》與太炎夫人及懷楓,各附去《月輪樓校詞圖》題詞。

一九五二年

〔一月三日〕
得榆生上海片,已移家上海。其長女近供職于北京圖書館,已婚于邵氏。聞懷楓亦曾往皖北參加土改,不知在何縣。

一九五三年

〔八月廿八日〕
得丁懷楓八月十九合肥安徽圖書館來函,謂前年以病胃出血,未參加土改。去年二月"三反"時參加打虎,甚努力。七月往蘇州革大學習,十二月分配至合肥圖書館。館中人頗仇視線裝書,輕視老年職員,以此情緒不佳。自春徂秋,病困顛連,八月十六入安徽醫學院治療,十三日出院,頃尚續假,作短期休養。寄來數詞,皆哀傷蕭瑟,附一相片,去年春攝。則壯碩如解放軍戰士。
〔九月十一日〕
發丁懷楓合肥圖書館復。懷楓欲來杭度中秋,叙十餘年闊别,予如往北京開會,又成相左矣。

一九五四年

〔八月廿二日〕
夕静霞介長沙黄企冰女士來,謂抗戰前往揚州,嘗從丁懷楓學詞,近在浦東小學任教。

一九五六年

〔五月四日〕

于心叔處見徐南屏遺著,有《瞿髯詞》一本,題“復翁手録”,觀跋語知是陳仲光録。此編心叔、逸群、南屏、懷楓皆有録本,良友盛意至足感。

〔六月五日〕

得懷楓合肥安徽省圖書館六月一日函,謂五四年春[任]曾一度回揚州小住,身體日弱,欲于怛化之前再圖一晤,作數日之小聚,暢談平生所不欲言者云云。五三年九月在北京天壇發一片,今日方得復也。

〔六月六日〕

發丁懷楓合肥信,約秋間來湖上少敘。寄去《白石懷人詞考》,問合肥地志有白石踪迹否。

〔十月三十日〕

午後一時半抵漢口,湖北省市政協代表來迓。寓江漢路附近璇宫飯店四樓,予與心叔同寓三十二號,甚舒適,在武漢當爲第一等旅館。三時開一會,定三日間參觀程序。心叔致電武漢大學繆肅庭琨。傍晚繆君偕程千帆、沈祖棻夫婦自武昌渡江來訪。與千帆三年不見,與祖棻初次相識。心叔則與祖棻曾在南京一面,與千帆尚未見過。談至六時去。千帆以其文學史北宋部份講稿見示,祖棻自南京師院調回武大,尚只三數日。近日女詞人祖棻與丁懷楓齒相若,才亦相敵,惜其不相聞問。

〔十一月四日〕

上午船上分組座談旅途參觀感想。下午三時到蕪湖,上岸即返。欲寄一書與懷楓,覓不得郵筒。

一九五七年

〔五月三十一日〕

得丁懷楓合肥函,云以患高血壓,已作遺囑,捐贈揚州居舍與圖書館。

〔六月二十日〕

貼《白石詞箋校》。得懷楓信。

〔六月廿二日〕

重閱《姜夔詞編年箋校》一過。發懷楓復,並問白石合肥情遇事。

〔七月六日〕

連日各處舉發右派分子,頗多熟人,閲報眼花撩亂。得懷楓函,屬爲其詞集序,謂周子美爲代印四十册。

〔七月七日〕

寄《詞人年譜》與懷楓。

〔七月十五日〕
復丁懷楓,復謝無暇爲詞序。
〔八月一日〕
發丁懷楓復,告無暇爲其作詞序。
〔八月二日〕
得懷楓函,收到《詞人年譜》。

一九五八年

〔二月三日〕
丁懷楓寄來新印《還軒詞》一册,周子美爲印成者。
〔二月廿七日〕
得懷楓函,問收到詞集否,即復。

一九六四年

〔六月六日〕
接丁懷楓三日合肥函,寄來黄山六十一歲照片,謂今春被選爲安徽省人民代表,前日郭沫若過肥約晤。寄來《臨江仙·憶苦思甜》四首。
〔六月十日〕
作懷楓復,録去壽婦一聯、訪龍川墓《虞美人》詞。
〔十一月廿七日〕
發榆生片,謂丁寧、沈祖棻、張珍懷諸家詞可選爲一册。

一九六六年

〔二月二日〕
得丁懷楓賀予正月十一日生日,數年不通候矣。
〔二月四日〕
晨四時即起練拳。飯前作懷楓合肥復,告爲《詞林博聞》,寄去《清平樂·四清樓》二詞。

一九七二年

〔五月九日〕
上午十時珍懷、徐繡冒雨游平湖秋月,來午飯,談英生藏書事,懷楓任安徽省圖長事。
〔六月九日〕
得丁懷楓合肥圖復,謂可望退休,謂去秋曾來一函,竟未接到。

一九七三年

〔五月卅日〕

連日偕無聞出負煤米，懷楓來書勞苦。夜懷楓寫致鷺山信。

〔十月九日〕

致丁懷楓信。

〔十月廿八日〕

丁寧來信。

〔十二月十八日〕

上午與聞註詞《惜黄花慢》寄懷楓揚州。

一九七四年

〔一月五日〕

致丁懷楓(附詩"前堤姓白"一首)、嚴古津信。

〔九月三日〕

夕看聞寫予送懷楓詞幅。

〔九月六日〕

影寫聞所寫予送懷楓詞，以後皆用此寫法，可不費神。

〔十一月一日〕

陳楚淮偕其長子秉鉞自合肥來，囑往訪丁懷楓于皖省圕。

一九七五年

〔十月卅一日〕

夕耿鑒庭偕周篤文來，談至九時餘去。耿君揚州與丁懷楓久交，談懷楓養貓啣魚事，程善之作《殘水滸》。

一九七八年

〔三月八日〕

統一謂懷楓曾自合肥來京小住。

一九七九年

〔十二月廿九日〕

周子美(上海師大古籍研究室)寄贈丁寧《還軒詞存》。

一九八〇年

〔二月廿九日〕

陳楚帆之子秉鉞來談丁懷楓情況，託帶《詞論集》《論詞絶句》奉贈，二册贈楚帆兄。

〔十月三日〕
周曉川來,示周采泉信,告丁懷楓逝世,爲之愕然黯然。

參考文獻

《夏承燾日記全編》,浙江古籍出版社,2022年

吴格　復旦大學圖書館研究館員、古籍保護研究中心主任、
中華古籍保護研究院特聘教授

Collection of past events between Xia Chengtao and Ding Huaifeng

Wu Ge

Abstract: According to the *Complete Diary of Xia Chengtao*, this paper records the 50 years of communication between Xia Chengtao, a famous lyricist, and Ding Ning (Huai Feng), a female lyricist. It supplements the historical materials of Ding Ning, an ancient book librarian of Anhui Provincial Library, with the help of Xia's records, in order to pay tribute to the former poets of Huai Feng, Xia Chengtao, Long Yusheng, Zhou Zimei and Shi Zhecun.

Keywords: Ding Ning　Xia Chengtao　Long Yusheng　Zhou Zimei　Shi Zhecun

《郭曾炘日記》的版本及流傳

竇瑞敏

摘　要： 郭曾炘晚年始撰日記，初名《過隙駒》，後名《邴廬日記》，稿本藏上海圖書館。日記抄本藏中國國家圖書館，較稿本少《過隙駒》一卷。抄本中夾有簽條，抄寫者曾就謄抄一事向他人商請斟酌。後謝興堯於書攤購得《過隙駒》抄本，經潘耀星、許姬傳、黄君坦、張伯駒等人寓目或題跋。郭則澐刊刻《侯官郭氏家集匯刊》，摘録《邴廬日記》兩卷，附《過隙駒》十六則，其摘録實有重新加工的成分。

關鍵詞：《過隙駒》　《邴廬日記》　稿本　抄本　刻本

一

郭曾炘(1855—1929)，原名曾矩，後改名曾炬、曾炘，字春榆，號匏庵，晚號福廬山人，福建侯官人。光緒六年(1880)進士。著有《匏廬詩存》《讀杜札記》等。郭曾炘七十二歲開始撰寫日記，直至去世，近三年時間。郭曾炘自言："日記之大旨有四：一省愆尤，二輯聞見，三記交遊，四則傾吐胸次之所欲言者，而詩文亦間録存焉。無一語自欺吾方寸，無一事不可揭諸人，此其的也。其戒亦有二：不稗販報紙時事新聞，不言人過失。"①日記中筆墨，雖不無頹唐之意，但其意在存真，則較然可見。《邴廬日記》1927 年四月初七日："午飲過多，醉倒海棠花下，家人强

① 郭曾炘：《郭曾炘日記》，中華書局，2019 年，第 32 頁。

扶登卧榻不知。伯倫幕天席地,即時埋我,亦大樂耳。醉中乃得吾真,不特世故場中面目皆假,即如此册上,每日拉雜書寫,亦不外閒人説閒話,滿腔熱淚,仍是無處灑也。"①

日記稿本凡八卷,《過隙駒》一卷,《邴廬日記》七卷,今藏上海圖書館。《上海圖書館藏稿本日記》有著録:

> 此稿本八册,紅格白口,四周雙邊,單魚尾。郭曾炘長子郭則澐編纂《侯官郭氏家集匯刊》時將《邴廬日記》收入爲該叢書另種,著録爲二卷。上海圖書館所藏爲日記原稿,每册首頁皆有郭曾炘印。②

日記起於丙寅十月一日(1926年11月5日),迄於戊辰十一月二十四日(1929年1月4日)。王樹枏《賜進士出身誥授光禄大夫郭文安公神道碑》:"其《邴廬日記》則始自丙寅,訖於易簀者也。"③日記初以"過隙駒"爲名,寓時光流逝如白駒過隙,曾國藩亦曾以《過隙影》名日記,皆本於《莊子・知北遊》。郭曾炘《識語》:"回念過去光陰,總成陳迹。策名長已,咳命猶存,欲還吾初名,慮駭耳目,因以'邴廬'自署。取根矩之姓,而隱藏其字,用志窮而返本之思。"④郭曾炘原名曾矩,出生時曾祖父尚在,以初得曾孫,遂取班固《西都賦》"工用高曾之規矩"中"曾矩"二字以爲名。後郭曾炘隨父郭式昌宦遊,遇蜀中名宿晏春霖。晏精於算命,稱郭曾炘五行缺火,應更改有火字旁的字爲名,更爲曾炬,後又改爲曾炘。垂暮之年,郭曾炘取邴原(字根矩)的姓以"邴廬"自署,以示返本之思,亦因"邴根矩之清修,則竊慕而未逮者"⑤。丙丁屬火,故"邴廬"之號,仍寓火於其中。正因以"邴廬"自署,此後日記即稱爲《邴廬日記》。

遺憾的是,《過隙駒》部分日記(從丙寅年十月初一至丁卯年正月十一日)不久就遺失了。《識語》:"自去冬始爲日記,旋復遺失,今春又續爲之。"⑥因《過隙駒》遺失,所以曾經記載過的内容,又部分出現在後面的日記中。如《過隙駒》1926年十二月廿三日:"偶檢案上書,有《骨董雜記》四册,不知所從來,爲江寧鄧之誠著。似係孝先一家。其書以'骨董'爲名,間亦雜載故事及瑣事,大都從鈔撮來,毫無義例,惟載李安溪自書紀事數條,爲所創見。"⑦《邴廬日記》1927年丁卯正月廿八日:"閲近人鄧文如所著《骨董瑣記》,鄧名之誠,江寧人。不知是否孝先

---

① 郭曾炘:《郭曾炘日記》,中華書局,2019年,第69頁。

② 上海圖書館編:《上海圖書館藏稿本日記》,上海古籍出版社,2014年,第125頁。

③ 謝海林點校:《郭曾炘集》,人民文學出版社,2018年,第720頁。

④ 《郭曾炘日記》,第32頁。

⑤ 同上。

⑥ 同上。

⑦ 同上書,第25—26頁。

一家。其書雖以'骨董'名,亦間及故事,大都鈔撮而來,多習見之書,亦有希見者。如所載李安溪自書紀事數則,於康熙朝局頗見一斑。"[①]並稱"此一段去冬日記曾及之,原本遺失,復記於此"[②]。而後又失而復得,郭則澐《〈邴廬日記〉跋》:"又《過隙駒》一卷,則丙寅冬所記,編訂日記時失去,嗣復覓得之。"[③]

郭曾炘晚年一直居住在北京,往來京津之間,日記抄本藏於中國國家圖書館。他的人生軌迹與上海並無關聯,但更寶貴的日記手稿歸藏於上海圖書館,或許和他的後人有關。其孫郭學群(1902—1989),字可詵,號仙樵,郭則澐長子。曾在1958年10月至1985年5月期間任上海圖書館副館長,歷時近三十年。郭曾炘去世之時,郭學群已經從北京大學畢業。上海圖書館不僅藏有日記手稿,還有《匏廬詩存》稿本,有校改痕迹,可與《匏廬詩存》相校。

二

日記之刊行,久已有之。很多人在寫日記的過程中,也會在師友間傳看,如此便多了苦心經營,更類似於著作。而有的日記則是自書自看,並沒有公開刊行的意願,便更真實。郭曾炘去世後,郭則澐欲仿《翁文恭公日記》《越縵堂日記》的先例將父親的日記刊行,被周熙民勸阻。《〈邴廬日記〉跋》:"先公既謝賓客,小子愴念先迹,初擬仿松禪、越縵二公之例石印行世。而補廬周師追述先公遺言,謂是皆隨手掇拾,但可藏示子孫,逡巡遂止。"[④]周登皞字熙民,號補廬,侯官人。光緒十四年(1888)舉人。周熙民曾館於郭家,教授郭則澐兄弟,與郭曾炘交情篤厚。周熙民追憶郭曾炘遺言,以日記僅可藏示子孫,刊行之事就此作罷。刊行既已被阻止,而請人謄抄,既可作副本,亦可在小範圍流傳,似在情理之中。

中國國家圖書館藏《邴廬日記》抄本,起於丁卯正月十一日(1927年2月12日),迄於戊辰十一月二十四日(1929年1月4日),較稿本日記缺《過隙駒》一卷。《歷代日記叢鈔》第183册已影印出版。抄本日記前後字迹不一,顯然非出自一人之手。值得注意的是,當時抄寫之人曾因字迹不清等原因請他人斟酌裁定,故而抄本中夾了很多簽條,均與抄寫日記有關,兹列舉數條:

> 第四册
> "八千里"斷句,"六十年"下似漏一"前"字,乞爲添。
> "霜下"句,"松"下漏一字,乞爲添。

---

① 《郭曾炘日記》,第40頁。
② 同上。
③ 同上書,第1頁。
④ 同上。

"燭淚"句,"淚"字下認不清,乞爲添。

第五册

"海外"句,"窮"字下一字認不清,乞閲添。

前四年似"丙寅","戊"字恐有誤,乞酌之。

本月缺一初八日,特爲聲明。

第六册

初七日"以時尚早"句,"就"字下似漏一枕字,乞閲正。　珍。

第七册

初二日定庵據印文鳥篆及史游《急就章》句字下一字認不準。

二十六日,"青天白日"句,"見輪"下似落一字。

第八册

十三日,續和平齋《説苦詩》,前半段因塗抹甚亂,字句不合,未敢臆寫,衹好量句留空,候尊酌添補。

二十七日書樊山子爲"季端",此書爲"季和",不知爲端爲和,故空之。

十一月初九日重複,而缺十二日。謹將第二個初九改爲初十,初十日改爲十一日,十一日改爲十二日,是否有當? 伏乞裁奪。

十九日《近事詩》"如毛"句似漏一字,乞閲正。　珍。

兹對簽條所及部分内容略爲考釋,以見一斑。第四册簽條:"'八千里'斷句,'六十年'下似漏一'前'字,乞爲添。"《邴廬日記》1927年十一月十四日:"先妣忌辰。先妣没於丁卯,距今恰六十年矣。枕上偶得斷句云'八千里外無家客,六十年□有母兒',全家漂泊,鄉井無歸,有家實與無家同也。暇當續成之。"①此節後來又出現了一次,1928年六月廿三日:"先妣於丁卯冬棄養端州郡署,距今六十一年。憶去歲此日曾口占云:'八千里外無家客,六十年□有母兒',竟未成篇,姑志之。"②和前處所載同樣缺字。

第五册簽條所云"'海外'句,'窮'字下一字認不清,乞閲添"。"海外除非問窮發",看不清的正是"發"字。又"'霜下'句,'松'下漏一字,乞爲添"。此處確實漏字,據《匏廬賸草》,應補爲"霜下松姿還自茂"。而"'燭淚'句,'淚'字下認不清,乞爲添"。"淚"之後的字是"蠶","燭淚蠶絲誰遣此,前塵我已廿年過"。又"本月缺一初八日,特爲聲明",所指即1928年二月初八日没有記日記。

第七册簽條:"二十六日,'青天白日'句,'見輪'下似落一字。"此處亦確實缺字,此爲郭曾炘抄録陳徵宇的詩,然此詩並未收入《槐樓詩鈔》,無從增補,只能闕如。第八册簽條:"十三日,續和平齋《説苦詩》,前半段因塗抹甚亂,字句不合,未

① 《郭曾炘日記》,第139頁。

② 同上書,第202頁。

敢臆寫,祇好量句留空,俟再酌添補。"1928 年十月十三日録和平齋《説苦詩》,此詩塗改極爲嚴重,郭曾炘抄録之後自言:"此詩塗乙甚多,俟暇再録,此所録太不清楚。"①故而抄寫者只能將認不清楚的地方暫時空缺。又簽條稱:"十一月初九日重複,而缺十二日。謹將第二個初九改爲初十,初十日改爲十一日,十一日改爲十二日,是否有當? 伏祈裁奪。"檢 1928 年十一月日記,確實初九日重複,十二日缺,抄本中已據簽條建議修改。類似的問題在《過隙駒》部分也出現過,1926 年十二月的日記中,初七日缺,初十日則重複。簽條提到"二十七日書樊山子爲'季端',此書爲'季和',不知爲端爲和,故空之"。1928 年十月廿一日,郭曾炘因蟄園擬公祝樊山、書衡生日,電請樊山決定時間,才知道樊山正逢喪子之痛:"始知樊山令郎於前數日逝世,只好作罷。樊山嗣子早逝,存者僅此親生子,老境知難爲懷也。"②廿七日:"午後往吊樊季端,並慰唁樊山,談極久。"③十一月初四日:"未刻赴大乘巷爲樊季和題主,相題爲貽書、書衡二君,蟄園諸君亦於今日公祭。"④郭曾炘對於樊增祥之子名字兩次記載并不同。同年《北平畫報》第 23 期以專刊悼念樊季端,作爲著名漫畫家,他長期給《北平畫報》供稿。《北平畫報》有小傳:"先生爲當今詩聖樊山老人之公子。諱薦,字季端,年三十五"云云。記憶不準大概由於郭曾炘年事已高,也可能是筆誤,況且他在日記中連自己兒子的名字都曾寫錯過。《過隙駒》1926 年十月二十日:"前致慕韓書,將養剛名字誤言則澐,慕韓來書問及,殊爲慚愧。此與送邱君楹聯同一謬忽,後切戒之。"⑤則澐爲長子,原配馮夫人所生。養剛爲次子,繼室王夫人所生。日記中誤書時有發生,如當時被發的定東陵,就多次寫成了定西陵。文中所舉並非所有簽條,因時隔久遠,簽條已有破損。簽條中提到的種種問題,在日記抄本中並未能全部解決。

日記何時抄寫,並未有相關記載,但第五册的簽條却給了一種提示:"前四年似丙寅,'戊'字恐有誤,乞酌之。"丙寅年即民國十五年(1926),即簽條所言的四年前,那麽此簽條寫於民國十九年(1930),或可推測謄抄日記的時間當在此前後。1929 年 1 月 4 日,郭曾炘病逝。抄寫日記很可能在他去世後不久之後。稿本日記既囑藏示子孫,不可輕易示人,那麽能够得到日記稿本,繼而請人抄寫之人,必定是郭曾炘的親屬,或者與郭家有非常密切的關係。

郭曾炘對日記時有删改,客觀上使得部分地方塗抹嚴重,面目全非,更加難以辨認,可能會認錯从而造成理解上一定的困擾。《邴廬日記》1927 年十一月廿一

① 《郭曾炘日記》,第 237 頁。
② 同上書,第 239 頁。
③ 同上書,第 240 頁。
④ 同上書,第 242 頁。
⑤ 同上書,第 7 頁。

日:"日來無聊之極,間取前此日記,略删汰其冗蔓者。一年來爲環境所迫,不特晚學毫無長進,即從容泛覽之功,亦不可得。但膏火煎熬,恐終不能久於一世。聊存此冗散筆墨,以留吾真於萬一,後之人容有悲其遇而哀其志者,未可知也。"①删改也許未盡是由於冗蔓,更是心境幽微曲折的體現。雖如此,當時的抄寫者仍盡可能地呈現稿本的原貌。如簽條所言,"六十年"後確實缺字,而抄寫者據意思推測當爲"前"字,也稱得上合理妥帖。但抄本並未在此處加上"前"字。不以己意擅自增加,其審慎的態度,是值得稱道的。

尽管抄者已如此审慎,但不可避免的,抄本仍有不盡如人意之處。如誤將1928年"三月"抄爲"二月",或因難以辨認不得不闕如。郭曾炘在日記中録存的文字,往往經反復修改,而抄寫者會直接抄録改動後的文字。如1928年十月初四日:

> 日來爲同鄉撰公祝仲勉丈壽文,甫脱稿,終不甚愜意,俟改定再録之。②

陳寶瑨(1848—1933),號仲勉,福建侯官人。光緒十六年(1890)進士。陳寶琛弟。初五日,郭曾炘在日記中即抄録了壽陳仲勉的壽文,稱"此文似尚簡浄,惟末段貪發議論,仍不免平日習氣耳"③。次日,郭曾炘致信陳寶琛並附上壽文。當時陳寶琛居於天津,時常往來北京。陳寶琛對壽文非常滿意,十三日回信致謝:

> 承賜仲弟壽文,言依於質,後幅引屈翁山之論,精粹無匹,一二語抵人千萬,而亦夫子自道也。(其診病特勤懇,可否爲頰上添毫,以肖其人。)感謝之極,謹奉繳以備繕寄。④

兩天後,郭曾炘收到回信,在日記中寫道:

> 接弢老信,寄回勉丈壽文稿,似尚愜意。末段引翁山語,尤極承稱許。惟謂其於爲人診病至勤懇,囑再爲頰上添毫,當即添入數語。⑤

郭曾炘原本的壽文中對於陳仲勉的醫術評價極爲簡略:"夙精岐黄術,有延診者,無弗應。"⑥收到陳寶琛的信之後,郭曾炘就在抄録壽文的初五日眉批處添加了一段文字:

> "無弗應"後添"遇疑難病候,必反復推求,歸復證之方書。晨夜僕僕往

---

① 《郭曾炘日記》,第141頁。
② 同上書,第233頁。
③ 同上書,第234頁。
④ 陳星整理、陳絳校注:《陳寶琛遺墨》,《歷史文獻》第十六輯,2012年,第92頁。
⑤ 《郭曾炘日記》,第237頁。
⑥ 同上書,第234頁。

來,不以爲煩,亦以此輒奏奇效"卅三字,因弢老來書囑爲添毫也。①

顯然這段話是郭曾炘接到陳寶琛的信之後加上去的。陳仲勉的醫術頗爲人所認可。陳衍夫人蕭道管病重垂危之際,曾請陳仲勉診視過。《侯官陳石遺先生年譜》(1907):"沈雨人右丞、朱桂莘學士,力軒舉、陳仲勉兩郎中,均診視下藥不效。"②今《嚴復集》中仍有致陳仲勉信札,向其回饋服藥後得良效並詢問後續服藥事宜。在日記抄本中,直接將眉批處要加的三十三個字寫在壽文中,變成"夙精岐黄術,有延診者,無弗應者。遇疑難病候,必反復推求,歸復證之方書。晨夜僕僕往來,不以爲煩,亦以此輒奏奇效"③。似乎是郭曾炘原本就是這樣寫的,而非遵從陳寶琛的意見增改。抄本因限於抄寫,並不能完全反映稿本,故其所承載的内容自然小於稿本。

有意思的是,儘管中國國家圖書館所藏的抄本日記僅有《邴廬日記》部分,而《過隙駒》部分抄本也曾經出現過。或許當年稿本日記在謄抄之後,《過隙駒》部分抄本和《邴廬日記》部分抄本,再度分散。後來歷史學家謝興堯在冷攤購得《過隙駒》部分抄本,並經潘耀星、許姬傳、黄君坦、張伯駒、葉祖孚等人寓目,且得許姬傳、黄君坦題跋,此節詳見葉祖孚《〈過隙駒日記〉及其跋》。後來葉祖孚在紀念許姬傳的文章中再次提及《過隙駒》日記,稱:"日記寫的是1926年冬至1927年初三個月零十天内的事情,内容大抵留戀舊朝,詆毁民國。"④然而購買之時,謝興堯並不知道是誰的日記,正是經許姬傳審定,才確定爲郭曾炘之作。許姬傳跋云:

余弱冠時隨宦至津門,常聽老人談舊事,曾於席上識郭春榆丈,匆匆五十年矣。耀星六兄見示謝興堯兄所藏《過隙駒》日記,余爲審定係春榆老人之作。其中往還多閩人,余大半相識,如林貽書、笠士喬梓,且有葭莩誼。因轉示伯駒、君坦兩兄,均有題詩,君坦乃春榆之婿,故言之更詳。頃吟小詩一截以歸原主。甲寅冬至前一日海昌許姬傳並識於北京城東耄學居,時年七十四歲。⑤

此跋作於甲寅年1974年12月21日,此時距離郭曾炘去世已四十多年。謝興堯曾整理過郭則澐的《南屋述聞》,整理説明中提到郭曾炘晚年著有《過隙駒》日記(稿本未刊)。潘耀星向許姬傳出示謝興堯所藏《過隙駒》日記,許姬傳因少年時在天津曾於席間識郭曾炘,故據内容判斷是郭曾炘的日記。後又轉示張伯駒、黄

① 《郭曾炘日記》,第237頁。
② 陳衍撰,陳步編:《陳石遺集》,福建人民出版社,2001年,第2000頁。
③ 李德龍、俞冰主編:《歷代日記叢鈔》第183册,學苑出版社,2006年,第533頁。
④ 北京市政協文史資料委員會編:《葉祖孚文史散文集》,北京出版社,2002年,第30頁。
⑤ 同上書,第162頁。

孝平二人。黄孝平(君坦)爲郭曾炘婿,言舊事當更詳,惜其跋無緣得見。數年後,時年七十九歲的張伯駒寫給郭學群夫婦的信中仍提及曾見過《過隙駒》日記,並有題詩:"日記曾經見舊藏,攀龍無計幾滄桑。雪天蹀躞煤山後,誰識前朝郭侍郎。曾見潘氏藏文安公日記,中多禾黍之思。又嘗於雪天獨步煤山後,過其婿家。"①今此册已不知散落何處。

三

民國二十四年(1935),郭則澐奉日記手稿歸福建。"乙亥春,謁祭先祠,奉日記手迹歸。展讀之,覺其中考證史事及闡明儒先學説者多爲前人所未道,撮録之,得若干條。"②以日記多有前人所未道,又因爲郭曾炘曾自言"無一語自欺吾方寸,無一事不可揭諸人",進而認爲"則此零珠斷錦,流播人間,倘亦先公所許也"③。此前郭則澐已着手刊刻《侯官郭氏家集》,《郭則澐自訂年譜》(1929)云:

> 督部公詩文集、雜著鋟版藏於家,已散佚,兹付補刊,並以按察公《説雲樓詩草》、子治公《惜齋詩詞》,及文安公詩集、奏稿、日記、雜著,合刊匯存,曰《侯官郭氏家集》。《惜齋集》之附刊,蓋文安公遺命也。④

徐雁平《清代家集敘録》著録《侯官郭氏家集匯刊》:"十七册。郭則澐輯。民國二十三年(1934)鉛印本。上海圖書館藏。"⑤並羅列目次。其後按語提及謝國楨《續修四庫全書總目提要》所著録《閩侯郭氏家集》十三種三十七卷,民國十八年(1929)刊,與上文所録家集有區别,並未包括《邴廬日記》和《郭文安公奏疏》。郭則澐在父親身後,開始刊刻家集,1929年刊行的《家集》確實没有包括郭曾炘的日記和奏疏。數年後,家集再次刊行,收録的郭曾炘著作包括《匏廬詩存》《匏廬賸草》《邴廬日記》《郭文安公奏疏》等。《邴廬日記》上下兩卷,末附《過隙駒》部分十六則,卷首郭曾炘自序,卷尾郭則澐跋語。沈雲龍主編《近代中國史料叢刊》第三十輯(臺灣文海出版社1966年版)收録《侯官郭氏家集匯刻》,並未收録《邴廬日記》部分。

郭則澐摘録的日記刻本,是對稿本日記的增删修改。如《過隙駒》十月十三日、廿二日記載因樊增祥等人次年重逢鄉舉,擬呈請賜匾事,在刻本中即合併爲廿

① 上海圖書館編:《上海圖書館藏中國文化名人手稿》,上海古籍出版社,2011年,第108—109頁。

② 《郭曾炘日記》,第1頁。

③ 《郭曾炘集》,第699頁。

④ 郭則澐著,馬忠文、張求會整理:《郭則澐自訂年譜》,鳳凰出版社,2018年,第68頁。

⑤ 徐雁平主編:《清代家集敘録》,安徽教育出版社,2017年,第489頁。

二日，内容也有差異。又十二月廿九日關於《香蘇山館詩》的記載，在刻本中變成廿八日。丁卯年正月初八日及初九日關於許柳丞等人的記載，在刻本中均變成丙寅年十二月廿九日，如此一來，《過隙駒》所記似乎僅限於丙寅冬，刻本中的日期多不可信。因爲所記事情相同而將其合併在一天，似乎可以理解。摘録中部分文字的簡省，在不改變原意的情況下，似乎也可接受。謝海林《郭曾炘〈邴廬日記〉的兩個版本及其價值》曾有相關論述。

但郭則澐的摘録常常對原稿有改動。《邴廬日記》1928年九月初六日：

> 昨與徵宇暢談，余即謂非帝制復生，斷無望於久安長治。但數千年治統，一朝破壞殆盡，帝制從何發生，此則視乎天意，非人力所能强爲矣。①

在《邴廬日記》刻本中就變成：

> 昨與槐樓暢談，余即謂此局斷無望於久安長治。但貞元剥復，從何轉機，此則視乎天意矣。②

陳懋鼎（1871—1940），字徵宇，號槐樓，福建侯官人。陳仲勉之子。著有《槐樓詩鈔》。郭曾炘對陳徵宇極爲欣賞，二人談論之時已進入民國十七年，對恢復帝制仍有執念。郭則澐於此處的改動，隱晦而微妙。

除了簡省修改之外，郭則澐在刻本日記中擅自加入了稿本日記中原本就没有的内容。1928年夏天，皇陵被盗，舉國震動。郭曾炘對此極爲關注，六月十九日的日記中，郭曾炘第一次提到京報載定東陵、裕陵被發事，隨後二十五日、二十六日、二十八日，二十九日、七月初七日、初十日的日記中均有提及。然當時郭曾炘在北京，雖寢食難安，也無可奈何。二十六日："以東陵事憤鬱不能安寐，夜起兩次。"③除了報紙上的消息，席間聽到的傳聞，他更多的消息來源就是時在天津的郭則澐。廿八日："寄津信，詢陵事，並略抒所見。"④廿九日："又接澐信，蓋因步蘭傳語而作復，仍係報告前一事也。"⑤七月初二日："接澐信，仍系報告陵事。"⑥初七日，郭曾炘奔赴天津祭拜。初十日，郭曾炘拜見溥儀，論及此事。之後的八月初五日對奉安事宜略有提及。而在《邴廬日記》刻本中，郭則澐在八月摘録了四天：初一日、初二日、十六日、十九日，並没有初五日。在十月摘録了三天：十八日、二十日、二十七日。刻本中十月二十日對奉安一事記載非常詳細：

---

① 《郭曾炘日記》，第225頁。
② 《郭曾炘集》，第690頁。
③ 《郭曾炘日記》，第203頁。
④ 同上。
⑤ 同上。
⑥ 同上書，第204頁。

得澐信，附寄陳詒重《東陵道》詩册。詒重與澐鄉舉同年，此次奉派與宗室澤公、伒貝子、溥侗、恒煦，大臣寶熙、耆齡同詣陵履勘，奉安如禮。其詩注述陵事甚詳。云孝欽后袝衣不存，偃卧敞槨蓋中，左手反戾出於背，幸無傷毁。惟唇呿而張，當係攫取含珠所致。即傳婦差拭斂，張黄綢襌紟緊貼棺蓋，徐徐移玉體其上，以黄龍緞褥承之，裹以黄龍緞被幠之，然啓視偃卧如故。時婦差皆在右，臣毅從其左舉兩手敬擎之，即轉，始見目陷無睛，面色灰敗，髻散，髮未亂，朱繩宛然，幸中棺未毁，即敬謹斂入。載澤以舊賞遺念衣二襲加覆之，即命工師用漆合棺髹以金，與舊畫卍字一律，時七月初十日也。次日吉辰，遂封閉。及勘視裕陵，石門内水深四尺餘，機吸累日，至十四日僅餘水三四寸。次日往見，石門三重皆開，第四重近樞闌處炸毁，當門有金髹卍字朱棺，蓋鋸有孔，左扉壓之，即高宗梓宫也。其餘棺槨或全或毁，巾被衣衾雜委泥中。於石床西覓得褘服一，軀無損，龍繡猶完，足下繡鳳黄靴二，著一落一，耳綴環珥猶在，髮似被拔。審其年貌，約五十許，遂傳婦差，裹以黄龍緞褥，安於石床正中之右。按高宗后妃，惟孝儀后壽四十九，疑即是。連日於石門外拾得肋骨一，膝骨一，趾骨二。又於隧道磚石中拾得脊骨一，胸骨一，色皆黑。又於石門旁得踵骨一。檢驗吏審視胸、脊二骨，爲高宗御體。嗣又於地宫泥水中拾得骸骨甚多，散亂不可紀，然僅得頭顱四。最後於石門下朱棺内，乃得高宗顱，下頦碎爲二，檢驗吏合之。上下齒本共三十六，體幹高偉，骨皆紫黑色，大體皆具，腰肋不甚全，又缺左脛，其手指、足趾諸零骸，皆無從覓。兩眼僅存深眶，向内作螺旋紋，有白光。其餘一后三妃之骨，十不存五六，且有一顱後半皆碎，蓋盜軍先入攫物，致全骸散亂。土匪繼入拾遺，又筐取灰泥，就河濾之，致零骸多失。僉恐帝與后妃肢體或有互誤，乃決合斂。陳梓宫於正中，隨員以黄紟奉高宗顱骨至，溥伒首奉入棺，載澤斂四肢，溥侗、恒煦助斂，寶熙當前，和立稍後。預自紟中捧骨出，皆親手敬持之，后妃則奉安於高宗左右，各二位。下薦黄龍緞褥五重，上幠黄龍緞被三重，皆耆齡手自陳設而臣毅助之。載澤復以舊得德宗遺念龍褂龍袍加覆之。斂訖，命工黏漆髹金，然後督舁孝儀後梓宫於左，時七月十六日也。次日吉辰封閉。計填隧用石灰八千餘斤，視定東陵且三倍，以裕陵隧道上當空院，防陽水下浸，宜加密也。云云。此可供異日考證，故敬録之。①

實際上，稿本日記十月二十日，除記載天氣外，僅云："孟純來。接泗水信及津信。寄津快信。附慕韓致陳、鄭二公函。"②並未涉及奉安一事。這一年的八月初五日，郭曾炘對奉安一事確有記載：

---

① 《郭曾炘集》，第691—692頁。

② 《郭曾炘日記》，第239頁。

> 接津信,言裕陵暫時奉安情形,及太夷已渡海事。澐信云高宗骨皆紫色,審慎收集,大致不差,惟腿骨微缺。其餘一后一妃,有一具屍體完全膚色如生,疑有煉形之術,或疑是孝儀后。餘則錯雜不可辨,現將原有六棺並爲三棺,暫行奉安。外面損處封塞修整,尚有待也。①

對比可見,郭則澐摘録的刻本日記中的内容更加詳細,最末稱:“此可供異日考證,故敬録之。”②語氣之間,似乎這部分内容是郭曾炘從陳毅的《東陵道》詩中摘録的。陳毅參與奉安,親眼目睹了當時慘狀,《東陵道》詩被稱爲實録,寶熙、耆壽民等人亦有文字記載,郭曾炘不可能不知道。但是郭曾炘在日記中對陳毅的這首詩未及一字,更没有把詩注中的内容記在日記中。作爲曾經的禮部主事,他没有追隨溥儀至天津,而是蟄居北京,時常去天津探望。没有將細節記在日記,大概是心有不忍或者有爲尊者諱的緣故。而郭則澐的心態却與此迥然,並没有這樣的情緒,在摘録日記之時,假託父親的名義將陳毅詩中的内容記録下來,大概確有保存史料的意圖,但終究是不妥的。日記雖有抄本,却非尋常可見,在《侯官郭氏家集》刊行之後,日記刻本成爲流傳最廣、最容易得見的文本。如果不去看稿本、抄本,那麽對這部分史料的記録似乎就真的出自郭曾炘之手。郭則澐摘録的日記刻本,實際上是對原稿日記的重新加工,删減合併之外,也悄然地添加了自己想要留存的内容,一定程度上違背了郭曾炘的真實意願。

郭曾炘謚號文安,郭則澐在《自訂年譜》中對於郭曾炘身後有人不支持給予謚號一事牢騷滿腹。然而郭曾炘自己在日記中對此早有決斷。王國維自沉,對郭曾炘觸動很大,日記中多次提及。他對王國維非常欽佩,然對溥儀賜予謚號一事並不贊同,認爲“王公自有千古,並不因謚法爲重輕。愚見先令詞臣作一篇沉痛之誄文或祭文,轉可感動人心,此等浮榮,徒滋謗議,期期以爲不可也”③。並爲撰挽聯:“止水自澄,在先生固堪瞑目;浮雲皆幻,願來者各自折心。”④内心取捨分明。

四

對於郭曾炘的詩作,評價還是比較高的。陳寶琛《郭春榆宫太保七十壽序》:“《亥既集》出,典重如亭林,婉至如遺山,獻徵亦史料也。”⑤錢鍾書《談藝録》:“近人俞恪士《觚庵詩》之學簡齋,郭春榆《匏廬詩》之師遺山,郭爲較勝,而不能樸屬

① 《郭曾炘日記》,第216頁。
② 《郭曾炘集》,第692頁。
③ 《郭曾炘日記》,第80頁。
④ 同上書,第81頁。
⑤ 陳寶琛著,劉永翔、許全勝校點:《滄趣樓詩文集》,上海古籍出版社,2013年,第338頁。

微至,則二家之所同病也。"[1]郭曾炘七十多歲開始写日記,期間所作詩文大都録存其中,應酬類的文字並未留存,"夜坐極倦,作應酬壽詩一首,極草草,不足録也"[2]。日記中録存的詩作并未全部編入詩集,"此詩故妄存之,後來必不可編入集"[3]。日記中收録詩作約一百五十餘首,大多數見《匏廬詩存》卷九和《匏廬賸草》。《匏廬詩存》九卷爲郭曾炘晚年自定,日記中多次提到編定校勘之事。"理齋送來《匏廬詩》已刊七卷及未刊寫本一卷,囑再詳校一過,燈下略翻閲。"[4]曹秉章(1864—1937),字理齋,浙江嘉善人。曾參與編纂《清儒學案》等。郭則澐編選《侯官郭氏家集》時,曹秉章仍承校勘,郭則澐《理齋曹丈七十壽序》:"余輯刊先集,以校勘累君。"[5]上海圖書館藏《匏廬詩存》稿本,卷一至卷七,缺卷四,有校改痕迹。與詩集刻本相較,部分詩作有所增益,文字亦有改動。而《匏廬賸草》爲郭則澐所輯,多見於《邴廬日記》,"檢先公遺笥,得《匏廬賸草》一卷,爲近年作。又《再愧軒詩草》一卷,則辛亥以前之作,各加跋,補刊之"[6]。值得注意的是,《中國古籍總目》《清人詩文集總目提要》均著録郭曾炘有《陋軒詩鈔》,稿本,藏福建省圖書館。細閲可知,此《陋軒詩鈔》乃吴嘉紀詩作,與郭曾炘無涉,當係圖書館著録之誤。

郭曾炘晚年生活中最重要的一項活動就是參加詩社,如榕社、燈社、洽社、蟄園吟社等,日記中均有詳細記載。其中最重要的當屬蟄園吟社,共舉行了九十六次。日記中詳細地記載了每一次的社課,哪些人參與,哪些人因故未到。蟄園社集原本期以百集爲限,豈料郭曾炘驟然離世,此事遂廢。數年後,郭則澐將社課之作輯爲《蟄園擊缽吟》二卷,民國二十二年(1933)刊行,《清末民國舊體詩詞結社文獻彙編》第24册已收録。詩社集會是當時寓居京津兩地的詩人們生活中最爲主要的部分,是情感交流的重要場合。《邴廬日記》1928年七月二十九日:"蟄園社友,如六橋、守瑕、仲騫、治薌諸君,每來亦不甚作詩,大抵意在聚晤。《論語》云:'君子以文會友,以友輔仁。'詩社之辟,本不專爲作詩計。吾於同鄉吟社必到者亦此意,亦非俗物所知也。"[7]對於民國詩社的研究,日記無疑是十分寶貴的原始資料。

日記真實再現了郭曾炘晚年心境,呈現了當時京津兩地的士人生活圖景,如他與陳寶琛、樊增祥等人的交往。詩社雅集、友朋唱和,也是他晚年生活的重要部

---

① 錢鍾書著:《談藝録》,生活·讀書·新知三聯書店,2008年,第458頁。

② 《郭曾炘日記》,第15頁。

③ 同上書,第221頁。

④ 同上書,第14頁。

⑤ 郭則澐撰:《龍顧山房詩文稿》,上海圖書館藏稿本。

⑥ 《郭則澐自訂年譜》,第68頁。

⑦ 《郭曾炘日記》,第212頁。

分。日記中所録存的詩作，多可與《匏廬詩存》卷九、《匏廬賸草》對勘，亦有未收入詩集者。日記中所載師友詩作，多有未見於諸人詩集，可爲輯佚之助。日記從郭曾炘本人的僅可藏示子孫，到抄本的出現，之後郭則澐摘録刻本刊行。稿本日記在郭曾炘生前曾遺失《過隙駒》部分，後又失而復得，而抄本亦再度分散，正是文本流傳之不可知處。

竇瑞敏　厦門大學中國語言文學系　助理教授

The edition and spread of Guo Zengxin's diary

Dou Ruimin

Abstract: Guo Zengxin began to write diary in his late years with the name "Guo Xiju", which was later named "The Diary of Bing Lu". The manuscript is collected in Shanghai Library. Comparing the copy of "The Diary of Bing Lu" which is collected in National Library of China with the manuscript, the author found that the volume "Guo Xiju" is missing. The copy contains some labels and the copyist asked others for their discretion. Later, Xie Xingyao bought a copy of "Guo Xiju" from a bookstall, which was read or inscribed by Pan Yaoxing, Xu Jichuan, Huang Juntan, Zhang Boju and others. Guo Zeyun inscribed "Transactions of Hou Guan Guo's Family", excerpted two volumes from "The Diary of Bing Lu" and sixteen articles from "Guo Xiju", which was revised according to his meaning.

Keywords: *Guo xiju*　*Bing Lu Diary*　manuscript　notes　block-printed

尺牘版本目録學研究

《中州啓劄》版本流變考*

邵　嬋

摘　要： 日本静嘉堂文庫所藏至今尚未公開的元刊本《中州啓劄》，是目前所知《中州啓劄》的最早刻本。通過與其他各版本進行對比，可知静嘉堂藏元刊本抄補序文或來自明代藏書家吴元恭，首四葉則抄自明刻本；國圖藏舊抄本源自元刊本，却與静嘉堂本並無淵源；兩種影抄本雖均源自静嘉堂本，却是影録影元抄本。臺圖藏勞校本雖晚於南圖藏張金吾本，内容却更接近静嘉堂本。理清《中州啓劄》各本的流變，不僅在於文獻校勘，更可使學界深入關注《中州啓劄》在諸如蒙元初期中州儒士、北方文統及南北統合等更深層面問題的研究價值。

關鍵詞：《中州啓劄》　元刊本　舊抄本　影抄本　版本流變

《中州啓劄》是元初吴弘道所編蒙元初期北方文人書信集，該書成於大德五年（1301），收録金末到元大德初年北方名士的往來書信 202 封。吴弘道，字仁卿，號克齋，金臺蒲陰（今河北安國）人，生卒年不詳。他於大德年間任江西行省檢校掾史，泰定二年（1325）任"提控案牘兼照磨承發架閣"①，九品，屬建康路總管府屬

* 本文屬 2018 年度國家社會科學基金重大項目"日本静嘉堂所藏宋元珍本文集整理與研究"（18ZDA180）階段性成果。

① 張鉉：《至正金陵新志》卷六《官守志》，《中國方志叢書》第 139 册，成文出版社，1983 年，第 1840 頁。

吏，位在知事、經歷之下，係“親臨簿書人員”①。至順元年（1330）之前，他以正六品府判致仕。② 從吴弘道的歷官次序來看，他基本長期擔任低級吏員，且至晚在任檢校掾史時已寓居江南，主要活動於江浙一帶。

關於依據吴弘道底稿編成的蒙元初期雜劇、散曲藝人作品集《録鬼簿》，學界已有頗多研究，而對《中州啓劄》的研究則相對薄弱。在研究金元時期士人網絡與社會關係等論著中，鮮有學者利用《中州啓劄》，而僅將它視作朋友間往來問候手劄或一般書儀類參考書。③ 在現有研究中，花興對《中州啓劄》的編刻、體例、版本、價值進行了較全面地梳理，並對部分書啓作者進行了考辨。④ 他梳理出存世的兩種刻本與五種抄本，却並未介紹各本源流。朱銘堅以《中州啓劄》所收三十餘通寫予吕遜的書信爲中心，探究吕遜的社會網絡及金元之際士人的訊息溝通，分析其時代背景，並在附録中探究《中州啓劄》的編纂及其版本流傳。⑤ 然該文亦未談及諸本的流變。毛海明利用静嘉堂藏元刊本《中州啓劄》，在花興的基礎上進一步考辨出部分書信的歸屬，並對國圖、南圖藏兩種抄本的源流進行了考辨。⑥ 却未過多關注臺圖藏勞校本與明刊本，且對兩種抄本的源流認識也有繼續深入的空間。

前賢或未參考静嘉堂藏元刊本，或雖參閲，却未全面對比，以致對各本源流不甚明晰，對各抄本價值的界定亦莫衷一是。筆者有幸獲睹静嘉堂藏元刊本《中州啓劄》，亦搜集到臺圖藏影抄本《中州啓劄》及明刻本書影。故本文以静嘉堂藏元刊本《中州啓劄》爲線索，試理清元刊及三種抄本之源流與價值，以就正於方家。

一、静嘉堂藏元刊本之源流

《中州啓劄》有兩種版本形式，分别爲刻本與抄本。刻本中，元刻本一部，原

---

① 陳高華等點校：《元典章》卷十四《吏部八·典章十四》，中華書局、天津古籍出版社，2011年，第528頁。

② 鍾嗣成、賈仲明著，浦漢明校：《新校録鬼簿正續編》卷下賈仲明吊詞云：“克齋弘道老仁卿，衣紫腰金府判升。銀鞍紫馬敲金鐙，錦鄉中，過一生。老來也，致仕心寧。”（巴蜀書社，1996年，第138頁）《録鬼簿》上卷是鍾嗣成在至順元年據吴弘道底稿編成，賈仲明在此本基礎上加以修補，編成《録鬼簿》上下卷，時間定在至順元年之後了。也就意味着吴弘道在至順元年或更早便已任府判，並因年齡較大而致仕。

③ 朱銘堅：《金元之際的士人網絡與訊息溝通——以〈中州啓劄〉内與吕遜的書信爲中心》，《北大史學》（第二十輯），北京大學出版社，2016年，第288頁。

④ 花興：《〈中州啓劄〉的編刻與價值》，郭英德主編：《中國古代散文研究文獻論叢》，商務印書館，2016年。

⑤ 朱銘堅：《金元之際的士人網絡與訊息溝通——以〈中州啓劄〉内與吕遜的書信爲中心》。

⑥ 毛海明：《〈中州啓劄〉兩種清抄本源流考——兼辨部分信劄的收發歸屬》，《清華元史》（第七輯），商務印書館，2022年。

爲陸心源皕宋樓舊藏,後流藏日本靜嘉堂文庫。明刻本有成化三年(1467)翁世資重刻本,此本後從虞山瞿氏藏書樓流出,現藏於黄裳後人之手。現存抄本五部,其中臺北"中央圖書館"存兩部,均爲影抄本;靜嘉堂藏陸氏守先閣舊藏抄本一部;南京圖書館藏張金吾舊藏影元抄本一部;國家圖書館藏清抄本一部。目前已經公開的本子是:南圖本,收入《四庫全書存目叢書補編》;國圖本,收入《北京圖書館古籍珍本叢刊》;臺圖勞權校影元抄本,該館已有電子影像可供閱覽。

靜嘉堂藏元刊本(下簡稱靜嘉堂本)共兩册,四卷,編號 266/2/6/7,左右雙邊,有界。半葉十三行,行二十二字,注文雙行。無書名、刊記。序文抄補,有闕。卷一首四葉及卷中殘缺部分係抄補。其中第一、四葉爲半葉十三行,第二、三葉爲半葉十二行,行偶有二十三、二十五字,以二十四字居多。整書每卷均有部分破損,殘破、零落難以成形處内加襯紙托裱,在闕漏處偶有抄補。

靜嘉堂本是目前所知最早的版本。該本雖有抄補,但不難看出元刻痕迹,如卷三劉因《上宰相》遇"旨""聖天子""恩命"時换行頂格。再如該本用的是當時習見的顔體字,且敷墨較爲穢濁,着墨不均隨處可見,反映元代刻書工藝整體上較爲毛糙的特點。整體而言,該本雖有殘缺,但版刻清晰、工整,且爲舉世僅存的元刻本,故仍有很高的版本價值。

靜嘉堂本卷一、卷三條目下有"馬玉堂"白文及"笏齋"朱文方印,爲藏書家馬玉堂藏書印。馬玉堂(約 1815—1880),字笏齋,浙江海鹽人,有"漢唐齋"藏書樓,其藏書多爲陸心源皕宋樓及丁氏善本書室所收。序前鈐"歸安陸樹聲所見金石書畫記"白文方印,卷尾黄丕烈題跋後有"吴江淩氏藏書""淩淦字麗生一字礪生""歸安陸樹聲藏書之記"三枚朱文方印。淩淦(1832—1895)字麗生,一字礪生,江蘇吴江人,藏書頗多,室名"鷗舫"。

卷尾黄丕烈(1763—1825)手書題跋,可知此本源流:

> 郡城故家李鑒明古遺書,殘鱗片甲,約有百餘種,其可取者三四十册而已。至宋元舊刻,無可爲批沙之揀,唯此《中州啓劄》尚屬元刻。檢錢少詹《元史藝文志·總集類》云:吴宏道《中州啓牘》,四卷。字仁卿,蒲陰人。與此正合。雖鈔補而仍缺失,取其希有,故存之,不復分與訒菴矣。李氏書,與余友張訒庵合得。乙亥二月十四日,復翁。①

李鑒,字明古,吴縣(今江蘇蘇州)人,學者何焯(1661—1722)弟子。② 約生活於清初。此本並無李鑒及黄氏藏印,黄氏《士禮居藏書題跋記》也僅載有"舊抄本"③

---

① 吴弘道編:《中州啓劄》卷末題識,靜嘉堂藏元刊本。

② 喬曉軍編著:《中國美術家人名辭典》,三秦出版社,2007 年,第 225 頁。

③ 黄丕烈撰,余鳴鴻、占旭東點校:《黄丕烈藏書題跋集》,上海古籍出版社,2015 年,第 620 頁。

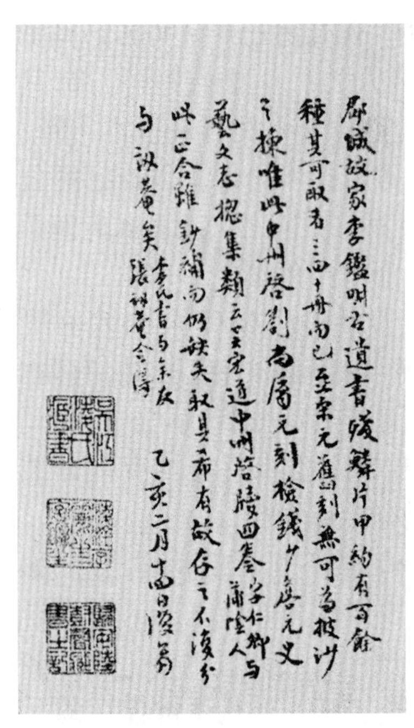
郡城故家李鑑明府遺書殘蟫片甲約有百餘
種其可取者三四十册而已至宋元舊刻無可爲披沙
之揀唯此中州啓劄尚屬元刻檢錢少詹元史
藝文志總集類云吴宏道中州啓牘四卷字仁卿蒲陰人與
此正合雖鈔補而仍缺失取其希有故存之不復分
與汲菴矣 李氏書與余友張訒菴合得
乙亥二月十四日復翁

圖 1　靜嘉堂本《中州啓劄》黄丕烈題跋

一部。但此本手書顯然又是黄丕烈手迹(圖 1)①。"雖鈔補而仍缺失"之語,從語境上看,後文既言"取其希(稀)有,故存之",表明在黄丕烈得書之前已有人進行過抄補。且"元刻"等描述也符合靜嘉堂本特徵。顯然黄丕烈亦曾庋藏此本,時間在嘉慶二十年(1815)或之前。

靜嘉堂本序及首四葉的來源,極有可能源自明成化刻本。據《愛日精廬藏書志》載:"《中州啓劄》四卷,明成化刊本……許善勝序,翁世資重刊序,成化三年。"②可知成化本爲翁世資(1415—1483)成化三年重刊。張金吾曾藏有此本,後流入海虞瞿氏鐵琴銅劍樓。20 世紀 50 年代,此本從鐵琴銅劍樓流出,由黄裳購得。學界多以爲此本已在"文革"付之一炬,然而黄裳在"文革"後曾公佈成化本《中州啓劄》書影及其手識③,可知此本尚存,只是流貯私家,不易得見。黄裳手識(圖 2)可證此本源流,兹不贅言。翁世資重刊時提到:"《中州啓劄》……嘗板行於世矣。奈何歲久板弗復存,而書肆無傳,見者寡甚,幸而同寅右參議方公藏有善本,用是重繡諸梓。"④按,方公即方輔,字廷臣,淳安(今杭州淳安縣)人,正統十三年(1448)進士,成化年間任江西布政司右參議。方輔所藏應爲家藏本,如果翁世資所言"書肆無傳,見者寡甚"不謬,此本應源出元刊本。

對比兩本内容,兩者卷名同爲"中州啓劄卷第一";靜嘉堂本第一葉上的"中""張子充府試""郡"等字(圖 4),亦均與成化本相同(圖 3)。靜嘉堂本首四葉行二十四字,葉四下留有三行半空白,顯然是因刻意保留二十四字格式而空。據黄裳記載,成化本"十二行,二十四字。……前有大德辛丑承事郎江西等處儒學副提舉許善勝序"⑤,與此基本一致。顯然,靜嘉堂本序文及首四葉乃抄自成化本。

① 朱銘堅認爲陸氏守先閣舊抄本上的跋語爲黄丕烈手迹,杜澤遜已指出實係過録。(《四庫存目標注》,上海古籍出版社,2007 年,第 3395 頁。)黄丕烈工書,尤善隸,樸拙中見舒展。靜嘉堂本題識,無論是字形、落筆,還是行距,均符合黄氏筆墨特點。且此本流傳不廣,各書目鮮有著録,若是過録,亦完全無精仿之必要。

② 張金吾:《愛日精廬藏書志》卷三五《中州啓劄》,上海古籍出版社,2014 年,第 724 頁。

③ 黄裳:《劫餘古艷: 來燕榭書跋手迹輯存》,大象出版社,2008 年,第 247 頁。

④ 黄裳:《翠墨集》,生活・讀書・新知三聯書店,1985 年,第 180 頁。

⑤ 黄裳:《劫餘古艷: 來燕榭書跋手迹輯存》,第 248 頁。

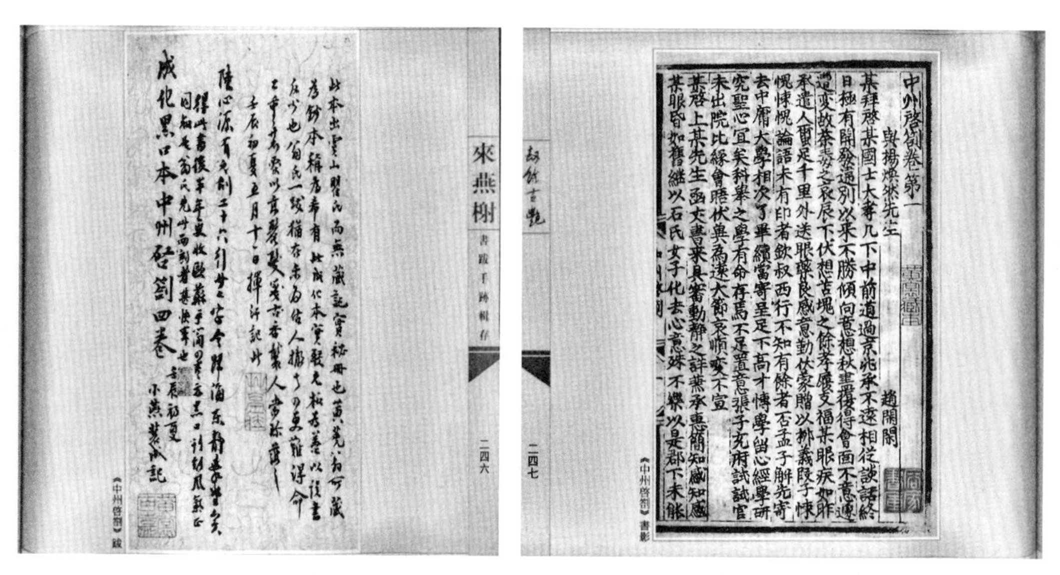

圖 2　黄裳手識　　　　圖 3　成化本《中州啓劄》書影

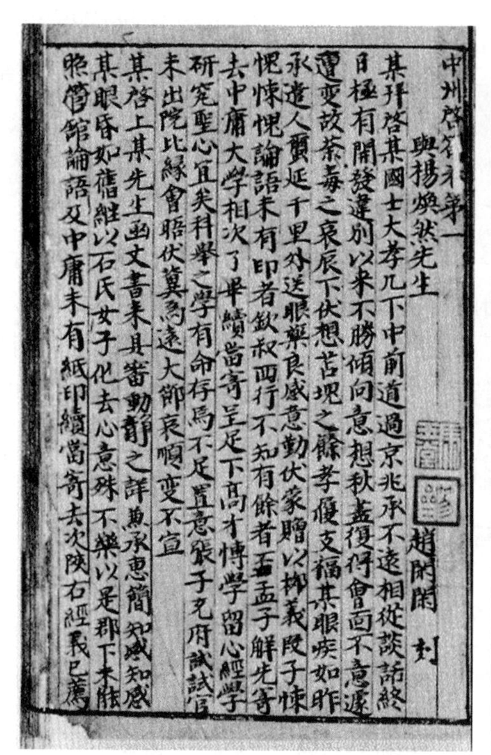

中州啓劄卷第一

與揚煥然先生　　趙閑閑

某拜啓某國士大孝几下中前道過京兆承不遠相從談話終日極有開發違别以來不勝傾向意想秋盡復得會面不意遽遭變故荼毒之哀辰下伏想苦塊之餘孝履支福某眼疾如昨承遣人賫延千里外送眼藥良感意勤伏蒙贈以鄉義段子悚愧悚愧論語未有印者欽叔西行不知有餘者否孟子解先寄去中庸大學相次了畢續當寄呈足下高才博學留心經學研究聖心宜奚科舉之學有命存焉不足置意裴子允府試試官未出院比緣會赔伏莫為遠大節哀順變不宣

某啓上某先生函丈書來具審動靜之詳兼承惠簡知感知感某眼昏如舊繼以石氏女子化去心意殊不樂以是郡下未能照管館論語及中庸未有紙印續當寄去次陝右經義已厲

圖 4　靜嘉堂本《中州啓劄》書影

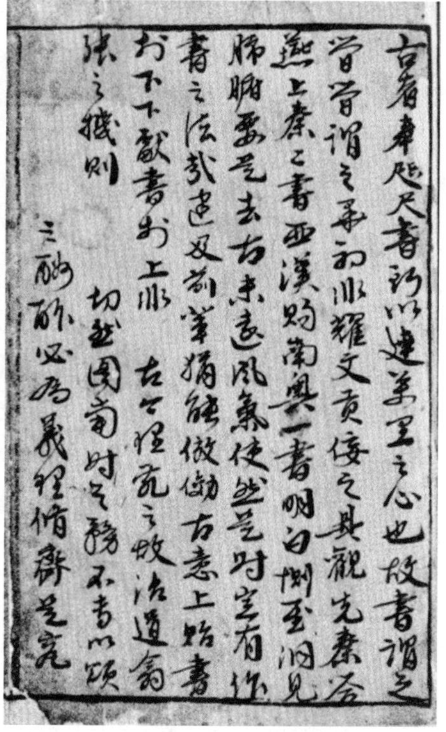

圖 5　靜嘉堂本《中州啓劄》序文

序及首四葉抄寫於何時？黄氏係從李鑒家藏中與友人張訒庵分得。《黄蕘圃先生年譜》記黄丕烈於嘉慶二十年二月十四日"跋舊鈔本《中州啓劄》"①，未見抄補記録。或許該本在黄丕烈得書前已缺失並抄補。此本序文也不似黄丕烈手筆，序文落款"吴艸"。這位吴氏是誰？筆者懷疑此序可能出自藏書家吴元恭。吴元恭，字仲内，吴縣人，嘉靖三十四年(1555)舉人。據載吴元恭"工書，得右軍之法"②。觀此本序文(圖5)，俊逸拙樸，有王羲之餘蘊。又據顧廣圻跋明抄本《李元賓集》時載："此明嘉靖間吴元恭鈔本，又曾在鄉先輩李鑒明古家。"③吴元恭刊明刻本《爾雅》亦曾流入李鑒家："乙亥花朝收得李鑒明古家藏書一單，不下百餘種，其可珍者十之二三，就中最佳則明刻之皇甫録本《博雅》、吴元恭本《爾雅》而已。"④可見李鑒確曾藏有吴氏藏書。至於序文與首四葉的抄補時間是否同時，已不得而知。

二、静嘉堂本可證三種抄本的源流與價值

(一) 國圖舊抄本源自元刊本，却非抄自静嘉堂本

國圖本卷一鈐有"古香樓""休寧汪季青家藏書籍""延古堂李氏藏書"三方印，汪季青即汪文柏(1659—?)，祖籍安徽休寧，流寓浙江桐鄉，家有古香樓，藏書頗豐。延古堂爲清末李士銘(1849—1925)家傳藏書樓，他後來將其部分藏書售予北平圖書館，有《天津延古堂舊藏書目》二册。中國國家圖書館認定該本爲清抄本⑤，目前來看其成書最晚在清初，是現存最早的抄本。

國圖本半葉十三行，行二十二字，無格。該本無序及題識，首四葉雖有闕字，但較静嘉堂本較少，且有個别字與静嘉堂本不同。如静嘉堂本"中"字，國圖本作"某"；"延"作"足"；"郡"作"席"；"少問學"作"少問道學"。文中亦有闕字爲國圖本獨有，如卷一《與張平章仲一》"以天下□□自愛"，再如卷三第一葉《與吕子謙》、第二葉《與夾谷行省》、第三葉《與竇太師》、第四葉《與吕子謙》三啓無作者，説明原據本已闕。

該本行款與静嘉堂本相同，且抄寫時刻意保留元刻格式。如卷三劉因《上宰

---

① 江標：《黄蕘圃先生年譜》卷下，《北京圖書館藏珍本年譜叢刊》第127册，北京圖書館出版社，1999年，第219頁。按，前文已指出静嘉堂本黄跋爲黄丕烈手迹，繆荃孫《嘉業堂藏書志》亦記黄氏曾藏有一部元刊本，此處舊鈔本當屬誤置。(毛海明：《〈中州啓劄〉兩種清抄本源流考——兼辨部分信劄的收發歸屬》，第268頁。)

② 倪濤著，錢偉强點校：《六藝之一録》卷三七〇《吴元恭》，浙江人民美術出版社，2017年，第7511頁。

③ 顧廣圻撰，黄明點校：《思適齋書跋》，上海古籍出版社，2007年，第87頁。

④ 黄丕烈撰，余鳴鴻、占旭東點校：《黄丕烈藏書題跋集》，第735頁。

⑤ 按，據《國家圖書館古籍善本書目》載汪本爲清抄，但從内容上看不出直接證據。汪本原藏李士銘天津延古堂，或許當時仍能見到直接的證據，姑今仍稱舊抄本。

相》遇到“旨”“聖天子”“恩命”時换行頂格；再如元刻爲節省版面會有行二十三字的情况，而汪抄則刻意保留行二十二字的格式。無論是從格式、用字還是内容，該本均源出元刊本，與静嘉堂本屬同一版本系統。但該本又絶非抄自静嘉堂本，因該本有闕之處，静嘉堂本保留完好。如國圖本卷一馮内翰《與吕子謙參議》第三行“除參□□外”，查静嘉堂本，應爲“除參謀宅外”。這樣的例證隨處可見，説明至晚到清初，仍有别的元刊本存在。

國圖本雖然抄寫難免訛誤較多，但與影抄本相比，該本就保留了更多元刻信息，尤其是首四葉内容十分珍貴。其可補元刊及影抄本之不足，亦可驗證成化本的文獻價值。

静嘉堂本序及首四葉抄自明成化刻本，但成化本也有一些問題。如國圖本《與楊焕然先生》(一)中“張子中充府試”，成化本缺“中”字。以致静嘉堂本沿襲此誤，讓人不明其人。元好問《遺山集》載：“編修張公子中諸人與之年相若，而敬君加等。”[①]《歷世真仙體道通鑑》記：“張邦直子中所謂警動人之耳目。”[②]當是此人。又《與楊焕然先生》(二)：“今之士人少問道學，但知爲己，其於爲人蔑如也。”静嘉堂本缺“道”字。然而下文又載：“古人得志，雖一邑承薄，亦可爲人，量力而已。未得志，教人以善，亦行道之一端也。”[③]道學是趙秉文儒學思想的重要内容，他曾言：“今之士人，以輯綴聲律爲學、趨時干没爲賢，能留心於韓歐者幾人！”[④]因此他極言韓歐學“道”之純，“得聖賢之一體”[⑤]。對趙秉文道學的理解，關乎理學在金朝傳播的事實與概况。《滏水文集》並無此啓，《金文最》内容亦與成化本相同。黄裳説成化本“實較元板爲善，以誤書反少也”[⑥]。現在看來，國圖本首四葉内容，反而間接證明静嘉堂本的價值是無可取代的。

(二) 兩種影寫本的源流與價值

1. 臺圖勞校本與南圖本的關係

臺北“中央圖書館”公開的本子編號 14646，被認定爲“影抄元大德刊本”[⑦]，

---

① 元好問著，周烈孫、王斌校注：《元遺山文集校補》卷二三《故河南路課税所長官兼廉訪使楊公神道之碑並序》，巴蜀書社，2012 年，第 878 頁。

② 趙道一修撰：《歷世真仙體道通鑑》續編卷三《郝大通》，《續修四庫全書》第 1295 册，2002 年，第 97 頁。

③ 趙閑閑：《與楊焕然先生》(二)，《中州啓劄》卷一，《北京圖書館古籍珍本叢刊》第 116 册，第 1 頁。

④ 趙秉文撰，孫德華點校：《閑閑老人滏水文集》卷十九《答麻知幾書》，科學出版社，2016 年，第 355 頁。

⑤ 趙秉文撰，孫德華點校：《閑閑老人滏水文集》卷一《性道教説》，第 4 頁。

⑥ 黄裳：《劫餘古艷：來燕榭書跋手迹輯存》，第 246 頁。

⑦ 臺灣“中央圖書館”編：《“國立中央圖書館”善本書目》甲編卷四《集部・函牘類》，臺灣書店，1957 年，第 317 頁。

卷末有勞權手校題記。勞權(1818—1870),字巽卿,浙江仁和(今杭州)人,有"丹鉛精舍"藏書樓。勞校本四卷,半葉十三行,行二十二字。序文有闕。該本序前鈐有"吴興劉氏嘉業堂藏書記""丹鉛精舍"兩枚朱文長方印。卷一後手書四庫館輯録《永樂大典》本時所撰提要。卷末過録有黄丕烈識語,後有勞權手書:"癸卯九月十七日,借高宰平影元鈔本影録,並校二過。原本稍有譌處,且多疑文,未得爲佳書也。巽卿。"①後鈐"巽卿"印。高宰平即高學治(1814—1894),仁和人,與勞權爲友。由勞權題跋可知,此本成於道光二十三年(1843),係據高學治影元抄本影録。這是目前源流關係最爲清楚的版本,屬間接影抄。② 雖然該本已較接近静嘉堂本,但畢竟不是直接影抄,因此"影鈔元大德刊本"顯然不準確。

南圖本爲張金吾(1787—1829)舊藏,據《愛日精廬藏書志》載:"《中州啓劄》四卷,影寫元刊本,元吴弘道編。《四庫全書存目》所載係從《永樂大典》録出者,此則原本也。"③該本無格,版心記書名、卷數及葉數。序前有同治九年(1870)丁申(1815—1885)手書題記,略述《中州啓劄》的作者、内容、版本及南圖本插架流藏過程:

> 是帙爲古虞張月霄所藏影元抄本,猶有中郎虎賁之似,宜黄蕘圃、琴六諸公稱爲稀有。……愛日精廬尚藏成化間翁世資重刊本,得以校補元抄闕文。藏書記録許氏序文,兹先以朱字補寫其闕,倘異日成化本得復插架,俾成雙璧,必更意蕊舒放矣!書此以待。同治九年正月上元春燈下記,竹舟。④

由丁識可知,南圖本序文與静嘉堂本一樣有闕字,丁申以朱字補寫。我們在南圖本中也能看出序文"言""相與切""冠婚喪祭等事"等句明顯與序文字迹不同。而縱觀正文,闕文與静嘉堂本相同。看來所謂的"校補元抄闕文",僅是補苴序文而已。⑤

從成書時間上看,勞校本晚於南圖本。首先,南圖本序文及正文"弘"字缺末筆,是爲避清高宗弘曆諱,説明成書時間在乾隆或距乾隆時代未遠。勞校本同諱"弘"字,可能是影録高學治本的習慣;其次,南圖本卷一末尾處有"嘉慶己卯(1819——引者)六月二十四日校於新市舟中,夢華"⑥的小注。夢華爲張金吾好友、清代藏書家何元錫(1766—1829)之字。何元錫精於校勘,或在 1815 至 1819 年間借黄丕烈所藏元刊本以校張本,黄識或在此時過録。總之,其成書當在 1819 年之前。而勞校本成於 1843 年,故勞校本晚於南圖本。

通過對比可發現,南圖本同樣源自静嘉堂本。南圖本第一、四葉同樣是十三

---

① 吴弘道編:《中州啓劄》卷末題記,臺圖藏勞校本。
② 按,目前未見高學治影抄本,各書目亦未載,或已佚,故無法判斷該本是否直接影抄元刊本。
③ 張金吾:《愛日精廬藏書志》卷三五《中州啓劄》,第 724—725 頁。
④ 吴弘道編:《中州啓劄》,《四庫全書存目叢書補編》第 79 册,齊魯書社,2001 年,第 338 頁。
⑤ 毛海明:《〈中州啓劄〉兩種清抄本源流考——兼辨部分信劄的收發歸屬》,第 262 頁。
⑥ 吴弘道編:《中州啓劄》,《四庫全書存目叢書補編》第 79 册,第 346 頁。

行，第二、三葉十二行，行二十三到二十五字不等。静嘉堂本第四葉下抄至“可終身守之(接下文去)”①後空三行半，第五葉從“身守之”開始是刻本。南圖本第四葉《答聰上人》中“身守之”後空三行半，第五葉開頭闕“身守之”三字。其内容甚至缺失部分亦與静嘉堂本大體相同。静嘉堂本正文有殘缺，僅部分在襯紙上進行了抄補，南圖本同樣保留了静嘉堂本抄補的内容。

只是從内容、字體等方面來看，南圖本與静嘉堂本又有些差異。南圖本卷一第六葉與第八葉顛倒。兩本字體也不一致，南圖本亦有黄跋，但字迹與静嘉堂本明顯不同，顯是過録。

倒是勞校本與南圖本相似度極高。勞校本卷一第六葉、第八葉與張金吾本一樣互乙。兩本均有静嘉堂本缺失之文字，如卷二《與李仲實》《與孫謙府(甫)》兩啓，静嘉堂本缺每行頭三字，兩抄本則内容完整。張金吾説南圖本是“影寫元刊本”，顯然不確。

2. 南圖本亦是影録影元抄本

前文述及，南圖本與勞校本相似度極高，這裏再舉幾個比較明顯的例子。兩書過録的黄識字體風格相同，如“可”“餘”“四”“此”“州”“正”等寫法均一致(圖6、7)。兩者正文訛誤也一致，如刻本卷二第六葉下“與孫謙甫”，兩本同寫作“與孫謙府”；卷二第十三葉下“與崔鄭二宣撫”，兩本均寫作“與崔鄭一宣撫”；卷三第十四葉上“高齋號頤貞”，兩本同誤“貞”爲“真”；卷四第九葉下第四行“貴”字，兩本均寫作“實”。可見二者有明顯淵源。

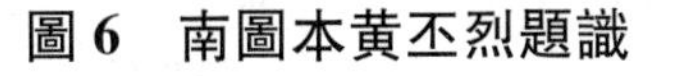

圖6　南圖本黄丕烈題識

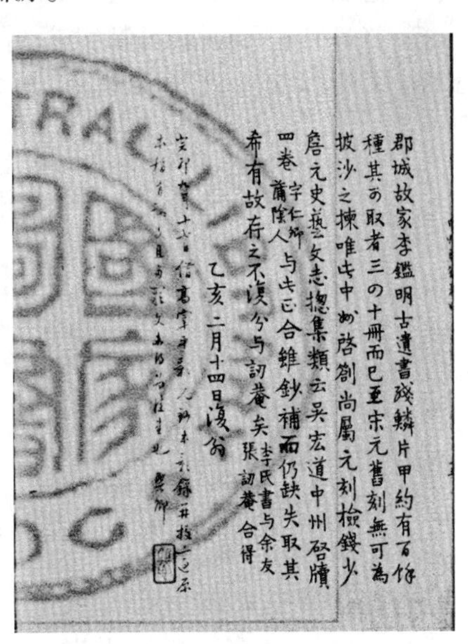

圖7　勞校本黄丕烈題識

① 元遺山：《答聰上人》，《中州啓劄》卷一，静嘉堂藏元刊本。

毛海明認爲南圖本據以影録的,應是靜嘉堂本,他指出南圖本的字體是典型的趙體風格,與靜嘉堂本的顔體字不一致,因此應稱之爲影録本。① 實際上,理清南圖本源流,便可知"影録"之含義。南圖本與勞校本極相似,既然勞校本是影録高宰平影元抄本,南圖本也不大可能是直接影抄靜嘉堂本,而應是影録影元抄本而來。兩本同屬間接影抄,且屬同源,故而相似度很高。

既然如此,是否説明在靜嘉堂本不易得見的情況下,成書較早的南圖本更接近元刊,且更具版本價值? 答案却是未必。勞校本雖成書較晚,却忠實地謄寫靜嘉堂本的内容。如勞校本卷一《與楊焕然先生》的作者趙閑閑下多一"刻"字,南圖本無。卷一第七葉上《與吕子謙參議》的作者有"百□丞旨而使"幾字,實爲靜嘉堂本破損,工匠在重新托裱時不明文意,向右移動了一格造成錯位。該文署名應是"王百一丞旨","而使"應在正文第一行,南圖本無這幾字。而且從字體上看,無論是序還是正文,勞校本也更接近靜嘉堂本。因此,勞校本的價值實際上要較南圖本爲高。

這裏順帶討論下未公開的本子。臺圖還有一部"影鈔元大德刊本",編號14647,爲張蓉鏡舊藏。據該館介紹,該本卷前有許善勝序,半葉十二行,行二十二字。有"莛圃收藏""芹伯" "張乃熊印""蓉鏡珍藏""張蓉鏡印""芙川"等印。張蓉鏡(1802—?),字芙川,江蘇常熟人。莛圃爲張乃熊(約1890—1960)之號,字芹伯。該本亦有黄丕烈題識,從收藏情況來看,應也是過録。該本行款與靜嘉堂本一致,且過録有黄識,應出自靜嘉堂本。結合高學治本、南圖本及勞校本的成書時間,如此多的影抄本集中於一時期出現,且特徵趨同。可能是李鑒藏本被發現後,引得江浙藏書家爭相傳抄。爲方便瞭解各本源流,筆者繪製《中州啓劄》版本源流圖供參考:

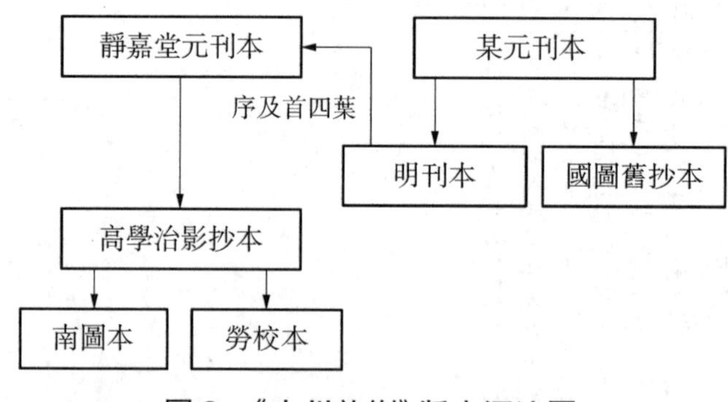

圖8 《中州啓劄》版本源流圖

綜上所述,靜嘉堂本的價值自然無需多言,目前大部分抄本皆源於它,因此版本價值最高。此外,目前公開的版本中,應以勞校本價值最高。然而國圖本亦有

① 毛海明:《〈中州啓劄〉兩種清抄本源流考——兼辨部分信劄的收發歸屬》,第260—261頁。

獨特之處,因它抄寫完整的元刊本,雖有闕誤,亦可資參校。總之,通過各本比對,諸本的源流與價值一目了然,學界對《中州啓劄》各本的取捨、運用也可有更清晰的認識。

餘　　論

理清《中州啓劄》的版本流變,也有利於重新認識其價值。據許善勝言:"大德辛丑四月朔",並言此本"輟,已俸鋟梓"。[①] 説明該書首次刊刻是在大德五年四月初一之前。然而我們可以明顯看出,静嘉堂本第一册與第二册卷名有細微差别,如卷一、二爲"中州啓劄卷之×",卷三、四爲"中州啓劄卷第×",而國圖本則統一爲"中州啓劄卷之×"。静嘉堂本與國圖本文字上也有區别,如卷四王肯堂《與張可與》"自愧耽之深",静嘉堂本作"世味耽之深";無名氏《與游宣撫》"計惟莅政以來",静嘉堂本作"計惟莅政權輿";正文"冀"字,静嘉堂本卷一、二均作"兾"。結合國圖本卷三所缺幾通書信的作者,國圖本或許並非漏抄、錯抄。目前最早收録《中州啓劄》的書目是楊士奇(1366—1444)所撰《文淵閣書目》,該書記《中州啓劄》爲"一册"。這樣看來,静嘉堂本兩册或爲不同刊本配齊。

如果存在兩種刊本,《中州啓劄》很可能在大德五年前後經過兩刻。吴弘道初編《中州啓劄》是在江西檢校掾史任上。成化本所據元刊本由方輔所藏,可見元刊本曾在江浙等地流傳,且傳世稀少,見者寡甚。楊士奇撰《文淵閣書目》,是爲將明初從江浙等地採集、永樂遷都後又運到北京的宋元圖書編目。[②] 李鑒藏本也在江浙。吴弘道又在大德五年後來到江浙任官。[③] 這是否意味着,《中州啓劄》初刊在江西,再刊則在江浙?其兩刊的原因又是什麽?由元好問所打造的中州文獻與金源北方文統,不僅規劃着北方的儒學格局,也對南學(理學)有着抵制與引導作用。[④] 江浙是元初南下北方文士的活動中心,吴弘道在此地刊印帶有明顯金源文化特征的中州儒士書信作品集,是否説明其在有意通過宣揚中州儒士的風采

---

① 吴弘道編:《中州啓劄》卷首序,静嘉堂藏元刊本。

② 温慶新:《楊士奇〈文淵閣書目〉與明代政府藏書目之編纂》,《圖書館理論與實踐》2019年第2期。

③ 吴弘道的活動軌迹可以證明,這裏還有個旁證,《中州啓劄》收録了盧摯的兩封信,是大德四年寫給姚雲的,正是《中州啓劄》成書前一年,却不收他於元貞二年(1296)所寫的《寄康軍國書》。大德九年成書於江西的《天下同文集》則收録此信,説明此信在江西是流傳的。吴弘道未見此信,可能此時已來到江浙。

④ 劉成群:《中州文獻之傳與金源文派之正——金源"文統"儒士之研究》,《人文雜志》2013年第10期。

來找尋存在感①,带有整合北方政治資源、尋求中州群體認同,甚至是彰顯北統之正、抑制南學姿態的文化意涵?此外,從《中州啓劄》傳世稀少、鮮有人知的情況來看,是否也預示着中州儒士、北方文統的歷史境遇?要而言之,探討《中州啓劄》的版本流變,意在從細微處窺探歷史,以發現其在諸如蒙元初期中州儒士、北方文統的社會影響以及南北統合的發展歷程等更深層面問題的研究價值。

邵嬋　河南財經政法大學馬克思主義學院　講師

Study on the change of the edition of *The Letter in Zhongzhou*

Shao Chan

Abstract: The original edition of *The Letter in Zhongzhou*, which has not yet been published in Seikado Bunko, Japan, is the earliest known edition of *The Letter in Zhongzhou*. By comparing with other versions, it can be seen that the preface to the supplement of the Yuan Dynasty edition in Seikado Bunko comes from Wu Yuangong, a bookmaker of Ming Dynasty, while the first four leaves are copied from the Ming Dynasty edition; the old manuscript stored in National Library comes from the Yuan Dynasty edition, but it has no origin with the Seikado Bunko edition; although the two kinds of facsimile edition come from the Seikado Bunko edition, they are the indirect transcripts, and the Taiwan Library edition is later than the Zhang Jinwu edition stored in Nanjing Library, but the content is closer to the Seikado Bunko edition. To clarify the evolution of each edition of *The Letter in Zhongzhou* is not only to collate the literature, but also to enable the academic community to pay close attention to the research value of *The Letter in Zhongzhou* on deeper issues such as Zhongzhou Confucian scholars in the early period of the Yuan Dynasty, Northern Literary orthodoxy and North - South Integration.

Keywords: *The Letter in Zhongzhou*　Yuan Dynasty edition　Old manuscript　facsimile edition　edition evolution

① 據吉川幸次郎的研究,《録鬼簿》上卷基本爲北方作家,他們的活動年代約在金亡到成宗大德年間。([日]吉川幸次郎著,鄭清茂譯:《元雜劇研究》,藝文書局,1986年,第127頁)與《中州啓劄》中儒士的活動年代相同。大德後北方儒士逐漸凋零,南方名士輩出,證明在大德間北方文統漸已失勢。

清嘉道間朝俄使節往來漢文信札考證*

顔敏翔

摘　要：俄羅斯科學院東方文獻研究所收藏有清嘉道間朝鮮燕行使與俄羅斯東正教駐京傳道團成員往來漢文信札，内容涵蓋兩國使節日常交流、人情往來及事務請託等方面，可補已知史料之闕。本文通過文獻比勘，旨在考證朝鮮使節通信對象，釐定信札次序，勾勒兩國使節交遊面貌，以及揭示往來信函在近代前夕中俄朝三國關係研究中之史料價值。

關鍵詞：海外漢籍　燕行録　比丘林　李肇源　趙寅永

明清時期朝鮮與中國關係密切，使節頻繁往來於兩國之間，已爲國内學界所周知。俄國與中國在明末清初始生聯繫，康熙間獲允在京派遣常駐團體。1716年俄國向北京派遣第一届東正教傳道團（Российская духовная миссия в Пекине，以下簡稱“傳道團”），每届大體以十年爲限，期滿輪换，至1956年第二十届傳道團返回蘇聯，在華凡二百四十載。傳道團成員來華以後，除日常傳教工作外，還要修習滿漢語文與中國文史，並收集各類文獻。

---

* 本研究爲2021年中國社會科學院與俄羅斯基礎研究基金會聯合資助項目“俄羅斯聖彼得堡藏漢籍的發掘、整理與研究”（項目號21-59-3001）的階段性成果。（Исследование выполнено при финансовой поддержке РФФИ и КАОН № 21-59-3001: «Собрания китайских рукописей и старопечатных книг в научных учреждениях Санкт-Петербурга: выявление, исследование и систематизация»）

本文得國家留學基金委員會資助。

1860 年之前，俄國與朝鮮並無直接聯繫，以目前所見，俄方最早記録朝鮮及中朝關係諸事者爲外交官朗格（Лоренц Ланг，約 1690—1752）。朗格於 1716—1739 年間多次往返中俄之間，在其日記中對朝鮮情况多有記載，其中尤以中朝宗藩關係最爲詳盡。①

1807 年俄國傑出漢學家比丘林（Никита Яковлевич Бичурин，1777—1853）出任第九届傳道團（1807—1821）團長，率團來華。比丘林在京十三年，留心收集各類文獻，1821 年届滿歸國時攜回漢滿文書籍、地圖即達十四箱之巨。② 回國後比丘林潛心治學，筆耕不輟，著述頗豐。1829 年，比丘林以清人吴長元《宸垣識略》爲史料基礎寫成《北京志》（Описание Пекина）一書，其中提及朝鮮使團在京寓所"高麗館"（同期燕行録稱作"玉河館"）。③ 1842 年，又著成《中華帝國詳志》（Статистическое описание Китайской империи），書中專列《朝鮮國》一章，詳述自箕子以來朝鮮歷史及當時朝鮮建置、風土等情況。④ 此外，俄國外交部亞洲司（Азиатский департамент）官員季姆科夫斯基（Егор Фёдорович Тимковский，1790—1875）於 1820—1821 年以督察（пристав）身分隨第十届傳道團來京，在其《1820—1821 年蒙古中國旅行記》（Путешествие в Китай через Монголию в 1820 и 1821 годах）中亦曾記録 1821 年朝鮮使節拜訪傳道團之事。⑤

康熙以後，清廷對朝鮮使節在京活動之約束漸次寬鬆，使節在京遊歷，幾無限制。⑥ 故在現存朝鮮燕行録中，除可見朝鮮使節與中國士大夫交遊唱和外，亦散見其與藩部使節、歐洲及俄國傳教士之交往。乾隆三十年（朝鮮英祖四十一年，1765）朝鮮著名學者洪大容（1731—1783）隨燕行使團來京，在其《湛軒燕記》中以寥寥數語提及俄羅斯（燕行文獻中多稱爲"鄂羅斯"）。⑦ 道光初，朴思浩（1784—1854）與金景善（1788—1853）分别於道光八年（朝鮮純祖二十八年，1828）、十二年隨使團燕行，在京期間曾拜訪傳道團駐地（清代文獻及朝鮮燕行録中稱爲"俄

---

① 潘曉偉：《1860 年前朝俄間的互識》，《當代韓國》2020 年第 1 期，第 88—89 頁。

② *Скачков П. Е.*：Очерки истории русского китаеведения. Главная редакция восточных литературы Издательства «Наука»，1977. С. 96.

③ *Бичурин Н. Я.*：Описание Пекина. Типография А. Смирдина，1829. С. 50.

④ *Бичурин Н. Я.*：Статистическое описание Китайской империи. Восточный дом，2002. С. 383-391.

⑤ *Тимковский Е. Ф.*：Путешествие в Китай через Монголию в 1820 и 1821 годах. Часть 2. Типография медицинского департамента МВД，1824. С.184.

⑥ 參見［朝鮮］金景善：《館所衙門記》，《燕轅直指》卷二，《韓國漢文燕行文獻選編》第 28 册，復旦大學出版社，2011 年，第 338—340 頁。

⑦ ［朝鮮］洪大容：《湛軒燕記》卷二《燕行録全集》第 42 卷，東國大學出版部，2001 年，第 151 頁。

［鄂］羅斯館”），並作遊記收入所著《燕薊紀程》《燕轅直指》二書中。①

總體而言，俄文史料及燕行録中對1860年前兩國交往情況之記載皆相當貧乏。

筆者於俄羅斯科學院東方文獻研究所（Институт восточных рукописей Российской академии наук）新見該所館藏清嘉道間朝俄使節往來漢文信札，或可補現有史料之不足，進而有助於探索近代前夕東亞歷史。

一、史料面貌

東方文獻研究所收藏之清嘉道間朝俄使節往來漢文信札凡二十五通，其中二十通爲抄件，收録於一清代詔令公文抄件合集中（索書號C56，本無題名，今據其實際内容稱之），五通爲原件。

清代詔令公文抄件合集（以下簡稱“抄件合集”）共三百四十七葉，葉面尺寸14.7×25.1釐米，西式精裝，書葉右側可見訂孔，應是舊裝痕迹。合集以工楷抄録於朱欄稿紙之上，稿紙版心下方印有“青雲齋”或“晴西書屋”之名。青雲齋稿紙半葉九行，四周雙邊，白口，單魚尾，書口末端題“青雲齋”，版框尺寸11.2×19.9釐米；晴西書屋稿紙半葉九行，四周單邊，白口，無魚尾，書口末端題“晴西書屋”，版框尺寸12×18.2釐米。書葉甲面左上角俄人以鋼筆題寫阿拉伯數字葉碼。全册分爲三部，第一至六八葉爲第一部，第六九至一二四葉爲第二部，第一二五至三四七葉爲第三部，每部前有俄文目録。第一部葉一至六三、第二部用青雲齋稿紙，第一部葉六四至六八、第三部用晴西書屋稿紙。

合集包含以下内容：

1. 嘉慶初年中俄官員會談紀要；

2. 乾隆五十八年（1793）清高宗爲英使馬嘎爾尼來華一事所發諭旨及其他相關公文；

3. 嘉慶二十一年（1816）清仁宗爲英使阿美士德來華一事所發諭旨及其他相應公文；

4. 嘉慶十八年（1813）清仁宗爲天理教之亂等事所發諭旨；

5. 嘉慶十八至十九年（1813—1814）朝鮮純祖謝恩表（見録於《俄羅斯科學院東方文獻研究所手稿部藏朝鮮文獻目録》［Корейские письменные памятники в рукописном отделе Института восточных рукописей Российской академии

① ［朝鮮］朴思浩：《鄂羅斯館記》，《燕薊紀程》卷二，《韓國漢文燕行文獻選編》第27册，第297—299頁。

［朝鮮］金景善：《鄂羅斯館記》，《燕轅直指》卷三，《韓國漢文燕行文獻選編》第28册，第467—472頁。

наук］中，編號 167。以下簡稱“俄科院朝鮮文獻目録”）①；

6. 嘉慶二十五年（1820）清宣宗爲大行皇帝喪儀之舉行、廟號謚號陵號之擬定、《實録》之修纂，以及新君即位儀典之籌辦等事所發諭旨；

7. 清仁宗與清宣宗就其他内外政事所發諭旨；

8. 俄皇亞歷山大一世 1814 年巴黎詔書漢滿文譯本；

9. 朝鮮使節與和直庵往來信札。

抄件合集無題名，無印章，《俄科院朝鮮文獻目録》中亦稱所著録之朝鮮純祖謝表抄件“來源不詳”②。然比丘林派駐中國期間曾將其所收集之阿美士德來華相關諭旨譯成俄文，③回國後分别發表於期刊《北方檔案》（Северный архив）1825 年第 14 期和 1828 年第 4 期。④ 筆者對比合集中諭旨抄件（葉二三至三二）與比丘林所發表之俄譯文，兩者編次及内容完全相符。如此，則合集中所收諭旨應爲俄譯文之原件，而合集或爲比丘林舊物，内收各件當爲比丘林在京搜羅原本後抄寫録副。以書體觀之，合集内各抄件用清代通行之館閣體寫成，顯出華人之手，應是傳道團聘傭之抄胥所爲。

朝鮮使臣與和直庵信札抄件在合集第三二三至三三八葉，依作者可分爲二組，第一組（第一至十四通）爲朝鮮使節信札，未指明收件人；第二組（第十五至二十通）爲和直庵信札，四通指明收件人，皆爲朝鮮使節。現依抄件文本著録如下：

1. 朝鮮使節筆談録，無落款，葉三二二甲至三二三甲；

2. 趙寅永信札，署“海東趙寅永”，（嘉慶）二十二年丁卯十月二十六日，葉三二三甲至三二四甲；

3. 李麟秀信札，署“李麟秀”，落款無年月，葉三二四乙；

4. 李藩秀信札，署“李藩秀”，（嘉慶）二十二年丁卯元月二十六日，葉三二五甲；

5. 李麟秀信札，署“玉書”，落款無年月，葉三二五乙；

6. 李麟秀信札，署“李麟秀”，（嘉慶）二十三年戊寅十月二十五日，葉三二六；

7. 李麟秀信札，署“玉書李麟秀”，（嘉慶）二十四年己卯十月二十四日，葉三

---

① *Троцевич А. Ф., Гурьева А. А.*: Корейские письменные памятники в рукописном отделе Института восточных рукописей Российской академии наук. Издательство СПбГУ, 2009. С. 245–246.

② Корейские письменные памятники в рукописном отделе Института восточных рукописей Российской академии наук. С. 246.

③ *Скачков П. Е.*: Очерки истории русского китаеведения. С. 99.

④ *Бичурин Н. Я.*: Указы и бумаги, относящиеся до английского посольства, бывшего в Пекине в 1816 г.//Северный архив. 1825. № 14. С.134–151.

Бичурин Н. Я.: Указы относящиеся до Английского посольства, бывшего в Пекин в 1816 году. Переведенные с китайского языка // Северный архив. 1828. № 4. С. 199–218.

二七甲；

8. 李麟秀信札，署“麟秀”，落款無年月，葉三二七乙；

9. 李鶴秀信札，署“丹皋”，落款無年月，葉三二八；

10. 李麟秀信札，署“李麟秀”，落款無年月，葉三二九甲；

11. 李鶴秀信札，署“李鶴秀”，（嘉慶）二十五年庚辰十月二十三日，葉三三〇甲；

12. 李肇源信札，署“玉壺”，落款無年月，葉三三〇乙；

13. 李麟秀信札，署“李麟秀”，道光元年辛巳正月初二日，葉三三一甲；

14. 李肇源信札，署“玉壺肇”，落款無年月，葉三三一乙；

15. 和直庵致趙寅永信札，署“和直庵”，落款無年月，葉三三三；

16. 和直庵致李麟秀信札，署“和直庵”，落款無年月，葉三三四；

17. 和直庵信札，署“和直庵”，落款無年月，葉三三五；

18. 和直庵信札，署“和直庵”，落款無年月，葉三三六；

19. 和直庵致李麟秀信札，署“和直庵”，落款無年月，葉三三七；

20. 和直庵致趙寅永信札，署“和直庵”，落款無年月，葉三三八甲。

東方文獻研究所又存有朝鮮使節信札原件（索書號 D97、A7），皆爲寫本，共五通，著録於《俄科院朝鮮文獻目録》中，編號 165 和 166。D97 寫本爲 19 世紀德國外交家、滿學家穆麟德（Paul Georg von Mōllendorff, 1847—1901）舊藏，A7 寫本來源不詳。①

D97 寫本内含朝鮮使節信札四通，其中三通配有窄長方形信封。信封、信箋皆用朝鮮厚白皮紙製成。A7 寫本爲趙寅永致和直庵信札一通，以淡紫色灑金箋紙書寫，置於西式信封内。書信文本在前述抄件合集中亦見，而文字略有不同。現簡述如下：

21. 李麟秀致和直庵信札。信封尺寸：6.8×34 釐米，其上題“和直庵閣下致／玉書拜具”。箋紙尺寸：48×34 釐米，凡十三行，行字不等。内文見録於抄件合集葉三二七甲（函七）。落款處有“玉書李麟秀拜上和直庵清几下”等字，抄件中無。本件落款以干支紀年，題曰“己卯十月二十四日”，抄件於干支前補題清紀年。

22. 李肇源致和直庵信札。信封尺寸 5.8×26 釐米，其上題“和直庵上人手啓／朝鮮正使李玉壺手書”。箋紙尺寸：39.5×25.9 釐米，凡十二行，行字不等。内文見録於抄件合集葉三三一乙（函十四）。落款處有“上和直庵閣下”等字及日期“十二日”，抄件中皆無。

23. 李鶴秀致和直庵信札。信封尺寸：5.8×28.8 釐米，其上題：“和直庵回展。”箋紙尺寸：41.1×28.8 釐米，凡十四行，行字不等。内文見録於抄件合集葉三

---

① Корейские письменные памятники в рукописном отделе Института восточных рукописей Российской академии наук. С. 244–245.

二八（函九）。落款有日期“元月十日”，抄件無。

24. 李肇源信札。無信封。箋紙尺寸：26.8×25.7 釐米。凡七行，行字不等。内文亦見録於抄件合集葉三三〇乙（函十二）。

25. 趙寅永致和直庵信札。箋紙尺寸：57.8×15.4 釐米。凡二十九行，行字不等。信札卷端有舊俄文題識：Получено в Генваре 1818 года из Кореи（1818 年 1 月收自朝鮮）。内文見録於抄件合集葉三二三甲至三二四乙（函二）。落款處有“和先生閣下”等字，並鈐“豐壤趙寅永字羲卿”陰文朱印一方，抄件無。本件落款以干支紀年，題曰“丁丑十月二十六日”，抄件於干支前補題清朝紀年。

由此可知，抄件合集中第二、七、九、十四通信函收件人皆爲和直庵。入清以後，朝鮮士人於私信中習用干支紀年，今抄件中使節信札落款有年月者，皆於干支前書題清朝紀元，顯係比丘林在京收得原件後命華人抄胥過録時所添。

對比抄件合集中兩組信札之文本，亦可見兩組中部分書信彼此存在關聯，如：

和直庵致李麟秀信札多次答復歸期，函十六文曰：“返國日期尚難預定，殊深悶悶。”（葉三三四甲）函十九文又曰：“僕人歸期定於四月二十六日。”（葉三三七乙）李麟秀在其致和直庵書信中則詢問：“歸期當在何年？”（函七，葉三二七甲）函十不具收件人，信中李麟秀又問：“歸國當在明年否？”（葉三二九甲）與函十六、十九内容相呼應，故函十應係李麟秀寄予和直庵。

和直庵在另一封致李麟秀信札中感歎“曾聞貴邦《東醫寶鑒》、輿圖諸書，盡善盡美，奈無緣購覓，殊深扼腕”（函十六，葉三三四乙）。而李麟秀在其信中稱：“俯囑《醫鑒》，非特巨帙難輸，中國已爲開板，東人亦多購致，幸諒之也。”（函六，葉三二六甲）如此，則函六應是李麟秀回覆和直庵。

函一、三、四、五、八、十一、十二/二十四、十三等信札相關情況將在下節討論。

二、朝鮮使節與和直庵生平

信札中共涉及朝鮮使臣五人：李肇源、李鶴秀、李麟秀、趙寅永及李藩秀。

李肇源（1758—1832），字景混，號玉壺，正祖十六年（清乾隆五十七年，1792）狀元及第，正祖（1776—1800）、純祖（1801—1834）時歷任要職。純祖二十七年（清道光七年，1827）爲人構陷謀反，流海島。三十二年卒於流所。① 有《玉壺集》

① 《朝鮮純祖實録》卷二八：純祖二十七年三月二十九日。韓國國史編纂委員會《朝鮮王朝實録》數字檢索版，網頁地址：http://sillok.history.go.kr/id/kwa_12703029_004。

《朝鮮純祖實録》卷二九：純祖二十七年八月十八日。網頁地址：http://sillok.history.go.kr/id/kwa_12708018_003。

《朝鮮純祖實録》卷三二：純祖三十二年三月二日。網頁地址：http://sillok.history.go.kr/id/kwa_13203002_002。

《燕薊風煙》《菊壺筆話》等傳世。①

李鶴秀(1780—1859),字子皋,號丹皋,純祖十二年(清嘉慶十七年,1812)登科,其父李始源,爲肇源之兄。②

李麟秀(1789—?),字子囿,純祖九年(清嘉慶十四年,1809)登科,李肇源之子。③ 玉書應是麟秀之號。麟秀事迹不詳,據朝鮮《承政院日記》曾任户曹佐郎、果川縣監、漢城庶尹等職。④ 肇源歿後,兩司(司憲府、司諫院)啓"請物故罪人肇源諸子"⑤,麟秀或受牽連。又據漆永祥氏《燕行録千種解題》,李麟秀編有《李尚書燕行日記》。⑥

據《朝鮮純祖實録》,李肇源於純祖十六年(清嘉慶二十一年,1816)十月以判中樞充冬至謝恩使、純祖二十一年(清道光元年,1821)正月以判中樞充進賀謝恩使,李鶴秀於純祖十九年十月以吏曹參判充冬至副使燕行入京。⑦ 李肇源燕行期

---

① 王紅霞:《中國國家圖書館藏燕行使者李肇源著述考》,《域外漢籍研究集刊》第十八輯,2019 年,第 497 頁。

韓國歷史人物綜合信息系統(한국역대인물 종합정보시스템):"李肇源"條。韓國學中央研究院,網頁地址: http://people.aks.ac.kr/front/dirSer/exm/exmView.aks?exmId=EXM_MN_6JOc_1792_011062&category=dirSer。

② 韓國歷史人物綜合信息系統:"李鶴秀"條。網頁地址: http://people.aks.ac.kr/front/dirSer/exm/exmView.aks?exmId=EXM_UN_6JOc_9999_003111&curSetPos=1&curSPos=1&category=dirSer&isEQ=true&kristalSearchArea=P。

③ 韓國歷史人物綜合信息系統:"李麟秀"條。網頁地址: http://people.aks.ac.kr/front/dirSer/exm/exmView.aks?exmId=EXM_SA_6JOc_1809_028385&category=dirSer。

④ 《承政院日記》册二一五五:純祖二十二年六月十五日。韓國國史編纂委員會《承政院日記》數字檢索版,網頁地址: http://sjw.history.go.kr/id/SJW-H22060150-01700。

《承政院日記》册二一七六:純祖二十四年三月二十八日。網頁地址: http://sjw.history.go.kr/id/SJW-H24030280-00700。

《承政院日記》册二二〇五:純祖二十六年七月二十一日。網頁地址: http://sjw.history.go.kr/id/SJW-H26070210-01300。

⑤ 《朝鮮純祖實録》卷三二:純祖三十二年三月十四日。網頁地址: http://sillok.history.go.kr/id/kwa_13203014_003。

⑥ 漆永祥:《燕行録千種解題》,北京大學出版社,2021 年,第 1117 頁。

⑦ 《朝鮮純祖實録》卷一九:純祖十六年十月廿四日。網頁地址: http://sillok.history.go.kr/id/kwa_11610024_001;

《朝鮮純祖實録》卷二二:純祖十九年十月廿四日。網頁地址: http://sillok.history.go.kr/id/kwa_11910024_002;

《朝鮮純祖實録》卷二三:純祖二十一年正月初七日。網頁地址: http://sillok.history.go.kr/id/kwa_12101007_001。

參見楊雨蕾:《燕行與中朝文化關係》,上海辭書出版社,2011 年,第 297—298 頁。

間,與中國文人士大夫多有唱和,①作有燕行録《北征耳目口》,已佚。②

朝鮮使節燕行,子弟多有隨行者。③ 李麟秀道光元年正月初二日信札云:"此次未能入燕……一别五年,悵念徒切。"(函十三,葉三三一甲)由此可推知,麟秀於嘉慶二十一年隨其父燕行。

趙寅永(1782—1850),字羲卿,號雲石,純祖十九年(清嘉慶二十四年,1819)進士,純祖、憲宗(1835—1849)兩朝顯宦,卒謚文忠。④ 著作有《雲石遺稿》等。

純祖十五年十月,朝鮮以判中樞洪義浩爲冬至兼謝恩正使、禮曹判書趙鍾永爲副使燕行進京。⑤ 鍾永爲寅永再從兄,故寅永以子弟身分隨從。⑥ 寅永雅好金石,好學勤思,在京時與劉喜海、翁方綱等中國學者多所交往。⑦

李藩秀生平暫闕,其信函作於嘉慶二十二年正月二十六日,信中又有"清心丸攜來者垂盡,堇呈五丸"等語(函四,葉三二五甲),清心丸爲朝鮮傳統醫藥,清代頗受中國士人歡迎,故使節燕行,多攜帶此丸以備分送之需,然供不應求。⑧ 則可推知藩秀隨嘉慶二十一年燕行使團入京。

和直庵其人,清代文獻無載,《俄科院朝鮮文獻目録》中亦未考得其詳。筆者比勘史料,試論如下。

李肇源、趙寅永、李麟秀在其書信中皆詢問和直庵歸國之期:

本國歸期在何時?(李肇源致和直庵信札,函十四,葉三三一甲)

---

① 參見王婧澤:《朝鮮朝使臣李肇源燕行詩探微》,《古籍整理研究學刊》2020 年 1 月第 1 期,第 74—79 頁。

② 王紅霞:《中國國家圖書館藏燕行使者李肇源著述考》,《域外漢籍研究集刊》第十八輯,第 497 頁。

③ [朝鮮] 金景善:《館所衙門記》,《燕轅直指》卷二,《韓國漢文燕行文獻選編》第 28 册,第 340 頁。

④ 韓國歷史人物綜合信息系統:"趙寅永"條。網頁地址:http://people.aks.ac.kr/front/dirSer/exm/exmView.aks?exmId=EXM_MN_6JOc_1819_011998&curSetPos=1&curSPos=0&category=dirSer&isEQ=true&kristalSearchArea=P。

⑤ 楊雨蕾:《燕行與中朝文化關係》,第 297 頁。

⑥ 漆永祥:《燕行録千種解題》,第 1101 頁。

⑦ 劉喜海《海東金石苑題辭》:"趙雲石名寅永字羲卿,朝鮮人,嘉慶丙子(二十一年,1816)入都。知余有金石癖,於書林中晤之,出行篋所攜。"《海東金石苑》,清光緒七年(1881)張德容二銘草堂刻本。葉 1A。

鞏雪:《劉喜海交遊考》,湖北美術學院碩士學位論文,2020 年,第 26 頁。

翁方綱有《答趙寅永書》,見所著《復初齋文集》卷一七,影印清李彦章校刻本,《續修四庫全書》第 1455 册,上海古籍出版社,1995 年。

⑧ 吴政緯:《論朝鮮清心丸的流行與清代遼東社會》,《臺灣師大歷史學報》第 62 期,2019 年 12 月,第 49—95 頁。

貴邦榮還之期,果今年耶?(趙寅永致和直庵信札,函二,葉三二三甲;又信札原件,函二十五)

歸期當在何年?(李麟秀致和直庵信札,函七,葉三二七甲;又信札原件,函二十一)

歸國當在明年否?(李麟秀致和直庵信札,函十,葉三二九甲)

如此,和直庵顯非華人。

趙寅永致和直庵信札稱"足下處天下極北"(函二,葉三二三甲;又函二十五),李麟秀於信中詢問和直庵歸期(函十,見前引),同時感慨"燕館一别,遂此萬里矣",後又感慨"此次未能入燕,從此不復相見,山河三萬里,夢魂亦阻"(函十三,葉三三一甲),可知和直庵來自"天下極北"之所,與朝鮮相去萬里之遥。

然則何爲"天下極北"?

乾隆間洪大容燕行來京,於《湛軒燕記》中記曰:

鄂羅斯……在沙漠外絶域。①

道光初,朴思浩又於《燕薊紀程》中記曰:

鄂羅斯……在黑龍江北,距中國二萬餘里。②

以當時朝鮮士人之觀念,此"天下極北"之地,所指爲俄羅斯,應是無疑。且當時外邦(藩)遣使來京,僅俄國傳道團獲准常駐,定期輪换,則和直庵當爲傳道團成員。

往來書札作於嘉慶二十一年至道光元年(1816—1821)之間,正在第九届傳道團派駐來華之期(1807—1821),則與朝鮮使節通信者以比丘林最爲可能。

和直庵致李麟秀信札中稱:

都門判袂,彈指五年。(函十九,葉三三七甲)

僕人歸期定於四月二十六日。(同上)

前已論及,李麟秀燕行來京在嘉慶二十一年,則此信所作,應在道光元年。

另一書信中和直庵曰:

僕寄居中華十有三載。(函十八,葉三三六甲)

比丘林來華在1807年,至1821年返國,適足此年數。返國途中比丘林將北京至恰克圖沿路行程逐日記録,後彙爲《蒙古筆記》(Записки о Монголии),於

---

① [朝鮮]洪大容:《湛軒燕記》卷二,《燕行録全集》第42卷,第151頁。

② [朝鮮]朴思浩:《諸國》,《燕薊紀程》卷二,《韓國漢文燕行文獻選編》第27册,第297—299頁。

1828 年刊行。據此書記載,比丘林於俄曆 1821 年 5 月 15 日離京啓程。① 是日爲西曆 1821 年 5 月 27 日,亦即華曆清道光元年四月二十六日,與和直庵信中所言歸期相符。由此可證,和直庵正是比丘林。

季姆科夫斯基則記有 1821 年俄曆 4 月 8 日比丘林接待朝鮮使節李玉壺(原文作: Лиюйху)到訪南館一事。② 李玉壺,即李肇源。季氏記載,可爲旁證。

此外,李肇源燕行期間又作贈詩一首,題名曰《和雅敬》,收入在其詩集《燕薊風煙》之中,現録之於下:

奇遇鄂羅人,重譯猶聽瑩。其意頗慇懃,寶刀脱相贈。③

"鄂羅",即鄂羅斯之略稱④,則和直庵與和雅敬當爲同一人。雅敬爲比丘林漢名,或出自其教名雅金甫(Иакинф),而直庵當爲其號。在華之東正教士,清人呼作"喇嘛"⑤,則比丘林漢姓"和"之起源,或援引漢地佛僧以"釋"爲姓之例,取"和尚"之首字也。

李肇源、李麟秀、李鶴秀、趙寅永、李藩秀分别於嘉慶二十年至道光元年間燕行來京。嘉道間朝鮮使節到京後,大體在京城及周邊遊歷,李肇源等因此得與比丘林(和直庵)相識。前已考證,抄本合集原係比丘林舊物,其中抄入本人往來信札,合乎情理。故合集中李肇源(函十二/二十四)、李麟秀(函三、五、八、十三)、李鶴秀(函十一)、李藩秀(函四)等人信札,雖未指明收件人,然論以常理,應皆寄往比丘林處。至於筆談録(函一),所言爲當時朝鮮行政、地理之概況,應是比丘林與某位使節晤面時所爲。

梳理東方文獻研究所相關典藏,可知現存: 李肇源致比丘林⑥信札二通(函十二/二十四、十四/二十二);李鶴秀致比丘林信札二通(函九/二十三、十一);趙寅永致比丘林信札一通(函二/二十五),比丘林致趙寅永信札二通(函十五、二十);李麟秀致比丘林七通(函三、五、六、七/二十一、八、十、十三),比丘林致李麟秀信札二通(函十六、十九);李藩秀致比丘林信札一通(函四);比丘林不具收信人信

---

① *Бичурин Н .Я.:* Записки о Монголии. Типография Карла Крайя, 1828 г. С. 1.

② *Тимковский Е. Ф.*: Путешествие в Китай через Монголию в 1820 и 1821 годах. Часть 2. С. 257.

③ [朝鮮] 李肇源:《燕薊風煙》,中國國家圖書館藏抄本,索書號 04409,葉 36A。

④ 見[朝鮮] 朴思浩《燕薊紀程》卷二(《韓國漢文燕行文獻選編》第 27 册,第 299 頁)、[朝鮮] 金景善《燕轅直指》卷三(《韓國漢文燕行文獻選編》第 28 册,第 473 頁)

⑤ 見第十届傳道團成員丹尼爾 · 西維洛夫(Даниил Сивиллов)爲漢譯布道書《正教鑒》(Зерцало Православного исповедания)所作序:"斯衆中尚有司教神父(小字注: 華言喇嘛)一人。"(《正教鑒自序》,《正教鑒》,聖彼得堡國立大學東方系圖書館藏抄本,索書號: xyl1699)

⑥ 前文已考證,比丘林漢名和雅敬,號直庵。故以下行文徑書"比丘林"。

札二通(函十七、十八);筆談録一通(函一)。兹依交遊關係,分論於下。

三、往來信札中所見之朝俄使節交遊

(一) 李麟秀

朝鮮使節與比丘林往來之信札,以李麟秀爲最多。與比丘林之交往應早在嘉慶二十一年燕行入京之時。

> 昨日因客擾,今又劚書,未暇送探矣。今承惠書,及四椀佳味,珍感萬萬。(函三,葉三二四乙)
>
> 數日頗寒,道體萬福。……明日當早進而又未免徑還,蓋病不能久坐,只是踐而已。(函五,葉三二五乙)
>
> 昨獲款接,醉飽以德。歸來耿耿,殆不能忘也。明日當早往做穩。(函八,葉三二七乙)

函三、五、八三通書信皆無落款年月,然於引文可知,比丘林嘗贈膳食予麟秀,麟秀亦多次造訪南館,獲比丘林款待,醉飽而歸,則此三通書信顯應作於麟秀在京之際。麟秀往往此番方才造訪,即約下次再晤之期,交往可謂頻繁。據比丘林所繪《1817 年北京地圖》(План Пекина снятый в 1817 г.)①,朝俄使館僅一街之隔,顯然爲兩國使節往來提供便利。

比丘林是否涉足朝鮮使館,雖未見記載,然氏著《北京志》中言使館"屋舍簡陋,膳食惡劣",成員只得"以蒲席搭建窩棚過冬",正使亦"只用房半間,與他人相隔"而已,②則比丘林應邀造訪之後據實以録,亦有可能。

二人在京之交往,非獨籌錯言歡之事,亦多有關學問者。

> 《綱目》荷此委送,尤所欣喜。價銀少還,當送鄙伻賫去矣。(函三,葉三二四乙)
>
> 《皇城内外圖本》,又爲借惠如何?(函五,葉三二五乙)

比丘林所委送之《綱目》,應指清廷官定之《御批資治通鑑綱目》正續三編。據傳道團成員向國内提交之研修報告,該書在 19 世紀上半葉爲伊等研習中國歷史之教本。③ 明清兩代朝鮮使節在燕行時搜訪圖籍,固爲常態,然康熙時起清廷

---

① *Бичурин Н. Я.*: План Пекина снятый в 1817 г. СПб. 1829.愛沙尼亞國家檔案館藏本,檔案號: EAA.854.4.1107 。網頁地址: https://www.ra.ee/kaardid/index.php/en/map/searchAdvanced?refcode=EAA.854.4.1107&vmode=grid&q=1。

② *Бичурин Н. Я.*: Описание Пекина. С. 50.

③ Отчет Е. Сычевского 30-го января 1838 года // РГИА: Ф. 796. Оп. 448. Д. 10. Л. 9.

即禁止朝鮮使節收購史書,乾隆間又對朝鮮使節聲明:“凡史書……等項一應違禁之物不得入館售買。”①更有使節因私購史書爲清廷所察,而遭禮部嚴查詳審之事。② 嘉道間限制漸寬,而功令猶在,《御批資治通鑑綱目》雖非罕見之書,然李麟秀由比丘林處購得,應與清廷禁令有關。

信中李麟秀又求覽《皇城内外圖本》。比丘林曾繪《1817 年北京地圖》,回國以後彩印行世。明清時朝鮮使節來京,例行記録沿途地理風貌,於北京城面貌描摹尤爲細緻,更有繪製地圖者。③ 麟秀在京與比丘林過從甚密,得知其正編繪地圖,並祈求觀覽,亦在情理之中。信中所謂《皇城内外圖本》,應即比丘林所繪北京圖之底稿。

嘉慶二十二年(1817)二月李麟秀隨使團返國後,與比丘林繼續保持通信往來。

在致李麟秀信札(函十六)中,比丘林向其要求《東醫寶鑒》一書:

> 僕性耽經籍,每欲披讀異書,曾聞貴邦《東醫寶鑒》、輿圖諸書,盡善盡美,奈無緣購覓,殊深扼腕。(函十六,葉三三四甲至乙)

麟秀於嘉慶二十三年(1818)十月二十五日回信曰:

> 俯囑《醫鑒》,非特巨帙難輸,中國已爲開板,東人亦多購致,幸諒之也。(函六,葉三二六甲)

《東醫寶鑒》係朝鮮許浚(1539—1615)所撰,初以活字刊於光海君五年(明萬曆四十一年,1613),傳入中國以後,刊本衆多,自乾隆至光緒,屢見不絶。麟秀答比丘林曰“中國已爲開板,東人亦多購致”,或因《東醫寶鑒》在兩國刊刻時序不同。自初刊本問世至純祖時,朝鮮曾多次校正刊行《東醫寶鑒》,累計有:孝宗十年(清順治十六年,1659)刊本、肅宗四十四年(清康熙五十七年,1718)刊本、英祖三十年(清乾隆十九年,1754)刊本以及純祖時刊本等。④ 純祖刊本題“歲甲戌仲冬内醫院重刊”字樣,甲戌當純祖十四年(清嘉慶十九年,1814),而據崔秀漢氏考證,該本實際問世應在純祖二十年(清嘉慶二十五年,1820)。⑤ 自英祖至純祖《東醫寶鑒》在朝鮮六十年未曾新刊,而中國繼乾隆三十一年(1766)刊行《東醫寶鑒》

---

① [朝鮮]李坪:《燕行記事》,《燕行録全集》第 52 卷,第 464 頁。

② 楊雨蕾:《燕行與中朝文化關係》,第 117 頁。

③ 參見楊雨蕾:《寄情都市空間:朝鮮彩繪本北京城市地圖》,《歷史地理》第三十八輯,2019 年,第 269—285 頁。

④ 柯卉:《中韓醫學交流史上的〈東醫寶鑒〉》,《韓國研究論叢》,2000 年,第 405 頁。崔秀漢:《〈東醫寶鑒〉版本考》,《延邊醫學院學報》,1991 年 9 月,第 14 期,第 229—230 頁。

⑤ 崔秀漢:《〈東醫寶鑒〉版本考》,《延邊醫學院學報》,第 216 頁。

後，嘉慶元年至二年（1796—1797）又陸續有英德堂刻本、江寧敦化堂刻本、聚勝堂刻本刷印行世，①故麟秀答曰"中國已爲開板，東人亦多購致"，良有以也。

19世紀上半葉，傳道團有爲俄外交部亞洲司圖書館在京收集圖書之責。俄羅斯國立歷史檔案館（Российский государственный исторический архив，РГИА）藏有19世紀前期傳道團《自北京爲亞洲司圖書館所運送漢滿文圖書清單》（Список китайских и маньчжурских книг, вывезенных из Пекина для Библиотеки Азиатского департамента）一份，其中登記《東醫寶鑒》一部（編號147），②亦見録於1843年亞洲司圖書館所編漢籍目録（編號285），共四函二十五册。③ 今東方文獻研究所收藏《東醫寶鑒》一部（索書號D10），著録於《俄科院朝鮮文獻目録》，題曰"來自亞洲司舊藏"。④ 檢核原書，該本爲典型朝鮮刊本，刊年不詳，函次册數與亞洲司圖書館漢籍目録所著同，每册末葉鈐亞洲司圖書館雙頭鷹飾圓形墨印，則該藏本顯係傳道團自中國攜回。比丘林在京十餘年，頻繁出入書肆，熱衷搜羅圖籍，理應知曉中國新刊本之情況。然比丘林之所以致信李麟秀曰"奈無緣購覓，殊深扼腕"者，蓋欲求朝鮮原刊之版也。傳道團移交亞洲司之朝鮮刊《東醫寶鑒》，或即日後朝鮮燕行使團攜來轉贈者，亦未可知。

如前所論，李麟秀此信（函六）係回覆比丘林（函十六）而作。麟秀回信作於嘉慶二十三年十月二十五日，當年進賀兼冬至謝恩使團（正使鄭晚錫）於同日啓程⑤，則此函應交鄭晚錫使團轉達。

比丘林於函十六開篇曰：

> 春初貴介來館，接披翰教。（函十六，葉三三四甲）

李麟秀覆信曰：

> 日乞使价之還，於暮春獲奉委函。（函六，葉三二六甲）

由比丘林信中開篇所言"春初貴介來館，接披翰教"，可知嘉慶二十二年冬麟

---

① 柯卉：《中韓醫學交流史上的〈東醫寶鑒〉》，《韓國研究論叢》，第405頁。崔秀漢：《〈東醫寶鑒〉版本考》，《延邊醫學院學報》，第231—232頁。

② Список китайских и маньчжурских книг, вывезенных из Пекина для Библиотеки Азиатского департамента // РГИА: Ф. 796. Оп. 448. Д. 42. Л. 3А.

③ Каталог книгам, рукописям и карт на китайском, маньчжурском, монгольском, тибетском и санскритском языках находящимся в Библиотеке Азиатского департамента. Типография Эдуарда Праца, 1843. С. 48.

④ *Троцевич А. Ф.*, *Гурьева А. А.*: Корейские письменные памятники в рукописном отделе Института восточных рукописей Российской академии наук. С. 144-145.

⑤ 楊雨蕾：《燕行與中朝文化關係》，第298頁。

秀曾寫成一函,交當年冬至使團(正使韓致應)①攜帶進京,其成員於二十三年正月初春之際拜訪南館,轉交比丘林。麟秀回信中稱"於暮春獲奉委函",使團由北京返回,沿路約需六十日,則比丘林此信應作於二十三年初春,交韓致應使團帶回朝鮮。

二人在信中又論及比丘林之歸期。

比丘林曰:

> 返國日期尚難預定……僕擬稍備土産,聊作瓊瑶之報,奈换班之人尚未到京,容俟來時定當選擇數種附呈左右。(函十六,葉三三四甲)

李麟秀曰:

> 且回國退期,使我又有此寸楮寄音。前春款洽,若將再遇,甚喜甚喜。(函六,葉三二六甲)

李麟秀在二十二年冬所作信函中應詢問比丘林歸期。第九届傳道團於 1807 年來華,按例應於 1817 年返程。1816 年俄曆 11 月 28 日比丘林曾致信主教公會(Синод),呈請將本人在華任期延長十年。② 雖未獲允,但主教公會並未强令比丘林歸國。故比丘林於二十三年春所作信函中稱"返國日期尚難預定",並承諾待换班人員到京,選送土産相贈。二十三年冬,李麟秀回書,欣喜比丘林"回國退期",期待重逢。

嘉慶二十四年十月二十四日李麟秀又致信比丘林(函七/二十一)。當年朝鮮冬至使團(正使洪羲臣,副使李鶴秀)於同日啓程③,則此函應交洪羲臣使團轉達。

> 今春使還,承覽惠覆披書。(函七,葉三二七甲)

由"今春使還,承覽惠覆披書"等語可知,嘉慶二十四年春比丘林亦曾寫信,交鄭晚錫使團帶回,轉交李麟秀,此信今尚未見。信札原件(函二十一)文末另有文字,不見於抄件:

> 清心丸五元呈□。

隨信交洪羲臣使團轉達者有清心丸。前已論及,清心丸頗受清代士人歡迎,且常供不應求,此次附贈清心丸五元,足顯交誼。

李麟秀致比丘林最後一函作於道光元年正月初二日(函十三)。爲賀清宣宗

---

① 楊雨蕾:《燕行與中朝文化關係》,第 297 頁。

② *Скачков П. Е.*: Очерки истории русского китаеведения. С. 95.

③ 楊雨蕾:《燕行與中朝文化關係》,第 298 頁。

御極，朝鮮以李肇源爲進賀謝恩使，於正月初七日啓程，[①]則書信應由李肇源使團代轉。

> 一別五年，悵念徒切。……此次未能入燕，從此不復相見，山河三萬里，夢魂亦阻……唐詩謂："始知相結密，不如相結疏。"古人亦以別離爲難，况吾輩此生不可再見者耶？言之傷心，惟願歸車保重。薄物，遠人表情，勿却而莞領也。（函十三，葉三三一甲）

在嘉慶二十三年信札（函六）中李麟秀尚且期待重逢之期，然因"此次未能入燕"，終究未能得償所願。信中引唐代詩人賈島《寄遠》詩，感慨"山河三萬里"，此生不得相見，惟寄上薄禮，聊祝"歸車保重"而已。

《燕行録千種解題》著録李麟秀所編《李尚書燕行日記》，以爲麟秀道光元年隨肇源燕行時所編。[②] 然據麟秀此函，道光元年並未隨行，則《日記》編著之年應別有所繫。

函十九爲比丘林之回信曰：

> 昨貴使述職入都，承手書先頒，殷殷存問……惠我嘉物，本愧不敢當……蒙賜藥紙等一併收領……僕人歸期，定於四月二十六日，從兹天南地北，握手恒難，異域殊疆，魚書用絶（函十九，葉三三七甲）

"昨貴使述職入都，承手書先頒"，應指李肇源使團到京後轉達信函一事。信中比丘林呼應李麟秀來函，暢敘離情，感慨今後"異域殊疆"，魚雁難通。麟秀所贈"藥紙"，應是清心丸與朝鮮所産箋紙。據《清宣宗實録》，李肇源於三月初九日謁見皇帝[③]，則使團到京應在三月初，回信所作更在此後不久。

李麟秀致比丘林信札之題署年月者，作於嘉慶二十三、二十四年十月（函六、七）及道光元年正月（函十三），皆係每年燕行使團攜行代轉。另有第十通信函，亦李麟秀所作，不署年月。

麟秀曰：

> 明年如不歸國，又當修好，幸詳示之也。（函十，葉三二九甲）

此時，麟秀尚於信中謂比丘林"明年如不歸國"，則二人仍可通信往來。若信函作於嘉慶二十五年並交使團代轉，因清仁宗晏駕，朝鮮於當年十月下旬至十一

---

① 楊雨蕾：《燕行與中朝文化關係》，第298頁。

② 漆永祥：《燕行録千種解題》，第1117頁。

③ 《清宣宗實録》卷一四：道光元年三月初九日己未，《清實録》第33册，中華書局，1985年，第275頁。

月上旬派出三班使團燕行,[①]按路程需六十日,此函應在嘉慶二十五年十二月下旬至道光元年正月上旬到京,則在李肇源使團啓程前,李麟秀絶無可能收到比丘林回信。而函十三信文中麟秀鋪敘離别之情,感慨此生難見,並寄上贈禮,顯然對比丘林即將返國之事已有所知曉。故函十似不應作於嘉慶二十五年。若繫之於嘉慶二十二年十月,則恰與比丘林二十三年春回信(函十六)中"敬悉起居萬福,欣羡奚似""返國日期尚難預定,殊深悶悶"等語相呼應,於理可通。

(二) 李肇源

李肇源於清嘉慶二十一年、道光元年十月兩次以正使身分燕行。東方文獻研究所現存其與比丘林通信二通(函十二/二十四、函十四/二十二)。

李肇源曰:

丁丑春兒子頻往來。雖未覿光儀,聲息密邇,與密談無異,至今耿念。(函十四)

今次再來,只切室邇人遐之歎。兒子有官守,不得離。今行不隨來,渠固悵恨。而直庵亦應一般懷也。(同上)

丁丑,當嘉慶二十二年(1817),是時李肇源以冬至使燕行。所謂"兒子頻往來",應指李麟秀與比丘林往來熱絡之事。嘉慶二十二年李肇源出使,麟秀隨同來京,與比丘林頻繁往來,李肇源因而得知比丘林,而當時與比丘林並未晤面。道光元年李肇源再次燕行,由文中"今次再來"四字可知,信函作於此年。本年使行,麟秀未得隨從,由肇源代爲致意。肇源曰:"今行不隨來,渠固悵恨。"此語在麟秀所作書信中亦可得驗證。信札原件(函二十一)於文末署"十二日",前已論及,李肇源於三月初九日覲見清宣宗,則此十二日,應以三月十二日最爲可能。

函十二李肇源曰:

暫面旋别,耿悵多矣。興居何似,念切念切。不腆之物,聊表此情。貴國官人前亦轉達此意。(葉三三〇乙)

據《朝鮮純祖實録》,六月初二日李肇源已在朝議政[②],則使團啓程應在三月底至四月初,故此函作期當在使團離京之前。時比丘林任期屆滿,將於四月底歸國,而使團返程在即,故肇源請比丘林在"貴國官人前"亦轉達問候之意。

東方文獻研究所藏有朝俄使節筆談録(函一)一份,共問答三題,涉及朝鮮道里、建置、地理等基本狀況:

---

① 楊雨蕾:《燕行與中朝文化關係》,第 298 頁。

② 《朝鮮純祖實録》卷二三:純祖二十一年六月初二日。網頁地址:http://sillok.history.go.kr/id/kwa_12106002_003。

(問)貴國王城離此多遠? 並王城何名? 均示知。

(答)自王城至燕京,恰三千餘里。王城名漢陽城。

(問)貴國共幾省? 省會皆是何名?

(答)小國也。東西一千里,南北四千里。不曰省,曰道,八道也……道内二大州之名,各一字成道名……合三百六十餘州府郡縣。

(問)貴國有江湖否?

(答)多崇山峻絶,少平原之野,而多山,故山水多,水流爲江湖……

季姆科夫斯基日記中存有1821年俄曆4月8日(清道光元年三月十九日)與李肇源對話記録之俄譯文。當日李肇源造訪南館,季姆科夫斯基應比丘林之邀一同會晤,[①]因季氏不通漢文,比丘林或居間以筆談轉譯。俄譯文應出自比丘林之手。對照俄譯文與筆談録(函一),兩者内容相符,則函一爲比丘林用漢文所記之季姆科夫斯基與李肇源對談筆録。

(三) 趙寅永

趙寅永於嘉慶二十年隨當年冬至使團燕行進京。東方文獻研究所現存趙寅永致比丘林信函一通(函二/二十五),比丘林致趙寅永信函二通(函十五、二十)。

函二作於嘉慶二十二年十月二十六日。當年冬至使團(正使韓致應)於十月二十九日啓程燕行,此函應交使團攜行代轉。

第於去年,果有私冗,未暇以一書仰叩文几。弊友李玉書袖致瑶函,驚喜如癡,然舊僕因足下垂問鄙人甚摯,而僕則闊焉無書,爲可愧。(函二,葉三二三甲)

貴邦榮還之期,果今年耶? 從此相去,即天之涯,地之角,夢想虚境,亦未易到……祇令人悱惻耳。(函二,葉三二三乙)

由"弊友李玉書袖致瑶函"可知,比丘林先前曾致信趙寅永,請李麟秀轉交,惜信函今不得見。李麟秀自北京回國在二十二年春,轉交信函應在此時。則比丘林得識寅永,應在寅永二十年隨團燕行之際,時間大約在二十一年正月間,在諸朝鮮使節中爲最早。信中趙寅永解釋因"私冗"未暇致函,並詢問比丘林歸期,當與比丘林按例派期將近有關。

信札原件(函二十五)於卷末又有一句:

詩箋一束,摺扇二握,貂穎五枚,清心三元,聊表微忱。

---

① *Тимковский Е. Ф.*: Путешествие в Китай через Монголию в 1820 и 1821 годах. Часть 2. С. 258–260.

則趙寅永隨函亦有禮物隨贈。所謂"貂穎",似爲狼毫筆頭。

函十五爲比丘林致趙寅永函。

派期雖届,第未接來文,尚無反國定期,俟有的信,當即奉報。(函十五,葉三三三乙)

如奉貴差來京,還望時錫南針,以匡不逮。倘僕一經言旋……即尺素往來,郵筒輾轉,難保浮沉。(同上)

比丘林答趙寅永曰"派期雖届,第未接來文,尚無反國定期",如前所論,比丘林1816年底已向國内呈請延期,雖未獲准,亦未得回國命令,故信中乃有斯言,並請寅永常通音訊。可知,此函應係函二之回信,作於嘉慶二十三年春,交韓致應使團帶回轉交。

函二十比丘林曰:

别來已久,可想時殷……惟歸已近,倏即言旋……從此天各一涯,良難再會……兹寄上微物,聊伸别意,幸勿見却。(函二十,葉三三八甲)

信中比丘林坦言歸期已近,"不得晤别",寄上薄禮,聊表心意。則此函應作於比丘林返國之前,或在道光元年春。

(四)李鶴秀、李藩秀

李鶴秀於嘉慶二十四年以冬至副使身分燕行入京,東方文獻研究所今存信函二通(函九/二十三、函十一)。鶴秀爲麟秀從兄,或因麟秀得識比丘林。

函九李鶴秀曰:

數日阻聞,深以爲悵。即承惠問,良可慰幸。夜回起居更何如?(函九,葉三二八甲)

僕今日往海甸,十六日當歸館①,十八日更往,十九日告辭爲計耳。(函二十三)

又信札原件(函)二十三末署"元月十日"。

由引文"數日阻聞""夜回起居更何如"及題署"元月十日"可知,此函應作於李鶴秀燕行在京之際。

"僕今日往海甸……十九日告辭爲計耳"所述諸事,當即鶴秀出使之行程。嘉道間皇帝常於正月初十日前後往幸圓明園,朝鮮使團伴駕隨往,並留住若干日後返城。當月下旬二十六日前後皇帝在圓明園接受朝鮮使節進表與賀禮,隨員仍

① 十六日當歸館,信函抄件(函九)無"當"字。

留館舍。[①] 考之《清實録》,嘉慶二十五年清仁宗於正月初十日幸圓明園,二十六日在圓明園接受朝鮮正使進表與賀禮。[②] 鶴秀時爲朝鮮副使,頻繁往來北京城與圓明園之間,亦屬常理。正月初十日鶴秀伴駕隨往圓明園,當日寫信告知比丘林隨後行程安排,或爲便利相約晤面之用。

> 教意已悉,鏡畫事不甚愧殺。初則受之無名,故以價相問,而末則輸去甚難,不敢生意而已。價之高下,更不欲煩於其間也。石鏡之所求者,只是面鏡,今之所示,似有太大之歎,置之無妨耶? 此外自貴國來者,如茶、鍾、硯石、古畫之可玩者,則投惠如何? (函九,葉三二八甲)

此處鶴秀曾向比丘林求購"石鏡"及其他"可玩者"。起初鶴秀顧名思義,以爲石鏡"只是面鏡",可供把玩,及見實物,則甚爲巨大,難堪運輸。所謂"石鏡",朴思浩、金景善亦曾寓目,並録之在册。朴思浩燕行時拜訪南館,得見"石鏡"製品,曰"石鏡出其地者,品佳入其館,甚精灑,器玩皆珍寶"[③]。金景善在北京市集亦見"石鏡",謂"燕市所買石鏡及鼠皮,多其國所産"[④]。俄國政府每年撥付傳道團之經費,例行以實物發放,交商隊帶往北京,由傳道團自行折銀售賣。發放實物以皮貨爲主,間有其他,"石鏡"應是此類貨品。傳道團收得後,一部分製成器物留用,另一部分市易兑銀。"石鏡"其物,暫未得其究竟,以字義論之,應爲"石之光滑如鏡者",鶴秀信中又稱作"鏡畫",似乎可作裝飾,如此則當時俄人裝飾常用之俄産碧玉(яшма)、孔雀石(малахит)、人造大理石(искусственный мрамор)等,皆有可能。

函十一文末署年月爲嘉慶二十五年十月二十三日,爲李鶴秀返國之後所作,

---

① 嘉慶八年(朝鮮純祖三年,1803)十月李海應(1775—1825)隨使燕行。清仁宗於九年正月十三日幸圓明園,海應隨使伴駕前往,至十五日返城。參見[朝鮮] 李海應:《薊山紀程》卷三,《韓國漢文燕行文獻選編》第26册,第295—308頁;《清仁宗實録》卷一一五:嘉慶九年正月十三日癸卯,《清實録》第29册,第684頁。

道光八年十月朴思浩隨使燕行。清宣宗於九年正月十一日幸圓明園,思浩於十四日隨使前往,至十六日返城。二十六日宣宗在在圓明園接受朝鮮正使進表與賀禮。參見[朝鮮] 朴思浩:《燕薊紀程》卷一,《韓國漢文燕行文獻選編》第27册,第115頁;《清宣宗實録》卷一五〇:道光九年正月十一日丙午、二十六日辛酉,《清實録》第35册,第298、310頁。

② 《清仁宗實録》卷三六六:嘉慶二十五年正月初十日丁卯、二十六日甲辰,《清實録》第32册,第842、846頁。

③ [朝鮮] 朴思浩:《鄂羅斯館記》,《燕薊紀程》卷二,《韓國漢文燕行文獻選編》第27册,第298頁。

④ [朝鮮] 金景善:《鄂羅斯館記》,《燕轅直指》卷三,《韓國漢文燕行文獻選編》第28册,第467頁。

當年冬至使團(正使李羲甲)於十月二十四日啓程,①書信應交使團代轉。信中除詢問歸期外,另談及朝鮮輿圖之事:

> 弊邦地圖,板本間值回禄,不得塌呈,堇以數種表此區區。(函十一,葉三三〇甲)

比丘林在嘉慶二十三年春所作致李麟秀信函(函十六)中求索《東醫寶鑒》與朝鮮輿圖。二十四年李鶴秀燕行,比丘林或再次求索朝鮮輿圖。朝鮮對本國輿地之書流入中土多存警惕之心,則信中鶴秀曰板本間適逢火災,“堇以數種表此區區”,或爲托詞而已。

函十八爲比丘林所作書信,不具收件人,不署寫作年月。内文曰:“僕寄居中華十有三載,今歲四月殆歸本國。”(葉三三六甲)則此函作於道光元年初。信中又有“承賜紙物,一併收領”(葉三三六甲)之語,與函十一“色箋可作册衣,莞留如何”(葉三三〇甲)相呼應,或爲比丘林之回信,姑繫於此。

東方文獻研究所今存李藩秀信札一通(函四),作於嘉慶二十二年元月二十六日。

> 所惠諸軸謹領,彌感曷已。二十八日當就館敘别,諒之也。清心丸擕來者垂盡,堇呈五丸,草帒三件,伴分領荷荷。(函四,葉二三五甲)

此函作於使團啓程返國前夕,故曰“當就館敘别”。比丘林所贈“諸軸”,暫不得其詳,或爲俄産可玩之物。

函十七亦爲比丘林所作書信,不具收件人,不署寫作年月。内文有“兹弟當拮据之秋,荷蒙蒲鞭下示,比追積欠,清夜思之,寔深感激”之語。自 1811 年起,因俄法戰爭之緣故,俄國政府停發傳道團經費,至 1815 年戰事結束後方才恢復。期間爲維持成員生計,比丘林遂不得不出售典賣傳道團所屬物品、屋宅及田産。② 信中所述,似與此事有關。信函應作於 1816 年之後。趙寅永於嘉慶二十年(1815)十月隨冬至使團來京,與比丘林交遊爲最早,恰在傳道團經營舉步維艱之末期。純祖十九年(1819)寅永科舉及第,而函中又有“會重干城鉅任,位愈高而分愈尊也”一句,似與及第之事相映。因無的證,姑附之最末。

四、結　　語

比丘林之漢文姓名,俄文史料未載,亦不見於清代文獻。20 世紀 80 年代以

① 楊雨蕾:《燕行與中朝文化關係》,第 298 頁。

② *Скачков П. Е.*: Очерки истории русского китаеведения. С. 92.

來,中國學者雖對此有所揭示:蔡鴻生氏所著《俄羅斯館紀事》已提及比丘林之漢姓,謂其姓姚,出自教名雅金甫;[1]李偉麗氏則指出:"比丘林經常自稱和先生。"[2]惜囿於資料所限,皆未考得其詳,今由東方文獻研究所存藏信函可得其全貌。不唯如此,由信函亦可管窺近代前夕歷史之片段。

俄國東正教士在京之活動,漢文史料記載極少。以俄文史料觀之,教士與漢族平民有所接觸,而與士人則幾無交往。據俄國同時代人之記録,比丘林在京期間曾因頻繁出入集市廟會而遭理藩院詰問;[3]1830 年第十一届傳道團隨團醫生基利洛夫在其書信中則稱,漢民若結交外國人,將遭官府治罪。[4] 顯然,清廷於教士在京之活動有所限制。燕行録亦可印證此事,謂"中國以綏遠之義,授館以處之。然嚴其門禁,無得出入……外周設黑木柵以禁人",而燕行使拜訪入館則需賄賂守衛。[5] 由此可見,俄國教士與朝鮮使節之交往,亦爲清廷所禁止,而兩國人士爲達彼此目的,明顯置禁令若罔聞。

比丘林與朝鮮使節之交遊,以趙寅永爲最早,李麟秀爲最頻繁,二人皆出身官宦世家。比丘林以燕行正副使隨行子弟爲主要交遊對象,並因而得識其他朝鮮士人,其手法不可不謂細膩綿密。比丘林與朝鮮使節頻繁往來,借機蒐集朝鮮情報,由通信中比丘林先後向李麟秀、李鶴秀求索《東醫寶鑒》及朝鮮輿圖,即可見其端倪。不僅如此,比丘林亦試圖建立傳道團與朝鮮使節間之長期聯繫。據季姆科夫斯基日記,李肇源造訪南館時,比丘林曾引介新任傳道團成員。[6] 之後道光八年、十二年(1828、1832),朴思浩、金景善燕行,先後訪問南館,皆獲傳道團款待[7]。金景善記録當時交往之情形,謂"我使則歲必入見"[8],然則至道光中葉傳道團與朝鮮使節間互訪已成定式。

清代朝鮮使節燕行,肩負收集情報之責,除設法收集清廷公文、史書、輿圖及

---

① 蔡鴻生:《俄羅斯館紀事》(增訂本),中華書局,2006 年,第 230 頁。

② 李偉麗:《尼·雅·比丘林及其漢學研究》,學苑出版社,2007 年,第 25 頁。

③ *Можаровский А. Ф.*: Архимандрит Петр Каменский // Русская старина, 1896, кн. II. С. 329-330.

④ *Можаровский А. Ф.*: К истории нашей духовной миссии в Китае // Русский архив, 1886, кн. II. С. 418.

⑤ [朝鮮] 金景善:《鄂羅斯館記》,《燕轅直指》卷三,《韓國漢文燕行文獻選編》第 28 册,第 467 頁。

⑥ *Тимковский Е. Ф.*: Путешествие в Китай через Монголию в 1820 и 1821 годах. Часть 2. С. 258.

⑦ 見二人所著《鄂羅斯館記》。

⑧ [朝鮮] 金景善:《鄂羅斯館記》,《燕轅直指》卷三《韓國漢文燕行文獻選編》第 28 册,第 467 頁。

地志外,或經由譯官與中國下層民衆交通,或通過與中國文人筆談獲取情報。①李麟秀求購《御批通鑑綱目》,又求覽比丘林編繪之北京圖,其行爲當在此類。朴思浩、金景善參訪南館時,皆詢問俄國國情與中俄故事,然於俄人所言則多以爲"誇誕之詞"②。所作《鄂羅斯館記》對館内陳設之描摹極盡細緻,而對俄國情狀之記載則頗顯疏略,不惟舛誤,且多爲臆解(如以十字架上耶穌爲俄國被害之太子,③以聖像畫爲俄國帝后圖④),抑或當時朝鮮使節僅將傳道團視作又一收集中國情報之場所而已。

比丘林與朝鮮使節通信達數年之久,交誼綿遠,情深意篤,而在濃情繾綣之下,則隱約可見彼此爲國家利益之謀劃。近代以前朝俄之間並無往來,而兩國使節經由北京中繼,輾轉通信,殊爲難得,史料得以存留至今,更是彌足珍貴。東方文獻研究所館藏朝俄使節往來信札,不僅可填補早期朝俄關係史料之闕漏,豐富燕行文獻之内容,亦有助考察俄東正教傳道團早期在華活動之情狀,結合其他文獻更可窺探近代前夕中俄朝三國之互動。筆者在此先爲初步考證,聊作前導,至於深入研究,則仍待將來之方家。

參考文獻

一、中文文獻

(一) 傳世典籍

《清仁宗實録》,《清實録》,中華書局,1985年。
《清宣宗實録》,《清實録》,中華書局,1985年。
《朝鮮純祖實録》,韓國國史編纂委員會《朝鮮王朝實録》數字檢索版。網頁地址:https://sillok.history.go.kr/
《承政院日記》,韓國國史編纂委員會《承政院日記》數字檢索版。網頁地址:https://sjw.history.go.kr/main.do
[朝鮮] 洪大容:《湛軒燕記》,《燕行録全集》第42卷,東國大學出版部,2001年。
[朝鮮] 李肇源:《燕薊風煙》,中國國家圖書館藏抄本,索書號04409。

① 參見孫麗:《朝鮮使臣情報搜集研究——以對清地理情報搜集爲中心》,中國社會科學院研究生院碩士學位論文,2014年。

② [朝鮮] 金景善:《鄂羅斯館記》,《燕轅直指》卷三,《韓國漢文燕行文獻選編》第28册,第467頁。

③ [朝鮮] 朴思浩:《鄂羅斯館記》,《燕薊紀程》卷二,《韓國漢文燕行文獻選編》第27册,第298頁。

④ [朝鮮] 金景善:《鄂羅斯館記》,《燕轅直指》卷三,《韓國漢文燕行文獻選編》第28册,第469頁。

［朝鮮］李坤：《燕行記事》，《燕行録全集》第52卷，東國大學出版部，2001年。
［朝鮮］金景善：《燕轅直指》，《韓國漢文燕行文獻選編》第28册，復旦大學出版社，2011年。
［朝鮮］朴思浩：《燕薊紀程》，《韓國漢文燕行文獻選編》第27册，復旦大學出版社，2011年。

（二）現代論著

蔡鴻生：《俄羅斯館紀事》（增訂本），中華書局，2006年，第230頁。
崔秀漢：《〈東醫寶鑒〉》版本考》，《延邊醫學院學報》1991年9月，第14期，第229—232頁。
柯卉：《中韓醫學交流史上的〈東醫寶鑒〉》，《韓國研究論叢》，2000年，第405—410頁。
李偉麗：《尼·雅·比丘林及其漢學研究》，學苑出版社，2007年。
潘曉偉：《1860年前朝俄間的互識》，《當代韓國》2020年第1期，第83—97頁。
漆永祥：《燕行録千種解題》，北京大學出版社，2021年。
孫麗：《朝鮮使臣情報搜集研究——以對清地理情報搜集爲中心》，中國社會科學院研究生院碩士學位論文，2014年。
王紅霞：《中國國家圖書館藏燕行使者李肇源著述考》，《域外漢籍研究集刊》第十八輯，2019年，第497—507頁。
王婧澤：《朝鮮朝使臣李肇源燕行詩探微》，《古籍整理研究學刊》，2020年1月第1期，第74—79頁。
吴政緯：《論朝鮮清心丸的流行與清代遼東社會》，《臺灣師大歷史學報》第62期，2019年12月，第49—95頁。
楊雨蕾：《寄情都市空間：朝鮮彩繪本北京城市地圖》，《歷史地理》第三十八輯，2019年，第269—285頁。
楊雨蕾：《燕行與中朝文化關係》，上海辭書出版社，2011年。

二、俄文文獻

（一）檔案

Бичурин Н. Я.: План Пекина снятый в 1817 г. СПб. 1829. 愛沙尼亞國家檔案館藏本，檔案號：EAA.854.4.1107 。數字版網頁地址：https：//www.ra.ee/kaardid/index.php/en/map/searchAdvanced? refcode = EAA.854.4.1107&vmode = grid&q = 1。
Отчет Е. Сычевского 30-го января 1838 года. // РГИА: Ф. 796. Оп. 448. Д. 10.
Список китайских и маньчжурских книг, вывезенных из Пекина для Библиотеки Азиатского департамента // РГИА: Ф. 796. Оп. 448. Д. 42.

（二）論著

Бичурин Н .Я.: Записки о Монголии. Типография Карла Крайя, 1828 г.

Бичурин Н. Я.: Описание Пекина. Типография А. Смирдина, 1829.

Бичурин Н. Я.: Статистическое описание Китайской империи. Восточный дом, 2002.

Бичурин Н. Я.: Указы и бумаги, относящиеся до английского посольства, бывшего в екине в 1816 г.//Северный архив. 1825. № 14. С.134–151.

Бичурин Н. Я.: Указы относящиеся до Английского посольства, бывшего в Пекин в 1816 году. Переведенные с китайского языка // Северный архив. 1828. № 4. С. 199–218.

Каталог книгам, рукописям и карт на китайском, маньчжурском, монгольском, тибетском и санскритском языках находящимся в Библиотеке Азиатского департамента. Типография Эдуарда Праца, 1843.

Можаровский А. Ф.: Архимандрит Петр Каменский // Русская старина, 1896, кн. II. С. 317–342.

Можаровский А. Ф.: К истории нашей духовной миссии в Китае // Русский архив, 1886, кн. II. С. 405–437.

Скачков П. Е.: Очерки истории русского китаеведения. Главная редакция восточных литературы Издательства «Наука», 1977.

Тимковский Е. Ф.: Путешествие в Китай через Монголию в 1820 и 1821 годах. Часть 2. Типография медицинского департамента МВД, 1824.

Троцевич А. Ф., Гурьева А. А.: Корейские письменные памятники в рукописном отделе Института восточных рукописей Российской академии наук. Издательство СПбГУ, 2009.

顏敏翔　俄羅斯聖彼得堡國立大學東方系　博士生

Study of letters in Chinese between Korean and Russian envoys under the Qing emperors Jiaqing and Daoguang

Yan Minxiang

Abstract: The Institute of Oriental Manuscripts of the Russian Academy of Sciences stores letters between members of the Korean diplomatic mission and the Russian Orthodox Mission in Beijing under the Qing emperors Jiaqing and Daoguang.

The letters contain communications between the envoys of the two countries, which are not found in the current historical sources. This article is devoted to the study of the addressee of the letters of the Korean envoys, putting the letters in order, describing the relationship between the envoys of the two countries, as well as clarifying the historical value in the study of Sino-Russian-Korean relations on the eve of the modern times.

Keywords: Overseas Chinese books Yeonhangrok Bichurin Yi Jo-won Cho In-young

徐森玉參與文獻保存同志會事迹述略

馬步青

摘　要: 1940 年初,國立中央圖書館籌備處在教育部和管理中英庚款董事會資助下,開展淪陷區古籍搶救工作,徐森玉受命於 1941 年初到滬參與其事。本文利用臺北"中央圖書館"藏新近公佈信札,探究徐森玉抗戰期間協助文獻保存同志會在滬港兩地搜購、轉運典籍之史實,以期促進文獻保存同志會相關研究,揭示抗戰期間學者在古籍保護事業中的重要貢獻。

關鍵詞: 徐森玉　文獻保存同志會　信札　古籍保護

徐鴻寶(1881—1971),字森玉,以字行。浙江吴興人。民國初年任北京大學圖書部主任,後任職於北京政府教育部秘書處。在教育部任職期間以僉事兼任京師圖書館主任、北平圖書館圖書部主任、採訪部主任、金石善本部主任,後改任故宫博物院古物館館長。[①]"七七事變"後,徐森玉先後投身北平故宫文物南遷、北平圖書館(以下簡稱"平圖")善本運美、居延漢簡轉移等重要文物保護工作。1940 年,受管理中英庚款董事會(以下簡稱"中英庚款會")、中央圖書館(以下簡稱"央圖")委託,徐森玉赴滬協助文獻保存同志會清點、採購古籍,曾參與收購劉氏嘉業堂、張氏適園、沈氏海日樓等藏書。1941 年 7 月,徐森玉親自攜帶善本中之

① 參考焦樹安:《國立北平圖書館學者傳略:張宗祥 徐森玉》,《國家圖書館學刊》2002 年第 1 期,第 85—88 頁;李致忠:《中國國家圖書館館史資料長編 1909—2008》,國家圖書館出版社,2009 年;柳向春:《徐森玉與北平圖書館》,《文獻》2019 年第 1 期,第 3—12 頁。

極精者乘船至香港,並在港停留數日,負責協調三千多種善本轉運至安全地區的工作。太平洋戰爭爆發,上海租界淪陷後,徐森玉再次潛回上海,與鄭振鐸共同守護央圖未及運出的古籍。

近年來,學界先後出版《漢石經齋文存》《徐森玉文集》,對徐森玉所撰文字加以集結,柳向春、李軍、雷强、王聖思等學者亦陸續整理公佈徐森玉相關信札、題跋,爲研究徐森玉搶救文物、保護古籍事迹提供了線索。① 綜觀現有研究成果,圍繞徐森玉護送故宫國寶、轉運居延漢簡的文章相對較爲豐富,而對徐森玉在文獻保存同志會中貢獻的探討相對粗疏,一些專著及文章每言及此,多語焉不詳。② 徐森玉是近代著名的古籍版本鑒定專家、金石學家、博物館、圖書館事業家,文獻保存同志會在抗戰時期對古籍的搶救與保護,是近代古籍保護史上的重大事件,對徐森玉在該事件中做出的貢獻進行梳理具有一定意義。本文基於已有研究成果,利用徐森玉在 1940 年至 1943 年間致蔣復璁等人的信函,揭示徐森玉參與文獻保存同志會的諸多細節,以再現歷史真實,彰顯前輩之功。

一、徐森玉受命赴滬

1937 年 8 月淞滬會戰爆發後,故宫博物院古物館館長徐森玉護送一批文物匆匆離開南京,向西遷移。其後寄居長沙四閱月,又輾轉四川、陝西、貴州、雲南等地。在南京臨行前,友人馬敘倫曾以詩相贈:"東西南北徐森玉,頭白豪情意未衰。此去峨眉重攬勝,神燈爲我摘歸來。"③詩中所謂"東西南北"四字,形象勾勒出徐森玉在抗戰時期爲保存文物四處奔走的情形。1938 年 11 月,徐森玉在護送文物的過程中遇險折股。即便如此,1939 年 3 月當徐森玉得知暫存重慶、四川的文物受戰爭影響需要疏散,仍對自己因腿傷無法參與其中感到惶愧不安④。故宫文物内遷期間,徐森玉曾接到西北科學考察團理事會幹事沈仲章自天津發來有關居延

---

① 如柳向春:《鄭振鐸致徐森玉函札》,《歷史文獻》第 16 輯,2012 年,第 284—343 頁;李軍:《吉光片羽在人間——徐森玉〈漢石經齋文存〉拾補十三則》,《上海文博論叢》2011 第 1 期,第 11—17 頁;雷强:《徐森玉書札六通所見抗戰故宫文物西遷往事》,《文匯學人》,2018 年 11 月 23 日;王聖思整理:《徐森玉給女兒的家書十二通》,《文匯報》,2016 年 4 月 11 日。

② 如宋路霞:《一代文物鑒定大師與版本目録學家: 徐森玉生平及護送國寶經過》,《傳記文學》1995 年第 3 期,第 113—117 頁;王聖貽:《情牽大鼎——懷念中央文史館副館長、外公徐森玉》,《安徽統一戰線》2001 年第 4 期,第 30—33 頁;陳福康:《書生報國——徐森玉與鄭振鐸》,《新文學史料》2012 年第 1 期,第 98—106 頁;徐家愷、陳希亮:《徐森玉與國立中央圖書館》,《新世紀圖書館》2020 年第 1 期,第 59—66 頁。

③ 馬敘倫著,周德恒編:《馬敘倫詩詞選》,文史資料出版社,1985 年,第 36 頁。

④ 雷强:《徐森玉書札六通所見抗戰故宫文物西遷往事》,《文匯學人》,2018 年 11 月 23 日。

漢簡的求助信,又匆忙北上協調漢簡南遷。[①] 1940 年 6 月初,他還親赴香港,督促漢簡的影印工作,“居延漢簡最終能够整理有序、拍攝完成,徐森玉先生不僅有領導之責,更是身體力行,方克蕆事”[②]。

徐森玉參與故宫文物南遷、居延漢簡整理轉運工作,背後都有中英庚款會的資金支持。據相關檔案記載,中英庚款會在抗戰期間曾出資承擔了三項重要文物保護工作: 1. 協助故宫博物館搶運古物至後方,提供運費;2. 整理影印居延漢簡,並協助運美寄存;3. 資助國立中央圖書館搜購淪陷區重要古籍。[③] 徐森玉在前兩項工作中發揮的重要作用,是中英庚款董事會負責人所深知的。因此,當淪陷區搶救古籍工作中負責鑒定珍貴古籍版本的主力張元濟因病入院,後病情反復甚至加重時,重慶方面的中英庚款董事會、中央圖書館都力邀徐森玉赴滬主持工作。

當時徐森玉身爲故宫古物館館長,負有看護文物之責,收到中英庚款董事會總幹事杭立武的邀請後頗爲躊躇,曾去信中央研究院歷史語言研究所所長傅斯年徵詢建議:

> 中英庚款會爲中央圖書館搜羅舊籍,杭立武先生來函意欲寶赴滬一行,協同審定。塵裝甫卸,本擬辭却,縱思會中儲得鉅資爲此館創建基礎,儻選擇不慎,必多虚耗。寶以駑下之駟,謬許識途,似宜略竭智能,以補其不及。且慰堂兄素與北平圖書館微有隔閡,寶若參加此事,則知己知彼,于平圖亦有裨益,遂改計復函應允之。惟鄙懷仍有猶豫,兹特馳函奉詢,乞賜指南爲禱。[④]

傅斯年如何答覆無從知曉,但杭立武接到徐森玉應允的回復之後,就立即請其到重慶與央圖館長蔣復璁聯繫。當時徐森玉因忙於文物保管,後又染腹疾,到 1940 年 10 月末才去函與蔣復璁接洽:

> 慰堂先生左右: 久疏箋敬,至深馳仰。前接立武先生書,坿公覆渠函,囑弟先來渝接洽赴港。當此道途梗塞時,蒙代籌畫,具徵見愛之厚,心感無似。此間洞外房屋曾被病兵佔據,弟亦染河魚之疾,遷延多日,未能辦嚴。今兵已他徙,賤疾告愈,擬于一周内啓程前來請教,謹先函達,並乞轉告立武先生爲禱。專此,即請大安。弟徐鴻寶再拜。十月廿七日。[⑤]

---

① 鄭重:《中國文博名家畫傳——徐森玉》,北京: 文物出版社,2007 年,第 120 頁。

② 柳向春:《徐森玉先生與搶救居延漢簡的傳奇》,澎湃新聞,2017 年 9 月 7 日。

③ 中國第二歷史檔案館編:《中華民國史檔案資料匯編·第 5 輯·第 2 編·教育 1//朱家驊關於中英庚款董事會成立經過及其與中國教育文化事業關係的報告》,檔案出版社,1997 年,第 278 頁。

④ 鄭重:《中國文博名家畫傳——徐森玉》,第 108 頁。

⑤ 嚴鼎忠編:《搶救古籍文獻匯編 1》,臺北: “國家圖書館”出版社,2023 年,第 310 頁。

因戰爭原因，赴滬道途阻塞，蔣復璁接到徐森玉決定赴滬的消息後，便積極設法爲其安排行程。徐森玉原本計畫先從安順到重慶洽談，後忽得知一條赴滬“通途”，便決定直接走陸路赴滬，於是又寫信向蔣復璁説明情況：

> 慰堂先生左右：弟赴滬途程，本擬由陪都經港前往，曾寄箋奉達，諒邀詧及。惟老境極不自得，血壓稍高，醫戒航行，用是惴惴。此間陸軍軍醫學校張君鵬沖新自滬運到大量藥品，云經浙、贛、湘來此，毫無阻滯。弟聞此訊，喜出望外，翻然改計，決由此路赴滬，不來渝請教。①

因不及赴渝面洽，遂請蔣復璁給予書面指示：“購書事，駐滬主持者何人？弟到滬後如何接洽，杭立武先生及先生有何意見，均乞從速見示，以便遵循。擬不再延誤，示到即行。”②

據徐森玉 1940 年 11 月間日記記載，他在 11 月 12 日上午 8 時乘汽車從安順出發，下午 4 時抵達貴陽。14 日在貴陽購買赴重慶車票一張，15 日到遵義，此後日記散佚。③ 由此可知，接到蔣復璁回函後，徐森玉放棄了走陸路赴滬的計畫，仍翻山越嶺先至重慶領命。

二、珍本的點收與搜購

自抗戰爆發以後，江南地區藏書損失慘重，大量珍本秘笈流落市肆。前來收購古籍的不乏國外機構或藏家，爲避免珍貴文獻遭到戰爭破壞、敵人掠奪及外人收購，中央圖書館自 1940 年初，即委託張元濟、張壽鏞、鄭振鐸、何炳松在滬開展文獻搶救工作。1940 年 12 月 17 日，到滬不久的徐森玉開始與鄭振鐸接洽。18 日，鄭振鐸、何炳松同到徐森玉處長談。歸後，鄭振鐸不禁感慨：“森玉先生品格極高，且爲此事而來，似無事不可對他談也。”④20 日，徐森玉回訪鄭振鐸，傳達了“渝方將開會，索購書之約略統計”的消息。鄭振鐸隨即整理出已購文獻的統計結果，請何炳松、張壽鏞審正之後發往重慶。

據 1940 年 12 月間蔣復璁致何炳松函可知，徐森玉此行來滬，是爲“協助採購”⑤。事實上，徐森玉自 1940 年 12 月到滬，至 1941 年 10 月返渝，不僅代表重慶方面對滬地所購古籍進行點收，協助善本書目編寫，還多次隨鄭振鐸外出訪書、鑒

---

① 嚴鼎忠編：《搶救古籍文獻匯編 1》，第 311 頁。

② 同上。

③ 鄭重：《中國文博名家畫傳——徐森玉》，第 121—123 頁。

④ 陳福康編：《爲國家保存文化——鄭振鐸搶救珍稀文獻書信日記輯録》，中華書局，2016 年，第 142 頁。

⑤ 嚴鼎忠編：《搶救古籍文獻匯編 1》，第 380 頁。

定，並在7月24日親自赴港，協調滬地善本内運。徐森玉雖然加入文獻保存同志會工作較晚，却是唯一一位親自參與搜購、編目、轉運並赴渝覆命的成員。

首先是點收古籍。鄭振鐸認爲徐森玉"本負責運輸，點收當亦爲其所負責任之一也"①。據徐森玉到滬後初步瞭解的情況可知，文獻保存同志會共購得"善本三萬餘册，普通本倍之"②，其中重要者包括劉氏玉海堂（善本七十五種）、杭州胡氏（大部分）、上元宗氏（金石類、明刊本及抄校本部分）、張蔥玉（抄本數種）、鐵琴銅劍樓（宋刊本十五種、元明刊本及抄本數種）、鄧氏群碧樓藏書（善本約三百數十種）、王蔭嘉二十八宿硯齋（元明刊本及抄校本一百五十餘種）、陶湘（明人别集八十餘種）、費念慈（大部分）、劉晦之遠碧樓（所藏宋刊等數種、舊抄本一種）、鄧氏風雨樓（明刊善本及抄校本七百余種）、沈氏海日樓（部分）等多批藏書。此外還有零星從上海、北平書肆購得者。

因書籍數量較大，且分藏多處，同時購書工作並未停止，善本編目工作時斷時續，點收一事在經手人鄭振鐸看來也"極爲瑣碎麻煩，恐至少須費一二月之力"③。爲保證善本清點後儘快運出，徐森玉到滬後就立即投入點收工作中。爲方便起見，鄭振鐸請徐森玉先"就近檢點"④。至1941年2月初，徐森玉已基本完成了庋藏於法寶館⑤及鄭振鐸寓中善本的清點，這些善本占總數的三分之一左右。⑥ 徐森玉在致蔣復璁函中談道："日來正從事審覽，分别部居，不敢稍自退避。"⑦其中法寶館還有部分善本，因堆壓在"大號書箱"下，受場地所限，一時無法取出打開。除以上兩處外，尚有部分善本存在南京路科發藥房堆棧樓上，因"手續麻煩，且須購買桌椅"，只好暫緩。

點收同時"善本目"也在編寫中。鄭振鐸從1941年1月中旬起繕寫善本書目，在3月13日致張壽鏞函中提道，"經二月之力，已將我輩所得'善目'加以分類編目，其次要品已加剔除，抄校部分剔除最多，但仔細檢查之後，或尚有可加入者，大抵不出二千種"⑧，此"善目"擬定後，分送徐森玉、張壽鏞、何炳松處審閲。得此草目五六日後，徐森玉即提出"有平常習見之物，或印本較次，或抄本較新者"應

---

① 陳福康編：《爲國家保存文化》，第142頁。

② 嚴鼎忠編：《搶救古籍文獻匯編2》，第15頁。

③ 陳福康編：《爲國家保存文化》，第143頁。

④ 同上書，第235頁。

⑤ 據《葉遐庵先生年譜》記載：1937年初，葉恭綽捐資於上海赫德路簡照南氏之覺園建法寶館，專爲儲存佛教文物，葉氏曾將家藏之物捐存館中。又據《爲國家保存文化》可知，文獻保存同志會至晚自1940年4月2日起，陸續將一部分古籍庋藏於此。

⑥ 陳福康編：《爲國家保存文化》，第155頁。

⑦ 嚴鼎忠編：《搶救古籍文獻匯編2》，第15頁。

⑧ 陳福康編：《爲國家保存文化》，第162頁。

予以删除①,對鄭氏所編目録加以修訂。

徐森玉在點收中也會遇到"有目無書"的情況。鄭振鐸曾爲此函告張壽鏞:"前送閲各書,如有已閲畢者,乞即見還,以便由森公繼續查點、蓋印爲荷。"兩日後,又函云:"送閲各書,如有在抄寫者,請不必匆忙趕抄,盡可暫緩送下。因森公尚須多住幾時,且可先行點閲他處之書也。"②經徐森玉點收完成的古籍,皆以箱爲單位由徐森玉、鄭振鐸簽字貼條,封存備運。

此外徐森玉常同鄭振鐸赴藏家與書肆採購。1940 年 12 月 29 日、31 日,徐森玉與鄭振鐸到中國書店金頌清處,選購沈曾植海日樓散出之書。鄭振鐸認爲其中"佳者頗多,甚惜未全部購之,然其精華則已盡爲我輩所得矣"。此前,同志會曾購入三批"海日樓"藏書,其中重要者如元刊本《方是閒居士小稿》、明刊本《藏説小萃》以及不少天一閣舊藏。與徐、鄭收書同時,合衆圖書館發起人之一葉景葵亦在 12 月 20 日將所購海日樓書數種交予顧廷龍賞鑒,並謂:"此係他人選剩者。"葉氏所謂"他人",即指徐森玉與鄭振鐸。12 月 30 日,徐森玉同鄭振鐸又選定合肥李氏書十餘種,其中以明刊本《徑山藏》二千二百餘册最爲重要。3 月 18 日,徐森玉與鄭振鐸赴三馬路,以"僅三百數十金"購得"趙烈文、莫友芝稿本多册",鄭振鐸"甚爲高興",因其"價僅三百數十金,誠不爲昂也"③。

1941 年 2 月 20 日左右,徐森玉與鄭振鐸同至嘉業堂主人劉承幹處閲書,至 27 日將明版部分閲畢。3 月初開始,續閲抄校本及宋元本部分。半月之後,即閲畢劉氏全部欲售之書。閲書同時,從明刊本一千九百餘種中,選出一千二百餘種精本;抄校本、稿本選出四百餘種;清刊本選出二百種,編成一目,並在後續閲書中數易其稿。希望借此在資金不足的情況下,有選擇地購入精本。後來因書主對售書數量、範圍及價格一直猶豫不決,文獻保存同志會又遲遲未收到重慶所匯之款,以致遷延一個半月後才以二十五萬之貲,購得嘉業堂明刊本一千二百餘種,抄校本三十六種。選揀劉氏嘉業堂書期間,鄭振鐸在致友人信中屢次感歎:"連日偕森公至劉家……版本有疑問處,均已當場解決。可喜也!"④"森公在此,每日請教,獲裨良多,至感愉快!幾於無日不聚,聚無不暢談。奇書共賞,疑難共析,書林掌故,所獲尤多"⑤,據此足見徐森玉在收購劉氏嘉業堂書中所發揮的作用。4 月 19 日(嘉業堂售書四日後),葉景葵電話告知顧廷龍:"劉承幹書,明本千數百種、抄本卅餘種,以廿五萬售中央圖書館,徐森玉鑒定。"⑥

---

① 陳福康編:《爲國家保存文化》,第 238 頁。
② 同上書,第 157 頁。
③ 同上書,第 163 頁。
④ 同上書,第 160 頁。
⑤ 沈津整理:《鄭振鐸致蔣復璁信札(上)》,《文獻》2001 年第 3 期,第 263—264 頁。
⑥ 沈津:《顧廷龍年譜》,上海古籍出版社,第 176 頁。

購得劉氏嘉業堂書後，徐森玉接到中英庚款會電報，詢問近日可接洽之藏家。徐森玉答曰："張芹伯、瞿鳳起等家藏書均保存未佚。"①1941 年 5 月間，徐森玉與鄭振鐸多次到張芹伯處閲書，"極感滿意，頗有山陰道上應接不暇之勢"②。6 月間，徐、鄭又多次前往瞿鳳起家閲書，每每歎爲觀止。7 月 25 日，鄭振鐸在致蔣復璁函中云："此一月中，曾偕森公往閲芹圃、寶禮堂及瞿氏各書，增廣見聞不少。"③遺憾的是，張、瞿、潘三家之書，在徐森玉離滬前，皆因尚在諧價，未能完成收購。

徐森玉赴港後，鄭振鐸繼續與張芹伯商購善本，並向蔣復璁匯報進展："張芹伯遊移不決，口氣已較前不同，聲言欲保留若干精品。恐曠日持久，必將日增其價，殊可慮也。森公深知其間經過，想到港後必有詳函奉告。"④三個月後，已從香港回到安順的徐森玉聽聞"張芹伯又出爾反爾，其書仍未購得"，直言："令人意氣沮索，邑邑若被病。"⑤據徐森玉與鄭振鐸兩人的初步調查，張芹伯欲售之書，總數約在一千五百餘種。除普通書外，善本約一千二百餘種，最精之品，也在五六百種以上。1941 年 12 月 3 日，徐森玉從鄭振鐸處得知張氏書已收妥，隨即致函蔣復璁："芹伯書已購妥，欣喜不可言喻。其中孤本秘笈甚多，弟最所醉心者，爲《李賀歌詩》《東都事略》。"徐森玉是極其愛書之人，數日徜徉于張氏藏書精品之間，久久難以忘懷，他曾自述道："山居恒感孤寂，失眠舊症復作，夜間仰卧，芹書一一顯現於承塵上，周而復始，如電影然，此思極神瀉之象也。"⑥

三、滬上珍本内運

除了到滬點收善本，協助採購外，徐森玉更重要的任務是協助上海善本内運。受戰爭影響，從上海至重慶的航線多已阻斷，陸路運輸週期較長，不够安全。爲順利解決運輸問題，徐森玉一到上海就開始與大家商討運輸事宜。他在 1941 年 1 月 20 日致蔣復璁的信中寫道："擬俟南潯劉氏書議成後，暫作結束……内運及外寄問題，均日見閼塞。"⑦1941 年 4 月間，文獻保存同志會向重慶提交的"第七號工作報告"稱："關於運貨事，與森公日在設法中。惟運輸困難，日益加甚。自當於

---

① 嚴鼎忠編：《搶救古籍文獻匯編 2》，第 124—125 頁。

② 陳福康编：《爲國家保存文化》，第 160 頁。

③ 沈津整理：《鄭振鐸致蔣復璁信札（下）》，《文獻》2002 年第 1 期，第 221 頁。

④ 同上。

⑤ 嚴鼎忠编：《搶救古籍文獻匯編 2》，第 513 頁。

⑥ 嚴鼎忠编：《搶救古籍文獻匯編 3》，第 2 頁。

⑦ 嚴鼎忠编：《搶救古籍文獻匯編 2》，第 15 頁。

萬難之中,設法運出,以期不負尊望。或當先行運港,再作第二步之打算。"①

中央圖書館收購善本之初,中英庚款會董事葉恭綽即受命在香港搜購珍本,此時上海善本南運,葉恭綽負責在香港接洽。另一方面,香港大學在一年前曾協助居延漢簡運美,該校馮平山圖書館館長陳君葆,中文系教授馬季明、許地山與徐森玉較爲熟識。徐森玉在上海方面善本寄出後不久,就親自赴香港參與接收整理。

7 月 24 日,徐森玉攜帶兩大箱最精本乘坐荷蘭船南下,27 日下午抵港。到港後先與葉恭綽晤面,商談所攜精本運渝事宜。原本從上海出發前,徐森玉與鄭振鐸約定兩人先後赴港,香港方面的轉運事務主要由鄭振鐸負責,自己將所攜精本寄渝後先行回渝覆命。後來,鄭振鐸因爲寄書、購書加之暨南大學校務,一直未能南下,葉恭綽又堅留徐森玉在港料理運輸事宜,所以他在香港一直停留至九月底。

徐森玉到港兩三日後,在葉恭綽的建議下決定通過歐亞航空將所攜八十二種善本寄渝。寄送之前,徐氏將所有善本分爲八包,"内襯油紙,外用白布縫裹"②,並應航空公司要求,請人翻譯繕寫英文目録。在順利獲得許可出口證後,徐森玉親手將標有"中英庚款董事會收"的郵包分批寄往重慶。

隨後,徐森玉至馮平山圖書館與許地山、馬季明、陳君葆接洽。"郵寄之書已到者二一〇〇包,均存馮平山圖書館",許、馬二人負責管理。8 月 7 日,徐森玉接到鄭振鐸所寄第七批書,共六百二十包,隨即托馮平山圖書館館員取回。爲謹慎起見,古籍到港後需要逐一開包查點,然而徐森玉遲遲未收到鄭振鐸整理之"寄港書目",因此點收工作一直無法展開。

除了關注由滬到港的圖書外,徐森玉也開始考慮到港古籍的運渝路線。8 月 1 日,徐森玉在致蔣復璁函中提出,可以通過滇緬公路運至内地,且已找到合適的運輸公司:"滇緬路公家貨物堆積甚多,而商人購新車運物,仍極通暢。頃詢新綏公司朱西亭,云自港包運至瀘州交貨,兩月可到也"③。蔣復璁或覺兩月時間太長,又請徐森玉打探航運細節。8 月 19 日,徐森玉復函云:"航運須打包及寫中英文目録,若經滇緬路運,必用木箱,内以鉛皮護之。凡裝箱及寫中英文目録等(出港口入緬境,均須檢查),手續繁複。"④之後,重慶方面決定通過滇緬公路内運。爲保證善本在内運途中周全,徐森玉托王雲五趕製了一百三十只木箱,每箱内襯鉛皮,外圍鐵帶。然而運輸公司表示書到緬甸、昆明後,皆需有人現場點收,這無

① 臺北"中央圖書館"編:《館史資料選輯》,《"國立中央圖書館"館刊》1983 年第 1 期,第 88 頁。

② 嚴鼎忠編:《搶救古籍文獻匯編 2》,第 236 頁。

③ 同上。

④ 同上書,第 274 頁。

疑增加了人員接洽方面的難度。此時重慶方面突然改變主意,決定效仿“漢簡”,將此批善本全部運美。9月23日,鄭振鐸寫信給張壽鏞:“森公昨來一電(已覆)云:貨已改運美,此大可慰也!”①事實上,不論内運外運,都關涉極多,重慶方面此時仍在多方協調之中,未有定論。至9月28日,徐森玉與馬季明、陳君葆將上海所寄之書全數裝入待運書箱。爲保險起見,又“擇精者多種另存,以備航運”。一切佈置就緒,徐森玉匆匆返回重慶。

回渝覆命後,徐森玉心係故宫文物,聽聞部分文物正遭蟻患,急忙趕回安順查看。至此,徐森玉爲文獻保存同志會搜購轉運古籍已十個月。然而,他與同志會的緣分並未就此終結。12月8日,太平洋戰爭爆發,國際局勢突變,香港所存央圖善本與上海所藏平圖善本同時牽動著徐森玉的心。12月17日徐森玉匆忙致函蔣復璁,詢問自己所帶之八十二種善本是否平安到渝,馮平山圖書館所存之書是否已離港。念及“芹伯書尚未運港,姑作此萬一之希冀耳”②,甚至在信中深深自責,認爲自己返程過急,否則存港之書或能全部運出。1942年1月,徐森玉擔心在滬平圖、央圖善本的安危,又再次冒險赴滬投入新一輪古籍保護的“戰鬥”中。

在徐森玉1940年底赴滬之前,張元濟、張壽鏞、鄭振鐸、何炳松等人已經進行了將近一年的文獻搶救。徐森玉到滬後,更是促成了劉氏嘉業堂、張氏適園等大批珍本典籍的收購。他在版本鑒定、協調文物轉運方面的豐富經驗,爲文獻保存同志會順利進行古籍搶救提供了極大幫助。透過留存至今的珍貴信札,可以窺見徐森玉先生以六旬之軀,屢經舟車勞頓,輾轉於貴、渝、滬、港間的動人事迹。其拳拳守護文獻之心,爲中華古籍保護事業做出了重要貢獻,撰寫了戰時古籍保護史的重要篇章。

馬步青　上海中醫藥大學　博士後

Review of Xu Senyu's participation in the Wen Xian Bao Cun Tong Zhi Hui

Ma Buqing

Abstract: In early 1940, the Preparatory Office of the National Central Library, with the financial support of the Ministry of Education and the Board of Trustees of the

① 陳福康編:《爲國家保存文化》,第208頁。

② 嚴鼎忠編:《搶救古籍文獻匯編2》,第560頁。

Sino-British Fund, started the rescue of ancient books from the fallen areas, and Xu Senyu was appointed to participate in the work in Shanghai in early 1941. This article uses unpublished letters from the Taipei Central Library to explore the historical facts of Xu Senyu's assistance to the Wen Xian Bao Cun Tong Zhi Hui in acquiring and transferring books between Shanghai and Hong Kong during the war, with a view to promoting research on the Wen Xian Bao Cun Tong Zhi Hui and revealing the important contribution of scholars to the preservation of ancient books during the war.

Keywords: Xu Senyu Wen Xian Bao Cun Tong Zhi Hui Letters Ancient Books Conservation

袁同禮與錢存訓往來書札

雷　强

摘　要： 本文基於中國國家圖書館所存館史檔案、芝加哥大學圖書館特藏部袁同禮先生檔案、錢存訓家人保存書札，梳理 1938 年至 1963 年間錢存訓與袁同禮兩人的往來通訊，共計 94 封。

關鍵詞： 國立北平圖書館　袁同禮　錢存訓　信札

前　言

錢存訓(1910—2015)，字公垂，江蘇泰縣人，私立金陵大學文學士，歷任金陵女子大學圖書館主任及編目、上海交通大學圖書館編目。[①] 1937 年 7 月初，應國立北平圖書館(以下簡稱"平館")副館長袁同禮(1895—1965)的延聘，接替岳良木出任平館派出機構——南京工程參考圖書館主任。[②] 1938 年 2 月，錢存訓轉往平館上海辦事處任職[③]，其最初工作爲編纂索引，該年 5 月起以全部精力協助中

---

① 交通大學：《國立交通大學上海同學録》，上海：交通大學，1932 年，第 8 頁。

② 錢存訓著，潘銘燊主編：《錢存訓世紀文選：回顧集》，廣西師範大學出版社，2012 年，第 11 頁。此前主任爲岳良木，於 1937 年 7 月 1 日辭職，轉赴國立中央圖書館(籌備處)任職。參見《會員消息》，《中華圖書館協會會報》第 12 卷第 6 期，1937 年 6 月，第 22 頁。

③ 北京圖書館業務委員會編：《北京圖書館館史資料彙編(1909—1949)》，書目文獻出版社，1992 年，第 541 頁。

國科學社編寫明復圖書館西文藏書目録[1],翌年初該目編竣付印。[2] 自此,錢存訓深受袁同禮的信任,不僅與中華教育文化基金董事會(China Foundation for the Promotion of Education and Culture,以下簡稱"中基會")總幹事孫洪芬一同負責平館購書款支取,還肩負在滬購買書刊和辦公耗材并寄送北平、香港、昆明等地,更主持《圖書季刊》英文本(*Quarterly Bulletin of Chinese Bibliography*)在滬出版工作。1941年初,錢存訓的月薪已超越平館駐滬辦事處主任李耀南[3],足見袁同禮對他的倚重。該年,錢存訓對平館存滬善本書運美貢獻甚多,袁同禮、王重民都對他的人品和才幹稱贊有加。[4]

抗戰勝利後,袁同禮曾有意推薦錢存訓出任重慶羅斯福圖書館(Roosevelt Library)館長。[5] 1946年5月11日,在美訪問的袁同禮致信洛克菲勒基金會(Rockefeller Foundation)人文部主任史蒂文斯(David H. Stevens),請該基金會考慮資助錢存訓爲期一年的獎學金,用以前往哥倫比亞大學(Columbia University in the City of New York)學習圖書館學,并在該校及紐約公共圖書館(New York Public Library)接受縮微膠片技術的培訓。[6] 5月17日,袁同禮前往該基金會在紐約的總部,與史蒂文斯面談,其中一項議題即資助錢存訓留美。[7] 然而該提議作爲平館申請資助恢復縮微膠片實驗室項目的組成部分,并未得到洛克菲勒基金會的積極回應,隨之久拖未決。[8] 1947年夏,平館與芝加哥大學(The University of Chicago)達成協議,擬派錢存訓於7月間前往該校圖書館主持中文編目事宜。[9]

---

① 北京圖書館業務委員會編:《北京圖書館館史資料彙編(1909—1949)》,書目文獻出版社,1992年,第596頁。

② 《國内消息》,《中華圖書館協會會報》第14卷第2、3期合刊,1939年11月,第15頁。

③ 北京圖書館業務委員會編:《北京圖書館館史資料彙編(1909—1949)》,第730—731頁。

④ 參見1944年3月26日王重民致胡適信,耿雲志編:《胡適遺稿及秘藏書信》第24册,黄山書社,1994年,第223頁。

⑤ 《袁同禮致顧子剛信》(1946年1月27日),國家圖書館藏,檔案編號1945-※057-綜合5-023059。

⑥ Rockefeller, Foundation. Series 601: China; Subseries 601.R: China - Humanities and Arts. Vol. Box 47. Folder 393.

⑦ Ibid., p. 29.

⑧ 1946年5月21日袁同禮致Balfour信,Rockefeller, Foundation. Series 601: China; Subseries 601.R: China - Humanities and Arts. Vol. Box 47. Folder 393;1947年1月15日袁同禮致Fahs信,Rockefeller, Foundation. Series 601: China; Subseries 601.R: China - Humanities and Arts. Vol. Box 47. Folder 393;1947年2月12日袁同禮致Fahs信,Rockefeller, Foundation. Series 601: China; Subseries 601.R: China - Humanities and Arts. Vol. Box 47. Folder 393.

⑨ 《袁同禮致陳夢家信》(1947年5月17日),方繼孝藏。信文中尤其提到將此消息告知顧立雅(Creel)。

實際上,錢存訓赴美時間應略晚於本年9月中旬。①

《北京圖書館館史資料彙編(1909—1949)》(以下簡稱《彙編》)、國家圖書館館藏檔案、芝加哥大學圖書館袁同禮檔案(Yuan, T'ung-li Papers)、錢孝文保存的錢存訓所收書札,以及袁同禮家人所存書信中存有錢存訓與袁同禮往來書札近百封,它們無疑是平館館史、中國現代圖書館學史研究的重要文獻資料,對還原、剖析平館抗戰時期館務、錢存訓赴美留學、袁同禮和錢存訓在美的學術研究有非常重要的作用,但直至今日仍無人彙集、識別、整理繫年。有鑒於此,筆者根據時間順序,將其整理如下。除特别説明外,均爲兩位先生的親筆,信文中的異體字、别字、衍字、避諱等盡可能依原件照録,無法識别者以□指代,插入處凡三字以上者以上標小字標識,雙行小字處皆用下標小字標識。按語部分則一切從簡,筆者僅對重要(或生僻)的人名、事件、專有名詞給出必要的説明。

(一)

照亭、存訓先生大鑒:

頃接科學社楊、劉兩先生來函,謂社中中西文書目亟待早日編成,以資閲覽,請予協助等因。兹將執事工作重新分配如左,請查照辦理是荷。

一、照亭兄除照料善本書外,所餘時間請代科學社編中文書目。該社中文書增加有限。可商劉主任採用書本式之目録,以收駕輕就熟之效。分類法可採用劉國鈞者或其他分類法,編號則每類之下用一數目字代之。如"社會學一""社會學二",以簡捷明顯爲主,無須採用本館之手續也。

二、存訓兄索引工作可暫停,以全部時間協助科學社將西文書目早日完成爲盼。

又,本館叢書及《宋會要》現存科學社者共若干部,請查復是荷。順頌大安。

五月九日

按:該信寫於1938年5月9日,此爲他人抄件,無落款。"照亭"即李耀南。"楊、劉兩先生"應指楊孝述(1889—1974)和劉咸(1901—1987),後者字重熙,江西都昌人,時任《科學》雜志主編,并與楊孝述、秉志等人主持上海明復圖書館。"劉主任",似亦指劉咸。《宋會要》即《宋會要輯稿》,由平館授權上海大東書局影印,1936年10月書成。(《彙編》,第596頁)

---

① 《爨汝僖致袁同禮信》(1947年9月12日),國家圖書館藏,檔案編號1945-※057-综合5-024003。

（二）

奉到九、廿及廿四日先後由滇、港賜書，至書單數紙均已敬悉，應辦各書已分别訂購，一俟到齊，當即陸續寄上。《申報》自十十復刊，由美商哥倫比亞公司經營，俟有餘款當爲聯大訂一份直寄昆明。日人所辦《新申報》已自本月起試訂三月，每日送到此處，擬俟半月或一月彙寄一次。《晨報》改名尚無所聞。自然科學研究所出版之《中國文化情報》（現已出十號），曾委托數家設法，均未購到，據稱"該刊係非賣品，衹能贈送日本各機關，無法配得"等語。

南京工程圖書館曾托一現在僞教育部之某君前往探視，據云該處房屋完好未燬，惟門口改懸一"中文圖書文獻整理館"之牌，有日軍守衛，未得入内，聞地質調查所内各書均被該館接收（見大美報載日方消息）。至市上書攤已托請金大工程師齊兆昌先生代爲留意搜購矣。

京中留居美人，金大方面有 Dr. Mrs. M. S. Bates，Prof. Riggs，金女大方面有 Mrs. M. Vautrin 數人。

教會全名單現正覓購下列數種：

□□□□□□□□□□□□

□□□□□□□□□□□□

□□□□□□□□□□□□

附上剪報數種，其中資料或可供本館及協會參考之用也。

按：該信擬於 1938 年 10 月 18 日，應屬底稿性質，由筆迹可知爲錢存訓親筆，且每信前冠有時間、收件人（"袁先生"或"袁館長"），本文以下《彙編》均爲此類情況，特此説明。上海淪陷後，日軍企圖以新聞審查爲由控制《申報》，該社遂於 1937 年 12 月 14 日宣布停刊。1936 年秋，平館籌設南京工程（參考）圖書館，其館址位于珠江路 942 號。"自然科學研究所"即上海自然科學研究所，由日本政府以庚款設立，其館址位於法租界祁齊路，以自然科學研究爲主，抗戰勝利後被中央研究院接收。齊兆昌（1880—1956），浙江杭州人，之江大學畢業後赴美留學，入密歇根大學（University of Michigan）土木工程專業，歸國後任金陵大學工程處兼校産管理處主任①，時任金陵大學難民收容所所長。Dr. Mrs. M. S. Bates 即貝德士夫人，時在外國文學系任教；Prof. Riggs 應指 Charles H. Riggs，華名林查理，時在農藝系任教；Mrs. M. Vautrin，1919 年至 1941 年在該校任教，長期擔任教育系主任。② 信尾處

---

① 《私立金陵大學一覽》，1933 年 6 月，第 381 頁。

② 《私立金陵大學一覽》，1934 年 6 月，第 385、399 頁；張連紅主編：《金陵女子大學校史》，江蘇人民出版社，2005 年，第 307 頁。

有"注：此札托滇緬路局李女士便帶"字樣，亦爲錢存訓親筆。(《彙編》，第642—643頁)

(三)

連奉十，廿九及十一，一日賜書，敬悉一一，謹將囑辦各項奉陳于右：

一、《國會圖書館分類法》原存上海十二册，已于十四日交郵寄上應用，計分裝十包(內附《新申報》十五份)。

二、號碼機已向青年印刷所購置一具，實價十八元，已囑該所交郵寄出，連同郵、關等税約需二十餘元，一俟該所正式發票送到，當由敝處先爲代付。

三、寄下禁書書單一份，已分托滬上書店代覓，現市上不見出售此項書籍，恐難望全數覓到。

四、十，廿九日函囑購 Smythe-*War Damage in the Nanking Area* 一書，查該書已于前購一批西書中同時購到，于上月廿七日付郵寄上。

五、新復刊之《申報》，聞聯大已有函囑該館每日寄三份，(該館已函寄出)但款尚未付，據該館稱倘款未到，將于十二月九日內停寄，來示所囑代聯大訂寄兩份，恐有重複(故未再訂)，即請查明前訂三份款已付訖否？如未付，當有敝處代爲付訖，需訂兩份抑三份，訂費每份半年七元五角郵費在內。《新聞報》擬自明年一月一日起代訂二份寄滇，其他外籍報紙多有美商《華美晨/晚報》、《中美日報》(本月一日創刊)、《英商譯報》、《導報》、《大英晚報》及《晨刊》(小型最近發刊)、《循環報》等。《譯報》、《導報》聞係共黨機關報，編製尚佳，本館前已訂有《文匯報》及《大美晚報》，聯大想無須再訂，如有需要當爲聯大訂《譯報》二份寄滇，以上各節均請示辦。

六、淪陷區域所出報紙甚多，據查得者有十餘種，另附一單，此等報紙要否全數搜羅，抑擇要覓購。又江浙一帶所用之軍用手票、北平聯銀鈔票及印花票等有關史料之實物，要搜集否？

七、本館購書費前由基金會撥到壹佰元，現尚存廿餘元，聯大訂報、又續購畫報、什志(及新出抗戰書籍等)，連同前訂日文書一批(送到後即須付款)共尚須百元左右，擬請便中先付若干，以應需要。

八、Devéria：*Les Lolos Et Les Miao-Tze* 一文約十餘頁，擬得暇即抄打一份寄上，上海 Photostat 設備尚未問得。□□□□□□□□□□□前來本館閱書，曾有論文數篇，擬用 Photostat 複印，亦未成功也，問該所亦無此設備。

按：該信擬於1938年11月21日。*War Damage in the Nanking Area: December, 1937 to March, 1938* 由金陵大學社會學系教授 Lewis S. C. Smythe 編著，1938年6

月刊行。Gabriel Devéria(1844—1899),法國外交官、漢學家,對西夏學頗有研究,1888 年獲儒蓮獎,*Les Lolos Et Les Miao-Tze* 直譯應爲"倮倮族與苗族"。Photostat 由美國人格裹高利(Oscar T. Gregory)發明,并於 1912 年投入商用市場,1929 年春北平北海圖書館購置該項設備一臺。①(《彙編》,第 644—646 頁)

(四)

奉到十一,廿日手示,敬悉一一。附書單一紙,當即照購。上月份,聯大續到日文書及續購各種畫報、什志,合 27.28 元,本館續到西文書,共 21.11 元。聯大書款已向李君支付,本館書賬除支尚存 21.26 元,兩項賬單均交李君轉呈。日前中基會轉告,謂如需書款,該處尚可續撥,故昨日在孫先生處續支貳百元,以後聯大書賬即在該款内墊用。

關于抗戰史料,本年以前出版書報現市上已無處覓得,本年内新刊者均陸續購寄。玆將上月份新出書單一份奉上,有關抗戰各書,擬先購來。昨悉上海通市館搜有滬戰期内多種刊物、傳單及宣傳品全套至去年底止,惟均裝箱藏于某處,倘能當抄出目録一份,供協會書目之用。

號碼機一架亦于日前寄出,連郵税共計 20.10,此款已先代付,玆將發票收據一并奉上。惟據印刷所稱,交郵時誤與資源委員會園蔣一前君所購之卡片包裹互掉(惟包裹封皮并未誤寫)。倘該包寄到時内係卡片,請飭人向萬鐘街一〇五號蔣君互掉。此間已另函蔣君知照矣。

聯大所訂《申報》,該館本允寄至本月九日止。昨復前往交涉,請仍續寄,以免中斷。報款,俟尊處復給再行付給。又,該報亦可仿《文匯報》辦法送贈本館一份。請館中備一公函向該館總管理處接洽。

淪陷區報紙有十餘種,上海可以訂到,另附報單一紙。擬均自明年起各搜集一份(先訂半年),共約二十餘元。

前函寄下禁書書單一份,現滬上各處均無法覓到。昨已轉托寧波某書社設法代覓,聞可購到一二十種。此項書籍恐寄遽不便,擬先存滬,或俟便人帶港轉寄。

按:該信擬於 1938 年 12 月 6 日。"上海通市館"照録,應爲上海通志館。蔣一前,曾任中華圖書館協會檢字委員會委員。(《彙編》,第 647—649 頁)

① 《北平北海圖書館英文季刊》(*The Metropolitan Library Record*),第 1 卷第 3 期,1929 年 4 月,封底頁。

（五）

奉到十一、廿二日手示，敬悉一一。關于 Hoover War Collection 之記載，*Library Journal* 中僅在 Current Literature 欄中查到介紹短文一則，未知原文載于何處，所存工具書中未能查出，兹將該文抄呈一閲。另將刊中有關戰爭之文字一并録出奉上。

關于戰事史料及維新政府文獻，所見到者均設法搜集。最近購到大道市府市公報全份及維新政府《實業月刊》等數册，其中刊有維新官吏合影多幀，但滬上照相店并無出售，容再留意。又，照相店有上海戰事照片册出售，未知要購一份否？

前函囑查 *Mission de Chine* 即原在北平出版之 *Mission en Chine et du Japan*，現移滬出版後已將日本及東北部分除去，改用今名，除去部分聞另出單行本。《文匯報》贈送本館全份已向該館取來，均數月裝訂成册，并無缺少。現按日送到一份，一并保存。十二、十日交郵寄上代聯大續購雜志兩包，想已收到，亦將書單附上備查。

按：該信擬於 1938 年 12 月 13 日。Hoover War Collection（“胡佛戰爭特藏”）即斯坦福大學胡佛研究所（Hoover Institution）之前身，1919 年創立，爲胡佛收集的第一次世界大戰戰時及戰後有關各國政治社會變遷的文件，此處應與平館與西南聯合大學合組成立中日戰事史料徵輯會有關，或想援引 Hoover War Collection 收藏文獻的種類和原則。“大道市府市公報”照録，應指《上海大道市政府公報》，即 1937 年底上海出現的傀儡政權的政府公報，1938 年 4 月底改名《督辦上海市政府公署公報》。*Mission de Chine* 即 *Les Missions de Chine*（《中國傳教區》），原由北平北堂（遣使會）印字館承印，1936 年起改在上海印行。（《彙編》，第 649—650 頁）

（六）

日前由滇附下書單兩紙，均已陸續購到寄滇，本月份購書費計本館付出 61.81 元，代聯大付 61.67 元外、代購郵票十元、代付號碼機一具計二十元〇一角（此項發票及收條已于本月六日寄滇），總計 91.77 元。本館購書費上月存 21.26 元外，在中基會續支 200 元，故除本館購書費及代聯大墊款外，尚存 67.68 元。兩單均一并附上即請查收。

淪陷區報紙在滬訂到十三份，各半年。又，《新申報》亦續訂半年，均自一日起按日送交此處，各報是否需要全部轉滇，抑暫存上海，請示知□□。前函囑代聯大訂閲《申》《新》《譯》各報，據稱聯大均已各訂三份，款亦匯來，故未再另訂。

本館致函《密勒氏評論報》改寄昆明，因注明 via Haiphong，該報囑補郵費貳元。又函購 *Japanese War in China*，v. 2 因已于本月八日由此間購寄，故囑該報勿再另寄。*North-China Herald* 送來明年份報費單卅五元，此款要否由此間撥付，亦請示知。

Dr. Read 于日前由安南返申，前托代索之《文化情報》，允即代索。館中函托搜集戰事史料及照片，表示甚感興趣。另又將該所之報告及論文集各三册贈送本館，已于前日付郵轉滇。

半年來（六—十二），此間工作除代本館及聯大購辦一部書報外，并隨時留意搜集淪陷區刊物及維新政府文獻。惟以甚少有關熟人致□無法辦到。最近來館閲書及借出者亦較增加，准予借出者有中法文化協會、北平研究院藥物研究所、中法大學藥科、雷氏德醫學院、科學社生物研究所等，均備有正式公函介紹。科學社方面編目工作：1. 新編館中舊藏美政府刊物一套，約四百餘種；2. 改編；3. 書本目録校本已抄製完成，除分類目録外，并附一著者索引，即將付印，約五百餘頁。

頃接 Blackwell 來函一件，隨函轉上。

按：該信擬於 1938 年 12 月 30 日。via Haiphong 即通過越南海防之意。Dr. Read 似指伊博恩（Bernard E. Read，1887－1949），英國藥物學家，1920 年至 1935 年在北京協會醫學院任教，1935 年擔任上海雷士德醫學研究院研究員，以下各處皆同。“文化情報”爲此前提及的上海自然科學研究所出版物《中國文化情報》。（《彙編》，第 651—653 頁）

（七）

由滇賜書三封，均已先後收到，敬悉一是，此間寄滇日文書報，聞遭扣留，但封皮外并未寫“日文書”字様，想係滬方檢查時所注明，以後日文書報當徑寄史料徵輯會，以免注意。

聯大所訂《申報》，聞款已由滇直接匯來，訂閲八個月，至本年六月止，共三份，該館均按日寄出。《新聞報》及《譯報》亦均係同様情形。來示囑爲史料徵輯會再訂一份，即照辦。自復刊起自六月計每月報費十元，本館一份，由此間備函接洽，已允自復刊贈送全份存滬。

囑購登記簿、薄紙片，擬均托便人帶港，郵寄恐須納税，日文書倘能在滬購得一部，亦當帶上。最近在大陸新聞廣告中録出此類書報約四五十種，共約日金一百餘元,擬先訂購。最近聞京滬交通已恢復,惟領取通行證等手續甚爲麻煩。日下京杭各地刊物并不甚多,京中曾托人代覓,并無結果。此時前往,恐所獲有限,惟當隨時注意,倘遇便人當前往一視,順便可一探工程圖書籍。

聯大所購卡片尾數 98.73 元,已在本館帳内墊付,收據已寄交嚴先生。前在中基會所付貳百元,頃已用罄,賬單業于上月底挂號寄港,便中擬再請通知會中續撥貳百元,以便付中文書賬等款爲盼。

附日文書單

按:該信擬於 1939 年 1 月 9 日。"嚴先生"應指嚴文郁。(《彙編》,第 653—654 頁)

(八)

頃閱致照亭先生手示,敬悉一一,所囑代購各書及圖用品均已分别照辦,薄紙片一萬張已托科學公司切好,價廿六元。中文登録簿二本及導片一百張亦均購好,聞最近寄滇包裹不通,擬得便帶港,期刊登録卡片印二千張,未知照何格式(中文抑西文),候示再印。

前寄滇日文書,聞遭扣留,未知能否交涉收回,先後所寄各書封皮外均一律遵囑寫私人姓名(昆明拓東路迤西會館袁守和),藉免此間檢查□意,所扣一部想係十一月廿五日所寄三包(内裝各書十九册,見發票),此書係托環球代購,發票係寫西南聯合大學圖書館(此項單據已于十一月份報銷時,托李君寄滇,函内將副張寄上備查)。倘與當局交涉似可將此項發票作爲證明。又以後所寄各書未知有無缺少,另開一單,請以便查核。

以前囑購各日文書報因不便以本館及聯大名義與内山書店往來,故轉托環球書報社代辦(現租界内各書店均與日方書店□□),惟以該社價目匯率開價太高,曾數次去函交涉,後允由 1.75 改按 1.25 計算(曾將該社來函隨發票附上寄滇)。惟仍較市價爲高,故除前已訂各書外,新購各書均用個人名義向内山書店購買,惟該店售價均須按定價加一成,匯價按市價計算,較環球每□可少一角上下,但該店不在虹口,滬上□□□□□□書外□□,托其向東京配訂須付定洋等等,甚感不便。

平方匯價較爲合算,以後日文書籍擬請寄交平方代購,如不便逕寄昆明,可囑由東京逕寄此間代爲收轉。日前寄上書單三紙,其中有十餘種已向内山購到,日内擬托人帶港再爲寄滇,似較由此間寄發爲便也。

前囑訂《申報》已代史料徵輯會訂一份寄滇(寄報地址該館不允與收據互異,故亦寫史料徵輯會,未知報銷方面有無困難)。本館一份由此間接洽,自復刊號起贈一全份,并自本月起按日寄滇,前出各份已送存此間。另,本埠各大報經接洽後,允予贈送者有《華美晨報》、《大英夜報》、《大晚報》,均自一月一日起各送二份。《文匯》、《中美》已各承送一份。

寄來《圖書半月刊》已收閲,一俟得暇,當將滬出各版新刊擇要介紹。

科學社方面編目工作,數月來已將西文書本目録趨編完成,樣本已送排印,除分類部分外并附一 author index。日來正忙于校對。俟西文部分印成後,劉先生意似要再爲編印中文部分,此事擬俟西文部分完成再説。因此前擬爲本館編製之西文抗戰論文索引,迄未得暇着手,中文部分均已抄成卡片,但亦未有暇整理也。

按:該信擬於 1939 年 1 月 14 日。“迤西會館”即平館駐昆明辦事處、西南聯合大學圖書館所在地。“圖書半月刊”似爲某種油印刊物,内容爲分類目録,類似於美國圖書館協會(American Library Association)刊行的 Book-List。(《彙編》,第 655—658 頁)

(九)

昨日奉到一月九日及十二日賜書,敬悉一一。附來書單及介紹信件亦均收到,中基會事即當遵囑前往辦理,惟現孫先生以足疾未到會,尚未晤面,因此間每日常存信件及須接洽之事,故擬于每日下午前往。據金先生告,謂本館購書賬及福利儲金兩項帳目甚繁,大約均須交由本館自理,時間是否足够支配,擬俟晤孫先生後再議。

前托 Dr. Read 代索之《中國文化情報》,昨收到十二日出版之第十三期一份,已隨時轉港,以前各期恐已無存,已函請代詢矣。

本館購書事當隨時留意,附下日文書單已函内山書店派人前來接洽,作爲史料會委托個人代辦,不以辦事處名義往來可也。聯大付款貳百元已收到,以後墊款及本館書賬當分列。本館搜集資料事,前在 Dr. Read 處曾見館中所發乙份,其他各處,未知已有何處業經去函接洽請求協助者,盼示知數處,俾易于接洽。

代聯大所購日文書報,現尚存滬未寄,未知滇方能否交涉不至扣留,并請示知爲幸。

按:該信擬於 1939 年 1 月 21 日。“孫先生”即孫洪芬;“金先生”應指金紹基,時任中基會董事。“史料會”應指中日戰事史料徵集會,下同,該會由平館與西南聯合大學合組籌設,於 1938 年 12 月 30 日正式成立,袁同禮爲該會主席,馮友蘭爲副主席。(《彙編》,第 658—659 頁)

(十)

兹托趙善之君赴港之便帶上小包一件,内係薄紙卡片一萬張,三組導片二百張,又戰事照片册一部,函内附上托人在京覓得軍用手票四種,照片二張,又海關及俄文書目數種,均請一并查收。

頃奉十九日手示,得悉尚需五組導片200件及登記簿一册(二册已寄滇),當另購寄National Christian Council之文件,日内當前往一詢,倘能取到,當托任先生之便帶港。

中基會已自本星期起每日下午前往,購書賬已接手辦理,孫先生足疾未愈,尚未晤面。日文書購到二十餘種,因攜帶不便,已由滬交郵寄滇(現限定每處每日祇能寄兩件),前代本館所購西文書亦已寄出,書單附上備查。

按:該信擬於1939年1月24日。趙善之,與胡適有舊①,其子趙樹林似曾在平館任職。National Christian Council即中華全國基督教協進會,其會址位於上海圓明園路169號。"任先生"即任鴻雋。(《彙編》,第660頁)

(十一)

昨托趙善之君赴港之便帶上卡片包一件及目録函件,日内當可送到,所有書籍因攜帶不便,均由此間寄滇,其餘各書俟有□到,當再寄去。又囑購德文報及俄文報,自1937七月起至1938年已□查出一份,惟均不全,每月約缺少四五份,是否需要購存,即請示知(每份全年約廿元)。

期刊日報索引及《人文月刊》均已托人設法檢一全份,《人文月刊》(已出八年)可允贈送全份,尚在接洽,其餘書籍□書店均不□允,容當留意。昨赴National Christian Council晤C. L. Boynton先生,得悉允予送存本館之文件尚未整理就緒,其内容大概包括南京、杭州等地之通信及報告,聞此項文件僅有五份,N. Y. State Council, London Embassy, □□□□□及其本人各存一份,其餘一份則擬送存本館,現因一部爲各報館借用,故擬俟整理完備後,并裝訂成册,再爲送來,其他尚有關于難民救濟及捐款文件、廣播文稿及*Bulletin*,謂亦可送存一份,伊謂事甚忙,大約再有數星期當來函通知,屆時前往領取。

《譯報》已爲聯大另訂一份寄史料會,前預約百期合訂本已出版,日内即

---

① 臺北胡適紀念館,檔案編號HS-JDSHSC-1505-001。

寄滇,《文匯報》年刊亦爲聯大預約一册,又前代聯大購各畫報、什志,因中國圖書公司允有辦法寄滇不致檢查,故均各訂半年(共九種),將來即由該公司負責直接寄出,其餘新出當隨時購寄,勿念。

按:該信擬於 1939 年 1 月 26 日。"期刊日報索引"應指《期刊索引》和《日報索引》,由中山文化教育館編印,均爲月刊,前者涵蓋國内期刊二百餘種,後者以《申報》《新聞報》《時事新報》《中央日報》《武漢日報》《大公報》《晨報》(北平)《香港工商日報》《廣州國民日報》《星洲日報》九種報紙爲對象。《人文月刊》,1930 年 2 月由錢新之、穆藕初、徐靜仁、王儒堂等人創辦,該刊以現代史料爲核心,尤其側重社會經濟方面,并以民國大事類表與雜志索引爲特色。C. L. Boynton 即 Charles Luther Boynton(1881—1967),美國浸禮宗來華傳教士,畢業於紐約協和神學院(Union Theological Seminary),時任中華全國基督教協進會幹事。(《彙編》,第 661—662 頁)

(十二)

兹寄上一月份本館及聯大購書單據卅一張,清單各二份,計本館購書賬付出 94.32 元,代聯大墊付 135.00 元正,兹遵囑將前中基會撥付三百元作爲聯大墊款,本月廿一日續付貳百元作爲本館西文書費。兹分别報告如下,

代聯大墊付購書費,計十月份 53.40 元及十一月 27.28 元,合計 80.68 元,係由李照亭君在辦事處經費内墊付,賬已由李君報銷,十二月 91.77 元及本月 135.00,合計二二六.七七元,則在三百元内扣除,計尚餘七十三元二△三分正。

本館西文書費自上年十月至本年一月止,共付 231.27 元(見清單),除收中基會最近撥付貳百元外,尚不敷卅一元二△七分。兹擬請在聯大賬内再付貳百元,以便付完購之日文書及什志報紙等賬,則連前合共五百元,可由聯大當局正式備函請中基會發款時扣還。另本館西文書賬亦盼再付若干,以便隨時應用。至于本館所購中文書等,以後均將賬單交請李君照付,以便與西文書賬分列。

上月由港寄下應購日文書單,及 1937 至最近之日文什志、報紙等,本囑内山書店派人前來接洽,迄無回音。故現托圕服務社設法向東京直接往來,價格或可較廉。

前次來示,提及内地需圕用品甚多,囑此間商店到滇開設分店,此事曾與圕服務社(現由文華校友陳鴻飛君主持)商洽,大約目前派人到滇甚多困難,倘協會或其他機關能設法代理爲最好,可需先付□□若干成。由此間製成大

批運滇,售出後由該社給予代理人經售傭金,則西南西北各内地圖書館需要用品者可逕向協會定購,必多便利。此事倘協會認爲可辦,當再囑該社將詳細辦法説明,逕向協會接洽可也。

按:該信擬於1939年2月2日。陳鴻飛(1904—1942後),山東益都人,山東齊魯大學畢業後留該校圖書館服務,1931年考取武昌文華圖書館專科學校,與童世綱等人爲同學,1936年至1938年任上海市圖書館特藏部主任,1939年成立"中華圖書館服務社",任理事長,1940年2月赴沙縣出任福建省立圖書館館長。(《彙編》,第663—665頁)

(十三)

在港先後寄下各函及介紹信、書單等件均已收到。玆將連日各處接洽情形奉告于後:

《密勒氏評論報》、J. B. Powell對于本館徵集史料甚表興趣。該報所載各項照片,均允由本館翻印一份,惟以并無底片,故複印每張需費一元至一元五角,如要一全份,約二□張。此項印費似嫌太巨(亦有多數係内地寄來),故與該處商定,俟尊處隨時視需要選定該片前□要,再爲開明接洽專印。上次本擬先擇一部文化機關被毁照片添印,然以如數不多亦甚普通,約七八張,故未決定,僅先購日方宣傳畫照片四種(付價貳元)。至于各項資料,Mr. Powell允予隨時留意,伊復介紹往晤American Chamber of Commerce秘書Mr. Howes,在該處覓得該會所印小册子數種,關于外人在華投資損失情形,曾請其將各方報告録一副份,據稱此項情形均保存于美領署,現時尚係秘密文件,恐難索得。關于日方新聞檢查制度,American Book Shop經理Mr. F. D. Mortimer或有相當材料供給,日内當前往一詢。

又《新申報》等單據往訂時係具名錢公垂,該處誤寫公□,因係收據不允另補,倘館中不便報銷,請將該條寄下,可囑圕服務社設法另開一代訂發票也。

民23《中國外交年鑒》、Young - *The International Relations of Manchuria*等均已覓得舊書,價甚廉,海關條約二册可購到,每部35元,未知需要否?又China Information Committee(原在漢,現遷港)及Shanghai Federation of Culture Assn.出有小册子多種,未知館中已有否?

按:該信擬於1939年2月11日。J. B. Powell、Mr. Powell即John B. Powell(1919—2008),美國新聞記者,《密勒氏評論報》編輯。American Chamber of Commerce即駐華美國商務會,位於福州路209號,Mr. Howes即James Howes,確爲

該會秘書;*American Book Shop* 即中美圖書公司,其地址位於上海南京路160號。①*The International Relations of Manchuria* 全稱爲 *The International Relations of Manchuria: a digest and analysis of treaties, agreements, and negotiations concerning the three eastern provinces of China*, Walter Young 著,1929 年芝加哥大學出版社出版,該書由蔣景德翻譯,書名譯作《滿洲國際關係》,1931 年 11 月由神州國光社出版,本文第十六封信中亦提及購到此書。"海關條約"應指 *Treaties Conventions etc. between China and Foreign States*, 1908 年初版,由海關總稅務司署(Inspectorate General of Customs)發行,收録 1689 年至 1908 年間清朝與各國訂立的條約,按國別分類編次,各條約均以中西原文對照排印。China Information Committee 應指中國情報委員會,1937 年國民政府籌設,負責對外宣傳抗日戰爭,其最初辦公地點位於上海,後經南京、漢口、長沙,最終於 1938 年遷至陪都重慶,但在香港設有分支,錢存訓極有可能不清楚内陸情況,有"原在漢,現遷港"之説。(《彙編》,第 665—667 頁)

(十四)

昨接九日手示并附《大陸報》等處函件,均已照收。該報照片三張計洋陸元已付,報紙一份按日送到,1937 七月起舊報允俟覓全即送來。*Rules of Procedure for the U. S. Court for China* 預約一部,該書三月初出版後即直接寄滇。茲將收據一并附上,計洋拾捌元正,連上月合計墊付四十九元二△七分。聯大書賬本月付廿六元〇九分,尚餘四十七元一角四分。按囑覓《大公報》,尚未獲得,但購到上海戰事期間之《救亡日報》(郭沫若等在滬主辦)自創刊至停刊止全份,及《戰時日報》(上海十種小報聯合發刊)。又,《譯報》自創刊起 239 份,共合五元,以後遇此類報紙及全份什志當隨時留意收購。代印什志登記卡 3 000 已分寄港(一千張)滇(二千張),指引卡二百張,亦寄去,發票單據已交李君報銷。

按:該信擬於 1939 年 3 月 4 日。《大陸報》即 *The China Press*; *Rules of Procedure for the United States Court for China*,該書名稱直譯"美國在華法庭程序規則",1939 年在上海刊行,出版人爲 A. R. Hager。《救亡日報》1937 年 8 月 24 日在上海創刊,社長郭沫若、總編輯夏衍。後遷廣州,再遷桂林出版。1941 年初停刊。《戰時日報》1937 年 10 月 5 日創刊,姚吉光爲經理,龔之方任編輯,馮夢雲任編輯顧問,該報實爲《小日報》《大晶報》《金剛鑽報》《東方日報》《正氣報》《世界晨報》《鐵

---

① *The North China Desk Hong List*, 1939, pp. 51, 68.

報》《明星日報》《福爾摩斯》十家小報聯合出版,1937 年 12 月 11 日停刊。(《彙編》,第 667—668 頁)

(十五)

接奉由港轉到三月三日及十日由渝賜書,敬悉一一。林伯遵先生一函及請款單亦已交去,日内領館墊付越幣卅元已寄還。第四期中文書費四月中發出,屆時當請將預支款歸帳後(李君三百元,職支五百元,内二百元爲西文書費已報銷,故應歸還六百元),餘數轉作聯大付日文書款。鈞處俟收到後再行奉告。

前印期刊登録卡已分寄港(一千)滇(二千),孫君來信謂已由港分寄五百張去滇,想均已收到。又印日報登録片五百張,滬上擬留用百張,餘數當即寄滇。

《大公報》頃悉在滬設有辦事處,已擬就公函托人接洽,或可覓到。開示購書範圍,當隨時留意,其中太平洋國際學會出版各種似均需要,兹將該處目録兩種附上一閲。中國出版者或可索到,外國出版者該會可以購得。另,又索到《海關圖書館目録》一册,一并另寄并附書單兩紙,并請查收。

關于史料徵集事,連日在各救濟團體覓得文件若干。又,日人近日所倡之建設東亞新秩序運動,亦獲得一部標貼傳單。關于外人投資損失調查,前曾得人介紹,向英大使館商務參贊公署接洽。關于本館請求,甚表贊助。惟各項秘密文件,該處未敢擅自做主。前日該署特派副領事 Mr. G. C. Crowe 君來此説明其意,謂已將本館此項請求送達倫敦 Foreign Office 請示,倘獲允許即可照辦云云。經連日接洽,結果覺各方對于本館近况多不甚明瞭,故擬將日前寄下之啓事交由各報發表,俾使各界對此工作有一認識。稿中注明勿與昆明直接接洽,而仍以辦事處名義個别接洽,避免公開。

兹有小册等數種,因不易見到,故已先行購下,日内即寄滇,余帶俟續陳。

頃代本館購《四川經濟參考資料》一份,并代聯大訂《中外經濟拔萃》三卷一年(半價并送《中外經濟年報》一部),一卷二卷有存書,要否請示。

按:該信擬於 1939 年 3 月 18 日。林伯遵,時任中基會秘書。G. C. Crowe 應爲 C. T. Crowe,該人確爲英國商務參贊公署(British Commercial Counsellor)①副領事,錢存訓在此拼寫有誤。《四川經濟參考資料》,張肖梅編著,1939 年 1 月初版。《中外經濟拔萃》,1937 年 1 月於上海創刊,由中國國民經濟研究所編輯出版并負

---

① *The North China Desk Hong List*, 1939, p. 107.

責發行工作,通訊處位於霞飛路 1960 號,英文名爲“*The Economic Digest*”。(《彙編》,第 668—670 頁)

(十六)

接奉三月十日由成都及廿五日由滇賜書,并購書單等,均已先後收到。十八日曾有一函寄滇,想達尊覽。玆將購書各事奉陳于後:

一、太平洋國際學會贈送本館全部出版物一套,并有代售各種書籍,均檢送一份,計 138 種,一四〇册(書單附上)。上海現由楊兆延女士主持,劉馭萬先生現在港□會,九龍北京道十號四樓設有駐港辦事處,謂尚有最近出版刊物均在港,得便向劉先生一洽,或可覓得若干。

二、開示本月購書範圍。中文者購得劉彦所著外交史數種,《外交年鑒》三年亦均覓得。上海通志館刊物十種,購一套(尚有《上海市年鑒》及《上海研究資料》(均中華出版),《申報年鑒》需要否?)外交部白皮書、黄皮書及日本研究會各種小册均無法覓到。西文因恐購置重複,附上書單乙紙,請示知再購。Walter Young 之著作,僅購 *Int. Rel. of Manchuria* 一種(二元五△)。餘者商務存有此兩種,均售原價,要否購下,請示知。China United Press 現似遷渝或在港,出有刊物多種,上海尚可購得,請閱附單,示知要否? *Directory of China*, *Japan* 請在港購。

三、海關出版各種貿易統計,本館似均應備一份。惟該處各種出版物得托中美、别發及商務代售,未知能否索到。擬請繕一公函,以便持往接洽。海關條約如不能索到,商務可允九折。

近來因寄滇包裹擁擠,郵局暫停收寄昆明郵件,致購好各書均無法寄出。是否候通遞後再寄,抑托中基會公便帶港?請示知照辦。又,海關圖及太平洋學會目録未及寄滇,已改寄港。《圖書季刊》已閲兩次,大約十五日以前可以出版。

按:該信擬於 1939 年 4 月 5 日。楊兆延,生平待考,抗戰後期曾在交通部任職。① 劉馭萬(1896—1966),湖北宜春人,清華學校畢業,後赴美國留學,獲歐柏林學院(Oberlin College)文學士、威斯康星大學政治學碩士,回國後在交通部、經濟部任職,時兼任太平洋國際學會中國分會執行幹事。“劉彦所著外交史數種”似指《中國近時外交史》《最近三十年中國外交史》等書。China United Press 即聯華書報社,原址位於上海四川路 299 號。“中美”應指中美圖書公司(American Book

① 《交通公報》第 8 卷第 4 期,1945 年,第 10 頁。

Shop)。該信寄送香港。(《彙編》,第671—672頁)

(十七)

兹托中基會之便帶上在滬搜集所得各種資料一包,計小册子十七種(附單)、傳單標貼等二十五件、又橡皮章一件。關于搜集情形,附有説明,即祈察核。

又在滬所購各書俟設法運滇,其中有孫述萬君囑購 *Treaties of 1928* 一書恐須用,先行帶上。另有請款單三百張,已印好一并帶奉,均請查收。

又昨日往晤 Mr. Boynton,本擬將允贈送本館之一部資料帶港,但此君甚忙,尚未整理,現已請其早日辦好送來。

《中國文化情報》十三期以後未收到,函詢 Dr. Read 亦未得覆,大約亦未收到。

尚有托工部局華人教育處長陳鶴琴君代集各救濟團體之文獻,尚未完全收到,容當另行帶奉。

按:該信擬於1939年4月15日。*Treaties of 1928* 似指 Kellogg-Briand Pact(《凱洛格—白裏安公約》或《巴黎非戰公約》),日本是最初簽約國之一,後中華民國也成爲該條約的簽署國,但信中所指之書待考。陳鶴琴(1892—1982),浙江上虞人,兒童教育家,清華學校畢業,赴美國哥倫比亞大學學習并獲碩士學位,回國後任南京高等師範學校、東南大學等教授。(《彙編》,第673—674頁)

(十八)

昨日奉到十九日手示,并書單、附件均已照收。

(一) 徐淑希著作三種,已退還别發。

(二) 先後開來書單均已購到一部,其中絶版無法覓得者。

(三) 前後所購各書及太平洋學會刊物約有三十餘包,寄港須每包八角,再爲轉滇,似所費太多。擬再稍待以候郵局通遞直接寄滇(大約數日後可通)。

(四) 淪陷區報紙共訂十三種,但有數種僅來數份,其他亦間有缺少,因自虹口送來,屢次函補均無辦法。另抄一單附上。其餘如《武漢報》等上海無代訂。

(五) 劉純甫處已遵囑匯去卅元,并另函説明搜集範圍,俟有復信再爲函告。

（六）存滬各種什志内載關于苗族論文均注明原單，其餘均不在滬，科學社亦未藏。

（七）《密勒氏評論報》所刊《九國公約》簽字插圖，據稱亦係從另一什志上所印出製版（什志名稱已查不出）。現因本館搜藏，特請代爲本館用銅版紙另印數份，以供保存。

按：該信擬於 1939 年 4 月 26 日。徐淑希（Hsü Shuhsi）著作三種似指 *The North China Problem*（《華北問題》，1937），*Three Weeks of Cantons Bombing*（《廣州念日記》，1939），*Documents of the Nanking Safety Zone*（《南京安全區檔案》，1939），均由別發洋行（Kelly & Walsh, Ltd.）出版、太平洋國際學會贊助，因前信中提及"太平洋國際學會贈送本館全部出版物一套"，故此三書可以避免重複購買。劉純甫即劉純（1894—?），字純甫，南京人，中華圖書館協會會員，曾任國立中央大學圖書館編纂課課員①，時似在金陵大學任職。"九國公約"——全稱爲《九國關於中國事件應適用各原則及政策之條約》，1921 年 11 月 12 日至 1922 年 2 月 6 日，美國、英國、日本、法國、意大利、荷蘭、比利時、葡萄牙、中國九國在美國首都華盛頓舉行國際會議，該條約確認中國的主權和領土完整，迫使日本將山東省控制權歸還給中華民國。（《彙編》，第 674—675 頁）

（十九）

茲將四月份在滬代購書賬隨函奉上，計代本館墊付一六五元六角三分，其中有別發賬單四筆，因該處催收已先代付，尚有四月五日發票一份，計洋 23.50，前已寄港，即請檢出附入。又徐淑希著作三種已退還，改換新發票一紙，亦已付訖矣。

聯大三、四兩月共付二十五元三角四分，另郵匯劉純甫君三十元，俟單據收到再爲報銷，圕服務社代辦之日文書報現收到一部書籍及年鑒，什志及報紙尚未寄到，該項單據均另分開，擬俟中基會之款取到，再爲一并報銷。

Mr. Boynton 送來油印 *Bulletin* 一套（不全），財政部國定稅則委員會送來《上海物價月刊》一套（自 1937 起），俟得便再爲帶上。日前托林君帶港之傳單小册等件，想均收到，其中有日本新友社小册三種，本係別發 share 交來，故前單寫明贈送。日前接該店開來票又將該價計入，因爲數甚微，故已照付。

按：該信擬於 1939 年 4 月 29 日。"林君"應指林伯遵。（《彙編》，第 675—676 頁）

---

① 《國立中央大學一覽第十一種：教職員録》，1930 年，第 11 頁。

（二十）

守和館長先生賜鑒：

孫先生帶回各件及四月廿七日手示均已照收，敬悉一一。關于本館消息，嗣後自當審慎。前購各書均遵囑于昨日付郵寄港，以便攜滇，共計卅四件（内十二件係聯大中日文書報，郵費另列），附上書單乙紙，以備查核。至最近寄下應購書單，因不及購寄，擬俟寄滇郵包通後再寄。日前，尊處由滇電囑購薄卡片三萬張帶港，此電直至昨日始由孫先生閲及交下，未知何處延誤，深以爲歉。聯大預支之款，昨在本館中文書賬内領到五百元，連前合共八百元（前預支之三百元原在西文書賬内支取，頃已由中文書賬内撥還，作爲共在中文書賬内預支八百元）。另還中基會墊付李君一月廿五日預支一百元，又四月廿三日李君另支一百元。聯大預支之八百元，倘由該校還到，請尊處賜一收據作爲該款轉滇，以便察賬。頃收到劉純甫君覆函，隨函轉奉。專此，敬請道安。

職錢存訓謹上

五，二

按：該信寫於1939年5月2日。“孫先生帶回各件”應指4月20日中基金會在香港召開年會後，孫洪芬帶回滬上的文件；“李君”即李耀南。（中國國家圖書館檔案，檔案編號1945-※057-綜合5-010002）

（二十一）

守和館長先生：

由港賜寄各函，均已拜悉。鄭振鐸藏書之款計由羅氏基金款内撥兑美金US$506.11元，合成國幣柒仟元正，業分兩次交付清訖。香港辦事處八九兩月經費共美金貳佰元，均已寄發，另由孫先生具名正式通知矣。八月份經費，據中基會稱已于前日寄滇，惟中文購書費尚未發出，聞將按月在滬撥付，余、金兩君撥款當即止付，俟收到後再候示支配。印件香港停轉。聯大寄來日文書單，是否照購，乞示。温君托帶《國際輿論》廿本，尚未收到，已請孫述萬君在港查詢。專肅，敬請鈞安。

職錢存訓謹上

九，十三

按：該信寫於1939年9月13日。“鄭振鐸藏書”皆爲鄭振鐸所藏戲曲善本，分兩批購買,共計 84 種、262 册。“羅氏基金”即洛克菲勒基金會,下同。(中國國家圖書館檔案,檔案編號 1945-※057-綜合 5-010001)

(二十二)

守和館長先生:

前昨兩日先後寄港轉上郵包廿二件,内三件係本館西文書報(108—110 包),餘十九包係爲聯大所購之日文書七十四種及新到什志多種(63—81 包),内有十餘種係前寄下書單中指購,餘係選購。此間新到之書,另單開列詳細名稱,即請到時查核爲幸。西文報告各五百册均已印就,兹寄港轉上樣本二册,即祈詧收。一俟名單寄下即行發出,紙張本擬用白道林,但印價現漲至五百本每頁八元(舊估價乙千本每頁四元六角),次道林每頁六元,因恐印刷費超出預算,故與李君酌定均用次道林印,可省四分之一,惟紙色較黄,未知是否嫌劣,并請示知,以便下册印時照辦。中文本排印甚遲,現僅校閲一次,下月中或可印成。中基會九月份經費昨已發出,據聞以後每月可發當月之款。陳貫吾君薪俸,孫先生囑尊處再去一正式函件通知,以便在匯滇經費内扣除。專肅,敬請鈞安。

職錢存訓謹上

九,廿八

按:該信寫於 1939 年 9 月 28 日。“西文報告”似指 1935 年至 1937 年平館館務報告。1939 年 11 月 10 日,昆明辦事處曾致信北平留守人員王訪漁、顧子剛,告知上海辦事處會寄上十册,因紙價高漲只印五百份,須謹慎分配。① (中國國家圖書館檔案,檔案編號 1945-※057-綜合 5-010003 和 1945-※057-綜合 5-010004)

(二十三)

守和館長先生賜鑒:

昨閲致孫先生函,得悉滇館需款孔亟,囑在羅氏基金款内撥匯美金貳佰元,業于昨午電匯,想可早到應用。該款係按 715/16 折合國幣 2 519.70 元,上海銀行升水,按八五折算每千元貼一百七十六元四△七分,减去電費 $10.50,實得 2 952 元正。近日美金行市較低,惟上海銀行匯兑升水較他處爲高。港處美金三百元明日可以寄出,并請釋念。九月份經費,聞于上月廿三日匯出,以後每月底

① 北京圖書館業務委員會編:《北京圖書館館史資料彙編(1909—1949)》,第 696 頁。

大約可發當月之款也。又職處墊付本館七、八、九三月購書費三百餘元，乞早日賜下，以便周轉爲幸。專此，即請鈞安。

職錢存訓謹上

十月十四日

近聞史料會在滇展覽，如有是項説明，乞寄一閲。日内有書報十餘包，暨所集傳單標語等，當一併寄上。

按：該信似寫於 1940 年 10 月 14 日。1940 年 1 月 2 日至 3 日，中日戰事史料徵輯會在昆明舉行展覽。①（中國國家圖書館檔案，檔案編號 1945-※057-綜合 5-010005）

（二十四）

存訓先生大鑒：

兹閲南京僞行政院文物保管委員會三十年《年刊》第一五頁，載故宫博物院南京保存庫移管之文物，有舊工程參考圖書館藏書十四箱（一二箱開箱排架），舊工程參考圖書館地圖類十五箱（全部開箱排架），又一四頁載舊工程參考圖書館藏地測圖約四千種（假目録係作三千九百種），舊工程參考圖書館挂繪圖約一千九百種（此兩項係與第一五頁所載之地圖原注參見）。此當係本館之物，未識徐森玉先生在京時曾見及否？遇機會時請轉告，設法收回爲要。另有致周連寬先生函一件，請代寄。專此，順候台祺。

袁同禮頓首

十一，廿一

按：該信寫於 1945 年 11 月 21 日。"南京僞行政院文物保管委員會三十年年刊"即《行政院文物保管委員會年刊（民國三十年）》，其中"第一章本會之成立"下"三、移校接收情形"第十四、十五頁有袁同禮在信中所説之記録。周連寬（1905—1998），廣東潮州人，圖書館學家，時應任上海市立圖書館館長。此信爲文書代筆，落款處爲袁同禮親筆簽名。國立北平圖書館用箋。（中國國家圖書館檔案，檔案編號 1947-※010-年録 6-006001 和 1947-※010-年録 6-006002）

（二十五）

存訓吾兄：

廿五日自京來函已悉。本館内閣大庫舊藏地圖均係黄綾裝裱并未蓋館章但海内

① 《國内消息》，《中華圖書館協會會報》第 14 卷第 4 期，第 29 頁。

并無第二份，原存故宫保存庫朝天宫。依據僞組織之文物保存會報告，應在鷄鳴寺中央研究院。此事將來仍須請森玉先生代爲調查，或請王以中庸赴京之便代爲查詢，請分別接洽。至于印刷樣本，原存中英文化協會，亦未蓋章，但本館之英國印刷展覽目録均詳載無遺，國内亦無第二份也目録已寄上海。此間擬派來京工作之楊君一時不易啓程，將來需人時由顧斗南君介紹一助手可也自備宿處。匆覆，順頌大安。

弟同禮頓首
一月廿七日

工程圖書館現既無人辦公，徵求工作暫用上海辦事處名義可也。

國外寄工程館之圖書□□尊處函□□□郵局□改寄金大圖轉交爲□，再函托金大同人

按：該信寫於1946年1月27日，左側邊緣破損，無法識别。國立北平圖書館用箋。（中國國家圖書館檔案，檔案編號1947-※010-年録6-006003）

（二十六）

存訓吾兄：

一月廿一日來函，詳悉一切，所附之六十元，亦如數收到（前寄之60、70、70收到後曾函告）。致羅氏基金會之函，俟移民局確定不能支薪時再行發出，亟表同意。屆時或須請Creel再寫一封信，較吾人更有力也。餘容再函。順頌大安。

同禮頓首
一，廿九

按：該信寫於1948年1月29日。Creel即顧立雅（Herrlee G. Creel，1905—1944），美國漢學家，芝加哥大學教授。錢存訓赴美留學，南京國民政府教育部及平館本欲待其學業結束後委任其護送暫存國會圖書館的中文善本書歸國，故給予其政府官員護照，然而這種選擇却給錢存訓本人造成了極大的困難。一方面，美國移民局因該種護照性質，認定錢存訓不屬芝加哥大學的教職員，導致該校無法正常給予他報酬①；一方面，1948年2月國民政府教育部電令平館核減經費，此前發放錢存訓留美的補助難以爲繼。全賴顧立雅以私人經費予以支持②，并敦促校方出面與移民局反復溝通，終於在1948年夏較爲妥善地解決了該問題。（錢孝文藏札）

① 錢存訓著：《留美雜憶：六十年來美國生活的回顧》，傳記文學出版社，2007年，第23頁。
② 同上。

（二十七）

存訓吾兄：

前收到 200 元後曾經函告，兹又收到 60 元又 70 元（一，廿四日寄）共130元均照收，尚餘 70 元，想不久可由尊處寄到矣。

館中近奉令自二月份起至六月份止，將生補費減少四分之一（每月核減百分之五），故不得不裁員，而尊處之補助費一時亦不易辦理，至盼尊處在美薪金可不致有何問題也。順頌大安。

同禮頓首

一，卅一

按：該信寫於 1948 年 1 月 31 日。“生補費”應爲生活補助費之縮寫。（錢孝文藏札）

（二十八）

存訓吾兄：

頃又接到 70 元前曾接到60+70=130，第二批之貳百元已全數收到，謝謝。羅氏基金會一函知已發出，至以爲慰，惟尚須托顧立雅從旁進言。近因 Stevens 對于東方之事不願過問，一切由 Fahs 作主，此人只有袒日之名，對于中國不甚同情也。兹奉還郵票 $6.99 之支票壹紙，又托代發信二件。此外，請到芝大地圖部詢問編輿圖卡片目録之方法及一切（文獻）資料，交郵寄下爲感。匆匆，順頌大安。

弟同禮頓首

二，九

按：該信寫於 1948 年 2 月 9 日。Fahs 即 Charles B. Fahs（1908—1980），本文中譯作“法斯”，美國西北大學博士畢業，後赴京都、東京兩所大學留學，二戰時曾在戰略情報局遠東部（Far Eastern Division of the Office of Military Strategic Services）服務，1946 年起出任洛克菲勒基金會人文部副主管，1948 年訪華。（錢孝文藏札）

（二十九）

存訓吾兄：

頃接羅氏基金 Fahs 來函，録副奉上，又致渠一函，即希代爲付郵。又能將目前困難情形自寫一函,或托 Creel 先生代寫,均希尊酌是荷。匆覆,順頌大安。

弟袁同禮頓首

二,十二

按:該信寫於 1948 年 2 月 12 日。(錢孝文藏札)

(三十)

存訓吾兄:

自來水筆昨由滬寄來,奉上美金壹元,歸還代墊之修理費,并謝厚意。羅氏基金方面不識有無問題,深盼早日決定辦法,俾能安心讀書爲盼。奉上信四件,請代爲轉寄爲荷。順頌旅安。

同禮頓首

三,五

按:該信寫於 1948 年 3 月 5 日。(錢孝文藏札)

(三十一)

存訓兄:

Fahs 頃來復函,録副承上,如 Creel 能設法,即請不必焦慮,想渠必不致使兄有任何困難也。

同禮

請轉寄外三信

按:該信寫於 1948 年 3 月中下旬,無落款時間。(錢孝文藏札)

(三十二)

存訓吾兄:

五月五日所寄之 80 元及五月八日所寄之 70 元均先後收到,惟五月三日左右所寄之 100 元迄今未到,頗爲焦急,似可向郵局一詢,追其下落,并盼示覆爲荷。Fahs 現在北平,惟因身體不適,尚未得晤。晤時當將内情説明,請其協助,惟此人素有幫助日本之名,對我國文化事業毫不熱心,加以國内内戰關係,更不易引起他之同情也。順頌大安。

同禮頓首

五,廿二

按：該信寫於 1948 年 5 月 22 日。5 月 18 日下午，法斯由上海乘坐飛機抵達北平。（錢孝文藏札）

（三十三）

存訓吾兄：

一日所寄之函，内附美鈔壹百元，今日始行寄到，用特航函奉達，即希釋念爲荷。附上數信并希代爲轉寄。順頌大安。

同禮頓首

五，廿六

按：該信寫於 1948 年 5 月 26 日。（錢孝文藏札）

（三十四）

存訓吾兄：

日前托轉信數件，匆匆未及附信。兹有十餘封并請代爲發出，共需郵費若干，亦盼見告，以便奉還。本館刻正調查國外出版之日報及期刊，兹奉上一簡目，并盼補充後示知，以便徵求。移民局既久無覆音，或已默許，想學校方面對于尊處之報酬必能解决也。前函述及 Special Library Assin 之獎學金或仍有希望，容再函達。奉上美金支票二百元，請分兩次寄下爲荷。順頌大安。

弟同禮頓首

六，十一

U. S. A.

China Tribune. 94–98 Bayard Str., New York 13, N. Y.

Chinese Nationalist Daily. 20 Elizabeth Street, New York City

Chinese Daily News. 105 Mott Street, New York City

Chinese Journal. 17 E. Broadway, New York 2, N. Y.

China-American Press: *Chinese-American Daily*, also *Weekly*. 50 Bowery, New York 13, N. Y.

Chinese Times. 117–119 Waverly Place, San Francisco, Calif.

Chinese World. 736 Grant Avenue, San Francisco, Calif.

Young China. Clay Street, San Francisco, Calif.

New China Daily Press. 1124 Smith Street, Honolulu, T. H.

Canada

Chinese Times. 11-B Elizabeth Street, Toronto.

Shing Wah Daily News. 149 Queen Anne Street, Toronto.

Chinese Times. 1 East Pender Street, Vancouver, B. C.

New Republic. P. O. Drawer 548, Victoria, B. C.

Australia

Chinese Times. 75 Ultimo Road, Haymarket, Sydney.

請補充,并將補充之日報報名見示,以便徵求。

按:該信寫於 1948 年 6 月 11 日。Special Library Assin 即 Special Library Association。錢存訓在此信目録部分補充了兩份報紙,分别爲 *Chung Sai Yat Po*, 716 Sacramento St., San Francisco 8, Calif.(《中西日報》)、*San Min Morning Paper*, 2127 Archer Ave, Chicago 16, Ill.(《三民晨報》)。(錢孝文藏札)

(三十五)

存訓兄:

六月十六日航函收到,敬謝敬謝。Fahs 在平謂本年度名額已滿,故須候 1949 年方能考慮,故盼芝校能維持至今冬,想不成問題。惟移民局辦事太慢,不知内幕如何,念念。兹附信七件,即希分别轉寄爲感。順頌大安。

弟同禮頓首

六,廿三

今日美鈔行市每元合國幣三百一十萬元。

按:該信寫於 1948 年 6 月 23 日。(錢孝文藏札)

(三十六)

存訓吾兄:

昨接 Creel 先生來函,内稱移民局復函已到,允吾兄在美可延長一年,并謂如今後特别交涉,可爲吾兄獲到 Special States,但希望服務期限延至五年云云。弟頃覆 Creel 先生,原則同意并謂先定三年之期,期滿再延長,當無困難,即希閲後轉交。兹奉上支票美金三百元,係弟個人的,請分三次用航郵挂號封口處要嚴密寄至舍下爲荷,信封上寫中國字(北平東城金魚胡同一號旁門袁宅)。匆匆,順頌旅安。

弟同禮頓首

七,八日

按：該信寫於1948年7月8日。（錢孝文藏札）

（三十七）

守和先生：

奉到廿二日手示，敬悉一一，承寄支票亦已收照收。華盛頓大學寄回之金瓶梅尚未遞到，芝大已有一部，一俟收到當代保存。中國學生現無人在此研究哲學，惟有一女士申請奬學金，擬研究中國哲學，尚未核准。芝大現有中國學生約七八十人，另有三四十人在其他各校，西北大學約有二十餘人，全體名單正在編印，將來印成當爲寄奉一份，學校章程已囑校中寄奉。鄧嗣禹君此間下年已不續聘，改由王伊同君擔任，王君今夏在哈佛得博士學位，教現代史及中文。訓擬試開一目録學概論，暑假或可抽暇從事準備也。董作賓先生來函表示頗想回芝任課，惟學校方面因無預算（董君在此，原由羅氏基金擔任3 000，校方1 500），一時恐不能實現。匆匆，順候闔府近安。

錢存訓頓首

三，廿六

按：該信寫於1949年3月26日。王伊同的博士論文題目爲"Official relation between China and Japan"，後於1953年出版；是年6月，鄧嗣禹應費正清邀請，回哈佛大學任講師，教授"現代中國問題研究"課程。（芝加哥大學圖書館袁同禮檔案）

（三十八）

久疏函候，敬維起居佳吉。頃奉八月廿七日手諭，因假期未到館，致稽延奉覆爲歉。承詢此間所藏内外蒙古書籍，經查閲後，知重要著作均未入藏，另紙録出三種附供一閲。Laufer Collection有蒙文書若干種，未經編目亦無人能識，并此附聞。敝眷滯港已經三月，幸目下手續均經辦妥，定乘二十日開行之Wilson號由港啓程，下月中可抵此。我公如知有熟人搭乘此船來美者，懇即賜函介紹，俾途中得有照應，特此拜懇。現覓得學校公寓一所，離辦事處不遠，尚稱順利。匆匆，順頌闔府近安。

錢存訓

九月十三日

1）《内外蒙古考察日記》，馬鶴天著，民廿一年

2）《滿漢蒙文晰義》，四册

3）《欽定續纂外藩蒙古回部王公傳》十二卷，又表十二卷

按：該信寫於 1949 年 9 月 13 日，且爲吴光清謄抄。Laufer Collection 即勞費爾(Berthold Laufer，1874—1934)特藏，芝加哥大學 1947 年購入此批書籍。信後有補語，似亦吴光清所寫，原文爲“Orientalia Inc.來明片問 *Russia and the West in Iran, 1918-1948* by George Lenczowski，$4.50□□□□要不要？Book of the Month Club 寄來書三本，其中一 free 其他二者之帳單爲 $9.00。國會圖書館發薪 $132 左右是給您的支票)”。(芝加哥大學圖書館袁同禮檔案)

(三十九)

存訓吾兄：

奉到惠書，欣悉寶眷業已安抵芝城，一切順適，至以爲慰。此間食物不昂，想闔家到美以後，均已增加重量，自較在國内爲佳也。貴陽近又解放，不識令弟近有信否？築行人事有無變動？又上月在英聞述堯兄近結婚，又聞英外部言印度主張承認新政府最力，不識渠將來作何計劃？令侄令侄女在滬曾有信否？聞滬上失業者較多，似遠不如平津也。平館丁浚君前由弟推薦赴英研究，弟在英倫，渠已往 Glasgow 讀書，故未晤面，據其來信北平同事之薪水均未發全，欠伊之薪水頗不少也。英國友人熊式一先生有明活字本《錦綉萬花谷》四十八鉅册，如芝大尚未入藏，務希設法勸顧立雅先生購入，因活字本書價可略減確不易得也。弟需下列各參考書，而 L. C.并未入藏，請將尊處已有者作一標記，以便用互借辦法借閱。尊處所選論文題目極有價值，所需之工具書，聞子明兄言，尊處業已采集完全，祇有由亞利伯文譯成中文者，究有若干，尚無專目。弟正收集此項資料，將來再行奉聞。因 L. C.此類藏書不多，尚未獲到新資料也。弟在此研究獲益匪淺，擬明後年再行返國，滬京兩辦事處均無信來，大約由滬寄信頗不易也。專此，順頌時祉。

弟同禮頓首

十一，廿四日

頗需用之書

《中俄約章會要》 總理衙門印

《中俄約章彙編》 外交部條約司編

《中俄外交史料》 故宫博物院印

《中俄國際約注》 施紹常

《中俄界務沿革記略》 張弢

《中俄邊疆形勢地圖》 中華航空協進會編

《俄程日記》 楊宜治

《陶模之文集》

《使俄日記》 張德彝
《使俄草》 王之春
《小方壺齋輿地叢鈔》
《清光緒勘定西北邊界俄文譯漢圖例》 許景澄
《許文肅公遺稿及外集》 許景澄 出使函稿

按：該信寫於1949年11月24日。“令弟”即錢存造，時任中國銀行貴陽支行經理。① “述堯兄”即錢存典(1905—1997)，字述堯，畢業於金陵大學，曾任中華民國駐印度大使館參事。② 丁濬，平館館員，1949年秋途經香港赴英學習圖書館學，其英文名爲Joseph C. Ting。10月6日，錢存訓夫人許文錦攜三個女兒抵達芝加哥。(錢孝文藏札)

(四十)

守和先生尊鑒：

前奉手片，敬悉一一。芝校圖書系章程尚未印出，聞周内可以出版，已囑辦事室徑行寄奉，不日當可收到。本周爲春季最後一星期，功課甚忙，圖書史一課已結束，惟無Syllabus，參考書僅于講及某題時隨時提及介紹，并無印就書單，俟將筆記整理後，另爲擇録抄奉。Butler年事已高，耳聾、口齒已不甚清，大約不久即將退休矣。最近在該班寫一Term paper，題爲China as illustrates in European Books of the 17th & 18th centuries; a cultural interpretation，底本已寄光清兄處一閲，擬囑其閲畢送呈尊處加以指正。又Master論文擬寫關于中國譯書之影響，已經教授會議通過核准，兹將大綱一份奉呈一閲，并懇就組織及材料方面加以指示，俾得充實，大綱一份仍乞擲還爲禱。北平方面想常有信報告，平館是否隸屬文化部抑屬教育部，北大圖學專修科仍繼續否？現有何人執教，前托華羅庚所帶Shellac應早收到，未知來信提及否？專此，即請近安，并候闔府均吉。

後學存訓頓首
六，十六

按：該信寫於1951年6月16日。Butler應指Lee P. Butler(1884—1953)，美國圖書館學家，長期擔任芝加哥大學圖書館學院教授。錢存訓碩士論文題爲“Western Impact on China through Translation: a Bibliographical Study”(《近代譯書對中國現

① 錢存訓著、國家圖書館編：《錢存訓文集》第3卷，國家圖書館出版社，2012年，第321頁。
② 糜文開：《聖雄甘地葬禮記》，《東方雜志》第44卷第5期，第24頁。

代化的影響》①)。Shellac 即蟲膠,1949 年 3 月 29 日,顧子剛致信袁同禮,請在美購買白色蟲膠片。(芝加哥大學圖書館袁同禮檔案)

(四十一)

存訓吾兄:

前聞暑假中大駕擬偕眷來華京一游,不識下月内能否實現,至盼駕臨,俾能一聚。芝大用 quarter system,尊處何日休假爲念。兹有適之先生寄來李玄伯先生售書書單書價過昂,如擬購,可商減,此間大半業已入藏,不識芝大有采購之可能否?即希代爲詢明,示覆爲荷。專此,順頌暑安。

袁同禮頓首

七,廿三

新地址:11 8th Street, S. E. Washington 3, D. C.

按:該信寫於 1951 年 7 月 23 日。(錢孝文藏札)

(四十二)

守和先生:

頃奉廿三日手示,敬悉一一。書單已收閲,此間書款無多,不能購善本,且大部亦已入藏,故仍將原單附還,至乞檢收。所詢人名亦無法查詢,因現在校之中國人均係 1940 以後來芝,以前舊人,大都不識。P. T. Cheng 現亦不在該處工作,前寄一函聞送至徐賢修君處,伊不識其人也。徐家璧君月初來芝休假,順道參加 ALA 大會,訓亦前往數次。九月間本擬去東部休假,但因趕寫論文未畢,届時恐尚須留芝耳。聞 Stanford 有請我公前往之意,未悉確實否?匆匆,順頌暑安。

後學存訓頓首

七,廿五

按:該信寫於 1951 年 7 月 25 日。李宗侗所藏善本似於 20 世紀 70 年代歸於芝加哥大學,《錢存訓文集》記作"其他有李玄伯教授舊藏明刊本、稿本及寫本多種約 200 餘册,係 1960 年代過世後,由家屬轉讓"②,此説時間并不準確,因李宗侗應在 1974 年去世。徐賢修(1912—2001),温州鹿城人,數學家,1935 年畢業於清華大

---

① 此處翻譯據《錢存訓文集》第 3 卷,第 338 頁。

② 《錢存訓文集》第 3 卷,第 348 頁。

學數學系,1946年赴美留學就讀於布朗大學數學系,後曾任新竹清華大學校長。1951年8月下旬,袁同禮前往斯坦福大學(Stanford University),任胡佛研究所編纂主任(Chief Bibliographer)。(芝加哥大學圖書館袁同禮檔案)

(四十三)

公垂吾兄:

奉到十六日手書,欣悉近況。承寄章程,至謝,日内當可寄到。兹將德國Jaeger教授托鈔之件另紙録出,即希費神一查,示覆爲荷。如需影照,并乞徑寄德國漢堡該教授手收,所墊費用并望示知。近接清華圖書館畢樹棠君來信謂"雖然朝鮮有戰事、臺灣作牽掣,而生活十分安定,國家建設百廢俱舉,展望前途無不樂觀,誠可稱我國有史以來無前例也"。又囑到蘇聯作詳細考察,大約返國時必須如此方能左右逢源。館中近舉行《永樂大典》展覽會,包括蘇聯退回之十一册及涵芬樓獻諸政府之二十餘册及館中所藏者九十餘册,頗揚揚大觀也。又尊處購中文書除顧子剛外,尚委托其他商店否,亦希示及。順頌秋安。

同禮頓首

廿三

又漢堡大學經弟交涉亦退回《永樂大典》二册,現存國會圖書館。

德國Jaeger教授托鈔之件:

四書翼注論文,張甄陶著,字惕庵,内孟子最末一句之五種注解,該句爲"由孔子而來至于今……然而無有乎爾,則亦無有乎爾"

參見J. Legge: Chinese Classics Vol. Ⅱ 2, p. 502

"in the 四書翼注論文, there are found five different interpretations of them. But all agree that Mencius somehow takes upon himself that duty and responsibility of handing down the doctrines of the sage"

Jaeger教授需要者即是text of these five commentators。如字句太多則用Photostat複印,其費用若干,示知後照奉。

Jaeger教授地址列下: Prof. Fritz Jaeger, Hamburg 6, Schäferkampsallee 43, Germany (British Zone)

按:該信寫於1951年8月23日。"章程"應爲前信所言"芝大史學系及圖書館系新章程"。Jaeger即顔復禮(Fritz Jäger,1881—1957),德國漢學家。畢樹堂信即本年6月25日所寫。1951年7月,蘇聯列寧格勒大學東方學系歸還中國11册《永樂大典》,由文化部撥交平館;同月,商務印書館即涵芬樓捐獻21册《永樂大典》;

8月,平館特舉辦《永樂大典》展覽。“漢堡大學經弟交涉亦退回《永樂大典》二册”應指卷975-976、10483-10484,今存臺北“故宫博物院”。(錢孝文藏札)

(四十四)

公垂吾兄惠鑒:

日前途經芝城,諸承款待,心感無似,又見尊夫人恢復健康,尤爲歡慰。抵此後即開始辦公,除弟外尚有助手四人,書籍并不如想像之多,且質的方面亦太差,今後如能作系統之收藏,自可加以改善。王君到此後對于工作頗形不滿,且思慮過多,神經時有過敏之處,已竭力勸其安心工作,一切不必介意。日内當約其共看電影,以解其煩悶也。前托查張甄陶《四書翼注論文》,芝大曾入藏否?此書曾在何處著録,亦乞一查。此間工具書不多,故賴台端一檢舊籍也。專此申謝,順頌儷安。尊夫人同此致謝。

同禮頓首

九,十二

通訊處:2055 Williams Street, Palo Alto, Calif.

按:該信寫於1951年9月12日。信中“四書翼注論文”處用黑色筆標注有“856,1317,三八卷,乾隆五二年(1787)刊本,六册□”,應爲錢存訓標記。信的背面則有“嘉慶十五年刊本”字樣,“慶”字避諱,寫作“廣”,應爲袁同禮筆記。(錢孝文藏札)

(四十五)

公垂吾兄:

近聞報載芝加哥成立Mid-west Interlibrary Center,借芝加哥大學之地而建築,想距校不遠。兹有一信,請查明地址加封寄出爲荷。所詢德文所譯“赤檔”,芝大想已入藏,請查明共有若干册,示知爲荷。又弟需用《漢晉書影》一册羅振玉影印本,加大及此間均未入藏,請查尊處是否有此書,如能由兄名義借出寄下最好,否則將號碼示知,以便委托此間當局以館際借書辦法借閲也。匆匆,順頌儷安。

弟同禮頓首

十一月二日

弟下月返華京,如在芝城停留,擬到Inter-library Center參觀,并須到Newberry Library查詢西班牙文之書籍也。芝大史學系及圖書館系新章程,請俟出版後各寄下一份是盼。

按：該信寫於 1951 年 11 月 2 日。查芝加哥大學圖書館照片檔案(Photographic Archive)可知,1951 年 10 月 5 日 Midwest Inter-Library Center 落成開館。《漢晉書影》爲 1918 年羅振玉輯并印行。(錢孝文藏札)

(四十六)

公垂吾兄著席：

日前奉手書并承借閱《漢晋書影》,至謝。該書曾在東方學會西部分會開年會時予以傳觀,俾明瞭漢簡之形式,兹已用畢,仍交 Hoover 圖書館交郵寄還,即希點收爲荷。弟大約于下月廿日左右返華京度歲,明年一月十日左右擬在芝城稍留數小時,當再趨教。報載馮友蘭、鄭西諦諸人在印考查,想尊處亦知之矣。匆匆,順頌儷安。

弟袁同禮頓首

十一,廿六

附東方學會秩序單一紙

按：該信寫於 1951 年 11 月 26 日。1951 年 6 月,中華人民共和國決定派文化代表團出訪印度、緬甸,團長爲時任文化部副部長的物理學家、戲劇家丁西林,副團長爲李一氓,團員除馮友蘭以外還有陳翰笙、鄭振鐸、劉白羽、錢偉長、吴作人、季羨林、常書鴻、狄超白、張駿祥、丁昌、倪裴君、周小燕等。9 月 20 日下午 6 時許,代表團乘火車離京,取道廣州、香港、新加坡,在緬甸駐留 5 天后,10 月 28 日到達印度。秩序單不存。(錢孝文藏札)

(四十七)

守和先生尊鑒：

前奉手示,藉悉月前過芝,途中爲大雪所阻,繞道方抵金山,諒多辛苦。久擬作書奉候,奈以學期又將結束,論文不能再延,故周前始將全稿打畢繳卷,因篇幅過長,所費不資約化百餘元,幸校方批評尚佳,堪以告慰。兹附奉大綱一份,并乞指示。現因 Creel 及圖書館學校之慫恿,故又決定繼續讀 Ph.d 學位,或可得一免費獎學金,即可免繳學費。因每學期只能選讀一班,中文系又要加教"現代文選"兩班,故不知時間能否分配,希望兩三年内可告一段落也。論文題目尚未決定,擬將中國古籍之時代及作者做一系統的研究,不知值得做博士論文否?(Creel 現擬譯《戰國策》,囑共同研究其時代及作者,故想兼及他書,可作論文之一部材料)惟個人興趣仍在現代,不知尚有其他值得研究之題目否,乞先生多加指示,并建議一二題目,以資參考,是所至幸。

又先生前在舊金山宣讀論文"中國古代圖書館之發展",如有副本,不知能賜借一讀否? 又四月間此間有一系列之公開演講,訓擔任之題目爲"中國書與印刷",同時并擬舉辦一中國印刷展覽,倘有相同材料,并乞指示爲禱。

新居已定,想有一番忙碌,西部天氣宜人,當可稍享安居讀書之福也。匆匆,順頌雙綏,并問尊府均吉。

後學存訓頓首

三月二日

按:該信寫於 1952 年 3 月 2 日。"先生前在舊金山宣讀論文"似指 1945 年 5 月 20 日袁同禮在舊金山應加州圖書館協會之邀所做演講,下信亦有提及,待考。(芝加哥大學圖書館袁同禮檔案)

(四十八)

公垂吾兄惠鑒:

奉到手教并論文大綱,欣悉種切。論文内容及體裁均佳,以之充作博士論文,足可應選。玆擬再選題目另作博士論文,足徵好學不倦,至爲欽佩。《古籍之時代及作者》一文,亦一極大貢獻,似可先參考荷蘭華僑某君所作之《白虎通》Leiden大學出版,戴文達教授指導,再作決定,此人于 1949 年夏間來美,曾到芝加哥,不識晤面否? 近日雜務相纏,未及詳爲考慮,一俟稍暇當選擇一二,以供參考。前在加大宣讀之論文僅限十分鐘,故内容欠佳,刻擬稍事稍改,送 Library Sci. Quart.,不識該刊收此項稿件否? 一俟打好再行奉上。適之先生近在普仁斯敦舉行中國印刷展覽,恐無展覽目録,前已函詢,俟得覆音再行函達。吴子明兄在 L. C.常常陳列此類圖籍,再參考渠所寫各文,足供參考。在德國Mainz地方Gutenberg 學會年鑒中亦有關于中國印刷之論文,不識已見及否? 匆覆,順頌著祺。

弟同禮頓首

三月十四日

按:該信寫於 1952 年 3 月 14 日。Library Sci. Quart 應指 *The Library Quarterly*,20 世紀 50 年代該刊并未發表過署名爲 T. L. Yuan 的文章,1952 年 10 月刊行的第 22 卷第 4 期有錢存訓的文章 A History of Bibliographic Classification in China(《中國書目分類的歷史》)。1952 年 2 月 20 日至 4 月 20 日,胡適在普林斯頓大學圖書館

主持舉辦"中國書展覽",并撰寫《中國印書的一千年》的展覽序言。"吴子明"即吴光清。"Gutenberg 學會年鑒"應爲 *Gutenberg-Jahrbuch*,1926 年創刊,刊登印刷史研究論文,尤其針對早期印刷術、摇籃本。(錢孝文藏札)

(四十九)

守和先生尊鑒:

久疏函候,敬維興居佳勝,闔府安吉爲無量頌。前接光清兄函告,先生將于秋間去美京續編高弟愛目録,未知寶眷是否同行,均在念中。過芝時務乞見告,俾能晤教也。如能在此小留數日,舍間當可下榻,希能早日示知爲幸。兹有懇者,訓急需用(增廣)《東西學書録》徐維則(相生)輯,顧燮光補,係一九〇二年增訂本,曾遍詢國會、哈佛、哥大及加大

按:該信寫於 1953 年夏,殘。(芝加哥大學圖書館袁同禮檔案)

(五十)

公垂吾兄著席:

手教拜悉,大著即將發表,亟盼早日拜讀。關于美人 Cox 所藏長沙出土帛書,此君秘不示人。楊聯陞君曾見過,尊處似可致函向其索一照相影本,取到後可約勞榦字貞一共同研究。但恐此君不肯示人,或請 Creel 先生致函亦可。其通訊處列下,

Mr. John Hadley Cox
c/o Gallery of Fine Arts
Yale University
New Haven, Coun.

此人所得長沙出土之銅器及木器等,均寄存于此博物院也。關于董彦堂先生來美一節,加大及芝大均以經費關係未能進行。近哈佛燕京社略有餘款,擬請學者三人來此研究,限期一年,待遇不高,但供給來往旅費。弟已推薦董彦堂并詢其能否于此時來美,俟得復函再爲積極進行。此事該社尚未發表,須候董事會開會後方能正式決定,故可不必先告他人也。弟定月杪離此赴歐,約冬間返美,在歐住址列後以便通訊。時念尊處工作緊張,經手之事又多,尚希隨時休息,勿過勞碌爲荷。匆覆,順頌儷安。

弟同禮頓首

三,十三,康橋

北平報載令親邢老先生與他人合組經史學會，熟人中有夏仁虎等均在七十以上之老□也。

北平館館長爲馮仲雲，故宫博物院副院長爲陳喬，科學院副院長爲張稼夫，均黨中人員。

在歐通訊處 c/o Mr. S. I. Hsiung, Staverton House, Oxford, England.

按：該信寫於 1954 年 3 月 13 日。John H. Cox(1913—2005)，美國收藏家，尤其熱衷購藏中國先秦時期的陶器、青銅器，20 世紀 40 年代蔡季襄將長沙子彈庫楚帛書“轉讓”與其。“邢老先生”應指邢端(1883—1959)，字冕之，貴州貴陽人，清末進士，近代實業家、官員，1951 年 7 月被聘爲中央文史館館員；夏仁虎(1874—1963)，字蔚如，號嘯庵，江蘇南京人，清末舉人，民國後歷任國會議員、政務處長、財政部次長、代理總長和國務院秘書長，後專心著述講學，1951 年 7 月被聘爲中央文史館館員。1953 年 4 月 23 日，文化部任命馮仲雲爲北京圖書館館長；同年 1 月 20 日，社會文化事業管理局轉文化部通知，任命陳喬爲故宫博物院副院長；同年 1 月 14 日，中央人民政府委員會第 21 次會議任命張稼夫爲中國科學院副院長。信尾地址爲熊式一在英寓所。(錢孝文藏札)

(五十一)

守和先生：

前得手片，敬悉旅況佳勝，至深欣慰。久未修書致候，祇因自暑季以來，即忙于準備 Ph.D. 筆試，因許多課程皆係六七年前所讀，教員已經數易，新出書刊，不得不多加瀏覽。現考試已于三周前舉行，共計兩天，十四小時，共分三類，(一) 研究方法(二) 目録史(Specialization)(三) 普通圖書館學，内包括八專門：School, Academic, Public Libraries, Library History, Bibliographic Organization, Classification, Communication, International Librarianship。上周得校中通知已經 Pass，前兩類均屬 A 等，後一類平均 B+，故成績尚算不差。惟尚有法文及論文尚待完成，論文題前擬寫“先秦兩漢書史”，現擬仍舊。我公在歐，不知能否代爲留意搜集一點有關材料。聞大英博物院藏有漢紙及竹簡未經印行者，乞代爲覓取照相影本及説明，校中有研究費可以申請應用，如費用較多，乞示知，當先行匯奉也。(巴黎除已印行之漢簡外不知有與書籍制度有關之材料否?) 此間一切如常，Creel 君下年升任東方語文系之 Chairman(伊原僅主管中文部分)，伊仍有意請董彦堂來此，成立古史研究中心，但款尚無著也。家兄在英甚不得意，前擬來美，亦有困難，只好暫時圖一糊口之計也。令公子在英聞成績超群，不知何時可以結束。念念，敬請旅安。

後學存訓拜上

八月廿四日

再者，日昨得一英人來函，擬出售其家藏《永樂大典》兩册，聞經大英博物院McAleavy鑒定，爲卷803—806詩及卷10110—10112紙韵兩册，均未經尊著收藏表著録，我公在英或已見及。此間不擬收購（不知索價若干，來函未説明）。王有三君不知現在是否仍在館，如他處無人收購，似可致函王兄托人接洽收歸國有也。其人通訊處如下：

Beatrice Brazier (Mrs. W. R. Brazier) Spinnakers, Sevenoaks, Kent, England.

聞係James R. Brazier于1901在北京覓得。

按：該信寫於1954年8月24日。McAleavy即Henry McAleavy（c.a. 1911—1968），英國漢學家，曾在英國駐華使館工作，時應在大英博物館東方部寫本部兼職。信中所言兩册《永樂大典》分别爲詩字、紙字（和隻字等）册，現均藏於愛爾蘭切斯特·比蒂圖書館（Chester Beatty Library）。James R. Brazier，曾任福公司（Pekin Syndicate. Ld.）北京地區總代理。[①] 此時，袁同禮的通信地址爲8 St. Margaret's Road, Oxford, England。（芝加哥大學圖書館袁同禮檔案）

（五十二）

公垂吾兄：

奉八月廿四日手教，欣悉博士考試均已通過，成績優异，聞之甚慰，特此申賀。囑搜集有關材料，大英博物院近印之Maspero考釋之漢簡想已見及，未印行者究有若干，曾經函詢，但迄無覆音，想主持之人不甚内行也。俟與之晤面後再爲催詢。近三年長沙發掘之竹簡、木簡、絲絹上有文字以及戰國時代之毛等見本年六月廿五及七月九日香港《大公報》均可加以研究。按一九五一年長沙發掘係科學院考古研究所主持，一九五二五月至一九五三年四月則由湖南文化管理委員會主持，當時發掘596墳墓，雇用一批職業盜墓人，從事于粗率的發掘，因未采用科學方法，以致歷史文化遭到破壞見一九五三年二月四日《光明日報》，兩機關之發掘報告迄未出版，但内中關于秦漢書史之資料甚多。吾兄可函托森玉西諦兩兄設法搜集西諦任文化部副部長。弟曾函詢王有三及曾昭燏南京博物院院長、賀長群南京圖書館館長、向達諸人，均無覆音，想由大陸寄信到英亦不易也。Michael Sullivan在本年出版*Art Bulletin*（College Art Association）Vol. xxxvi (march, 1954)曾有

① *North China Desk Hong List*, 1909, p. 275.

一文*Pictorial Art and the Attitude toward Nature in Ancient China*述及長沙出土之文字，前已函告，渠引用之中文書Fig.1帛書采自楚民族及其藝術，Shanghai，1948，Ⅱ，pl. □-1-19想尊處業已入藏矣（曾在莫太太處見此書）。又弟誤購兩部一九五二出版之《十竹齋箋譜》，茲以一部交平郵寄上，如芝大或 Art Institute of Chicago 願購時可告其將書款徑寄香港蔚林書店（地址列後），書價 135 港幣外加寄費，發票附在書内，希注意。將來可請該書店另補發票及收據以完手續，否則由弟出名出售，請兄代爲簽字可也。下周將赴德法，住址不定，兩月以後方能返英，屆時當再函達。匆匆，順頌儷安。

弟袁同禮頓首

九月十日

Willing Book Co.，Room 7，20 Ice House Street，Hong Kong

按：該信寫於 1954 年 9 月 10 日。Maspero 即馬伯樂（Henri Maspero，1883—1945），法國語言學家、漢學家，“考釋之漢簡”即 *Les Documents chinois de la Troisieme Expedition de Sir Aurel Stein en Asie Centrale*，現通譯爲《斯坦因第三次中亞考古所獲漢文文獻》。Michael Sullivan（1916—2013），加拿大漢學家、藝術史家，今通譯作“蘇立文”。“楚民族及其藝術”指蔣玄佁著《長沙“楚民族及其藝術”第二卷：圖騰遺迹，絹畫，雕刻》，美術考古學社專刊之一，該卷 1950 年由美術考古學社（上海）出版，非 1948 年。“莫太太”應指莫余敏卿。Willing Book Co.即香港蔚林圖書公司，活躍在 20 世紀 50 年代。（錢孝文藏札）

（五十三）

公垂吾兄著席：

近三月來在大陸旅行，疲倦不堪，故未能早日函達，想尊處正寫論文，亦必甚忙。前年長沙發掘結果曾發現古文字，于書史頗有關係，前曾建議由尊處函徐森老索取資料，不知已有覆音否？牛津有一位 G. Bownas 近研究《竹書紀年》，對此問題亦有興趣也。九月間曾寄上書一套四册，托爲代售，想已脱手。近見國内外我國學者著作多種，内中大部分之中文姓名均已查出，僅有一小部分尚待查明（芝大如有中國同學録并望代搜集一份）。茲奉上一單，請就所知者加注中文，其不詳者能否在各工具書中代爲一查。日人橋川時雄所編中國時人姓名録及日外務部所編之人名録，此間均未入藏，極感不便。如尊處無法查明，即希將原單轉寄吴子明兄處，托其代查。弟大約兩月以内可以返美，統俟再函。最近始由荷蘭返英，行裝尚未整理也。順頌近安，并賀年禧。

弟同禮頓首

十二月十八日

按：該信寫於 1954 年 12 月 18 日。G. Bownas 即 Geoffrey Bownas(1923—2011)，1954 年在牛津大學任日語講師。(錢孝文藏札)

(五十四)

公垂吾兄：

承寄芝大同學録，甚感。在 *Journal of Oriental Studies*[一卷一期](港大出版)見饒宗頤《長沙楚墓時占神物圖卷考釋》考證精詳，可供尊處參考；又蔣玄佁印行之《長沙楚民族及其藝術》，其第二册亦有摹本，無考證；陳槃"先秦兩漢帛書考"(《史語所集刊》24 本)附有小考，亦不甚精，不識均已見到否？本月杪遠東學會華府年會，已決定來此參加否？盼甚。Kracke 教授仍在芝大否？如有[關于東方學]新印之 Catalogue，望告注册部寄下一份。又 Law School 章程亦盼檢寄。匆匆，順頌儷安。

弟袁同禮頓首

三月十五

尊夫人所寫之字極佳，佩服佩服。

又蔡季襄關于長沙絹畫有一小書，予以考釋，附五彩摹本[考證不精]，但已不記其書名。Cox 舊藏之長沙絹畫，聞在 The Metropolitan Museum of Art，以索價過昂，不得收買，亦不欲示人，故對外人但稱"現已遺失"，特此奉聞。

按：該信寫於 1955 年 3 月 15 日。饒宗頤、陳槃的文章分别發表於 1954 年、1953 年。"Kracke 教授"即 Edward A. Kracke(1908—1976)，美國漢學家，今通譯爲"柯睿格"，專攻宋史，1946 年起在芝加哥大學任教，直至 1973 年退休。(錢孝文藏札)

(五十五)

守和先生：

奉到三，十五手教，敬悉種種。承示各種資料，尤爲感幸。所要校中章程兩種，已告注册部寄上各一份，關于東方學課程列入 Oriental Language of Literatures 及 Committee on Far Eastern Civilizations，即希查閱。頃因校方之囑，決定前來華京參加遠東學會年會及四月一、二日之編目規則審訂委員會。兹擬廿八日下午 B&O 五時許之火車離芝，約廿九早八時四十五分到華京，已函托光清兄代爲預定一住處，希望不久可以晤教也。昨日寄呈郭大維君[齊白石學生]畫册一份，伊頗想到華京[三月底或四月七日以前]舉行一次短期畫展及表演，不知有無相識處所可以介紹否？聞 Institute of Chinese Culture 常舉行畫展，不知可否代爲一詢，如該社有意，可囑其徑函郭君接洽。地址如下：Mr. David Kwok, 541 w. 113th St. (Apt. 6E), New York 25, N. Y. 郭君之畫現在此間美術館展覽，四月中方畢，但伊在紐約尚有存畫可用，爲另一展覽也。專此，順請公安，并候闔府均吉。

後學存訓拜上

三，十八

按：該信寫於 1955 年 3 月 18 日。B&O 似指巴爾的摩(Baltimore)與俄亥俄州(Ohio)之間的火車線路，待考。郭大維，北京人，齊白石弟子，後經臺灣赴美，1955 年在芝加哥美術館籌辦個人畫展，3 月 1 日錢存訓爲展覽畫册《大維畫集》(*Modern Chinese Painting by David Kwok*, Chicago: Art Institute of Chicago, 1955)撰寫導言“An Introduction to David Kwok and His Paintings”。(芝加哥大學圖書館袁同禮檔案)

(五十六)

公垂吾兄：

前奉手書，承寄芝城圖書館界人名，至以爲謝！嗣後陸續搜集，共得一百三十人，已托于振寰君油印後徑寄尊處矣。明年十二月爲適之先生六十五歲壽辰，弟即發起由臺北編印頌壽紀念論文集，徵集中西人士投稿，芝大方面擬請 Creel 及 Kracke 各擔任一篇，便中可否先行徵求同意，如允寄稿，當由臺北朱騮先先生(或李濟之先生)正式函約也。芝大今夏所設語言學院想已結束，如章程尚有存者，亦盼轉告負責人徑寄一份是荷(又文史系章程亦請寄下一份，至謝)。匆匆，順頌暑祺。

弟同禮頓首

九，二

按：該信寫於 1955 年 9 月 2 日。“于振寰”即于震寰，照録。《慶祝胡適先生六十五歲論文集》上下兩册分别於 1956 年 12 月、1957 年 5 月在臺北由“中研院”史語所出版，并未收録顧立雅、柯睿格的論文。(錢孝文藏札)

(五十七)

公垂吾兄：

近承惠寄貴館新書目録，至以爲謝，尚缺第一、第二兩期，可否賜予補寄。

尊處新購之書在港在臺係由何人代爲訂購？近接 Willing 來信，宣告停業，想周轉不靈也。又芝大收藏文史哲書籍較多，請查歐陽竟無及馬一浮兩先生之書已入藏者各有若干？示知爲盼。順頌大安。

弟袁同禮頓首

一，十二

又尊處所編卡片，鄭叔問南獻遺徵箋應改爲鄭文焯撰，鄭字俊臣又字書問，别號大鶴山人。交大西文圖書目録 Wolfe S. Hwang一九二八出版，知其中文姓名否？亦盼示知

按：該信寫於 1956 年 1 月 12 日。Wolfe S. Hwang 即黄惠孚，他受時任圖書館館長蔡亞白的委托編纂西文書目，題名爲 *First Chiao-tung University Library Catalogue: foreign books department*.（錢孝文藏札）

（五十八）

公垂吾兄：

開學以後研究中文之學生，想又增加，如有關于東方語言及史學系之 *Bulletin*，望告注册部寄下壹份是荷。北大教授顔任光 Yen, Kia-lok 在芝大研究物理，不識已得博士學位否，1922 左右。前曾函芝大圖書館，迄無覆音，望到總目録代爲一查，示復爲感。專此，順頌教祺。

弟同禮頓首

九，廿九

按：該信寫於 1958 年 9 月 29 日。顔任光（1888—1968），字耀秋，海南樂東人，物理學家、教育家，1918 年獲得芝加哥大學物理學博士學位①，歷任北京大學、私立海南大學、光華大學教授。（錢孝文藏札）

（五十九）

守和先生：

頃奉九，廿九日大函，敬悉一一。芝大遠東研究概況已囑校中寄奉一份，以供參考。至顔任光之名在目録中，并未查到，想未寫論文也。遠東圖書館現已遷移 Harper Library 樓下 E. Ⅱ，有閲覽室一間，研究室一間，采訪編目一

① University of Chicago. Alumni Council. (1920). *Alumni directory, the University of Chicago*, 1919. Chicago, Ill.: The University of Chicago press, p. 383.

大間，又辦公室一間，并占樓下書庫兩層，較前地位大爲寬暢（同事亦加至十二人），將擴充日文及有關近代中國之資料也。專此，即請大安。

後學存訓敬上

十，三

按：該信寫於1958年10月3日。"遠東圖書館現已遷移 Harper Library 樓下 E. Ⅱ"，可參見錢存訓《留美雜憶》中的記述。① 受該信影響，袁同禮此并未將顔任光收録到《中國留美同學博士論文目録》(*A Guide to Doctoral Dissertations by Chinese Students in America, 1905—1960*)中。（芝加哥大學圖書館袁同禮檔案）

（六十）

公垂吾兄：

友人陳啓天君此次來美，頗願搜集關于韓非子之資料，不日來芝城看書，請予照拂。兹需用"伊黎定約中俄談話録"（在内亂外禍歷史叢書内）（又該叢書内尚有曾紀澤《金軺籌筆》，已入藏否），請按館際借書辦法寄至此間 Inter-library loan dept 轉交弟收爲荷。又吾兄前爲考取碩士及博士時，寫過計劃書一份，曾寄弟審閲，兹願暫借一用，亦盼便中寄下是荷。順頌教祺。

弟同禮頓首

一月八日

按：該信寫於1959年1月8日。陳啓天(1893—1984)，字修平，湖北漢陽人，社會學家、政治活動家。《金軺籌筆》後爲袁同禮所編"新疆研究叢刊"第八種，1964年5月初版。（錢孝文藏札）

（六十一）

守和先生尊右：

奉到一月八日手教，敬悉一一，陳啓天先生在此勾留數日，曾介紹與顧立雅君接談甚歡。顧君近研究申不害，曾爲其搜羅輯本，僅得玉函山房一種，尚有嚴可均及黄以周輯本兩種，無法查到（恐未印行），如有所知，并乞見示是幸。此間所藏内亂外禍叢書不全，其中《伊犁定約中俄談話録》已交總館奉上，至《金軺籌筆》則未入藏也。所要論文計劃書兩種，均已無存（博士論文提要尚存有一份，如需用，可以寄奉），甚以爲歉。去春所作美國之中文藏書調查，曾加擴充，與 Nunn 所寫日文部分

---

① 《錢存訓文集》第3卷，第355頁。

合并在 *Library Quarterly* 一月號發表,現已出版,俟單行本印就,當再奉呈指教。專此,即請近安。

後學存訓拜上
一月十五日

按:該信寫於 1959 年 1 月 15 日。Nunn 即 G. Raymond Nunn(1918—2009),目録學家,英國出生,後入美國籍,1951 年至 1961 年擔任密歇根大學亞洲文獻負責人,後赴夏威夷大學執教。信中所指英文論文爲 Nunn, G. Raymond and Tsien, Tsuen-Hsuin. "Far Eastern Resources in American Libraries." *The Library Quarterly: Information, Community, Policy*, vol. 29, no. 1, 1959, pp. 27-42.(袁同禮家人提供)

(六十二)

公垂吾兄:

去夏大駕赴檀島之前,曾函告擬詢譚卓垣君所編漢學論文索引之下落,不識結果如何? 近有人來此詢問,亟盼示知。下月在紐約舉行之十二次年會,不識能抽暇前來否? 兹奉上芝大同學名單一紙,内中如有不識者,可否轉詢留芝較久之人,見示爲盼。此上,順頌儷安。

弟袁同禮頓首
三月廿五日

又芝城中國同學録亦盼代覓一份寄下爲感。

按:該信寫於 1960 年 3 月 25 日。譚卓垣(1900—1956),廣東新會人,圖書館學家,長期擔任夏威夷大學東方圖書館館長,"漢學論文索引"書稿下落不明。"十二次年會"應指亞洲研究協會(Association of Asian Studies)第 12 届年會,4 月 11 日至 13 日舉行。(錢孝文藏札)

(六十三)

公垂吾兄:

承寄大著,業已拜讀,至爲佩慰。暑中多暇,想可從事著述,仍擔任暑校教席否,爲念。兹需用芝城中國同學録,可否代覓一份,交郵寄下。又下列六人之中文姓名,亦盼示知。專此,順頌教祺。

弟袁同禮頓首
六,十三

按:該信寫於 1960 年 6 月 13 日。(錢孝文藏札)

（六十四）

守和先生尊鑒：

奉到六月十三日手教，敬悉一一。囑查名單六人，僅知其三，奉告如後，

Chen, Lucy m. c.趙蘿蕤（陳夢家夫人）

Hsieh, Yi-ping 謝義炳

Sun, Siao-fang 孫孝芳

其餘三人無法查到。又原紙因托人查詢遺失，未能寄回爲歉。中國同學録已囑同學會負責人檢寄，惟未知是否有存耳。今夏不擬他往，希望利用暑假修改論文。去年曾請 L. C. Goodrich 先生審查，頗蒙嘉許，并慫恿出版，但 AAS monograph 無款代印，未知先生有可介紹之出版家否？其中有關書刀一節曾抽出改寫中文，將印入《史語所集刊》慶祝董彦堂六十五生日論文專集，俟收到抽印本再奉呈指正。今日接蔣慰堂函告，伊將于下月中來美參加西雅圖中美文化合作會議，約十六、七到芝云云。伊謂曾囑其學生兩人合譯訓與 Nunn 合作之一文刊入大陸什志，但誤譯甚多也。專此，即請暑安。闔府均候。

後學存訓拜上

六月廿日

按：該信寫於 1960 年 6 月 20 日。趙蘿蕤（Chen, Lucy M. Chao）、謝義炳、孫孝芳三人均在芝加哥大學獲得博士學位，《中國留美同學博士論文目録》中依次記在第 110、1468、2211 號，惟“孫孝芳”應爲孫宵舫，錢存訓書寫有誤，袁同禮在該目録中記述則是正確的。“書刀一節”即《漢代書刀考》，收録在《慶祝董作賓先生六十五歲論文集》下册，1961 年 6 月臺北初版。（芝加哥大學圖書館袁同禮檔案）

（六十五）

公垂吾兄著席：

手教拜悉，大著修正後極盼早日出版。聞紐約 Ronald Press 對于學術刊物頗願印行，吾兄如與該店經理不甚相識，弟可請陳受頤先生寫一推薦信以利進行。弟參加西雅圖會議後將在斯丹佛與之晤面也。弟大約下星期日（三日）來芝城，下午擬到 Madison 等處一游，再到西雅圖。到後約上午九時左右當再電問，餘俟面叙。順頌暑安。

弟同禮頓首

六，廿六

按：該信寫於 1960 年 6 月 26 日。（錢孝文藏札）

（六十六）

公垂吾兄：

日前奉上一緘，計達左右。兹因此間事務較繁，延期西行，擬由此徑赴西雅圖，一俟返芝再行晤談（大約在七月廿二、廿三）。兹需用西北大學及 Illinois Institute of Technology 中國同學名單，如有熟人，盼與之一商，暫借數日爲感。順頌暑祺。

弟同禮頓首

六月廿九

按：該信寫於 1960 年 6 月 29 日。（錢孝文藏札）

（六十七）

公垂吾兄：

手教拜悉，《亞洲學術雜志》内中多王静庵之著作，購到後望暫借一用，或將每期之目録鈔示亦可。重慶《邊政公論》V.1–4 願借一用，盼交館際互借處寄下是盼。敝處有 Xerox 914 Copies，影照之速較 Photostat 方便多多，芝大如尚未添置，可建議租一架（概不出賣），學者需用之資料可用此法録副也。順候教祺。

弟袁同禮頓首

八，廿七

芝加哥區中國同學及職業同人通訊録望代覓一份。

按：該信寫於 1960 年 8 月 27 日。《亞洲學術雜志》（*The Journal of The Asiatic Learning Society*）由亞洲學術研究會出版發行，撰稿人多爲流寓上海的清末學人，自 1921 年 8 月至 1922 年 8 月共刊發四期，其中王國維署名文章五篇：《西胡考》（第 1 期）、《摩尼教流入中國考》（第 2 期）、《高昌寧朔將軍麴斌造寺碑跋》（第 3 期）、《羅君楚傳》、《羅君楚妻汪孺人墓碣銘》（第 4 期）。《邊政公論》由中國邊政學會邊政公論社於 1941 年在重慶印行，從第 5 卷第 1 期開始遷至南京出版，改爲半年刊，第 6、7 卷爲季刊，1949 年停刊，共發表 7 卷。（錢孝文藏札）

（六十八）

守和先生：

奉到八、廿七手教，敬悉一一，重慶《邊政公論》四册已交館際借書部奉上應用,不日想可到達。另有金陵大學出版之《邊政研究論叢》二册 1941-4 成都出版,内有邊疆問題選目,不知見到否?《亞洲學術什志》,如購到當再奉聞。此間同學通訊録,最近未有新印。專覆,即頌暑祺。

後學存訓拜上

八月卅一

按:該信寫於 1960 年 8 月 31 日。(芝加哥大學圖書館袁同禮檔案)

(六十九)

公垂吾兄:

關于論文印行事,前請陳受頤先生寫一介紹信,迄未寄到。想托其他學者寫信亦可發生效力,敝意不如請 Creel 寫信,出版家亦必接受也。如願在英出版更覺容易,因排印人工費較廉且印刷亦精,可先從芝大出版部入手,如不肯印行,則托 Prof. Simon 在倫敦進行,亦是一法。又許卓雲先生之兄是否爲許織雲,St. Louis 華大畢業。兹有該校同學數人之中文姓名,除許君外恐無他人知之者,奉上一單,請托許先生向其老兄一詢,示覆爲感。弟數日以後將到 Mich.、Ill.各校搜查資料,路過芝城當再趨談。順頌儷安。

弟同禮頓首

十一,四日

按:該信寫於 1960 年 11 月 4 日。Prof. Simon 即 Ernest Julius Walter Simon (1893—1981),德國漢學家、圖書館學家,華名西門華德,袁同禮好友,時在倫敦大學亞非學院任教(School of Oriental and African Studies)。許織雲(1915—2014),浙江温州人,非許倬雲之兄,燕京大學主修生物,後於 1948 年畢業於聖路易斯華盛頓大學,其博士論文題目爲 Influence of Temperature on Developments of Rat Embryos。(錢孝文藏札)

(七十)

公垂吾兄大鑒:

在芝城匆匆一聚,未能多留,至以爲悵,别後在 Lansing、Ann Arbor、Detroit 諸城獲到不少資料。今日在 Rochester 訪晤蔣碩杰諸兄,日内即返華京。承借拾元,兹隨函奉上,即乞察收,至謝至謝。匆匆,順頌儷安。

弟同禮頓首

十一,廿五

按：該信寫於1960年11月25日。蔣碩杰（1918—1993），湖北應城人，蔣作賓之四子，經濟學專家，臺北"中研院"院士。（錢孝文藏札）

（七十一）

公垂吾兄：

前在芝加哥大學圖書館卡片上見有留德學生年報，主編人似爲魏宸組，以限于時間，未能提出一觀，擬請便中在 Wei, Tsen-tzu 或 Chen-tzu 名下將該刊提出，交館際互借部徑寄國會館住址見後轉交，以快先觀，此刊未在他館見到也。此托，順頌時祉。

弟袁同禮頓首

十二，十七

本年油印之芝城同學録如已出版，亦望代索一份，上年者甚有用也。

按：該信寫於1960年12月17日。魏宸組（1885—1942），字注東，湖北江夏人，清末革命人士、外交家，1903年赴比利時留學，後參加同盟會，民國後歷任南京臨時政府内閣外交部次長、唐紹儀内閣的國務院秘書長、駐荷蘭、比利時公使等職務。（錢孝文藏札）

（七十二）

公垂吾兄：

上周年會因事未能前來參加，想定有一番盛况也。兹有下列二人不識已結婚否？如已成婚，其先生之姓名能見示否？弟所編之留美同學博士論文目録業已完成，共收4 200餘人，恐尚有遺漏也。大著已由芝大出版部允爲印行否，爲念。順頌大安。

弟同禮頓首

四，六日

按：該信寫於1961年4月6日。"上周年會"即3月27日至29日在芝加哥 Palmer House 舉行的亞洲研究協會年會，約有640人到場出席。①《中國留美同學博士論文目録》中除名譽博士外，實收2 700餘位博士，此處"4 200餘人"照録。（錢孝文藏札）

① "News of the Profession." *The Journal of Asian Studies*, vol. 20, no. 4, 1961, p. 567.

（七十三）

守和先生：

奉到四月六日手教，敬悉一一。周前亞洲學會年會未見大駕到此參加，甚覺悵悵。中國同仁與會者雖亦不少，然東西兩岸來者似并不太多，圖書館之會參加者亦有限，裘開明因病未來，會中聞 Frankel 將去 Yale，李田意亦回耶魯，柳無忌將去 Indiana，Hucker 去 Michigan（Oakland），Nunn 應夏威夷之聘任 assoc. prof. of Department of Director of Asian History，此事爲去年厦大曾來相聘者（正教授名義），Nunn 君頗喜連絡推廣工作，想甚合宜也。聞英國 Pearson 所編之西文論華雜志索引*Index Sinicus*即將出版，如譚君之作遲不問世，恐將全功盡弃矣。聞大著留美博士論文目録即將出版，搜羅宏富，不勝欽佩，此間正編一芝大有關遠東論文目録與哥大所編者相仿，有關中國者計 180 種，約有博士二十四種、碩士 55 種爲中國人所作，想前者均已收入大作矣。所詢章珍馨女士已與一美國人結婚（亦係芝大 Ph. D，化學系），名 Sheldon Kaufman（全名可在 LC 目録一查），現在 Princeton 教書，章則在 Brook Haven（？）National Lab. 研究也。黄仁華（黄嘉音之妹）似未結婚，現在一 Ohio 某大學教書也。梁遠則并未寫博士論文，伊現任某廣告公司副經理，大約無意于學位矣。又，訓之論文前交此間 Press 審查，該處曾請二人先後審閲，評語均甚好（其中之一似係中國人或係楊聯陞，惟出版部未將姓名相告），故允予出版，但須津貼，現正由圖書館學校商洽津貼數額之中。大約可無問題，因學校已通過列入 Univ. of Chicago Studies of Library Science 叢書之内，并允加資助也。匆匆，不贅。即請大安。

後學存訓拜上

四月九日

按：該信寫於 1961 年 4 月 9 日。Frankel 即 Hans H. Fränkel（1916—2003），德國漢學家，華名傅漢思，娶張充和爲妻，1961 年確赴耶魯大學東亞語言文學系任教；李田意（1915—2000），河南汝陽人，1937 年畢業南開大學，抗戰中任西南聯大助教，1945 年赴美留學，翌年獲耶魯大學歷史學碩士學位，後在該校任教；柳無忌（1907—2002），詩人、翻譯家，柳亞子之子，1945 年赴美，時任印第安納大學教授；Hucker 即 Charles O. Hucker（1919—1994），時任密歇根州立大學（奥克蘭）中國語言和歷史教授。Pearson 即 James D. Pearson（1911—1997），英國圖書館學家、目録學家，*Index Sinicus* 全稱爲 *Index Sinicus: a catalogue of articles relating to China in periodicals and other collective publications, 1920—1955*，該書於 1964 年出版，實際編纂者爲 John Lust、Werner Eichhorn，非 Pearson。（芝加哥大學圖書館袁同禮檔案）

（七十四）

公垂吾兄：

暑假中想正在休假，前談印行之論文已決定由芝大出版部印刷否？如已有校樣，望將全書頁數示知，以便在博士論文中予以注明。兹因出版費無着而預購之人極少，未敢付印，因之延期，將來出版後能否托 Chinese Students and Alumni Association 代爲銷售，亦望代爲決定。附上名單一紙，如能在以往印行芝城同學録中代查，其中文姓名尤所企盼1960年通訊録望代索一份。弟今夏不擬旅行，以天氣凉爽，尚能工作，較去夏遠勝也。順頌儷安。

弟袁同禮頓首

八月七日

按：該信寫於 1961 年 8 月 7 日。Chinese Students and Alumni Association 原爲 Midwest Chinese Students and Alumni Association，1959 年錢存訓與友人改組原由臺灣地區資助的“美中西部中國留學同學服務協會”。（錢孝文藏札）

（七十五）

守和先生：

接奉手教，藉悉尊况佳勝，爲慰。附下名單已就所知注明，馬君無人相識，無法查出其中文姓名也，其他想無大誤。聞大著博士論文目録延期出版，此間亦擬購訂，但未預約，如印就出售，想買者必不致太少也。將來美中同學會自可代售，上期通訊中曾印有簡訊一則也。拙著現已交芝大出版部印行，由圖書館學校補助印費三分之一，并列入 University of Chicago Studies in Library Science 之一。合約已經簽訂，全稿亦已修改完畢交卷，將在英國排版，寄回後用 Offset 付印，可較在美排版省三分之一以上也，大約明春可以出版。又修改時曾見張秀民書中述及敦煌卷子内有帛書四卷，但未注明何處，遍查 Giles 目録不見，曾去函大英博物館詢問，亦謂并無帛書，只有帛畫一卷。先生所聞必多，如有所知，請告知出處爲幸。又，此書現已改以“書之竹帛”爲名：*Written on Bamboo and Silk: the Beginnings of Chinese Books and Inscriptions*，雖内容不限竹帛，但用竹帛作爲中國書史中之一代表時期，想尚不致太謬。因此名較原名爲通俗，與銷售或有關，未知尊見以爲何如？專此，敬請著安。

後學存訓拜上

八月十日

按：該信寫於 1961 年 8 月 10 日。“Giles 目録”即 Lionel Giles（1875—1958）所編 *Descriptive Catalogue of the Chinese Manuscripts from Tunhuang in the British Museum*（《大英博物館藏敦煌漢文寫本注記目録》），1957 年倫敦出版。錢存訓博士論文題名原爲 The Pre-printing Records of China：a study of the development of early Chinese inscriptions and books.（芝加哥大學圖書館袁同禮檔案）

（七十六）

公垂兄：

前奉到環雲，欣悉大著將在英排版，明春可以出版，聞之至慰。書名改用“書之竹帛”自可引人注意，于銷路不無小補。張秀民之書，此間僅有一部，爲他人借去，無從翻檢。關于帛書僅知有長沙出土爲 Cox 所得的，此外尚未見，大英博物館似無帛書，衹好暫缺，于大體無妨也。又周玉良君并未嫁查良釗君其夫人仍在大陸，想係另一查君，衹要姓氏不錯，即將其論文列入。查周玉良名下，内中尚有女士多人，因不知其出嫁以後之姓名，衹得照舊排列，將來出版自當奉贈，就正于有道也。順頌暑祺。

弟袁同禮頓首

八，廿四

按：該信寫於 1961 年 8 月 24 日。“大著”即 *Written on Bamboo and Silk: the beginnings of Chinese books and inscriptions*，1962 年由芝加哥大學出版。“張秀民之書”應指《中國印刷術的發明及其影響》，1958 年 2 月人民出版社初版。周玉良（1923—?），女，1952 年畢業於芝加哥大學，其畢業論文爲 Floral morphology of three species of Gaultheria.（錢孝文藏札）

（七十七）

公垂吾兄：

弟前編之博士論文目録以印刷人耽誤，延至最近始行出版。原擬爲中國學者之成就做些宣傳，衹以經費困難未能多印，及普遍贈送亦實無法也。兹奉贈壹部，即乞指正，如發現有錯誤之處并盼示知，以便更正是盼。另寄貳拾部由印刷人徑寄府上，即暫存尊處，便中望代爲介紹，凡機關購買每部五元，友人願購者則按三元五角計算可也。留美同學服務協會能代售否？亦盼代爲接洽爲感。此上，順候儷祺。

弟袁同禮頓首

十二月六日晚

按：該信寫於1961年12月6日。（錢孝文藏札）

（七十八）

公垂吾兄大鑒：

弟近到波士頓參觀故宫文物展覽，該項文物將于一月二十日運往芝城，將來到芝城後，尚希予以協助。弟已告楊雲竹"公使"，渠與令兄在"外部"同事多年想必來請教。又工作人員李霖燦、那志良、莊尚嚴三人將隨古物乘大汽車或火車來芝城，願在Art Institute左近覓一小旅館或能做飯之apt.，不識能代覓否？該處在市中心恐不易也。論文目録已轉寄貴館，日内即可寄出（共二十一部），一切偏勞，謝謝！順候教祺。

弟同禮

十二月卅一日

按：該信寫於1961年12月31日。1961年12月1日至1962年1月1日，"中國古藝術品展覽"在波士頓美術館（Museum of Fine Arts, Boston）巡展，1962年2月16日至4月1日，在芝加哥美術館（The Art Institute of Chicago）巡展。1月27日，李霖燦、那志良等人赴芝加哥大學圖書館拜訪錢存訓，後者駕車陪他們尋找合適的住處，最後在黑石公寓覓得一間。① 楊雲竹（1901—1967），河北蠡縣人，時爲臺灣地區外事人員。（錢孝文藏札）

（七十九）

公垂吾兄：

此次藝展想多幫忙，本擬來芝觀光。兹以瑣事相纏，未能如願。論文目録經印刷人一誤再誤，延至二月中旬方始寄上，共21部，想已收到。内中以校對不精，尚有錯字。兹奉上一單，請便中代予更正，再行出售。又中美學人服務社Studley女士來信，謂迄未收到，亦盼提出壹部代贈該女士是荷。代售事是否委托該社辦理，諸希尊照，一切費神，統俟面謝。順候儷安。

弟袁同禮頓首

三，十四

按：該信寫於1962年3月14日。"此次藝展"即中國古藝術品展覽。Studley即

① 李霖燦：《國寶赴美展覽日記》，臺北：臺灣商務印書館，1972年，第277頁。

Ellen M. Studley,應爲1963年3月12日錢存訓函中的“桑女士”,1924年來華,曾擔任北平 Woman's Union Bible Training School 校長。① (錢孝文藏札)

(八十)

公垂吾兄著席:

日前承賜尊著,體大思精,允稱不朽之作,今能如期出版,受益者當不少也。已與子明兄商定,由渠起稿寫一書評,寫就後再行寄上請正。因插圖精美,成本不輕,不能出版部願寄若干部于各東方學期刊否(如《通報》等),至于臺北出版之 *Chinese Cultures* 學術地位不高,登載與否無大關係也。小兒成婚承寄賀電,至感。次兒途經芝城荷承款待,尤以爲謝。渠下年將到 Penna 大學研究并盼明年能轉芝大或耶魯,須看能否獲到獎學金耳。承代售博士論文數册,至感,支票已拜收,謝謝。此書極難推銷,如有中國學生夏令會可按特價三元出售,不識易辦否? 兹需用下列各種期刊,皆是 L. C. 未入藏者,尊處如有存本,盼托館際借書處暫借一用,當由 L. C. 寄還。暑假尚希多加休息是盼。專此,順候儷安。

弟同禮頓首

八月十八日

尊夫人同此致意。

American Historical Review 常請 Hummel 寫書評,能寄該刊一部否?

按:該信寫於1962年8月18日。“書評”應指吴光清撰寫 *Written on Bamboo and Silk: the beginnings of Chinese books and inscriptions* 之書評,刊於 *The Library Quarterly* 第33卷第1期(1963年1月)。“不能出版部”應作“不知出版部”。次兒即袁清,1969年獲得賓夕法尼亞大學博士學位。“博士論文”即《中國留美同學博士論文目録》。右下角標注“8/21 覆”。(錢孝文藏札)

(八十一)

公垂吾兄:

聞尊處有余紹宋“《書法要録》十七卷二編十一卷”,請將該書之序跋用 Xerox 各照一份連同校中發票一并寄下,如須先行付款,望暫墊付。又貴館在港購書除劉君外尚有其他書店否? 望將地址示知,以便通訊。弟近編新疆書

---

① Xiaoxin Wu, *Christianity in China: a scholars' guide to resources in the libraries and archives of the United States*, Taylor and Francis, 2008, p. 153.

目，已告東京印刷人徑寄壹部，請指正是荷。

弟同禮
十一，一日

按：該信寫於1962年11月1日。“新疆書目”即《新疆研究文獻目録》（日文本），1962年在東京出版，爲“新疆研究叢刊第二種”。（錢孝文藏札）

（八十二）

公垂吾兄：

手教拜悉，《書法要録》序文已由貴校影印部寄來，其款$1.80已直接寄還矣。香港劉國蓁君久未來信，不識是否卧病。弟之新疆書目中文本擬托其在港付印，迄無回音，頗爲懸系。前擬感謝節左右來芝城觀書，近又改赴康橋，衹好候至明春再來晤教矣。順候時祉。

弟袁同禮頓首
十一，七

影印《大典》想已購到，近中華又影印《天一閣藍格寫本録鬼簿》，望尊處訂購一部。

按：該信寫於1962年11月7日。“影印大典”應指1960年9月中華書局影印《永樂大典》，共計202册；“録鬼簿”即1960年2月中華書局影印《天一閣藍格寫本正續録鬼簿》，分上下兩册，書名由徐森玉題寫。此兩種書皆以平館舊藏爲底本。本年“感謝節”（感恩節）爲11月22日。（錢孝文藏札）

（八十三）

公垂吾兄大鑒：

昨奉惠寄新書目録，至以爲謝。内中有《全國圖書館書目彙編》，弟願暫借一用，能寄下否？大著近來銷路如何，不識共印若干部。前有芝大教授寫一書評，如有存者，請再寄下一份是荷上次寄下者已遺失。弟近印新疆研究叢刊，除自編五種外，擬選五種予以流傳。内中新疆書目中文本正在抄寫，將來將序文寫好，擬請吾兄寫一跋文，再送港付印，恐明夏方能出版也。專此，順候教祺。

弟袁同禮頓首
十一，廿九日

三聯楊端六著有《清代幣帛金融史稿》，似可購買。

按：該信寫於 1962 年 11 月 29 日。《全國圖書館書目彙編》由馮秉文編（北京圖書館主編），1958 年 10 月中華書局出版。“書評”似指 E. H. S. *Journal of the American Oriental Society*, vol. 82, no. 4, 1962, p. 618，該書評作者待考。《清代幣帛金融史稿》应作《清代貨幣金融史稿》，1962 年 7 月生活·讀書·新知三聯書店出版。（錢孝文藏札）

（八十四）

公垂吾兄著席：

前奉手教，欣悉大著第一版已將售罄，足徵不朽之作，可風行海内也。吾兄將繼續翻譯史之研究，亟感需要。馮君1885—1945晚年貧病交加，俱賴中基會及平館予以維持。渠在巴黎時，伯希和或仍在河内 EFEO 研究，應查伯君傳記或 Obituary notice。關于馮君何年在教部任職，當爲代查，容再奉聞。北平淪陷之時，馮君著作散見于華北各期刊，弟之《新疆目録》收的不少，容得暇再行鈔奉。向達之文似在 1946 年發表，容查到再行函達。先此，敬頌儷祺。

弟同禮頓首

十二，十七

按：該信寫於 1962 年 12 月 17 日。“馮君”即馮承鈞，時錢存訓爲 *Biographical Dictionary of Republican China* 撰寫人物詞條，以下各信所提“馮承鈞小傳”或“馮子衡小傳”曾請袁同禮和吴光清校閲，後該書於 1967 年由哥倫比亞大學出版社出版。EFEO 即法國遠東學院（Ècole française d'Extrême-Orient）。向達之文即“悼馮承鈞先生”，刊於昆明出版的《民主周刊》。[1]（錢孝文藏札）

（八十五）

公垂吾兄：

貴館藏有《沅湘通藝録》，其中卷四 p. 71 有“書金軺籌筆書後”，想不太長，請用 Xerox 照一副本，奉上一元備用。新疆目録日本之部想尊處業已收到，得暇時可否寫一短篇介紹登載 *Library Quarterly*，因美人對此區域毫無所知，而日人對于中西史地考古、語言之研究頗有成績。兹另郵寄上五部每部三元（直接寄貴館），請爲介紹，想貴館可購兩部，美術系及 Chicago Museum of

---

① 《民主周刊》第 3 卷第 3 期，1946 年 3 月 15 日，第 9—13 頁。

N. H.或可各購壹部（俟決定後再寄發票），至于 Art Inst. of Chicago 已由弟直接寄奉矣。順頌教祺。

弟同禮頓首

一月四日

又芝城中國同學録如有印行者，盼代索一份。

按：該信寫於 1963 年 1 月 4 日。《沅湘通藝録》爲清末湖南學政江標編，"書金軺籌筆書後"照録，實應爲"書曾惠敏公金軺籌筆後"，汪都良撰寫。（錢孝文藏札）

（八十六）

守和先生：

兩奉手教，敬悉種種，并蒙見示馮君經厂等等，有勞清神，至爲感幸。所要"中國内亂外禍厂史叢書"第二册，已囑館際借書處寄奉。該處請于下次借書時填用 LC 館際借書之多聯格式，較易辦理云云，并以奉聞。又馮君著作目録已見《燕京學報》及《圖書季刊》，想甚完全，請勿再費神鈔録爲幸。又日昨奉到自東京寄來大著《新疆研究文獻目録》日文本，收羅廣博，印刷精緻，當極爲有用，謹此致謝。中文本不知何時可以出版？又李孝芳（前芝大學生，謝義炳君夫人）所編西文新疆地質目録，想亦收入矣。前囑寫跋文，不知何時需用，請便中將序文及體例見示，當再一試。周前厂史學會在此聚會，劉崇鋐、張貴永、郭斌佳、鄧嗣宇（張興保）諸君均來參加，張貴永及夫人均于卅一號返臺，想已有所聞矣。小女在京承蒙優遇，并得有機會晤見諸兄姊，至爲榮幸，并此道謝。拙作現已印第二版，擬將其中錯誤稍加修改：頁 139 曾述及高麗僧曇徵于 610 赴日傳授製紙墨之法，據 Sansom 此人作 Dokyo，但據日文曇徵應讀 Donchu，據韓文應讀 Damjing，不知 Dokyo 之名從何而來，或 Dokyo 係另外一人而非曇徵？如 LC 有日本佛教史專家，乞代一詢是所至感，否則請勿費時間爲要。專此，即請著祺，闔府均此。

後學存訓拜上

一月四日

按：該信寫於 1963 年 1 月 4 日。信中所有"歷"均被錢存訓寫作"厂"，似有意避諱，原因待考。"中國内亂外禍歷史叢書"由中國歷史研究社編輯、神州國光社出版，該書在 1949 年前出版 3 次，分别爲 1935—1936 年、1938—1940 年、1946—1947 年，各版書目順序并不一致，此處第 2 册應指《奉使俄羅斯日記》，内含《奉使俄羅斯日記》《與俄羅斯國定界之碑》《尼布楚城考》《俄羅斯佐領考》《俄羅斯進呈書籍目録》《伊犁定約中俄談話録》，芝加哥大學圖書館確實藏有此册。[1] 曇徵,朝鮮半島高句麗僧人,奉高句麗王之命與法定一同前往日本,他精通五經,善繪畫,并向日本傳播顔料及紙、墨、硯臺的製造技術。*Written on Bamboo and Silk* 第 2 版第 139 頁相關之處記作"Damjing"。(芝加哥大學圖書館袁同禮檔案)

(八十七)

守和先生:

兹將所需《沅湘通藝録》中一文複印奉上,計三頁,合 45 ¢,尚存有 55 ¢,容後再爲奉還。

大著《新疆目録》當由敝處留存二部,款即囑館中徑奉,他處當俟洽妥再告。介紹文擬俟西文本出版後一併再寫,因 *Library Quarterly* 僅評介西文刊物也。芝城同學録最近未有印行,并聞。專覆,即請著祺。

後學存訓拜上

一月八日

按:該信寫於 1963 年 1 月 8 日。(芝加哥大學圖書館袁同禮檔案)

(八十八)

公垂吾兄左右:

前寄下之論文目録極爲有用。"新疆研究叢刊"承預約全部,至謝。此項書籍雖爲大陸所需要,但不易出售,僅以一份贈徐森玉。中文資料截至 1962 年底較日文本多三倍,但内容遠不如日人,現正候大陸出版之期刊,一俟全部稿件整理完畢,即將序文、凡例寄上,請寫一跋。曇徵譯名,詢此間日人(多土生)均不知之。加大有 Susumu W. Nakamura 教授,日文不識造詣如何?似不如直接函詢京都大學中國文化研究所,可獲到準確之答覆也。此謝,順頌時祉。

弟袁同禮頓首

一,十二

附發票請轉交。

按:該信寫於 1963 年 1 月 12 日。"新疆研究叢刊"共計十種,但第一、三兩種《新疆研究文獻目録(1886—1962)》分别爲中文之部和西文之部,袁同禮生前并未完成。Susumu W. Nakamura 爲加利福尼亞大學日語講師。(錢孝文藏札)

---

[1] 芝加哥大學圖書館編目系統將此書記作第六册。

（八十九）

守和先生鈞鑒：

前承寄下《博士論文目録》二十本，除遵囑送贈桑女士一本外，尚存十本。除前結奉七本書款外，現又續售二本，又《新疆書目》收得現款一本（三本已徑匯承），兩共九元，奉上清單一份，支票一紙，即請查收，如有錯誤，并請示知是幸。訓攜内子擬下周過華京小留再轉赴費城之會，届時當到館來候。專此，即請雙綏。

後學存訓拜上、内子附候

三月十二日

閣府均此道候。

按：該信寫於 1963 年 3 月 12 日。錢存訓英文信紙。（芝加哥大學圖書館袁同禮檔案）

（九十）

公垂吾兄：

小書兩種，均係宣傳品，請轉總館采購處，想可訂購。因印刷太壞，故不願贈送，而成本一時又無法收回也。一周内因事赴歐，八月杪可返。順頌暑祺。

同禮頓首

七，五

按："小書兩種"或爲 *Bibliography of Chinese Mathematics, 1918—1960* 和 *Doctoral Dissertations by Chinese Students in Great Britain and Northern Ireland, 1916—1961*，1963 年有單行本面世，但均不能確定，因本年曾刊行"新疆研究叢刊"中的數種書籍。（錢孝文藏札）

（九十一）

公垂吾兄著席：

昨奉手教并 Crawford 藝術目録書評，發揮盡致，佩甚佩甚，大著譯成中文定可風行一時。惟香港工人中文程度太低，未校改正後仍有錯字，真不知如何改進，故"新疆叢刊"後五種改爲影印，惟不能加以標點，是可惜耳！香港排工印價，如印七百五十部，每頁印價港幣二十四元，最好找二三家同時估價，選其肯負責校對者，可省精力不少也。中文譯本將内容稍加更動，極表贊成，或用李潤章前例委托新亞書院出版，由院負責校對之責以及與印工接洽一切，亦良法也。新華印刷公司不太負責，去年十月交稿，今年六月始印出，實太遲緩。餘俟再函。敬候暑祺。

弟同禮頓首

七，十日

按：該信寫於 1963 年 7 月 10 日。"Crawford 藝術目録書評"即錢存訓對 Laurence Sickman 編 *Chinese Calligraphy and Painting in the Collection of John M. Crawford. jr* 所作之書評，刊於 *Papers of the Bibliographical Society of America*, 1963, pp. 249–251。"新疆研究叢刊"後五種爲《新疆國界圖志》《西畺交涉志要》《金軺籌筆》《新疆建置志》《戡定新疆記》。"李潤章前例"應指李書華所著《中國印刷術的起源》，1962 年 10 月由香港新亞研究所出版。（錢孝文藏札）

（九十二）

守和先生：

前聞大駕有歐洲之行，想必快游歸來，至爲欣羡，馮承鈞小傳月前已經交卷，惟材料不多，對其早年及在歐洲求學時代生活多不甚詳，細閲其譯著亦少及其生平。兹將初稿副本奉呈一閲，如有遺誤，仍乞指正，尚可更改也。原稿閲畢仍請擲還，是所至幸。專此，敬請著安。

後學存訓拜上

九月一日

按：該信寫於 1963 年 9 月 1 日。（芝加哥大學圖書館袁同禮檔案）

（九十三）

公垂吾兄著席：

返美後得讀大函及馮子衡小傳，以信件積壓過多，未能早日拜讀。兹酌易數處，是否適宜仍希尊酌，又請子明兄看過（鉛筆更動者），均以爲資料充實，言之有物，僅在文字上酌改數處而已。此次歐行適值天氣涼爽，雖在休假中亦獲到若干資料，爲北美各處所無者，亦可寶貴也。順候教祺。

弟袁同禮再拜

九，十八

按：該信寫於 1963 年 9 月 18 日。（錢孝文藏札）

（九十四）

頃在哥大東亞圖書館見到《中國歷代書畫家篆刻家字號索引》，商承祚編，甚有用，想尊處亦購到矣。又哥大近舉行之 Exhibition of Chinese archaic jades, ritual bronzes, weapons and related Eurasian bronze art，内容很不壞，印有展覽圖録，僅印 1500 份，尊處可函索一份，徑函 Program of Advanced Studies at the Graduate Faculties, Columbia University, New York 27, N. Y.，恐不久即告罄矣。

按：該信殘，由袁同禮寫給錢存訓，應晚於 1960 年。（錢孝文藏札）

雷强：中國國家圖書館副研究館員

The Letters between Yuan T'ung-li and Tsien Tsuen-hsuin

Lei Qiang

Abstract: This article sorts out the 94 letters between Tsien Tsuen-hsuin and Yuan T'ung-li from 1938 to 1963, based on the archives of the National Library of China, Yuan T'ung-li Papers in the Special Collections of the University of Chicago Library, and the letters kept by Tsien Tsuen-hsuin's family.

Keywords: National Library of Peiping　Yuan T'ung-li　Tsien Tsuen-hsuin

版本 版本目録學研究

“從來精槧先精寫”

——説寫工

沈　津

摘　要：寫工是古籍印本的重要生産者之一。至遲自宋代以來，多以巧手、名家任寫工之職，有著者親自手書者，有子爲父作手書者，有延請族人手書者，有門人手書者等等，或一人之力，或合力爲之。而且，明代時期有寫工與刻工同爲一人。

關鍵詞：寫工　古籍　刻本

葉德輝的《書林清話》，實爲研究版本目録之必讀書，大凡舊日藏書家所未措意者，多博考周稽，條分縷晰，以筆記體裁闡述圖書、版本、刊刻、鑒定、藏弆等。以圖書刊刻前之寫工來説，《清話》卷二“刻書分宋元體字之始”、卷六“宋刻本一人手書”、卷七“元刻書多名手寫”“明人刻書載寫書生姓名”、卷九“國朝刻書多名手寫録亦有自書者”四節，都是説宋元明清時刻書的寫工。

張秀民《中國印刷史》修訂本自序云：“寫工、刻工、印工、裝訂工，是印本書之直接生産者，爲舊社會所不齒。”張先生所云寫工“爲舊社會所不齒”，此説似爲不妥。一部待寫樣的稿本，如無好的寫工，即使有良工刊刻，又安得佳槧？只有兩者相配，方能有精本出現。然而，在今天的版本學研究中，刻工時有提及，然而，寫工和刻工一樣，都是一部著作從稿本到刻本一系列程序中不可忽缺的部分，但寫工、印工、繪工、裝訂工却難得有人去作細緻的研究。

對於寫工來説，大凡提及清代精刻本時，幾乎都會舉例林佶書寫的《漁洋山人精華録》，當然，這樣一位代表人物并非是生活在民間底層的知識分子。實際上，在流傳至今的宋元明清各代刻本中，時有寫工出現，但很少有學者予以注意，在現今的一些版本學專著中也是偶然漏寫而已。

一、寫工的基本情況

古人刻書，必先妙選書手，精寫上板，故其書首尾如一，毫髮不苟。宋刻本《南齊書》後牒文云："嘉祐六年八月十一日敕節文，《宋書》《齊書》《梁書》《陳書》《後魏書》《北齊書》《後周書》，見今國子監并未有印本，宜令三館秘閣，見編校書籍官員，精加校勘，同典管勾使臣，選擇楷書，如法書寫板樣，依《唐書》例，逐旋封送杭州開板。治平二年六月日。"可見"精寫上板"需用楷書。

宋代刻本之所以精者，以書必請名人書寫，刻必用巧手之故。張元濟在《寶禮堂宋本書録》序中説："寫本鐫工之美惡，視乎書法之優劣。宋本可貴，以其多出能書者之手。王溥《五代史會要》：'後唐長興三年二月，中書門下奏請依石經文字刻《九經》印板。敕令國子監集博士儒徒，將西京石經本，各以所業本經句度鈔寫注出，仔細看讀，然後顧召能雕字匠人，各部隨帙刻印板，廣頒天下。其年四月，敕差太子賓客馬縞、太常丞陳觀、太常博士段顒、路航、尚書屯田員外郎田敏充詳勘官，兼委國子監於諸邑選人中，召能書人端楷寫出，旋付匠人雕刻。'王明清《揮麈餘話》：'後唐平蜀，明宗命太學博士李鍔書《五經》，仿其製作，刊板於國子監。'《宋史・趙安仁傳》：'安仁生而穎悟，幼時執筆能大字，雍熙二年登進士第，補梓州榷鹽院判官，以親老勿果往。會國子監刻《五經正義》板本，以安仁善楷隸，遂奏留書之。'洪邁《容齋隨筆》：'予家有舊監本《周禮》，其末云："大周廣順三年癸丑五月，雕造《九經》，書畢，前鄉貢三禮郭嵠書《經典釋文》。"末云："顯德六年己未三月，太廟室長朱延熙書。"此書字畫端嚴，有楷法，更無舛誤，士人筆札，猶有正觀遺風，故不庸俗，可以傳遠。'余所見者，有紹興覆端拱本《周易正義》，書者爲鄉貢進士張壽。又紹興覆淳化本《毛詩正義》，書者爲廣文館進士韋宿、鄉貢進士陳元吉、承奉郎守大理評事張致用、承奉郎守光禄寺丞趙安仁，此皆官家所刊之書，其刊於私家者亦多踵行。先是孟蜀時，毋昭裔在成都，令門人句中正、孫逢吉書《文選》《初學記》《白氏六帖》鏤版。其子守素，賫至中朝行於世，事載《宋史・毋守素傳》。句、孫二子，均有書名，本傳：'中正，益州華陽人，昭裔奏授崇文館於校書郎，精於字學、古文，篆隸、行草無不工。逢吉常爲蜀國子《毛詩》博士，檢校刻石經。'又《徐鉉傳》：'弟鍇亦善小學，嘗以許慎《説文》依四聲譜次爲十卷，目曰《説文解字韵譜》，鉉親爲之篆，鏤板以行於世。'《舊五代史・和凝傳》：'平生爲文章，長於短歌艷曲，有集百卷，自篆於板，模印數百帙。'錢曾《讀書敏求記》：'坡詩注武子因傅稚漢孺善歐書,俾書之以鋟板者。曾見於絳雲樓中。'凡此皆有姓名可稽者,其他即不出於專家,不成於一手,亦多下筆不苟,體格謹嚴,虞褚歐顔,各擅其勝,直可與碑版齊觀。"

無論宋元明清,乃至民國,大凡刻本多爲二種字體,即宋體字、手寫體。宋體字,字劃方嚴,整齊劃一,一筆不苟,没有什麽變化,所謂"字劃斬方,神氣肅穆"也。宋體字,據説這是秦檜所創。秦檜的名聲很差,他的銅像至今還跪在西湖邊的岳王廟裏。他是狀元出身,博學多才,爲官早年名聲尚好,深受宋徽宗喜愛,被破格任用爲御史臺左司諫,負責處理御史臺來往公文。在處理公文過程中,他發現這些公文字體不一,很不規範,於是他在仿照徽宗趙佶"瘦金體"字體的基礎上,創造出一種獨特的字體,工整劃一,簡單易學。於是他這用這種字體謄寫奏摺,并引起了徽宗注意,於是下旨,命秦檜將書寫的規範字帖本發往各地,要求公文統一按這種字體書寫。這一措施,使這種字體很快推廣,并逐漸演化成印刷體的"宋體"。

手寫體,即楷書,字體秀勁,圓美工整,仿歐陽詢體者甚多,也有仿柳公權、顔真卿體者,用筆整嚴,刻劃清峭。字體古雅,自成一體者則不多。汪琬、薛熙刻《明文在》凡例云:"古本均係能書之士各隨字體書之,無有所謂宋字也。明季始有書工專寫膚廓字樣,謂之宋體,庸劣不堪。"

書寫者或名家或專工此技之寫工(除自家外),名家包括委托一些當時的文化名人,其他爲受雇於坊肆或家族刻書的有一技之長的寫工。以名家舉例之,最著名者推《大方廣圓覺修多羅了義經》一卷,此經爲趙孟頫於元延祐七年(1320)正月廿七日爲其夫人管道升超度薦福所寫,并施於蘇州海雲寺。趙氏跋語云:"三寶弟子趙孟頫謹手書《大方廣圓覺修了義經》一部,奉本師中峰大和上[尚]尊者披閲,所願聞此經者,見此經者,誦此經者,持此經者,悉圓三觀,頓除二障,不墮邪見,得清静覺出,生殊勝功德: 奉爲妻魏國夫人管氏道升懺除業障,早證菩提,與法界有情,同成圓覺……"元至正十二年(1352),海雲寺住持大延多方化緣集資,擇名工摹勒趙孟頫手書經卷上版雕鐫。版雕既竣,尚無資刷印,信士顧德懋等自願捐資刷印一百部以廣流傳。

作者自己的著作,也有自己手書上版的,但極少。如宋岳珂《玉楮詩稿》八卷,後有自記,云:"此集既成,遣人謄録,寫法甚惡,俗不可觀。欲發興自爲手書,但不能暇。二月二日,偶然無事,遂以日書數紙。至望日,訪友過海寧,攜於舟中,日亦書數紙。殆歸而畢,通計一百零七版。肅之記。"肅之,即珂字。再如楊次山《歷代故事》十二卷,云:"宋刊宋印本,其書乃次山手書付刊,書法娟秀可喜。"至於鄭燮自寫《板橋集》、金農自寫《冬心集》,更是衆所周知之例。

也有兒子繕寫父親的著作而上版者。屬史部地理類山水志的《石湖志》,爲六卷,明莫震撰;莫旦增補。明刻本。有圖。石湖在江蘇吴縣。此書約成化弘治間所刻。題“里人莫震纂;男旦增脩;男旲繕寫”。即爲莫旲所書。

也有請作者的家族中人爲之繕寫,如陸容撰《式齋先生文集》三十七卷,明弘治刻本,《文集》中之《歸田稿》之卷末有編者、書工及刻工題名,作“男伸編;侄偉繕寫;邑人唐日恭、日信等刻字”。即此書爲陸容侄陸偉所書寫。

也有著名學問家之門人所書,明宋濂撰《宋學士文粹》十卷《補遺》一卷,明洪武十年(1377)鄭濟刻本,書後有鄭濟刻書跋。云:“右翰林學士承旨潛溪《宋先生文粹》一十卷,青田劉公伯温丈所選定也。濟及洧約同門之士劉剛、林靜、樓璉、方孝孺相與繕寫成書。用紙一百五十四番,以字計之一十二萬二千有奇。於是命刊工十人鋟梓以傳,自今年夏五月十七日起手,至七月九日畢工,凡歷五十二日云。”

一般來説,一部著作,尤以數卷乃至百卷以上者,多爲寫工數人合力達之,大部者尤是,蓋因卷帙浩繁也。如《皇明疏鈔》七十卷,明萬曆十二年(1584)刻本。寫工有沈東藩、張珣、王賢、俞光祖、倪坤、沈一震、鄭時濟、姚申、姚舜民、丁經,計十人。又如《喻林》一百二十卷,明萬曆四十三年(1615)徐氏刻本。寫工有楊應茝、陶仲禮、劉植、陶一鳳、陳文慶、王承爨、王子良、王承譽、梅逢暘、黄應元,亦十人。(嘉靖)《寧夏新志》八卷,明嘉靖十九年(1540)刻本。此本目録頁末行有“委官百户高選”銜名,中有“謄録生員:嚴禮、穆賓、張儒、張釟、周憲、姬世臣;識字:吕調元”。

大部者如《前漢書》一百卷,明正統間刻本,書口下有刻工及寫工,計刻工四十一人,又寫工八十一人,爲文珪、王貫、毛俊、葉熊、劉江、劉輔、劉鏞、倫貴、鄺方、鄺溟、杜鳳、李寧、李侊、李睿、李華、李政、李瓘、李文鑒、蘇璋、肖璋、吴恕、吴景、吴珂、吴應奎、何燦、何詮、何端、何楚英、陳中、陳觀、陳珪、陳端、張綬、林韵、林庠、楊綸、周敏、周晟、周順、羅盛、歐陽明、趙現、高遜、秦盛、蔡昌、程富、董英、董載、董憲、戴冕、費瀾、侯爵、黄安、黄貞、黄璋、蔣緯、簡爽、黎津、梁耕、梁文、梁鳳、梁正、梁壽、梁烜、梁毅、梁璵、蒙璉、潘綱、潘敦、彭智、彭孟孟、彭惟和、譚洪、譚源、譚琮、鄔諒、謝惠、游藝、顔升、曾麟、曾瓚。這是目前爲止,所知雕版書中有記載寫工最多的一部書。

而以一人之力寫多卷之書者不多,也爲難得之事。如宋刻本《文苑英華》一千卷,書之後有記云:“吉州致政周少傅府,昨於嘉泰元年春,選委成忠郎新差充筠州臨江軍巡轄馬遞鋪權本府使臣王思恭,專一手抄《文苑英華》,并校正重複,提督雕匠,今已成書,計一千卷。其紙札工墨等費,并係本州印匠承攬,本府并無干預,今申説照會。四年八月一日,權幹辦府張時舉具。”王思恭的官不大,又非書法家,但却“專一手”,大約這是寫工中最厲害的角色了。

也有次之者,明洪武刻本《元史》二百十卷,僅載有一位寫工,即衡鑒。也爲明代寫工一次繕寫書版最多者之一。

曾見有清順治八年(1651)鍾天錫等刻雍正十一年(1733)補刻本的《資治通

鑑綱目發明》五十九卷,宋尹起莘撰,六册。此本有扉頁,刻“綱目發明。宋尹堯庵先生著。雍正癸丑重梓。遂昌樂育堂藏板”。此書順治開雕新版,存學宫幾八十年,迄雍正八年至十一年間,陸續由黄正志等士子及尹氏十八世孫之斌捐資補版重印。包萬有撰《書後》云:“予獨取《發明》四本,命人用宋字繕寫,分爲六本,稍小其字,每行每字,悉依原本,擬刻之,以貧未遑也。會續修府志,予與博士鍾先生與焉。司李張公示,凡先賢遺書稿存者,亟爲鏤金梓行。於是鍾先生率諸生各出資,多寡依卷數,梓之學宫,亦千秋盛事也。時視邑篆縉雲丞湯君鉉,亦助錢伍緡。”朱家瓚跋云:“歲久木蠹,湮漶失傳,吾友包似之,好古博聞,購本繕寫,訂訛補殘,將率同人共梓,以成不朽盛事。會予可先生,雅志允愜,遂付剞劂。”此本乃一人所寫,自卷一至卷五十九,每卷之末均有“後學包萬有似之繕寫”及捐梓人名。包萬有,字似之,號方外畸人、剩庵佚老,山東琅琊人,明遺民。這或是清代一人所寫多卷本之稀例。

當然,小部之書,多一人通寫,如《卓吾先生批評龍谿王先生語録鈔》八卷,明萬曆蘇州閶門刻本,卷一第一頁書口下刊“秣陵楊應時書,梅仕見刻”。《最樂編》五卷,明天啓間計元勛刻崇禎印本。卷五末刊“檇李胡繼虞舜卿書、錢士景泰徵鐫”。《申鑒注》五卷,明正德十四年(1519)黄氏文始堂刻本,卷一第一頁書口下刊“周潮寫”(周潮又刻有《佩觿》三卷,明嘉靖六年〔1527〕孫沐萬玉堂刻本;《太玄經》十卷,明嘉靖孫沐萬玉堂刻本)。

二、宋、元、明代刻本中的寫工

宋紹興九年(1139)紹興府刻本《毛詩正義》四十卷,卷末有“廣文館進士臣韋宿書、鄉貢進士臣陳元吉書、承奉郎守大理評事臣張致用書、承奉郎守光禄寺丞臣趙安仁書”。韋宿、陳元吉、張致用、趙安仁都是寫手。按:據《宋史》,趙安仁曾補梓州榷鹽院判官,以善楷書,奏留書國子監,刻《五經正義》。孟蜀毋氏家刻,皆其門生孫逢吉輩所寫,皆不出於俗工。

著名的宋嘉泰淮東倉司刻本《注東坡先生詩》四十二卷,傅稚所書。《癸辛雜識》中有載施宿者,浙江湖州人,父元之,乾道間爲左司諫。宿晚爲淮東倉漕,嘗以其父所注東坡詩刻之倉司,其書寫工即傅稚,稚字漢孺,亦湖州人,善歐陽詢體,宿遂俾書之鋟板。此本國内僅中國國家圖書館藏卷十一至十二、二十五至二十六、四十一至四十二。

刻印圖書中的寫工,最早似乎可以在北宋時刻的佛經中覓得。如宋淳化元年(990)至咸平三年(1000)周承展等刻《大方廣佛華嚴經》八十一卷,末有“東京天壽寺沙門懷湛發心書”。此藏中國臺北“故宫博物院”。再如宋嘉祐五年(1060)杭州錢家刻的《妙法蓮華經變相》七卷,卷五末有寫經人“琅邪王遂良書”。此本於1968年在山東省莘縣宋塔内發現,今藏山東省博物館。當時在塔内還有《妙法蓮華經變相》(北宋熙寧元年[1068]杭州晏家刻本),也爲王遂良書。

而宋初精本,歐褚顔柳,無不具體。宋刻《廣韵》,及相臺本《五經》,剛健流麗,各擅其妙。中國臺北"故宫博物院"藏宋本佛經《妙法蓮華經》七卷,一函七册,通本蘇東坡體,豐滿肥潤,跌宕生姿。也見有宋本佛經中有顔真卿體,方嚴正大,樸拙雄渾,大氣磅礴。《中國版本略説》云:"北宋以來精刻之書,大都名手所寫,世人珍視其書,亦緣其字迹不下碑帖,不僅以其時代久遠也。精於寫字者爲美術,精於刻他人精寫之字,使之毫髮不爽,精彩焕發,是爲美術工藝。故中國昔日以工巧并稱,非若後世專以勞力爲工也。"

元末明初也有習趙孟頫書體而書之上版者,但不多。趙字結構謹嚴,豐神瀟灑,而書胥學之不達,側筆取妍,徒求似其面目。元代刻書有寫工者不多見,津僅知有《大般若波羅蜜多經》六百卷,元大德十年(1306)福州開元莊嚴禪寺刻補《毗盧大藏》本。卷五十三末刻"潁川陳瑛書"。

《妙吉祥平等瑜伽秘密觀身成佛儀軌》一卷,元延祐三年(1316)刻本。卷末有"宋侃書"。

宋趙安國刻本《大般若波羅蜜多經》第二十四卷末有"磧賭破屋道人陸靜德書"。

在明代衆多的寫工中,也有不少姣姣者,如《選詩補注》八卷,明嘉靖二十三年(1544)東白齋刻本,卷末有牌記:"是編刻於嘉靖甲辰,訖工今歲壬子。刻李潮叔侄,書龔氏白穀,技儘吴下,可與兹編并傳。而白穀文士,卷帙謄寫,非其業也,遂至數年始克完局。嗚呼!"可知此帙乃"技儘吴下"的龔白穀謄寫。

再如《詩外傳》十卷,明嘉靖十四年(1535)蘇獻可通津草堂刻本,蘇獻可後跋有"長洲周慈寫"。周慈還寫過《論衡》(嘉靖中袁褧刻本)及《六家文選》(亦袁褧刻本)。周慈所寫,世人以爲書寫精絶,蓋筆劃遒勁也。

三、清代、民國的寫工

我曾寫過一篇小文,題目爲《林佶書寫的〈漁洋山人精華録〉》,是説林佶工書,尤精小楷,王士禛《漁洋山人精華録》十卷(清康熙三十九年刻本)、陳廷敬《午亭文編》五十卷(清康熙四十七年刻乾隆四十三年印本)、汪琬《堯峰文鈔》四十卷詩十卷(康熙三十二年汪氏刻本),皆爲林氏所書上版,昔時家户傳誦,至今亦爲藏家所稱道。莫友芝《宋元舊本書經眼録》於此《精華録》云:"林佶吉人手寫當時名集付梓者三,《午亭集》《堯峰文鈔》及此録也。三家詩文豈必以佶書重,而佶書精印本尤世所珍弆,小伎顧可忽哉?"林佶字的真迹很少得見,津僅知在元至正二年(1342)日新書堂刻本《四書輯釋》三十六卷中有林跋(《第一批國家珍貴古籍名録圖録》第二册 66 頁 00321)。

王士禛的另一部集子,則是請黄儀書寫,再付諸梓人的。其在《香祖筆記》卷二中說:"黄子鴻名儀,常熟人,隱居博學,工書法。予刻《漁洋續集》,將仿宋槧,苦無解書者,門人昆山盛誠齋侍御,聞子鴻多見宋刻,獨工此體,因禮致之。子鴻欣然而來,都無厭倦,今續集自首迄尾,皆其手書也。"據此,黄儀善仿宋體,而《香祖筆記》也是宋字。

清代的寫工,見於書中載名者不多,較之明代似爲少了些許,蓋多不署名也。最著名者推許翰屏,許氏以書法擅名當時,寫書甚多,當時刻書之家,多延其寫樣。如嘉慶中胡果泉刻《文選》、黄丕烈之士禮居、秦氏享帚樓、孫星衍平津館、汪士鐘藝芸書舍等所刻影宋本,皆爲許氏所書。徐康《前塵夢影録》卷下云:"唐人詩文集最多,吴門繆氏僅刻《李太白集》一家。享帚樓續刻吕衡州、李翺等集。顧千里更覓得足本沈亞之等集七家,皆用昌皮紙,請許翰屏精寫,不加裝訂,但用夾板平鋪,以便付梓。"宋本《魚玄機集》,先爲黄丕烈得之,後爲某達官所有,某請許影橅上版,形神畢肖,更是傳爲美談。

在清代,刻本出名賢手筆有名於世者,如張力臣手寫《廣韵》、倪霱手寫《明文在》、張照篆寫白文《九經》、張敦仁手寫嚴氏《通鑑補正略》、余集手寫《志雅堂雜鈔》《續夷堅志》、黄丕烈手寫《延令季氏書目》、許梿寫《六朝文絜》《金石存》等、顧蒓寫《元史藝文志》、江聲自寫《尚書集注》《釋名疏證》,各趨精藝。葉昌熾爲蔣香生刻《鐵花館叢書》,仿宋精寫,爲金緝甫所書,摹歐陽詢體,秀勁之致,然金氏不願署姓氏。

民國年間,最著名的寫工,當推饒星舫。饒星舫,又作饒香舫、饒信芳,湖北黄岡人。擅長臨摹各類字體,初爲陶子麟刻書處書寫,後爲繆荃孫寫書三年。1915年,由繆氏推薦給劉承幹摹寫《景宋四史》,與著名刻工陶子麟同住入劉氏之愛文義路新宅。葉昌熾在見到饒星舫的寫樣後,評價很高,認爲"嶙峋露骨,瘦硬可喜"。1920 至 1930 年間,饒星舫爲陶湘摹寫宋本《儒學警悟》、宋咸淳本《百川學海》等。陶湘在《百川學海》序中云:"全書爲黄岡饒星舫一手影模,星舫囊客藝風,多識古籍,與湘游亦十稔,所刻諸書皆出其手,《儒學警悟》亦其一也。而於此用力尤勤,不圖殺青未竟,遽歸永夜。"

最爲有意思者,即爲當時衆名家共寫一書者,津所知僅二例,一爲《金壺精粹》四卷,清光緒二年(1876)松竹齋刻本。書名頁刻"金壺精萃。左宗棠題。光緒丙子年春王月京師松竹齋開雕"。另一扉頁刻"金壺精萃。李鴻章題。光緒丙子年春王月京師松竹齋開雕"。左、李二位皆清末重臣,很少爲人題寫書名。書分天地人物四部。書口下刻有某人書,計歐陽保極、徐郙、徐致祥、黄沅、彭世昌、王先謙、王賡榮、龍湛霖、錢澍孫、王應孚、羊復禮、李郁華、何金壽、黄鈺、黄湘、李岷琛、洪九章、孫欽昂、郝覌光、吴覌禮、袁思韠、張人駿、陸潤庠、黄毓恩、蔡厚貽、華金壽、惲彦彬、馮文蔚、貴恒、許景澄、廖壽恒、徐桂芬、周之鈞、鍾駿聲，共三十四人。光緒元年(1875)楊慶麟序云："余於甲戌春，曾有《增訂金壺字考》之刻，沿釋氏適之之舊，易其所未安，補其所未備已耳。後聞徐蔭軒宗伯藏有善本，係田石齋先生所校訂，宗伯懷抱沖虚，夙以嘉惠後學爲念，樂出其書以示觀。適張君仰山閲而善之，而又以其卷帙浩繁，讀者或未能遍觀而盡識焉。商擇其尤雅者，與余增訂之編參合，以公同好。乃按前卷天地人物分類，輯録注釋，非參以肊見援引，務取乎雅馴，厘訂既竣，張君索當代之工書者分繕，以登梨棗。"

這些"當代之工書者"，多有功名，如歐陽保極，咸豐十年(1860)庚申恩科探花，授翰林院編修，曾任廣西學政。羊復禮，同治三年(1864)舉人，官至廣西泗城府知府。王先謙，爲著名湘紳領袖、學界泰斗，曾任江蘇學政，湖南岳麓、城南書院院長。許景澄，同治七年進士，清政府中熟悉洋務的少數外交官之一，聘任駐法、德、意、荷、奥、比六國公使和駐俄、德、奥、荷四國公使，總理衙門大臣兼工部左侍郎，充任京師大學堂總教習。袁思韠，先後入丁寶楨、鹿傳霖、張之洞幕。能文工詩，擅書畫，精小楷，爲同治、光緒年間以來黔之書法之首。陸潤庠，同治十三年狀元，官至太保、東閣大學士，謚文端。書法清華朗潤，意近歐、虞。惲彦彬，同治十年進士，累官至工部右侍郎，督學廣東，詩文書畫俱能，書工分隸。

又一部爲《陶淵明集》八卷，清光緒六年(1880)天津蓮英林宫保刻三色套印本。該書每頁版心下均有書工姓名，從序文開始，有一人連續書寫幾頁者，也有只書寫一頁的，如：徐方泰書、王仁堪書、言家讓書，張華奎書、陳寶琛書、楊霽書、張世恩書、文肇宣書、吴葆德書、周儀典書、吕鳳岐書、吕佩芬、于鍾霖、英壽書、馮文蔚書、張蹇書、邵松年書、程夔書、檀璣書、于佩霖、曹鴻勛、張露恩、劉秉哲書、諸可炘、張汝沂書、升允書、李作霖書、徐方鼎書、劉心源。(有的人名下無"書"字，以上四册共29人)

四、寫工的幾種名稱

寫工的姓名多半刻在書口之下端，或在目録頁之後或卷末，也有刻在木記上的，但很少。寫工姓名後或有"寫""書""録""繕寫""筆授""書手""寫書人""寫稿陰陽生""謄寫吏""書辦"不等。

稱"寫"者：如《古史》六十卷，明萬曆衛承芳刻本。卷一第一頁書口下有"李森寫；郭一德刻"；卷八第一頁書口下有"喻鎧寫；鄒邦化刻"。按，李森亦爲刻工，曾參與刻有《性理大全書》七十卷。喻鎧爲江西豫章人，又曾寫有《水經注箋》四十卷。再如(萬曆)《寧國府志》二十卷，明萬曆刻本。題"句吴侯臣寫；姑孰淩翰刻"。

稱"書"者：如《鐵崖文集》五卷，明刻本，卷末有"姑蘇楊鳳書於揚州之正誼書院”。又如《詩經類考》三十卷,明崇禎陳增遠刻本。卷一第一頁書口下有“檇李錢士明書”。再如《春秋翼附》十二卷,明黄正憲撰。明刻本。卷十二末有“檇李胡元貢書;金陵楊應元刻”。

稱“録”者: 如《唐雅》八卷,明嘉靖二十八年(1549)文門山堂刻本。卷二、三後刻有“平襄鄭珩、楊戩録”、卷八後刻有“藉水鄭珩、楊戩書”。

稱“繕寫”“繕書”者:《文心雕龍》十卷,明刻本,刻“吴人楊鳳繕寫”。又(康熙)《重修休寧縣志》,清康熙刻本。題“黄廷玉繕寫”。《批點明詩七言律》十二卷,明萬曆十三年(1585)金陵胡氏東塘刻本。題“東明穆文熙敬甫批選;石星拱辰閱正;長洲知縣劉懷恕校刊;莆田陳知占繕書”。

稱“筆授”者: 如《國雅》二十卷續四卷雜附一卷,明萬曆元年(1573)顧氏奇字齋刻本。卷二十末刊“筆授: 吴郡顧檟、施雲、侯思、家産子顧相、戴卿、朱謨”。

稱“寫楷書手”者: (嘉靖)《衡州府志》九卷,明嘉靖十五年(1536)刻本。題“寫楷書手: 段德、馬永成;謄草: 李成、朱時相、馬永章;刊匠: 胡憲、傅永繼、李世偉、游深、李世華、游湖”。

稱“書手”者:《東坡集》,明嘉靖刻本,卷四第七頁書口下有“書手徐道;刊匠王貫”。卷十五第十一頁“書手吴志成;刊匠金昱”。卷二十一第十頁“書手程世斌;刊匠羅才”。又如《孝經正義》,明正德六年刻本,書手爲陳景淵。

稱“寫書人”者:《醫學綱目》四十卷,明嘉靖刻本,在樓英序首葉書口下刻“寫書人顧檟;刻書人夏文德”、目録頁首葉書口下刻“寫書人錢世杰;刻書人柯仁意”。

稱“寫稿陰陽生”者: (正德)《襄陽府志》,明正德刻本。有“寫稿陰陽生: 沈榮、龍德”。

稱“謄寫吏”者:《事物考》八卷,明嘉靖四十二年(1563)何起鳴刻本。卷八末刻“謄寫吏于待聘、崔語、張椿”。如《淮海集》四十卷《後集》六卷,明嘉靖刻本。在《後集》卷六末有“謄寫吏”黎儀、朱敬忠。

也有題“書辦”者: 如(嘉靖)《彰德府志》八卷,明嘉靖刻本。卷八末刻“彰德府安陽知縣劉元霖總校;主簿孫九思、典史侯添爵理工;府學生員張爚、劉存禮、縣學生員許光裕、侯竟封同校;書辦崔仲相繕寫”。又如(萬曆)《潞城縣志》八卷,明萬曆十九年(1591)刻天啓五年(1625)增修崇禎再增修本。馮惟賢後序末刻“供給該吏王安國、繕寫書辦王國儒、對讀書辦牛尚直、比畿梓人裴九垓、裴一元、裴國翠、裴一鶚、裴國明”。此僅見於方志。“書辦”者或爲書寫者,或管理寫工者。

“謄寫吏”“書辦”都是衙門中人,是政府公務員,多半是仕人學子,較專業寫工爲優,所以他們在書版上往往在姓名前多加官銜,而并不是在書口下與刻工同列姓名。這類公務員如明萬曆刻本《魯齋遺書》十四卷，書口下有“吏房貼書陳辛”。而學子如明弘治十八年(1505)賀泰刻本《續博物志》十卷，卷末有“開元庠生方衡謹録”。又(嘉靖)《寧夏新志》八卷，明嘉靖十九年(1540)刻本。此本目録頁末行有“委官百户高選”銜名，中有“謄録生員：嚴禮、穆賓、張儒、張釗、周憲、姬世臣；識字：吕調元”。

五、寫工之其他

寫工之名刻在木記上的很少見，如《宋紀受終考》三卷，明程敏政撰。明弘治四年(1491)刻本，卷下末有“城南夏廷章寫；歙西王充、仇以茂、以才刊”木記兩行。

寫工與刻工爲同一人，這在宋元刻本中是没有的，只有明代才有。明刻本《象考疣言》不分卷，此書書末有“匠户題名”一行，刻“吉水廖國英寫并刻”。廖國英，爲江西吉水人，廖氏既繕寫版樣，又兼任版片的鐫刻，此書由一人獨立完成，這在明刻本中是極少見的。

又《楚寶》四十五卷，明崇禎刻本，卷一第一頁書口下有“吉水郭達甫寫刻”。也是一人兼兩職。有意思的是，廖國英和郭達甫兩人都是吉水人。

《資治通鑑》二百九十四卷，明嘉靖三十三年(1554)提學浙江學校按察使孔無胤刻本，孔天胤序尾有“姑蘇章仕寫并刻”。

《唐詩近體集韵》三十卷，明刻本，書口下有“長洲劉廷憲寫并刻”。

《秋水庵花影集》，明刻本，存三卷，書口下有“金泰卿寫刊”。

《世説新語》八卷，明萬曆刻巾箱本，卷終有“長洲章拖寫刻”。

寫工與刻工同時出現在書頁之書口下這種情況在明代刻本中是常有的，但大多數是寫工在前，刻工在後。如(萬曆)《寧國府志》二十卷，明萬曆刻本，書口下有“勾吴侯臣寫；姑孰淩翰刻”、“無錫侯臣寫；陳培刻”。

如(萬曆)《新修南昌府志》三十卷首一卷，明萬曆刻本，書口下有“古吴錢世杰寫；鄒邦彦刻”“錢世杰寫；鄒國興刊”。

再如《紀録彙編》二百十六卷，明萬曆刻本，書口下有“徐廷魁寫；姜球刻”“王坤寫；熊元銓刊”“穆文寫；鄒邦瑚刻”“王坤寫；閩余懷刊”“王坤寫；熊汝昇”“蔣舜寫；傅增刻”“吴祥寫；徐元刻”“熊文(南昌)寫；鄒元弼刊”“李華寫；楊銓刻”。

偶爾也有先刻工後寫工的，如(萬曆)《黄岩縣志》七卷，明萬曆七年(1579)刻本，書口下有“劉聰刊；陳教寫”。這是很稀見的。

從現有的載有寫工的刻本中，有些附有寫工的籍貫，如明嘉靖王敦祥刻《野客叢書》三十卷，卷末有“長洲吴曜書；黄周賢等刻”。又如《春秋左傳注評測義》七十卷《世系譜》一卷《名號异稱便覽》一卷《地名配古籍》一卷《東坡圖説》一卷《總評》一卷,明萬曆十六年(1588)凌氏刻本。此本有"豫章南邑艾香寫"。再如《史記評林》一百三十卷《補史記》一卷,明萬曆二年(1574)至四年(1576)自刻本。寫工有顧檈、錢世杰、徐普。三人皆爲長洲人。顧檈又寫有《國朝名世類苑》、《古今萬姓統譜》一百四十卷、《歷代帝王姓系統譜》六卷、《氏族博考》十四卷等。錢世杰曾參與寫《醫學綱目》四十卷、《咸賓録》八卷、《國朝名世類苑》四十六卷、《楚辭》十七卷、《山谷老人刀筆》二十卷、《龍江集》十四卷、《新刻三徑閑題》二卷等。徐普寫有《太白原稿》十三卷、《周叔夜先生集》十一卷。還有《廣皇輿考》二十卷,明天啓六年(1626)張汝懋刻巾箱本。序頁之書口下有"南昌萬象寫"。寫工一般都是當地人,也有由他方遷徙者。

一位書工一生不知能刻多少種書,據目前所能看到的書中載有寫得最多者應推長洲人顧檈。顧檈的生平簡歷不得而知,我們僅知他自嘉靖二十一年(1542)寫《金陀粹編》後,又寫有《醫學綱目》(明嘉靖四十四年曹灼刻本)、《鳳笙閣簡鈔》四卷附録一卷(明嘉靖四十五年淩稚德刻本)、《便産須知》(明隆慶三年吴紳刻本)、《海州志》(明隆慶六年刻本)、《增編會真記》四卷(明隆慶間衆芳齋刻本)、《國雅》二十卷(明萬曆元年顧氏奇字齋刻本)、《史記評林》一百三十卷(明萬曆五年凌氏刻本)、《萬姓統譜》一百四十卷附《帝王姓系統譜》六卷氏《族博考》十四卷(明萬曆七年刻本)、《管韓合刻》四十四卷(明萬曆十年常熟趙氏刻本)、《漢書評林》一百卷(明萬曆十一年淩氏刻本)、《孔子家語》十卷(明刻本)、《史記纂》不分卷(明刻本)、《人倫廣鑒集説》卷(明刻本),《文林綺綉》五種五十九種(明萬曆淩氏桂芝館刻本)。共十五部,完成的圖書多爲萬曆間,涉及經史子集叢五個部類都寫。

寫工是在社會群體中討生活的人,他們多是知識分子,較之刻工來説,社會地位要高一些。他們也可能是專業寫工,以繕寫書樣爲謀生手段。他們多數都没有功名,在各種傳記資料中,也没有一鱗半爪的記載,爲了賺取微薄的銀子養家糊口,寫工只能受雇於刻書的坊肆。據記載,清代寫工寫宋字板様,每百字工價銀二分至四分不等。書寫體的工價較之匠體略貴,大約每百字工價銀四分。可能是書寫者所書清秀悦目之故。又各家書體字之大小方圓肥瘦,自有不同,書法又是一朝有一朝之風氣,刻匠一時有一時之風尚,所以,報酬的多少,還要隨着社會的變遷、兵燹灾異等而定。

昔葉昌熾《藏書紀事詩》第四一二則"傅稚漢儒、周慈",詩云:"難得臨池筆一枝,東津可比宋漕司。從來精槧先精寫,此體無如信本宜。"津寫此文,題目想了很久,後來讀葉氏此則,有"從來精槧先精寫"之句,遂以此作篇名。

沈津　哈佛燕京圖書館善本室原主任

Write sample always before than engrave

—Study on sample writer

Shen Jin

Abstract: Sample writer is one of the important producers of printed copies of ancient books. Since the Song Dynasty at the latest, many sample writers have been skilled craftsman and famous expert, including those who wrote for oneself, those who wrote for their father, those who wrote for relative, those who wrote for their teacher, either by the contribution of one person, or jointly. Moreover, during the Ming Dynasty, there were writers and engravers who were the same person.

Keywords: writer ancient books block-printed edition

俄羅斯國立圖書館藏《伊川擊壤集》及其文獻價值

丁延峰

摘　要： 俄藏宋槧《伊川擊壤集》是蔡弼據當時流傳的邵伯温重編二十卷本和其他諸本重編而成的十五卷本，與伯温本在編排上迥然不同，但優於二十卷本。諸家以爲俄藏本刊於北宋，實非。根據牌記、避諱、俗字、字體等等，定其爲"南宋中期建安蔡子文東塾之敬室刻小字本"符合版本的實際狀況。俄藏本不僅具有輯佚價值，且可校勘他本訛誤，補充文本史料，可以廓清早期版本的編刊源流，對出土本的研究亦有重要意義。

關鍵詞： 俄藏《伊川擊壤集》　蔡子文　南宋刻本　文獻價值

邵雍（1011—1077），北宋理學創始人之一，易學家、詩人，與周敦頤、張載、程顥、程頤並稱"北宋五子"。黄宗羲《宋元學案·百源學案》云："程、邵之學固不同，然二程所以推尊康節者至矣。蓋信其道而不惑，不雜異端，班如温公、横渠之間。"其詩不飾造作，通俗如話，富含哲理，追尋自然規律，表達了自適、樂時的思想，形成了邵氏獨有的詩風。其《伊川擊壤集》自序云："所作不限，聲律不訟，愛惡不立，固必不希名譽，如鑒之應形，如鐘之應聲。其或經道之餘，因閑觀時，因靜照物，因時起志，因物寓言，因志發詠，因言成詩，因詠成聲，因詩成音。是故哀而未嘗傷，樂而未嘗淫。雖曰吟詠情性，曾何累於性情哉。"關於其詩作的編刊及流傳，諸家論述不多，而俄羅斯國立圖書館東方文獻中心（莫斯科）所藏一部宋槧孤帙《伊川擊壤集》（以下簡稱俄藏本，索書號 3B/2-13/347）更不爲人所見，没有引起學者的重視。筆者曾於2015年8月及2016年8月兩次查閲此書,所獲頗豐。經研讀對校諸本,對其編輯、刊刻原委及諸本關係有了清晰認識,而其文獻價值頗大,足以訂補現存版本及校點整理本之訛誤及缺佚,對全面深入研究邵雍詩歌有重要作用。

一、俄藏本的編纂

邵雍一生創作了多少首詩,俄藏本卷四《擊壤吟》中云"擊壤三千首",卷十《走筆吟二首》第一首云:"胸中風雨吼,筆下龍蛇走。前後落人間,三千有餘首。"卷二《詩史長吟》亦云:"三千有餘首,布爲天下春。"卷五《首尾吟》云"三千來首收清月"。可見三千多首當是確實的數字。但今存《道藏》本以及《全宋詩》(1541首)、郭彧、于天寶點校《伊川擊壤集》①只有一千五百餘首,俄藏本《擊壤集》一千四百多首,不足其半。經胡彦、丁治民《邵雍"擊壤三千首"考論》②考證,今存《永樂大典》發現有保存完整的《前定數》八卷,共録詩一千四百九十三首。③《前定數》以詩體形式推測星命之術,故歷代官私書目少見著録,但在明清文集中仍間有著録,如清阮元《文選樓藏書記》著録"《大定易數》,宋邵雍著,抄本。是書推測星命之術"④。明倪宗正撰《倪小野先生全集》卷二《溪善歲月閣記》載"世傳邵康節《前定數》詩于予"⑤。邵雍孫邵博曾爲之序,序題"康節前定數序",序云:"……又作《易數》一書,天根月窟,閑相來往,元會運世,遞相兄弟,其自然乎? 自昔者誰爲之? 有數焉? 茍數焉,則大塊間事,高高下下有千萬也,形形色色變千萬也,一數之自然而然,諉之適然,疇之其可;語其小也,一民物貴賤壽夭之所以然不能遺。則《經世》者固與《易》相表裏,而《易數》者,又與《經世》相經緯。先翁作是書,不爲無言,蓋以棲人間世而爲人,陽埏陰殖,天戴地履,其生也有自來,雖藴堯舜君民之學,非堯舜君民之命。諉曰,其出其間,爲誰其竟之? 先翁深於《易》者也,此所以不任有數焉。"⑥可見此書亦爲邵雍生前編定。如此,將《擊壤集》與《前定數》相加,正好三千多首,與邵雍自説相合。

宋時,邵雍之作至少歷經三次整理與編輯,分别爲邵雍自編本、其子邵伯温重編本、蔡弼重編本。據邵雍自序可知,邵雍生前曾將自己的詩作編輯成書,名曰

① 郭彧、于天寶點校:《伊川擊壤集》,《邵雍全集》,上海古籍出版社,2015年。

② 《上海大學學報》(社會科學版)2011年第4期。

③ 丁治民:《邵雍"擊壤三千首"考》,浙江大學出版社,2009年。該書將《永樂大典》所載邵雍《前定數》一千四百九十三首全部輯出收録。

④ 〔清〕阮元:《文選樓藏書記》,上海古籍出版社,2008年,第35頁。

⑤ 《四庫全書存目叢書》第58册,齊魯書社,1997年,第472頁。

⑥ 〔明〕解縉等編:《永樂大典》第十册,中華書局,1986年,第8441—8528頁。

《擊壤集》,“擊壤”即擊打泥土的古代遊戲,典出東漢王充《論衡·藝增篇》:“傳曰:有年五十擊壤於路者,觀者曰:‘大哉,尧德乎!’擊壤者曰:‘吾日出而作,日入而息,鑿井而飲,耕田而食,尧何等力!’”正如邵雍自序云“志士在畎畝,則以畎畝言”。序題“治平丙午”即治平三年(1066),此時邵雍正隱而不仕,陶然自樂,以擊壤者自嘲。邵雍門人張�《康節先生行狀略》云:“晚尤喜爲詩,平易而造於理,有《擊壤集》二十卷,自爲之序。”[①]邢恕釋曰:“其始感發於性情之間,乃若自幸生天下無事,饑而食,寒而衣,不知帝力之何有於我,陶然有以自樂,而其極乃蘄於身堯舜之民,而寄意於唐虞之際。此先生所以自名集曰《擊壤》也。”[②]兩位門人所言當不容有疑,據此可以確定:邵雍生前曾自編詩集,名曰《擊壤集》;邵雍所編爲二十卷。又,程顥《邵堯夫先生墓志銘》云:“古律詩二千篇,題曰《擊壤集》。”[③]可見《擊壤集》所收皆爲詩歌,且數量爲二千首。邵雍自輯詩集是在治平三年,時年五十五歲,則其後之詩未收。程顥所言“二千篇”之《擊壤集》是治平時期的邵雍原編本還是卒前的再集本?程氏没有交代。至於是否刊刻發行也没有史料佐證。《天禄琳琅書目》卷六著録元版《伊川擊壤集》,謂“自爲之序云云,是宋時《擊壤集》,雍所自刊”,當爲臆測之語,以當時邵雍之狀況及隨性,刊刻之舉似難成立。

元祐六年(1091)六月十三日原武邢恕序云:“恕嘗從先生學,而奉親從仕南北,未之卒業,然于講聞其文章,而次第其本末,則或能之。其子伯温裒類先生之詩凡若干篇,先生固嘗自爲《序》矣,又屬恕以繫其後,義可辭乎!”“裒類”即搜集分類之意。可見在元祐六年時,由其子伯温搜集邵雍原集未收録進去且又分類而成,伯温本有邵雍自序,後有門生邢恕序。此時已距邵雍去世十四年,伯温將邵雍晚年所著之詩收録進去是當然的。故雖同爲二十卷,但已與邵雍所編不同了。但問題是現存二十卷本存詩只有一千五百多首,與程顥所言本尚差四百多首,如再加伯温增補的話則尚差更多。意者有二:一是伯温所編本所用底本可能不是邵雍在治平時期的原編本,抑或二千首的原編本已有散佚;二是邵雍原編《擊壤集》二千首可能包括《前定數》所收部分詩,而未收晚年(凡十一年)的詩,而《前定數》爲後編,復又從《擊壤集》中抽出專成《前定數》一集。

綜上可證:邵雍自編本與邵伯温所編本,當是不同的本子,現存二十本卷末

---

① 郭彧、于天寶:《邵雍全集》第5册,上海古籍出版社,2015年,第9頁。原文載同治正誼堂刻本朱熹撰《伊洛淵源録》卷五。

② 見國圖藏元本《伊川擊壤集》卷末。

③ 郭彧、于天寶:《邵雍全集》第5册,第7頁。原文載《四部叢刊》初編本吕祖謙編《皇朝文鑑》卷一百四十四。

皆載邢恕後序，且載有邵雍晚年之詩甚或卒前"病中吟""重病吟""答客問病"等詩，而"病亟吟"或爲絶筆之作①。因而現在流傳的二十卷本并非邵雍治平間自編本，而很可能是邵伯温重編本。《四庫提要》卷一五三曰："集爲邵子所自編，而楊時《龜山語録》所稱'須信畫前原有《易》，自從删後更無《詩》'一聯，集中乃無之，知其隨手散佚，不復收拾，真爲寄意於詩而非刻意於詩者矣。"《直齋書録解題》曰："《臨川詩選》一卷。汪藻彦章得《半山别集》，皆罷相後山居時老筆。過江失之，遂於《臨川集》録出。又言有表、啓十餘篇，不存一字。"以邵雍之隨性，其詩散逸亦屬正常。館臣所舉"須信畫前原有《易》，自從删後更無《詩》"兩句，《楹書隅録》云在第十二卷中，然檢原本此本及其他卷次均不載，楊紹和之説不實。而散逸更多的可能如表、啓等一類的文章。《郡齋讀書志》卷十九著録曰："《邵堯夫擊壤集》二十卷，右皇朝邵雍堯夫，隱居洛陽。熙寧中，與常秩同召，力辭不起。邃於《易》數。始爲學，至二十年不施枕榻睡，其精思如此。歌詩蓋其餘事，亦頗切理，盛行於時。卒謚康節。集自爲序。"《直齋書録解題》卷二十亦作二十卷。此二十卷本當即邵伯温重編本，楊紹和《楹書隅録》著録十五卷本時曰："蓋有公手訂二十卷本"。由邵伯温編輯的二十卷本當是諸本流傳之原本，今存元明諸本同。《文獻通考》卷二四四、《宋志》亦著録爲二十卷。明《文淵閣書目》著録兩部全本，疑即宋槧二十卷本。《趙定宇書目》著録"宋板大字《伊川擊壤集》"，或亦爲二十卷本。

又，阮閲《詩話總龜》前集卷八引《王直方詩話》曰："邵堯夫集，平生所作爲十卷。"《詩話總龜》成書於北宋徽宗宣和時期（1119—1125），此時尚有十卷本流傳，此後便不見著録，今已失傳。另一種可能是"十"爲"二十"之誤。

今存俄藏本爲蔡弼所編，爲十五卷本，分内集首十一卷，外集後四卷（卷十二至十五），凡收詩一千四百一十一首。外集前有蔡弼題識，據題可知，蔡弼在先編好内集後，又搜集到遺詩數百首，始爲外集。經查内集中有不爲國圖藏明初刻本《伊川擊壤集》二十卷所載詩者多首，外集四卷共收詩二百九十三首，則全在二十卷本中。這有兩種可能：一是當時可能流行了其他本子，此本有爲二十卷本失載者，蔡弼編内集時得到的可能就是這樣的本子；二是蔡弼編外集時得到的可能是邵伯温二十卷本，故將内集未收之詩重編爲外集，以區别内集。《楹書隅録》著録十五卷本時曰"蓋由公手訂二十卷本，重編爲此本"，但檢其蔡弼卷首序及卷十二外集序，均未言及所據何本重編。不過由於外集全在二十卷本中，蔡弼參校二十

---

① 此詩曰："生于太平世，長于太平世，老于太平世，死于太平世。客問年幾何，六十有七歲。俯仰天地間，浩然無所愧。"見俄藏本卷八。"六十有七歲"，邵雍卒於熙寧十年（1077）七月五日，此詩寫於七月四日。參見郭彧：《邵雍年表》，《邵雍全集》第5册，第26頁。

卷本當是有可能的。由蔡弼重編的十五卷本流傳不廣,除星子縣出土本①據其節選而成外,未見其他翻刻本出現。

俄藏本是個重編本,蔡弼重編時,序題"康節先生擊壤集序",則必爲蔡弼所加。其編纂特點與二十卷本相較,有明顯的不同。楊紹和《楹書隅録》卷五曰:"《伊川擊壤集》,元明皆有刊本,均作二十卷。……此本作《内集》十二卷,《外集》三卷。前有治平丙午中秋《自序》,編次與各本迥異。"②其一,二十卷本大體按内容分類,但不明顯,各卷皆有感悟人事、景觀、交游、唱和等内容,互相穿插;在詩體上不分類。蔡弼重編本則首先按詩體不同來分卷,就每首詩字數而言,自首至末依次減少,至第十一卷後半部分爲雜言散句。其次各卷盡量照顧到詩體及内容上的歸類劃一。卷一至卷二《王公吟》以前,皆爲七言、五言長詩。卷二自《喜歡吟》以下至卷六全爲七言八句,卷七、八、九(自《其十春郊花落吟》以前)爲五言八句。卷九自《有妄吟》以後爲五言六句(其中《有妄吟》之後《生死吟》爲五言十句,當爲竄入)。卷九自《題淮陰侯廟吟十首》以後至卷十《重病吟》爲七言四句。卷十自《惜花吟三首》後爲五言四句,卷十一爲四言四句,個别間雜四言六句或八句;卷十一自《天人吟》後爲散句雜言,如三言三句、三言四句、四言六句、四言四句、四言十二句、四言八句、四言十句、六言四句雜以七言二句、五言四句、六言四句、四言雜以七言、四言雜以五言、五言雜以六言、五言六句以及七言雜以三言八言、七言八句、七言四句等。卷十二以後爲外集,卷十二首五首皆爲長篇,自第六首《飲鄭州宋園示管城簿周正叔吟》起至卷十三《和王安之小園吟》爲七言八句,卷十三《過温寄鞏縣宰吴秘丞吟》至卷十五《晚暉亭吟》爲七言四句,以下《和陝令張師柔石柱村吟》爲五言四十句,《謝傅欽之學士見訪吟》《鳳州郡樓上書所見吟》爲五言十六句,《樂毅吟》以下至末皆爲五言十八句。從内容上看,卷一、二以物什爲主,卷三以酬答爲主,卷四至十以生活感受、景觀爲主,卷十一以感悟人事、自然爲主,卷十二至十五以交游、酬答唱和爲主。卷一共收十三首(含組詩),分别爲觀棋大吟、觀棋長吟、清風長吟、垂柳長吟、落花長吟、芳草長吟二十四韻、春水長吟、天長因、自貽長吟、經世吟、安樂吟四首、謝三城韓守長吟、謝王勝之諫議惠大石硯吟。

---

① 1975年,江西省九江市星子縣横塘鄉和平村村民開挖排水溝時,在一座宋墓中發現了這兩部詩集:蔡弼重編《重刊邵堯夫擊壤集》七卷(以下簡稱《重刊擊壤集》)和《邵堯夫先生詩全集》九卷(以下簡稱《詩全集》)。墓主爲陶桂一,此即其殉葬品之一。時爲一農民所得,以草木灰吸干水分,置於廚房煙囪旁,得以未朽。1982年始由星子縣文物站(今文物管理所)收藏,因缺損粘結,無法閱覽,1985年送北京圖書館裝裱修復。《第一批國家珍貴古籍名録圖録》著録爲宋刻本(01091)、(01092)。其中《重刊擊壤集》與俄藏本關係密切。

② 楊紹和言"《内集》十二卷,《外集》三卷",誤,實爲《内集》十一卷,《外集》四卷,自第十二卷始爲《外集》。王紹曾、崔國光等整理訂補:《楹書隅録》卷五,《訂補海源閣書目五種》,齊魯書社,2002年,第269頁。

首先這些詩篇幅較長,故貫以“長吟”;其次,内容上如觀棋兩首,内容相近。其後的清風、垂柳、落花、芳草、春水等亦都是相似的景觀,但在二十卷本中皆分散到各卷中。卷二秋懷吟六首,其中第一、二、三首,明初本在卷二,作《秋遊》六首之四、五、六首;第四首在卷九,題《秋日雨霽閑望》;第五首在卷十六,題同;第六首在卷十七,題《秋盡吟》。卷三戒子孫吟二首,第一首在道藏本第九卷,詩題作《誡子吟》,第二首在道藏本第十一卷作《教子吟》,兩詩在詩體上同爲七言八句,内容相近,合在一起當佳。再如俄藏本卷十《遊伊洛吟五首》,第一首“向晚驅車出上陽,初程便宿水雲鄉。更聞數弄神仙曲,始信壺中日月長”,末注:“治平丁未仲秋,晚宿洛西奉親曾舍,聽張道人彈琴,故云。”而明初本在卷五,詩題“治平丁未仲秋,遊伊洛二川。六日晚,出洛城西門,宿奉親僧舍,聽張道人彈琴”。第二首“八月延秋禾熟天,農家富貴在豐年。一簞雞黍一瓢飲。誰羨王公食萬錢”,末注“時遊洛,夜宿延秋莊”,明初本在卷五,詩題作《七日遡洛夜宿延秋莊上》。第四首“煙嵐一簇特崔嵬,到此令人心自灰。上有神仙不知姓,洞門閑倚白雲開”,末注“時登壽安縣錦嶀山下宿邑中”,明初本在卷五,詩題作《九日登壽安縣錦嶀山下宿邑中》。第四首在卷五,詩題作《八日渡洛登南山,觀噴玉泉會,壽安縣張趙尹三君同遊》。第五首在卷五,詩題作《十九日歸洛城路遊龍門》。俄藏本的處理方式是,將題目内容調整到末注形式,并將其歸併在一起,以總題《遊伊洛吟五首》繫之,可見重編的意圖非常明顯。

其二,附注蔡弼自己的“所得”,皆以“弼按”形式注出,所按皆爲引《邵氏聞見録》内容,凡引十三處,其中卷二《謝買園吟》《生男吟》兩首所引見《聞見録》卷十八;卷三《謝執政見招禄仕吟》《蒙詔三下不起答鄉人吟》兩首見《聞見録》卷十八,《寄鄧州吕獻可吟》所引見《聞見録》卷十,郭彧本未收録此條,《同程郎中父子月陂閑步吟》見《聞見録》卷十五;卷四《我宋吟》第二首所引見《聞見録》卷十五;卷六《首尾吟百首》第十八首見《聞見録》卷十九;卷八《答人問病吟》第一首見《聞見録》卷二十;卷九《和司馬温公天津獨步吟》《和司馬温公登崇德閣久待不至吟》《和富公吟》見《聞見録》卷十八;卷十《即事吟》見《聞見録》卷十九。所引皆有畫龍點睛之用,由於是以詩繫引,極方便閲讀,對交代本詩創作背景及理解詩意都有益處,如卷三《謝執政見招禄仕吟》:“弼按:邵伯温《聞見録》曰:康節與富文忠公早相知。文忠初入相,謂門下士田棐大卿曰:‘爲我問邵堯夫,可出,當以官職起之;不,即命爲先生處士,以遂隱居之志。’田大卿爲康節言,康節不答,以詩二章謝之。”只可惜蔡弼所引太少。郭彧點校本《邵雍資料彙編》部分摘録了《邵氏聞見録》和《邵氏聞見後録》有關邵雍的記載,如果繫於詩後則亦起到蔡按之效果。

其三,詩題末幾乎全部加“吟”字,這和二十卷本大部分加“吟”字不同。

其四,詩題間有不同,有些可能是底本即有不同,但有的可能是蔡弼所改,如元本、明初本卷十五《觀盛化詩》,而俄藏本改作《我宋吟》,《邵氏聞見録》卷十八引用,詩題即作《觀盛化詩》,可見當爲蔡弼所改。

顯然,俄藏本在編排上要優於二十卷本。在收詩數量上,俄藏本爲一千四百一十一首,二十卷本則一千五百多首。俄藏本各卷收録情況爲卷一爲二十九首,卷二爲六十五首,卷三爲八十七首,卷四爲九十首,卷五爲九十九首,卷六爲一百首,卷七爲一百二十首,卷八爲一百一十三首,卷九爲一百一十九首,卷十爲一百六十四首,卷十一爲一百三十二首,卷十二爲五十七首,卷十三爲六十五首,卷十四爲九十首,卷十五爲八十一首。整體上來看,兩本皆有互補之處,既有俄藏本收録而二十卷本未見者,亦有二十卷本有但俄藏本不見者,如果兩本剔除重複後相加,則録詩總量接近一千六百首。如果再加《前定數》所録,總共三千多首。至於蔡弼的重編時間,據此本蔡弼按引邵伯温《邵氏聞見録》,而不引邵博《邵氏聞見後録》(此書亦載邵雍事迹),前者成書於紹興二年(1132),後者書成於紹興二十七年(1157),可知蔡弼重編必在南宋首帝高宗趙構紹興二年至二十七年之間。又卷首所載蔡弼序,典出《邵氏聞見録》卷十八第二條①。此外,俄藏本不見明初本的司馬光、吕公著等人的和詩,一是重編時删去,僅保留邵雍本人詩,二是或者底本即無。但以蔡弼外集所收皆在二十卷本之中,其所據底本爲二十卷本當是,故删去底本他人諸詩的可能性更大。可見,俄藏本次署蔡弼"重編"云云,與其文本實際情況相符。

二、俄藏本的刊印

康節先生《擊壤集》十五卷,宋邵雍撰,宋蔡弼注。宋建安蔡子文東塾之敬室刻小字本,六册,黄竹紙。卷分首十一卷爲内集,末四卷爲外集。序第一葉,目録外集第十八葉後半葉、第十九葉前半葉及後半葉首兩行,卷八末葉,卷九、卷十二尾題皆爲抄補,卷中缺字處皆補完,間有朱筆標點。

卷中凡蔡弼注皆以小字雙行"弼按""按"識之,如卷二第三葉詩題《謝買園吟》下接小字雙行"弼按"共二十六行三百二十八字按語;凡邵雍自注不署本名;卷中詩文加注"一作某"或"某一作某"。卷首有宋治平丙午(三年,1066)中秋邵雍自序,首行頂格題"康節先生擊壤集序",序文頂格,序曰:"志士在畎畝,則以畎畝爲言,故其詩名之曰《伊川擊壤集》。"序文後低一格有蔡弼題語,不題紀年,云:"弼校《聞見録》:伊川丈人與李夫人因山行,於雲霧間見大猿,有感而孕,臨蓐,瑞鳥滿庭,遂生康節。初生,髪被面,有齒,能呼母。七歲戲於庭,從蟻穴中豁然别見天日,雲氣往來,久之,以告夫人,夫人至無所見,禁勿言。既長,游學,夜行晉州山路,馬失墜深澗中,從者攀緣下尋,公無所傷。熙寧十年,公六十七,夏六月,屬微疾,一日晝睡,覺曰:'吾夢旌旂鶴鷹自空而下,下導吾行亂山,與司馬君實、吕晦叔

① 〔宋〕邵伯温撰,李建雄、劉德貴點校:《邵氏聞見録》,中華書局,1983 年。該整理本所用底本爲民國涵芬樓夏敬觀校印本,俄藏本所載蔡弼序與整理本録文相校,頗有異文。

相别於驛亭,回視其壁間,有大書四字曰"千秋萬歲"。'吾神往矣,無以醫藥相逼也。嗚呼,異哉！敬室蔡弼拜手謹書。"次後有目録,目録分内集十一卷,外集末四卷,首行頂格題"康節先生擊壤集目録",次行頂格"○"下題"内集",下空七格題"敬室蔡(下空兩格)弼(下空三格)重編",第三行低二格題"卷之一",第四行起低三格爲本卷目録,卷之十二首行頂格墨尾下題"外集",目録尾題"康節先生擊壤集目録終"後空兩行有大題占四行總分兩行牌記"建安蔡子文刊/于東塾之敬室"。卷一首行頂格題"康節先生擊壤集卷第一",尾題同,次行低一格題"内集",下空七格題"敬室蔡(下空三格)弼(下空三格)重編",第三行低四格題"觀棋大吟",正文頂格。卷一末尾題後空三行占三行大題題有兩行書牌云:"建安蔡子文刊/于東塾之敬室"。卷十二首行頂格題"康節先生擊壤集卷第十二",次行低一格題"外集",下空七格題"敬室蔡(下空三格)弼(下空二格)重編",第三、四行低二格題識云:"弼詮次康節先生詩内集既成,偶復得先生遺詩數百首,敬寘諸外集,以補其闕焉,嗣有所得,當附益之。"第五行低四格題篇名"謝王勝之學士寄萊石茶酒器吟",正文頂格。卷十三尾題後低六格題"蔡子文潛心齋刊"。首册目録、卷一及卷十一、十二等刊印極精。

版框高 18.4 釐米,寬 12.7 釐米,十三行二十二至二十三字不等,小字雙行字數同,四周單邊,白口,雙、單魚尾。上魚尾上間題字數,下題"堯寺幾""堯幾""寺幾",下魚尾下題葉次,不題刻工。宋諱"貞""絃""殷""慇""桓""稱""讓"字缺筆,凡"慎"字皆缺末筆,而"淳"字不避,遇"聖"字上空一格。卷首目録第四卷有《我宋吟二首》;卷一《觀棋大吟》中"我宋遂開基"句,皆稱"我宋",且"宋"字前空格,則刊梓必在當朝始有如此之稱。

鈐印"曲阿孫育""宋存書室""東郡楊紹和彦合珍藏""大連圖書館藏"等,孫育、詒晉齋、海源閣、滿鐵大連圖書館舊藏。

俄藏本刊於何時?《楹書隅録》卷五徑題"北宋本",蓋據卷首邵雍自序時間爲治平三年。此後這一鑒定結論被多次引用,《書林清話》"翻板有例禁始於宋人"云:"建安蔡子文東塾之敬室,治平丙午刻邵子《擊壤集》十五卷,見楊《録》。"《中國編輯出版史》謂"英宗治平三年(1066)建安蔡子文東塾刻邵雍《擊壤集》"①。甚而有學者據此推出蔡氏刻書始北宋②。羅振常提出質疑,《善本書所

① 黄镇伟編著:《中國編輯出版史》,蘇州大學出版社,2004 年,第 179 頁。

② 叶再生主編:《出版史研究》,中國書籍出版社,1998 年,第 25 頁。云:"北宋時期,建陽的私家刻書有建邑王氏世翰堂,嘉祐二年刻印《史記索隱》三十卷;建安蔡子文東塾之敬室,治平丙午刻印宋邵雍《康節先生擊壤集》十五卷,分内外集……這只是歷經數百年後,由清代藏書家保存的宋刻本中偶見的幾種北宋私家刻本。"認爲蔡子文刊印《擊壤集》於北宋治平三年的尚有多種,如林应麟《福建書業史・建本發展軌蹟考》、戚福康《中國古代書坊研究》、張秀民著,韩琦增訂《中國印刷史 插圖珍藏增訂版》等,茲不贅述。

見録》引傅增湘跋另一殘宋本時曰:“楊《目》題《康節先生擊壤集》十五卷,……楊氏稱爲北宋本,然據蔡氏弼題語,仍從二十卷本後可知,謂爲北宋本,未之敢信。”①檢核俄藏本卷中宋諱,凡遇“慎”字必缺筆,如卷五第六葉前半葉第六行《年老逢春吟十三首》第六首“年老逢春春莫厭,春工慎勿致猜嫌”、本卷第七葉下半葉第三行《安樂窩吟十七首》第四首“賞花慎勿至離披”、卷十第二葉前半葉第八行《知人吟》之“慎勿便言容易知”等句諸“慎”字皆缺末筆,而“淳”字不避。此本又無修補痕迹,皆爲原刻,則刊於南宋孝宗之時當無疑問。又俗字、簡體字較多,如“躰”“乱”“孝”“競”“尔”“变”“炉”“迩”“迁”“后”等,筆法上具有建柳風格。可以説此本具備了建本的基本特征。楊紹和《楹書隅録》卷五著録此本云曰:“細行密字,鐫印至精。”建安蔡氏刻書,始見於南宋初,目前尚未見在北宋的刻書記録。尚有一個堅證:據蔡弼序“弼校《聞見録》”,卷中“弼按”多處引用邵伯温《邵氏聞見録》,而不引《後録》,後者成書紹興二十七年,可知蔡弼讀《聞見録》必在紹興二年、二十七年之間,這可以確證俄藏本斷不會刊梓於紹興二十七年之前的。前揭蔡弼重編時間爲高宗時期,而刊印則在孝宗時期,編先刊後自是常理。這個刊梓時間恰與避諱相合。卷中共有三處刻書牌記,卷首目録尾題後、卷一末尾題後皆有兩行牌記“建安蔡子文刊/于東塾之敬室”,卷十三尾題後題“蔡子文潛心齋刊”。據此可定此本爲“南宋孝宗時期建安蔡子文東塾刻本”。東塾,古代稱東側的廳堂。《儀禮・士冠禮》:“擯者玄端,負東塾。”鄭玄注:“東塾,門内東堂。”“塾”指私家設立的學校,東塾即指蔡氏家宅東側的教書就讀之所。宋代理學發達,與二程、朱熹一脈的邵雍在當時及以後都有很大的影響,蔡氏在其家塾刻其著作,當然有宣教之用,也是順應了當時的政治及教學、治學需要。“敬室”在當時是一個慣稱,如南宋建安黄善夫刻本三家注《史記》,集解序後有兩行書牌云:“建安黄善夫刊/于家塾之敬室。”黄善夫刻本《漢書》《後漢書》亦有此牌記。黄本版片歸劉元起後,劉氏刻本則改成“建安劉元起刊/于家塾之敬室”雙行牌記。意者,敬室當指奉置牌位之室,有敬祖先人、先學之意。《説文解字》云“敬,肅也”,故意指蔡氏、家人及參與刻書者當懷抱此心,謹慎工作,嘉惠來者,而非具體的齋名。② 蔡氏之具體齋名即卷十三末的“潛心齋”,此當即其具體刊印之所,當然也有可能在敬室梓行。而刻梓者自然是潛心齋主人蔡子文,《中國古籍版刻辭典》云蔡子文是“北宋治平間建安人。治平三年刻印過其父蔡弼校邵雍《康節先生擊壤集》15 卷”③。前揭俄藏本刻於南宋孝宗時,而刻梓主人怎麽可能是北宋治平

---

① 《善本書所見録》,上海古籍出版社,2014 年,第 146 頁。

② 胡迎建云:“蔡子文當爲蔡弼之字號,敬室當爲齋號”,見《宋墓出土的兩部邵堯夫詩集》,《文獻》1988 年第 4 期。

③ 瞿冕良:《中國古籍版刻辭典》,蘇州大學出版社,2009 年,第 911 頁。

間人呢？此説實爲沿襲楊紹和之誤。俄藏本卷首有蔡弼序，卷端并署“敬室蔡弼重編”，蔡弼與蔡子文是否爲同一人，或爲父子關係？《增訂四庫簡目標注・續録》著録爲“宋蔡弼子蔡子文刊本”，胡迎建以爲“蔡子文當爲蔡弼之字號”。按古人刻書牌記一般不直稱其名，而以字號稱之，如有“敬室”，則更不宜徑稱大名，以免犯上失敬，如上舉“建安黄善夫刊/于家塾之敬室”，黄善夫名宗仁，善夫乃其字或號；《中國古籍版刻辭典》則認爲父子關係。據序署名“敬室蔡弼拜手謹書”、卷端次署“敬室蔡弼重編”及刻書牌記皆有“敬室”二字云云，父子或同一人都有可能，而其爲南宋初人殆無疑問。① 據前揭編在高宗時期，而刊孝宗時期，前後相差一朝，似父子關係更合理一些。可以肯定的有兩點：一是，編刻間隔時間不會太長；二是，蔡弼與子文如是一人則勿用再説，如是兩人，亦必有很近的血緣關係，因在同一敬室校刊，父子關係則是更貼合情理的解釋。

又，蔡夢弼，字傅卿，自號三峰樵隱，曾於乾道七年（1171）刻印過《史記集解索隱》一百三十卷，該本今藏國圖，其《三皇本紀》第一上卷末雙行牌記云“建谿蔡夢弼傅卿親校刻梓於東塾，時歲乾道七月（“月”當爲“年”）春王正上日書”。又於嘉泰間注《杜工部草堂詩箋》五十卷，曾於嘉泰四年（1204）跋杜詩，署“大宋嘉泰天開甲子建安三峰東塾蔡夢弼傅卿謹識”，又輯《草堂詩話》二卷。可知其生活在南宋孝宗、光宗、寧宗三朝（1163—1225）。其刻書亦在東塾。蔡夢弼與蔡弼爲同時期或稍後之人，取名“夢弼”當有追念先人之意，故或有父子或有家族淵源關係。建安蔡氏刻書自南宋初開始，一直延續至明代，流傳至今的亦有幾十種，在中國古代刻書史上佔有一席之地，而蔡弼、蔡子文、蔡夢弼等則是蔡氏編輯刻印書籍的起源。

鈐有“曲阿孫育”白文方印，可知最早由孫育收藏。孫育，生卒不詳，丹陽（今江蘇鎮江）人，字思和，號七峰山人，明中期人。國子生，官至文華殿直中書事，晚年隱居不仕，以書畫、唱和爲樂，正德間曾與唐寅、鄭若庸等修禊。收藏古籍、銅鏡、錢幣等，以書畫最富，藏書之所曰碧山草堂，藏書印有“孫育之印”“丽南樓藏”“孫思龢圖籍印”“曲阿孫仲子”“春湖居士七峰山人”“曲阿孫氏七峰山房圖籍私篆”“孫氏思和”“南徐孫育思和印章”“京山孫育思和”等，其中藏有多部宋槧，保存至今；孫育於正德十年刻印過陳沂輯《宋陳少陽先生盡忠録》八卷。《伊川擊壤集》即爲收藏宋槧之一。此本自孫育之後直至楊紹和，未見其他藏書印，亦未見記載，《楹書隅録》卷五著録，曰：“丙寅初秋，獲於都門，詒晉齋故物也。”“詒晉齋”乃愛新覺羅・永瑆別號，永瑆（1752—1823），號少厂、鏡泉，清宗室，高宗乾隆帝十一

---

① 據《中國古籍版刻辭典》載，蔡弼“南宋嘉定間江西地區刻字工人。參加刻過《漢書集注》（白鷺洲書院本）”。白鷺洲書院刻本並非南宋嘉定間刻本，而是元初刻本，已成定案。故此蔡弼與南宋初蔡弼絶非一人。

子，封成親王，擅長書法，著有《聽雨屋集》《詒晉齋集》，刻《詒晉齋法帖》。可知此書於明末清初爲清宫皇室收藏，至清中葉散出，流至京都琉璃廠書肆。同治五年(1866)，爲海源閣第二世主人楊紹和所得，著録於《楹書隅録》卷五，遞經其子楊保彝、孫楊敬夫收藏，1927年後散出，葉恭綽、周叔弢、王子霖、酈承銓均曾經眼，最終由日本人高價收購，并與海源閣所藏其他五種宋槧孤本一起入藏滿鐵大連圖書館。《遐庵談藝録・海源閣藏書》《海源閣藏書六種善本流失情况》《記大連圖書館所收海源閣藏宋本四種》均著録，周叔弢《楹書隅録》批注曰："精善，日本。""首册刊印極精，以後草率，目録後剜補，亦非全書。"《增訂四庫簡明目録標注・續録》著録是書云"宋蔡弼子蔡文子刊本，題康節先生擊壤集，分内集，與世行本迥異，十三行十二字"，蓋據《楹書隅録》著録言之。1945年，蘇聯紅軍將滿鐵大連圖書館所藏精善之本（包括孤本《永樂大典》、元本《玄玄棋經》等）悉數運往莫斯科，收藏至今。中華人民共和國成立後，經周恩來總理交涉，《永樂大典》索回，而其他善本則未有如此幸運。此本藏印不多，且長期深藏皇室、海源閣，歸入俄圖七十餘年來，不爲人知，故而學者、藏書家鮮見著録，翻刻利用也無從談起。

三、俄藏本的文獻價值

關於俄藏本的價值，楊紹和將其與明汲古閣刻本、元本進行比較後曰："《伊川擊壤集》，元明皆有刊本，均作二十卷。汲古閣毛氏所刻，源出《道藏》，而舛漏殊甚。按：《四庫》所收，即汲古閣本也。"①其實，俄藏本的價值體現多個方面，不僅可以校勘諸本之誤，尚有諸本不載之詩，對諸本缺損不完者還可補全，等等。

首先，俄藏本有明初本及《全宋詩》、郭彧點校本未收之詩，其中明初本是存詩最多的刻本，包括集外詩十三首，《四庫全書》本、《四部叢刊初編》本等皆有集外詩，而郭彧點校本廣泛搜羅，在前人基礎上，又將兩個出土本的佚詩亦收録進去②，故郭彧本是到目前爲止收録最全的本子。今以郭彧本核對，有五十二首失載，其中卷二凡一首、卷三凡兩首、卷四凡兩首、卷五凡兩首、卷六《首尾吟》一百首凡三首、卷七凡四首、卷九凡七首、卷十凡十二首、卷十一凡十一首。

其次，在出土本中，有不少缺字、殘字，俄藏本可以補全。在郭彧本收録的集外詩中，兩個出土本共十二首所缺之字皆可補全，又外引一首亦可補全。如下舉（卷三）《代書寄張司封吟二首》第一首七言八句五十六字，而郭彧本竟缺二十五

---

① 〔清〕楊紹和撰，王紹曾、崔國光等整理訂補：《楹書隅録》卷五，《訂補海源閣書目五種》，齊魯書社，2002年，第269頁。

② 胡迎建《宋墓出土的兩部〈邵堯夫詩集〉》從兩部出土本中輯出五十一首佚詩，但所輯間有重出者，如《書事吟》，明初本及道藏本卷四皆載此詩。

字，并有異文一處，缺文如此之多，原詩之意難以表述。郭彧本集外詩文中收録出土本蔡弼重編《重刊邵堯夫擊壤集》十一首，其中七首有缺字；收録出土本《邵堯夫先生詩全集》十八首，其中五首有缺字。① 此外，郭彧在識録殘字時出現很多失誤，與原文相距甚遠。如俄藏本卷二《歸田吟》第一首"看雲已悟無心旨，自謂義皇世却遠"之"悟"字，出土本殘，郭彧本作"語"，"語"字顯誤。卷二《暮春吟六首》第一首："許大春工造物華，一場狼藉但堪嗟"之"但"字，郭彧本誤作"俱"；"人間萬事卒如此，始信莊周豈夢耶"之"始信莊周"，郭彧本云"底本似作'欲信莊周'"，"欲"，俄藏本作"始"，"欲"字誤。等等。

第三，可校補明初本、出土本、道藏本等本訛脱。宋元以後，作爲最有代表性的明初本，以此本校之，異文頗多，亦有不少訛誤。如俄藏本卷七《過鹿泉寺吟》："地迥山原闊，林孤煙水閑。雷輕龍换浦，雲亂雨移山。田者荷鋤去，漁人背網還。翳予獨沾濕，猶在道途間。"明初本收録於卷三《川上懷舊》組詩之四，其中"山"作"川"，"林"作"村"，"换"作"過"，并注"一作换"，"翳"作"伊"，"沾"作"霑"。俄藏本卷十一《天人吟》："天道原，人道邇。盡人情，合天理。"明初本誤作《大人吟》，顯然俄藏本標題更切合内容，而明初本可能是形近而誤。卷十一《多多吟》："天下居常，善多於利。亂多於治，憂多於喜。奈何人生，不能免此。奈何予生，皆爲外物。""善"明初本作"害"，通觀全詩，當誤。卷十一《歡喜吟》："日月往來，終必有始。半行天上，半在地底。照臨之間，不憂且喜。予何人哉，歡喜不已。久病得安，久亂得治。土木其人，亦須歡喜。"明初本缺後四句，全詩前幾句言自然規律，後句言人生社會規律，兩者相通，於是釋然。缺後四句，意義難以升華。卷十一《應龍吟》："龍者陽類，與時相須，首出庶物，同遊六虚，能潛能見，能吸能呼，能大能小，能有能無。莊叟之言，信亦不誣。"明初本缺末兩句。卷十五《和鳳翔横渠張子厚學士》首句"秦甸山河半域中"，"秦甸"明初本、徐本、四庫本皆誤作"秦句"，"甸"古指郊外或田野的出産物，引申爲治理。"秦甸"具體指秦都咸陽郊外，泛指咸陽一帶或秦國，今即陝西關中一帶。唐宋詩中這種用法尤多。如唐方幹

---

① 郭彧本另有兩首在正集中校勘記中引詩缺字：其一，郭彧本卷之十一《老去吟》末句"爲報沙鷗慎勿飛"，校勘記云"宋本作'爲□□□鷗鷺飛'。"宋本者即出土本宋刻本《邵堯夫先生詩全集》。俄藏本同郭彧本（第 214 頁），不缺。其二，郭彧本卷之十一《偶得吟》："日爲萬象精，人爲萬物靈。萬象與萬物，由天然後生。言由人而信，月由日而明。由人與由日，何嘗不太平。"（俄藏本在卷八，題《明信吟》，文字全同）校勘記云："宋本此首詩之次序及文字有所不同，全詩如下：'日爲萬象精，人爲萬物霊。□□□□□，□□□□情。氣静形安樂，心閑身太平。□□□□□，□□□□生。'"（《邵雍全集》第 5 册，上海古籍出版社，2015 年，第 221—222 頁）所引此殘缺詩與原《偶得吟》并非同一首詩，所缺字詩在俄藏本卷八，《感事吟》六首之二，云："萬物有精英，人爲萬物靈。必先詳事體，然後論人情。氣静形安樂，心閑身太平。伊耆治天下，不出此名生。"郭彧本在卷十七（《邵雍全集》第 5 册，第 338 頁），《感事吟》又五首之一，文字全同俄藏本。

《懷州客舍》有“白道穿秦甸”句，王維《奉和聖制上巳于望春亭觀禊飲應制》有“渭水明秦甸”句，李商隐《念遠》有“日月淹秦甸，江湖动越吟”句。唐公乘億對聯《八月十五野》有“秦甸之一千餘里”句，宋歐陽修《送王汲宰藍田》有“樹遥秦甸緑”句等。明初本卷十九《正性吟》：“未生之前，不知其然。既生之後，迺知有天。有天而來，正物之性。君子踐形，小人輕命。”其中最后兩句，俄藏本在《君子小人吟》組詩中。以内容來看，俄藏本更適，明初本可能是竄入。由於有很多警句詩，有的意思相近，故多有互串。由於明初本是後世翻刻或再傳諸本之源，故其傳播廣泛，影響頗大，對其進行必要的校勘之最重要的本子就是俄藏本。另外，出土本《詩全集》也是一個非常重要的本子，但此本亦有不少訛誤，在宋元本中訛誤最多，如《秋暮西軒》：“向老筋骸粗且康”之“老”，《詩全集》本誤作“我”；“飲罷何妨更登眺，爛霞堆里裹有斜陽”句，“眺”字誤作“助”，“堆”誤作“推”。類此尚多，有賴俄藏本校正。當然，俄藏本亦間有訛誤之處。如卷一《觀棋大吟》中“狐矢相凌犯”之“狐”字，誤，諸本皆作“弧”；“丘甲正纍纍”中“丘”字，誤，諸本皆作“兵”；“玄德志不遠”中“遠”字，誤，諸本皆作“遂”；等等。

第四，標題間有不同，并可補缺内容。整體來看，俄藏本由於重編歸整，詩題不如明初本詳盡，但仍有一些可取之處。一是有些詩題交代更加具體，如俄藏本卷十五《和君實秋夜吟》，明初本卷九作“和秋夜”，卷一《墜馬傷足吟》，明初本卷一作“傷足”，這些詩題背景的交代更加具體。俄藏本亦有不如明初本交代更加具體的，但俄藏本交代具體的這一部分足可起到補充作用。二是有的詩題下加注，如卷一《清風長吟》，下題“熙寧二年”。卷二《秋懷吟六首》，下題“内下二首乙卯年作”。卷三《答人惠希夷罇吟》，下注“華陰以石爲酒尊，若瓜形，土人傳是爲希夷尊”。卷四《書睡吟》，俄藏本詩題下題“此詩丁巳春末夏初作”。這些明初本不載的内容，同樣可以起到補充作用。三是有些詩題不同，如卷一《天長吟答曹州李審言龍圖》，明初本卷八則題“蒼蒼吟寄答曹州李審言龍圖”。明初本經常用詩之開頭作標題，如《量力吟》：“量力動時無悔吝，隨宜樂處省營爲。須求騏驥方乘馬，亦恐終身無馬騎。”俄藏本詩題作“即事吟”。這類情況較多，此有兩種可能，一是底本不同，二是編者據詩意採擇詩題。其中俄藏本有些詩題更切詩意内容，如卷九《觀往吟》：“千萬年之人，千萬年之事，千萬年之情，千萬年之理。唯學之所能，坐而爛觀爾。”明初本題《觀性吟》，但以内容看，不如俄藏本更適。

第五，注文價值。俄藏本的注文除蔡弼按語外，尚有邵雍自注（含音注）、他人和詩注及版本校記“一作某”或“某一作某”三種注文。這些注文爲我們研究、解讀邵雍詩作提供了很好的背景史料，亦爲研究版本提供了參考。據統計，俄藏本注文多達二百二十九條（不含蔡弼按），其中自注三十三條，版本校一百九十七條，因未收他人和詩，亦未録他詩注文。而明初二十卷本的注文僅有四十七條，其中邵雍自注二十九條（含音注三條），他詩注文三條，版本校十五條。

首先，自注方面，明初本僅卷九《謝寧寺丞惠希夷尊》第二句“希夷去後遂無情”句“希夷”注“陳圖南也”一句自注爲俄藏本不載，又有兩首詩及司馬光、吕公著等凡六首和詩及注文俄藏本未載外，其他俄藏本皆見。而俄藏本三十二條自注中，有十一條爲明初本未載，不僅數量多，且自注字數多，内容更加詳盡。如卷三《問人丐酒吟》中“雖無紫詔還朝速，却有青山入夢頻”句後注云：“陳希夷答詔云：九重紫詔休教采鳳嘴來，一片野心已陂白雲留住。又詩云：十年蹤迹走紅塵，但覓青山入夢頻。故有此聯也。”此詩在明初本卷四，不載此注。又如卷二《惜芳菲四首》之四末句注“時父年七十七”；《暮春吟六首》之四末句注“此篇斷李審言”；《秋懷吟六首》之一首句“家住城南水竹涯”末注“時在履道里西居”。卷三《代書寄張司封吟二首》二末注“渠勸以李禪，故云”，等等。有的兩本同注，但俄藏本内容更具體，如卷五《安樂窩吟十七首》第二首末注“司馬君實有登石樓詩見招云：極目千里外，川原綉畫新。始知平地上，看不盡青春。”明初本僅有“始知平地上，看不盡青春”兩句。卷四《我宋吟二首》第二首末引《邵氏聞見録》云：“康節先公謂本朝五事，自唐虞而下所未有者：一、革命之日，市不易肆；二、克服天下在即位後；三、未嘗殺一無罪；四、百年方四葉；五、百年無心腹患。伯温竊疑‘未常經乱離’爲太甚，先公曰：‘吾老且死，汝輩行自知之。’”而明初本僅引五事五句，下兩句父子對白無。

其次，版本校記，俄藏本尤多。如卷一首篇《觀棋大吟》即有十七條，而明初本僅有一條；卷二《謝買園吟》之“其二謝司馬温公諸公”一首中有六處“一作某”，明初本卷十三首篇即此詩，題“天津弊居蒙諸公共爲成買作詩以謝”，但無一處“一作某”。文字不同，對詩意的理解亦有所不同，不同的版本就爲讀者提供了一个斟酌詩意并考量孰优孰劣的材料，拓展了解讀空間，讀者自可據文字之異，三昧佳處。同時，通過對勘版本校記發現，在俄藏本刊印之前已經流傳多個版本。因此從版本角度來看，這些校記非常重要。在明初本十五處版本校記中，所注異文有與俄藏本相同的情況，如卷一《觀棋大吟》之“行客浪沾衣”句中“浪”字後，注“一作淚”，而俄藏本此字正作“淚”；卷三《川上懷舊》第四首“雷輕龍過浦”句中“過”字注“一作换”，而俄藏本此字正作“换”。卷三《燕堂閑坐》“天網疏難漏，世網密莫通。我心久不動，一脱二網中。高竹漱清泉，長松迎清風。此時逢此景，正與此心同。”之“高竹漱清泉，長松迎清風”兩句後注：“又云：瀟洒松間月，清泠竹外風。”而俄藏本此詩在卷七，詩題作《晚涼閑坐吟》，其中此兩句恰作“瀟洒松間月，清泠竹外風”，并在此兩句後注“一云：高竹漱清泉，長松迎清風”。卷九《安樂窩中一柱香》之“對景顔淵坐正忘”句中“景”字後注“一作境”，而俄藏本正作“境”，本詩末注“境，一作景”。卷九《安樂窩中酒一罇》之“振古英雄恐未聞”句中“雄”字後注“一本作豪”，而俄藏本“振”作“鎮”，“雄”作“豪”，并於詩末注“鎮，一作振；一又作自。豪，一作雄”，俄藏本所注一作“振”“雄”的正是明初本，除此還有一個作“自”的本子。卷十八《過眼吟》之“此心猶恐未全醒”句末注“一作未惺惺”,而俄藏本正作“此心猶恐未惺惺”,末注“一作未全醒”。這是兩本互注的例子,其他俄藏本所注,而明初本不注但异文相同的例子亦有頗多。這種彼此相同或互注的情況説明,明初本的源頭本和俄藏本的底本一定各自互相參校過,而且這兩個本子有很多不同。

以上只是就版本所記而言,其實有異文但不注校記的也有很多,譬如上舉俄藏本與明初本(作爲俄藏本的參校本)異文。又如,明初本卷四《天津感事二十六首》之第十五首“水流任急境常靜”句中“境”字後“一作景”,而俄藏本亦作“境”;卷八《蒼蒼吟寄答曹州李審言龍圖》之“今古人曾望斷腸”之“望”字後注“一作叫”,俄藏本亦作“望”。卷九《安樂窩中一柱香》之“非徒聞道至於此”句中“非”字後注“又作不”,俄藏本亦作“非”,并於詩末注“非,一作不”。卷十七《先天吟》之“到此分毫强得乎”句中“乎”字後注“一作無”,俄藏本原文及注皆同。卷十九《四賢詩》之“伯淳之言調暢”句中“調”字後注“又作條”,俄藏本亦作“調”。卷二十《首尾吟》第一百一十四首“坐上交爭一局棋”句中“坐上”二字後注“一云湯武”,而俄藏本“座上交爭一局棋”句末亦注“座上,一作湯武”。反過來,用俄藏本校明初本亦然,如俄藏本卷三《和裴寺丞吟二首》,下注“一本云和左藏吴傳正”,并於本詩末注:“渠受監左藏庫以詩見寄云:‘從此天津橋畔景,不教都屬邵堯夫。’故云。”而明初本卷五録此詩題作“二十五日依韻和左藏吴傳正寺丞見贈”,可見俄藏本所指“一本”云,當即此本,類似的例子以及不出校記的更多,兹不一一舉例。兩本相同而另有其他異文相同的情況説明,或許當時還有其他的本子,這個本子作“景”“叫”“不”“湯武”等,與兩本不同。尚有俄藏本、明初本校記不同的情況,如俄藏本卷十二《乞笛竹載於李少保宅》第二句“奈何苦愛凌霜節”之“節”字後注“一作操”,而明初本卷六則注“一作物”,這個例子説明,除了俄藏本、明初本之外,尚有兩個作“操”“物”的本子。綜上可見當時至少有五個本子。

第六,摸清了出土本的編刊原委及文獻價值。儘管出土本《重刊擊壤集》《詩全集》已有研究,但通過對校俄藏本,仍有一些新的發現。《重刊擊壤集》實由兩種版本配成,首六卷出自俄藏本,按詩體分卷,是俄藏本的節選本,全本或爲十二卷,末一卷則竄入了《詩全集》第九卷。《詩全集》從編纂方式上皆有别於明初本、俄藏本等傳世諸本,當是出自另一個本子,其末卷并非第九卷,或是第九卷之後的某一卷。兩本皆刻於南宋中期的福建,由坊賈編刊而成。文字不如俄藏本、元刻本、明初本等精審,而《詩全集》訛誤尤多。但作爲宋刊本,仍有重要的文物和校勘價值。具體可參見筆者所撰《星子縣出土宋槧〈擊壤集〉〈詩全集〉新考》①。

① 《古典文獻研究》第二十輯下卷,南京大學古典文獻研究所主辦,鳳凰出版社,2017年。

兩宋時期,邵雍詩集有多個版本,邵雍自編的本子是一個有自注的本子,但流傳過程中,出現散佚,遂形成多個版本。其中邵伯温在邵雍原二十卷本的基礎上再度增補編輯,仍爲二十卷,實際上已非邵雍原編本。伯温本是收録較全的本子,但亦有未收之詩。這個本子後來在元代有翻刻,而明初又有覆刻元本,明中葉翻刻明初本頗夥,遂之流傳較廣。

明初本源頭本和俄藏本參校了多個本子。蔡弼據已得底本先編成内集,并參校了諸本之一的明初本的源頭之本。由於底本與明初本源頭本有異,故出校記,但仍有一些異文未出校記。其後又得到一個本子,發現有不少爲内集未收録的詩篇,於是將其未收之詩再編爲外集,并以之爲底本,當然亦參校了他本。内外集共合爲十五卷。儘管蔡弼原編本和明初本有不少異文,但仍有不少相似之處,如皆有自注及版本校記,相對其他本子而言,異文較少,當均來自於邵雍自編本,但因兩本均有彼本不録之詩,兩本仍有一定差别。蓋邵雍自編本或有散佚,抑或自編於不同時期而後遞有增補修改,遂形成多個本子流傳開來,後來編刊者據之再編,遂又形成多個本子,進而在北宋末南宋初中期,形成多個本子同時流傳的情况。需要注意的是,蔡弼針對參校本有異文的情况,并未徑改底本原文,而是將參校本異文以"一作某"或"某一作某"的形式夾注於刊本原文之下,這也是充分尊重版本的專業做法,這種以校記形式記載異文的形式,成爲以後校注本的常用方法。

俄藏本并非刊於北宋,據牌記、避諱、俗字等,實刊於南宋孝宗時期。作爲存世孤本秘笈,其文物價值毋庸置疑。俄藏本不僅具有輯佚價值,且可校勘他本訛誤,補充文本史料,於考研早期版本的源流關係上提供了新史料,對進一步深化出土本有重要意義,尤其對邵雍詩集的重新整理應有重要價值。但由於遠藏域外,并未受到重視與利用。邵雍詩集保存最爲完整且譌誤較少的是明初本,整理邵雍詩文當以此爲底本,同時參校俄藏宋刻本、元刻本、成化本、道藏本等,諸本異文較多,而顯誤者可以不出校記。俄藏本收録詩文數量不如明初本,却是諸本刊印最早的刻本,且有蔡弼注文及有明初本所不載的詩文及邵雍自注,故參校價值最大。元刻本是除俄藏本外刊印最早的本子,可惜僅存十七卷,明初本與之最爲接近。俄藏本和元刻本當是最主要的參校本。道藏本存在的問題,一是删去諸家和詩,二是舛誤殊甚。郭彧用道藏本爲底本,即存在三個問題,一是必須再據他本補録和詩;二是道藏本的一些明顯的譌誤,必須以明初本校之,因此校記繁多;三是所參諸本,皆出校記,其實一些明顯的訛誤,可以不出校記。如果以明初本爲底本即可省去以上麻煩,收到事半功倍的效果。郭彧本間有檢索不慎之處,如《心耳吟》,在明初本中兩出,一在卷十二首篇;一在卷十九《誡子吟》後題《乾坤吟》二首第一首;道藏本於卷十二并未補上,同時又將卷十九《誡子吟》後題《乾坤吟》二首第一首即此詩删去,將第二首歸併爲《誡子吟》第四首。類似明初本的其他重出現象郭彧本没有校出。郭彧本忠實地進行了校補,但前後重出的問題仍未得到解決。郭彧本雖然用兩個出土本校補,但由於兩本僅保留了全本的部分詩篇,且有殘缺,再者選擇底本不慎,故其整理的邵雍詩集,尚有待改進之處。

參 考 文 獻

〔宋〕魏了翁:《邵氏擊壤集序》,《鶴山先生大全文集》卷五十二,《四部叢刊》影宋本
熊學明:《宋刻〈邵堯夫先生詩全集〉考述》,《江西圖書館學刊》1987年第2期
胡迎建:《宋墓出土的兩部〈邵堯夫詩集〉》,《文獻》1988年第4期
吴聖林:《江西星子縣宋墓出土宋版古籍》,《考古》1989年第5期
陳仕華:《〈伊川擊壤集〉版本考》,《"中央圖書館"館刊》第25卷1期,1992年
丁治民:《邵雍"擊壤三千首"考》,《浙江大學出版社》,2009年
胡彦、丁治民:《邵雍"擊壤三千首"考論》,《上海大學學報》2011年第4期
胡迎建:《論墓中出土宋版邵堯夫詩集二種的文獻價值》,《古籍研究》2013年第2期
李致忠:《九江星子出土邵雍〈擊壤集〉、〈詩全集〉略考》,《文獻》2013年第6期
謝水順等:《福建古代刻書》,《福建人民出版社》,1997年
吴怿:《〈邵堯夫先生詩全集〉的版本及文獻價值》,首屆江西省科學技術協會學術年會第二十七分會場暨江西省圖書館學會2010學術年會論文集
郭彧、于天寶點校:《邵雍全集》,上海古籍出版社,2015年

丁延峰　曲阜師范大學文學院　教授

The Collection of *Yichuan Jirangji* in the Russian National Library and its document value

Ding Yanfeng

Abstract: The *Yichuan Jirangji*, a collection in Song Dynasty and the Russian National Library, is a fifteen-volume edition compiled by Cai Bi from the twenty-volume edition of Bowen and other editions circulated at that time. It is quite different from the Bowen edition in layout, but superior to the twenty-volume edition. It is not true that the Russian collection was published in the Northern Song Dynasty. According to the signs, taboos, folk characters, fonts and so on, it is determined that it is "the small script engraved in the Jingshi of Cai Ziwen's Dongshu in Jian'an in the middle of the

Southern Song Dynasty", which conforms to the actual situation of the version. The Russian collection not only has the value of compiling lost, but also can collate the errors of other versions, supplement the historical materials of the text, clarify the origin of the early edition, and have important significance for the study of the unearthed version.

Keyword: Yichuan Jirang Poetry collected in Russian National Library　Cai Ziwen　Southern Song Dynasty edition　Documentation value

汪容甫《述學》版本源流考略

宗　旨

摘　要：本文以刊本實物爲依託，對相關文獻進行重新梳理和辨析。採用傳統文獻記載和對應版刻實據相互印證的"二重證據法"，考訂汪容甫著《述學》初刻自刊本爲問禮堂四卷本；葉德輝所云初刻三卷本係劉台拱嘉慶初校刊四卷本（未蕆工）之前三卷；汪喜孫刻劉顧六卷本刊成於嘉慶二十三年，可分爲嘉慶初印本、嘉慶後印本、道光《遺書》彙印本三種前後遞進的印次類别。本文旨在訂補前人舊説，進而築建起更加堅實可信的版本源流架構體系，爲《述學》文獻整理和基於不同版别、印次文本的學術研究奠定基礎。

關鍵詞：汪中　《述學》　版本源流　葉德輝　《郎園讀書志》

吾鄉先賢汪容甫先生，乾嘉時爲揚州學派領袖。其所著《述學》，淹貫博通。一時名彦，若王懷祖、劉端臨、段若膺輩，皆譽爲有數不刊之書。歿後二百二十年來，其人其文，亦多爲後世學者所推重。如章、黄、梁、胡、陳等，或評騭其論高下，或考訂其文得失，紛紛紜紜，不一而足。

汪容甫一生心力，盡萃於其手訂《述學》。而《述學》版本流變之複雜，於乾嘉諸大老文集中，不作第二本想。以卷數論，即有二卷本、三卷本、四卷本、六卷本之多。其中，唯劉端臨、顧千里編校六卷本（下稱劉顧六卷本）傳佈最爲廣遠。近代以來各重要版本圖録及叢書，如《四部叢刊》初編、《中國版刻圖録》初版及《清代版本圖録》，其所列底本均爲劉顧六卷本。而前人所考《述學》版本源流，則以葉德輝《郎園讀書志》所言最爲詳贍。唯葉氏所云多誤，致其所述版本源流淆雜不清，累及胡適之著《章實齋先生年譜》、陳援庵撰《汪容甫〈述學〉年月日多誤》，因此皆誤。即當世諸先生新輯容甫文集，其底本亦盡爲民國間影印重刻，無敢或試同光前所刊舊本者。

己亥歲，余奔走京滬寧津杭各公藏間，先後訪得初刻問禮堂四卷初印本、劉顧六卷初刊後印本，間及劉刻三卷校樣本，纂成《〈述學〉版本略考》《再考》及《三考》，考訂劉顧六卷本、初刻四卷本及劉刻三卷本刊印始末。今舉其大要，略述梗概於下。

一

《郎園讀書志》卷十所載《述學》凡七刻：一爲汪中手定大字三卷本；二爲阮元刻大字二卷本；三爲汪喜孫刻問禮堂小字四卷本；四爲嚴杰刻《經解》二卷本；五爲汪喜孫刻《遺書》小字六卷本；六爲方濬頤揚州書局重刻《遺書》本；七爲南海伍氏粵雅堂重刻《遺書》本。《郎志》所云汪中手定三卷本今藏浙江圖書館，書號：5166。其扉頁後存葉德輝朱筆題跋，稱“此汪中《述學》自定三卷本，是書第一次刻本也”。察其《古玉釋名》篇，則“琰”字右下之“火”作“又”（見圖1），與嘉道間印劉顧六卷本、道光刊《經解》本所鐫“琰”字盡同，已避嘉慶帝御諱。按汪容甫歿於乾隆五十九年，時永琰尚未立爲太子。則此葉跋三卷本，絕非容甫生前所刻印者。

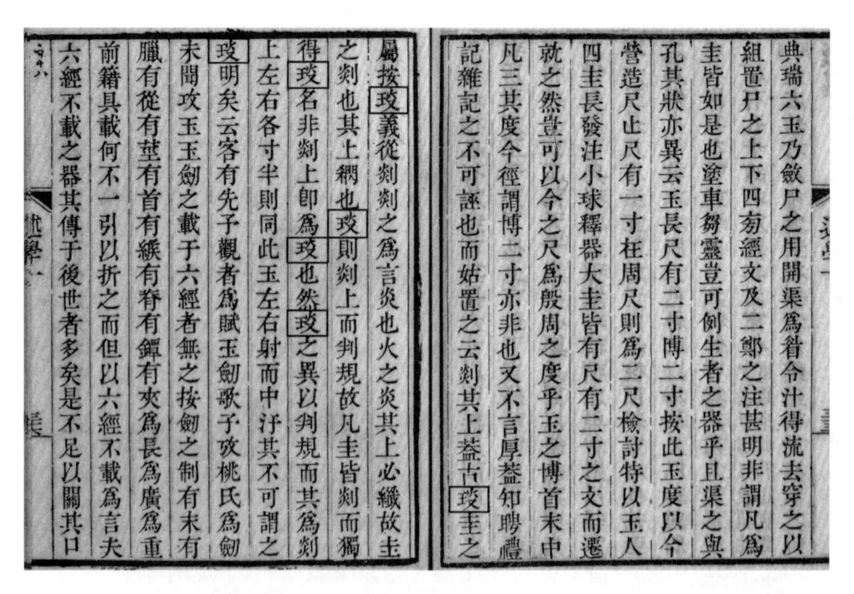
典瑞六玉乃斂尸之用開渠爲眘令汁得流去穿之以
組置尸之上下四旁經文及二鄭之注甚明非謂凡爲
圭皆如是也塗車芻靈豈可倒生者之器乎且渠之與
孔其狀亦異云玉長尺有二寸博二寸按此玉度以今
營造尺止尺有一寸在周尺則爲二尺檢討特以玉人
四圭長發注小球釋器大圭皆有尺有二寸之文而遷
就之然豈可以今之尺爲殷周之度乎玉之博首末中
凡三其度今徑謂博二寸亦非也又不言厚薄知聘禮
記雜記之不可誣也而姑置之云剡其上蓋古琰圭之
屬按琰義從剡剡之爲言炎也火之炎其上必纖故圭
之剡也其上稍也琰則剡上而判規故凡圭皆剡而獨
得琰名非剡上即爲琰也然琰之異以判規而其爲剡
上左右各寸半則同此玉左右射而中汙其不可謂之
琰明矣云客有先予觀者爲賦玉劍歌予攷桃氏爲劍
未聞攻玉玉劍之載于六經者無之按劍之制有末有
臘有從有莖有首有緱有脊有鐔有夾爲長爲廣爲重
前籍具載何不一引以折之而但以六經不載爲言夫
六經不載之器其傳于後世者多矣是不足以關其口

圖1　浙江圖書館藏葉跋三卷本（書號：5166）《古玉釋名》篇“琰”字頁

楊成凱《清代版本散論》嘗云“秦更年曾得大字三卷本校樣，書名原爲‘汪容甫集’，校改爲‘述學’。秦本今在南開大學圖書館，《中國古籍善本書目》著録爲‘汪容甫集三卷清劉台拱刻本’，其實此本與《述學》大字三卷本是一回事”。檢南開所藏善 847·4/710-31 號本，以之與葉跋三卷本較，則其字體、行格、分欄、書口、魚尾、篇目、分卷及各卷頁數皆合。而相異之處亦多，今試舉數例於下。

甲、版心

卷一、卷二版心，南開本作“汪集一”“汪集二”；葉跋本作“述學一”“述學二”。

乙、卷首

卷一卷首，南開本作“汪容甫集卷一”，爲紅筆抹去，另寫“述學”二字；葉跋本作“述學卷之一”。

卷二卷首，南開本作“汪容甫集卷二”；葉跋本作“述學卷之二”。

丙、卷尾

卷一卷尾，南開本作“汪容甫集卷一”，紅筆圈去“甫集”，“汪容”二字上改寫“述學”；葉跋本作“述學卷之一”。

卷二卷尾，南開本作“汪容甫集卷二”，墨筆抹去前四字，另寫“述學”二字；葉跋本卷尾缺半頁。

丁、墨釘

南開本多墨釘，如：

卷一第十六頁，三行八字至十字，紅筆另寫“之堂謂”；

卷二第十一頁，五行二字，紅筆另寫“排”；

卷二第十二頁，版心上方刻字數處猶爲墨釘；

葉跋本此三處已改鐫。（見圖 2）

頃檢《汪氏學行記》所録《劉端臨先生與喜孫書》，其稱“頃爲尊先人刊刻遺文，擬用集名。昨武進趙味辛司馬見過，道及足下之意，欲仍名《述學》内外篇，此亦足見孝子三年無改之至意。已告彭萬程，令其挖改”云云，與前列版心、卷首、卷尾諸例正相契合。此則葉跋本已照劉札所言，將其集名盡數挖改；而南開本之墨釘處，葉跋本亦依紅筆所寫，全然改鐫。是葉跋三卷本，實係南開大學圖書館所藏劉刻三卷校樣本之刊行本。再以上海圖書館藏長 090483 號本、長 084055 號本與之較，亦然。則此數本，合當共稱劉刻三卷本。

再考《汪氏學行記》所録《劉先生與畢成之貴生書》，又稱“尊舅氏之文，就遺稿内蒐羅捃拾。于已刻三十餘篇外復得二十篇，編爲四卷”。依此札所言，則劉氏校刊《述學》，共録五十餘篇，仿初刻本仍作四卷。衹此四卷本《述學》，似終未蕆事。上引《劉端臨先生與喜孫書》復云“前月作浙江書，極道足下文行之美。又與懷祖觀察言及足下，相與咨嗟歎息，喜故人之有後也。第

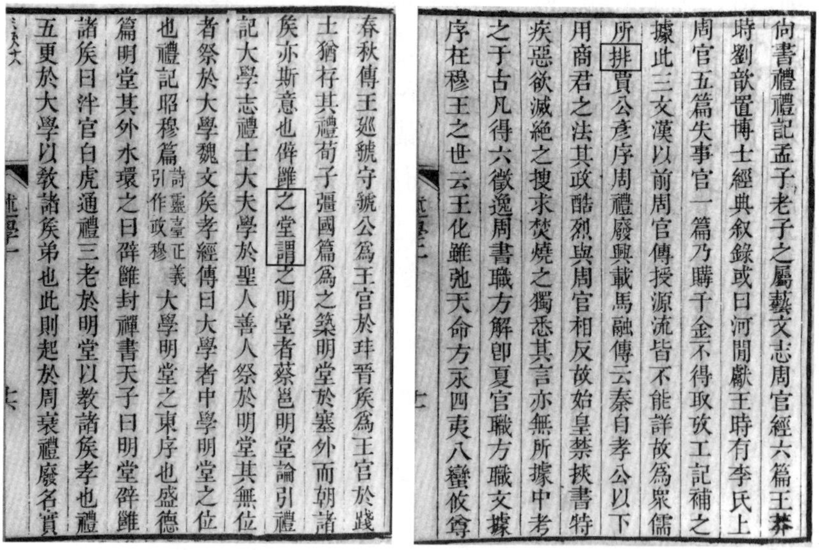

圖 2　浙江圖書館藏葉跋三卷本(書號:5166)卷一第十六頁與卷二第十一頁

四卷底稿因有添入之文,尚未就緒";而《汪荀叔自撰年譜》"嘉慶九年"條亦載:"劉先生書云,'前月作浙江書,極道足下文行之美''又與懷祖觀察言及足下,相與咨嗟歎息,喜故人之有後也'。"按劉台拱歿於嘉慶乙丑(十年,1805),則依上引兩條所述,至劉氏卒前一年,第四卷尚未編成。故《孤兒編》卷二《先君遺文書後》終稱:"乾隆五十九年,先君厭世。劉先生端臨校理遺書,於舊刻《述學》外得二十篇,未及梓而先生遽歿。"是劉刻三卷本,當係劉端臨校刊四卷本《述學》之前三卷。衹未及蕆功,劉氏遽歿,其事遂寢。

至若此劉刻三卷本鋟板年月,《汪荀叔自撰年譜》"嘉慶元年"條有云"劉先生台拱,取先君遺稿校録之",上引《劉端臨先生與喜孫書》又云"昨武進趙味辛司馬見過,道及足下之意,欲仍名《述學》内外篇"並"已告彭萬程"等語。再覽《收庵居士自敘年譜略》所載,自乾隆五十九年汪容甫歿至嘉慶十年五月劉端臨卒時,趙味辛行迹:嘉慶五年前,在京;嘉慶六年十月至嘉慶八年六月,任職山東;此後丁父憂,由北而南歸家守制。其間,唯嘉慶五年十二月選山東青州同知,還鄉省親後,於嘉慶六年九月由武進北上赴任。途中,先莅揚州,"時汪容甫已没。其子(喜孫)來謁,年十六,聰穎可喜。以容甫所著《述學》見貽";後臨寶應,"訪劉廣文(台拱),商刻容甫遺集";十月,"抵濟南"。則知上文所引"昨武進趙味辛司馬見過"云云,當作於嘉慶六年九十月間。其時,校樣本前兩卷已刻,衹其集名未及挖改;而卷三版心等處已作"述學"字樣,或刊於其後,當在上引嘉慶九年劉札所云"第四卷底稿因有添入之文,尚未就緒"之前。(見圖 3)

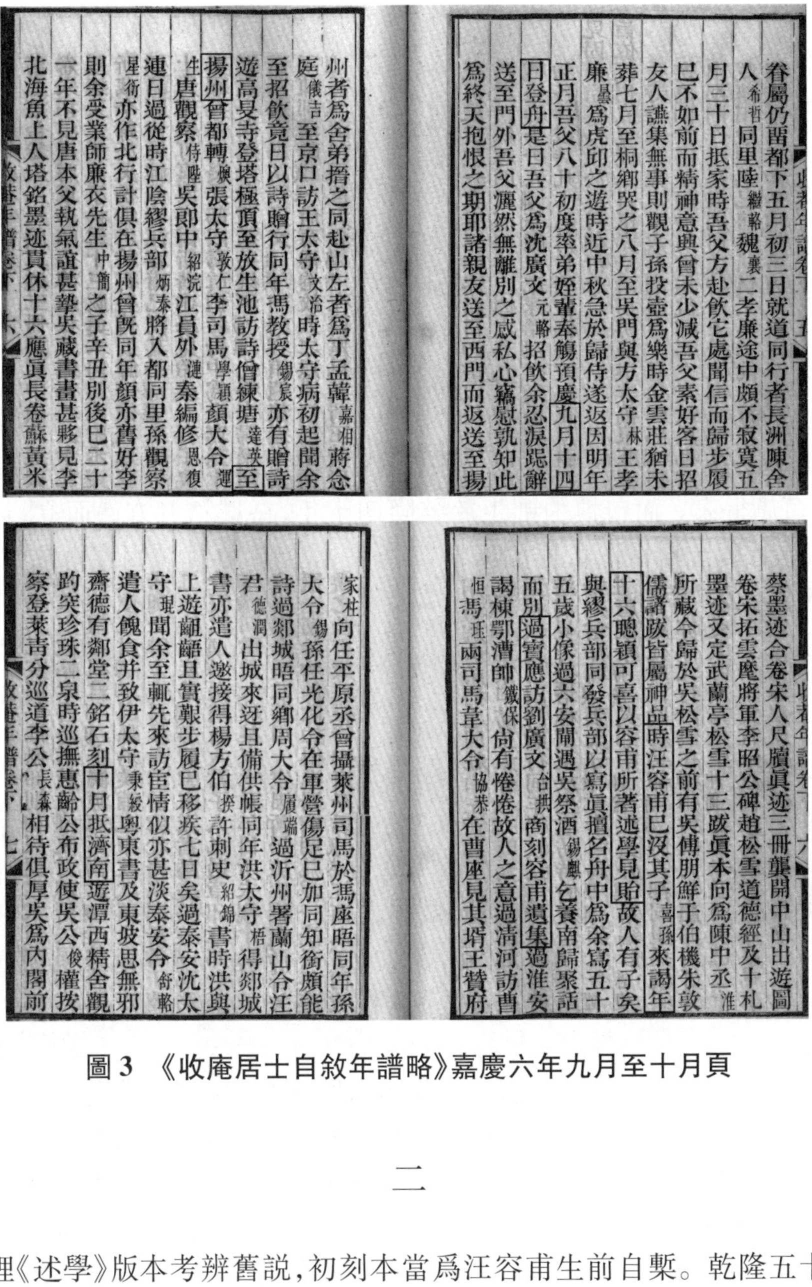
眷屬仍留都下五月初三日就道同行者長洲陳舍人希哲同里陸繼輅魏襄二孝廉途中頗不寂寞五月三十日抵家時吾父方赴飲它處聞信而歸步履已不如前而精神意興曾未少減吾父素好客日招友人讌集無事則觀子孫投壺爲樂時金雲莊猶未葬七月至桐鄉哭之八月至吳門與方太守林王孝廉曇爲虎邱之遊時近中秋急於歸侍遂返因明年正月吾父八十初度率弟姪輩奉觴預慶九月十四日登舟是日吾父爲沈廣文元輅招飲余忍淚跽辭送至門外吾父灑然無離別之慼私心竊慰孰知此爲終天抱恨之期耶諸親友送至西門而返送至揚

州者爲舍弟揩之同赴山左者爲丁孟韓嘉相蔣念庭儀吉至京口訪王太守文治時太守病初起聞余至招飲竟日以詩贈行同年馮教授錫宸亦有贈詩至揚州曾都轉燠張太守敦仁李司馬學穎顏大令運生唐觀察侍陛吳郎中紹浣江員外漣秦編修恩復連日過從時江陰繆兵部炳泰將入都同里孫觀察星衍亦作北行計俱在揚州曾既同年顏亦舊好李則余受業師廉衣先生中簡之子辛丑別後已二十一年不見唐本父執氣誼甚摯吳藏書畫甚夥見李北海魚上人塔銘墨迹貫休十六應眞長卷蘇黃米

蔡墨迹合卷宋人尺牘眞迹三冊龔開中山出遊圖卷宋拓雲麾將軍李昭公碑趙松雪道德經及十札墨迹又定武蘭亭松雪十三跋眞本向爲陳中丞淮所藏今歸於吳松雪之前有吳傅朋鮮于伯機朱敦儒諸跋皆屬神品時汪容甫已沒其子喜孫來謁年十六聰穎可喜以容甫所著述學見貽故人有子矣與繆兵部同發兵部以寫眞擅名舟中爲余寫五十五歲小像過六安閘遇吳祭酒錫麒乞養南歸聚話而別過寶應訪劉廣文台拱商刻容甫遺集過淮安謁楝鄂漕帥鐵保尚有惓惓故人之意過清河訪曹恒馮珏兩司馬韋大令協恭在曹座見其埒王贊府

家柱向任平原丞曾攝萊州司馬於馮座晤同年孫大令錫孫任光化令在軍營傷足已加同知銜頗能詩過郯城晤同鄉周大令履端過沂州署蘭山令汪君德潤出城來迓且備供帳同年洪太守梧得郯城書亦遣人邀接得楊方伯揆許刺史紹錦書時洪與上遊齟齬且實艱步履已移疾七日矣過泰安沈太守琨聞余至輒先來訪宦情似亦甚淡泰安令舒輅遣人餽食并致伊太守秉綬粵東書及東坡思無邪齋德有鄰堂二銘石刻十月抵濟南遊濯西精舍觀趵突珍珠二泉時巡撫惠齡公布政使吳公俊權按察登萊靑分巡道李公長森相待俱厚吳爲內閣前

圖 3 《收庵居士自敘年譜略》嘉慶六年九月至十月頁

二

疏理《述學》版本考辨舊説，初刻本當爲汪容甫生前自槧。乾隆五十九年容甫歿時，汪喜孫方九歲。嘉慶間喜孫撰《容甫先生年譜》及《先君年表》，其“乾隆五十七年”條均稱“先君寫定《述學》内篇三卷、外篇一卷，刊行於世”，其時喜孫尚在稚齡；民國間劉文興撰《劉端臨先生年譜》，所載乾隆六十年王念孫致劉台拱書云“正月底，即聞容甫凶耗，悲不能已”“又聞其《述學》一書，業經付梓”，此年汪喜孫十歲；嘉慶三年阮元輯刻《淮海英靈集》，其《汪中小傳》又云“元就其家求遺書，片紙不可得。惟得其《述學》于浙中，即爲刊行之”，該年喜孫十三歲。汪喜孫係容甫獨子,未及志學即有家刻《述學》刊成並傳佈於浙中。則此初刻本爲汪容甫生前自刊印者,其事甚明。惟初刻本分卷,輒有二卷、三卷、四卷三説,今略陳於下。

二卷説唯包世臣一人主張,時在汪容甫歿後近卅年。其《書〈述學〉六卷後》言:“余以嘉慶辛酉至揚州。訪容甫,而歿已八年”,“繼識其甥畢貴生及其子喜孫,因得容甫自刻小字二卷,與阮本無異”;又云嘉慶十年再至揚州,“與貴生同榻,而容甫入予夢,自言其文之得失甚具。如是者三夕,與貴生共咤其異”;再稱喜孫輩由此屬其訂定《述學》,而其“竟十日夜,爲徧核稿本”云云。按《孤兒編》卷二《先君學行記》所載,汪容甫於逝前一年,已“託遺書於劉先生”。劉端臨歿後,汪喜孫《汪荀叔自撰年譜》又稱:嘉慶十五年,“校寫《述學·補遺》《别録》”;嘉慶十七年,“以校寫《述學》就正段先生”;嘉慶十九年,“以校寫《述學》就正王先生念孫”。劉、段、王皆爲乾嘉大儒、一代宗師,又係汪容甫生前至交,以此三賢審訂《述學》,可謂得人。而包慎伯則生於乾隆四十年,嘉慶乙丑方過而立,後生小子而已。且包氏以金石書法名世,經史非其所長,竟自云喜孫輩因容甫三夕托夢,遂令其校訂遺稿;而其十日夜間,能畢劉端臨十年未成之功,跡近荒誕。無怪乎書法名家沙孟海《近三百年的書學》稱其:“生平喜大言,如云汪中《述學》稿子,經其手定,不是太不自量了嗎?”今包氏所言二卷本亦不明下落,未知係定本抑或試印,其説且姑置不論。

主三卷説者,有葉德輝、鄭文焯、秦更年諸人。葉氏所跋三卷本,自云“是書第一次刻本”,實係劉刻三卷刊行本,前文業已辨明,此不多贅。鄭叔問持説,亦跋於其自藏本,此本今在杭州圖書館。顔建華《汪中著述及版本考述》稱其所見葉、鄭兩本係同版,衹封皮略異,此則鄭氏所藏亦當爲劉刻三卷本。秦曼卿則多存異本,按《嬰闇題跋》所載,其於南開本題曰“實則奂份不知此爲端臨所刻”;於阮文達舊藏四卷本跋云“此《述學》弟一刊本”,已棄早年《重印〈江都汪氏叢書〉序》所言初刻三卷舊説。

四卷説則見於汪容甫歿後,王昶、淩廷堪所撰墓碣墓銘,且爲其子喜孫所證實。楊成凱《清代版本散論》亦稱:“葉氏所謂第三刻,即汪氏問禮堂刻宋體小字本,内容與阮本無異。此本内篇三卷外篇一卷……種種迹象表明此本應是汪中自定,即《述學》第一刻本。”唯楊氏未明言此“種種迹象”究屬爲何,衹金口玉斷而已。林勝彩所撰《汪中〈述學〉版本考述》則羅列各説、條分縷析,推定“容甫在乾隆末年刊刻之《述學》一書,應爲四卷分内外篇”。唯林氏又稱“郎園所指喜孫於嘉慶年間所刊‘四卷’本……應爲六卷本。郎園所據以爲論之四卷本,應是失落《補遺》《别録》二卷”,其論求之過深,所述令人費解。

上引楊成凱云“葉氏所謂第三刻,即汪氏問禮堂刻宋體小字本”,今亦藏浙江圖書館,書號:5167。細察此本,書前存葉德輝墨筆題跋;扉頁摹“江都汪容甫先生箸|述學四卷|問禮堂臧版”;有嘉慶二十年王懷祖序;卷一首頁《釋𠞢䢵二文》

篇，“曑”“宿”純爲古字(見圖4)；《古玉釋名》篇，“琰”字右下之“火”作“又”(見圖5)；《大清誥授通議大夫湖北提刑按察使司按察使兼管驛傳馮君碑銘》篇大部重刻並改易字體，文中作“及其當官清操彌厲”“春秋五十有七”“秦朝上黨東陽”和“蒼黄”(見圖6)。中國國家圖書館别有一帙，書號：94200。此本扉頁鐫“江都汪容甫先生箸|述學四卷|問禮堂藏版”；無王懷祖序；《釋曟曑二文》《古玉釋名》《大清誥授通議大夫湖北提刑按察使司按察使兼管驛傳馮君碑銘》三篇，則與葉跋四卷本正同。

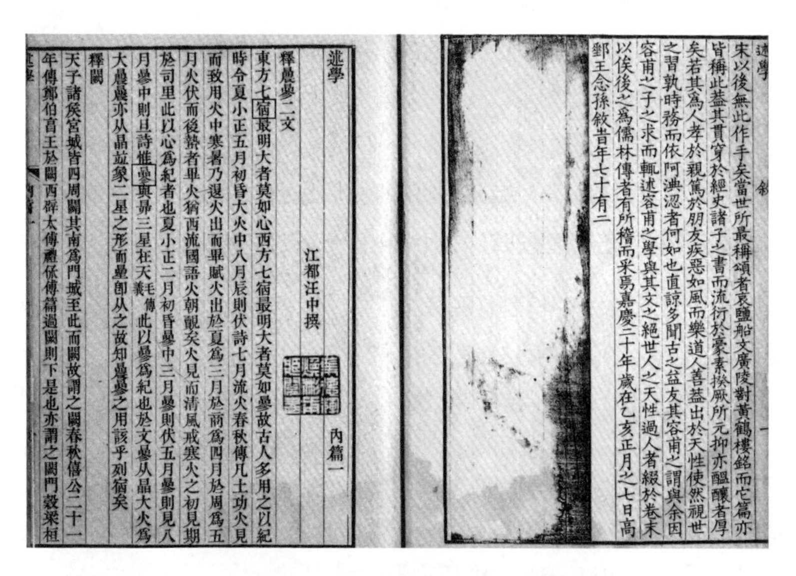
述學 敘

宋以後無此作手矣當世所最稱頌者哀鹽船文廣陵對黃鶴樓銘而它篇亦皆稱此蓋其貫穿於經史諸子之書而流衍於豪素揆厥所元抑亦醞釀者厚矣若其爲人孝於親篤於朋友疾惡如風而樂道人善蓋出於天性使然視世之習孰時務而依阿澳涊者何如也直諒多聞古之益友其容甫之謂與余因容甫之子之求而輒述容甫之學與其文之絕世人之天性過人者綴於卷末以俟後之爲儒林傳者有所稽而采焉嘉慶二十年歲在乙亥正月之七日高郵王念孫敘昔年七十有二

述學 內篇一

釋曟曑二文 江都汪中撰

東方七宿最明大者莫如心西方七宿最明大者莫如曑故古人多用之以紀時令夏小正五月初昏大火中八月辰則伏詩七月流火春秋傳凡土功火見而致用火中寒暑乃退火出而畢賦火出於夏爲三月於商爲四月於周爲五月火伏而後蟄者畢火猶西流國語火朝覿矣火見而清風戒寒火之初見期於司里此以心爲紀者也夏小正二月初昏曑中三月曑則伏五月曑則見八月曑中則旦詩惟曑與昴三星在天毛傳此以曑爲紀也於文曑从晶大火爲大曟曟亦从晶竝象三星之形而曑即从之故知曟曑之用該乎列宿矣

釋闕

天子諸侯宮城皆四周闕其南爲門城至此而闕故謂之闕春秋傳公二十一年傳鄭伯享王於闕西辟太傅禮保傅篇過闕則下是也亦謂之闕門穀梁桓

圖4　浙江圖書館藏葉跋四卷本(書號：5167)
王念孫序言頁與卷一首頁《釋曟曑二文》篇

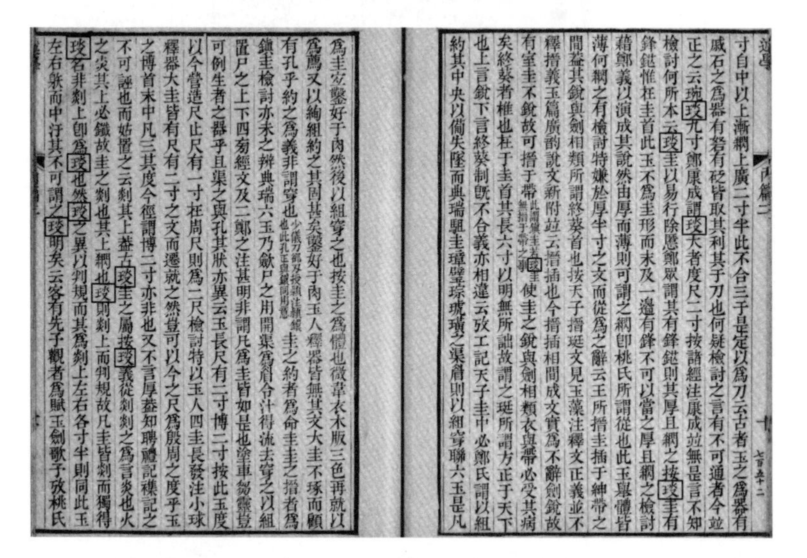
述學 內篇二 十七 七百五十二

寸自中以上漸𦋺上廣二寸半此不合三于是定以爲刀云古者玉之爲器有慼石之爲器有砮有硋皆取其利其于刀也何疑檢討之言有不可通者今竝正之云琬琰九寸鄭康成謂琰大者度尺二寸按諸經注康成竝無是言不知檢討何所本云琰圭以易行除慝鄭衆謂其有鋒鋩則其厚且𦋺之按琰圭有鋒鋩惟在圭首此玉不爲圭形而末及一邊有鋒不可以當之厚且𦋺之檢討藉鄭義以演成其說然由厚而薄則可謂之𦋺即桃氏所謂從也此玉舉體皆薄何𦋺之有檢討特嫌於厚半寸之文而從爲之辭云王所搢圭插于紳帶之間蓋其鋭與劍相類所謂終葵首也按天子搢珽文見玉藻注釋文正義並不釋搢義玉篇廣韵說文新附竝云搢插也今搢插相間成文實爲不辭劍鋭故有室圭不鋭故可搢于帶此謂鎭圭若無搢于帶之事國圭使圭之鋭與劍相類衣與帶必受其病矣終葵者椎也柾于圭首其長六寸以明無所詘故謂之珽所謂方正于天下也上言鋭下言終葵制既不合義亦相違云攷工記天子圭中必鄭氏謂以組約其中央以備失隆而典瑞駔圭璋璧琮琥璜之渠眉則以組穿聯六玉是凡

爲圭妄鑿好于肉然後以組穿之也按圭之爲體也微韋衣木版三色再就以爲薦又以絇組約之其固甚矣鑿好于肉玉人釋器皆無其文大圭不琢而顧有孔乎約之爲義非謂穿也少儀刀卻刃授穎注穎鐶也此孔正與鐶同用意圭之約者爲命圭圭之搢者爲鎭圭檢討亦未之辨典瑞六玉乃斂尸之用開渠爲眉令汁得流去穿之以組置尸之上下四旁經文及二鄭之注甚明非謂凡爲圭皆如是也塗車芻靈豈可例生者之器乎且渠之與孔其狀亦異云玉長尺有二寸博二寸按此玉度以今營造尺止尺有一寸在周尺則爲二尺檢討特以玉人四圭長發注小球釋器大圭皆有尺有二寸之文而遷就之然豈可以今之尺爲殷周之度乎玉之博首末中凡三其度今徑謂博二寸亦非也又不言厚蓋知聘禮記襍記之不可誣也而姑置之云剡其上蓋古琰圭之屬按琰義從剡剡之爲言炎也火之炎其上必鐵故圭之剡也其上𦋺也琰則剡上而判規故凡圭皆剡而獨得琰名非剡上即爲琰也然琰之異以判規而其爲剡上左右各寸半則同此玉左右鈌而中汙其不可謂之琰明矣云客有先子觀者爲賦玉劍歌予攷桃氏

圖5　浙江圖書館藏葉跋四卷本(書號：5167)《古玉釋名》篇“琰”字頁

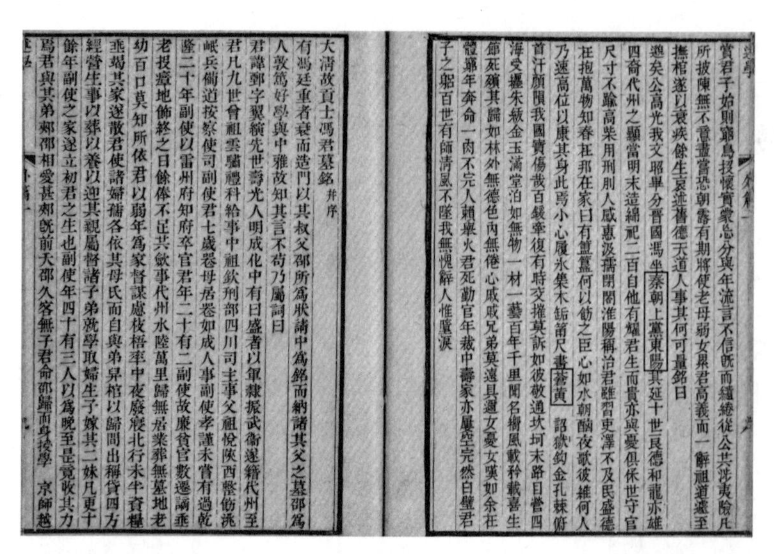

賞君子始則窮鳥投懷實蒙恩分與年流言不信既而繾綣從公共涉夷險凡
所披陳無不盡當恐朝露有期將使老母弱女累君高義而一辭祖道遽至
撫棺遂以衰疾餘生哀述舊德天道人事其何可量銘曰
邈矣公高光我文昭畢分晉國馮坐秦朝上黨東陽其延十世艮德和龍亦雄
四裔代州之顯當明末造緜祀二百自他有燿君生而貴亦與憂俱係世守官
尺寸不踰高柴用刑刖人感惠汲黯閉閤淮陽稱治君雖習吏澤不及民盛德
在抱萬物知春在邦在家曰有筐篚何以飭之臣心如水朝酗夜歌彼維何人
乃速高位以康其身此焉小心履氷集木鉦箭尺書蒼黃詔獄鉤金孔棘俯
首汗顏隕我國寶傷哉百鍰幸復有時交攙莫訴如彼敬通坎坷末路目眚四
海受纏朱紱金玉滿堂泊如無物一材一藝百年千里聞名嚮風載矜載喜生
卽死殯其歸如林外無德色內無倦心戚戚兄弟莫遠具邇女憂女嘆如余在
殯窮年奔命一肉不完人賴畢火君死勤官年裁中壽家亦屢空完然白璧君
子之軀百世有師清風不墜我無愧辭人惟墮淚

大清故貢士馮君墓銘 并序
有馮廷重者衰而造門以其叔父邵所爲狀請中爲銘而納諸其父之墓邵爲
人敦篤好學與中雅故知其言不苟乃屬詞曰
君諱鄧字翼績先世壽光人明成化中有曰盛者以軍隸振武衛遂籍代州至
君凡九世曾祖雲驌禮科給事中祖欽刑部四川司主事父祖悅陝西整飭洮
岷兵備道按察使司副使君七歲罷母居卷如成人事副使孝謹未嘗有過乾
隆二十年副使以雷州府知府卒官君年二十有二副使故廉貧官數遷謫垂
老投瘴地飾終之日餘俸不足共斂事代州水陸萬里歸無居業葬無墓地老
幼百口莫知所依君以弱年爲家督謀慮枝梧卒中夜廢寢北行未半資糧
乖竭其家遂散君使諸婦孺各依其母氏而自與弟舁棺以歸間出稱貸四方
經營生事以葬以養以迎其親屬督諸子弟就學取婦生子嫁其二妹凡更十
餘年副使之家遂立初君之生也副使年四十有三人以爲晚至是竟收其力
焉君與其弟鄭邵相愛甚鄭既前夭邵久客無子君命邵歸而身授學 京師越

圖6 浙江圖書館藏葉跋四卷本(書號: 5167)《馮按察碑銘》篇異文頁

檢點《中國古籍善本書目》,中國國家圖書館另藏吴廷康校本,書號: A03103。以此本與葉跋四卷本、國圖94200號本相較,則其版式、字體、篇目、分卷及各卷頁數皆合,唯少扉頁及王序;《釋晨曑二文》篇,"曑""宿"多用古字,間用異體(見圖7);《古玉釋名》篇"琰"字仍作"琰",未避嘉慶帝諱(見圖8);《大清誥授通議大夫湖北提刑按察使司按察使兼管驛傳馮君碑銘》篇尚未重刻,文中仍作"及其當官則清操彌厲""春秋五十有八""秦朝東陽"與"倉皇"(見圖9)。此則所較三本當係同版,吴校本爲初印,餘二帙乃後印。

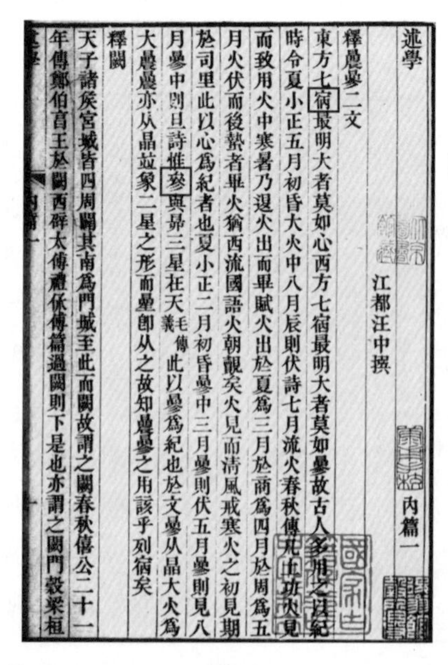

述學 內篇一
江都汪中撰
釋晨曑二文
東方七宿最明大者莫如心西方七宿最明大者莫如曑故古人多用之以紀
時令夏小正五月初昏大火中八月辰則伏詩七月流火春秋傳火出而見
而致用火中寒暑乃退火出而畢賦火出於夏爲三月於商爲四月於周爲五
月火伏而後蟄者畢火猶西流國語火朝覿矣火見而清風戒寒火之初見期
於司里此以心爲紀者也夏小正二月初昏曑中三月曑則伏五月曑則見八
月曑中則旦詩維參與昴三星在天毛傳義此以曑爲紀也於文曑从晶大火爲
大晨晨亦从晶並象二星之形而曡卽从之故知晨曑之用該乎列宿矣
釋闕
天子諸侯宮城皆四周闕其南爲門城至此而闕故謂之闕春秋僖公二十一
年傳鄭伯盲王於闕西辟太傅禮係傳篇過闕則下是也亦謂之闕門穀梁桓

圖7 中國國家圖書館藏吴廷康校本(書號: A03013)卷一首頁《釋晨曑二文》篇

中以爲非圭也圭厚半寸此不合一圭剡上左右各寸半此不合二大圭廣三
寸自中以上漸綱上廣二寸半此不合三于是定以爲刀云古者玉之爲器有
咸石之爲器有碧有砭皆取其利其于刀也何疑檢討之言有不可通者今并
正之云琬琰九寸鄭康成謂琰大者度尺二寸按諸經注康成並無是言不知
檢討何所本云琰圭以易行除慝鄭衆謂其有鋒鋩則其厚且綱之按琰圭有
鋒鋩惟在圭首此玉不爲圭形而末及一邊有鋒不可以當之厚且綱之檢討
藉鄭義以演成其說然由厚而薄則可謂之綱卽桃氏所謂從也此玉畢體皆
薄何綱之有檢討特嫌厹厚半寸之文而從爲之辭云王所搢圭插于紳帶之
間葢其鋭與劍相類所謂終葵首也按天子搢珽文見玉藻注釋文正義並不
釋搢義玉篇廣韻說文新附並云搢插也今搢插相間成文實爲不辭劍鋭故
有室圭不鋭故可搢于帶此謂鎮圭若琰圭無搢于帶之事使圭之鋭與劍相類衣與帶必受其病
矣終葵者椎也在于圭首其長六寸以明無所詘故謂之珽所謂方正于天下
也上言鋭下言終葵制既不合義亦相遌云攷工記天子圭中必鄭氏謂以組
約其中央以備失墜而典瑞駔圭璋璧琮琥璜之渠眉則以組穿聯六玉是凡
爲圭空鑿好于肉然後以組穿之也按圭之爲體也徽韋衣木版三色再就以
爲薦又以絢組約之其固甚矣鑿好于肉玉人釋器皆無其文大圭不琢而顧
有孔乎約之爲義非謂穿也少儀刀卻刃授穎注穎鐶也此孔正與鐶同用意圭之約者爲命圭圭之搢者爲
鎮圭檢討亦未之辨典瑞六玉乃斂尸之用開渠爲眉令汁得流去穿之以組
置尸之上下四旁經文及二鄭之注甚明非謂凡爲圭皆如是也塗車芻靈豈
可俲生者之器乎且渠之與孔其狀亦異云玉長尺有二寸博二寸按此玉度
以今營造尺止尺有一寸在周尺則爲二尺檢討特以玉人四圭長發注小球
釋器大圭皆有尺有二寸之文而遷就之然豈可以今之尺爲殷周之度乎玉
之博首末中凡三其度今徑謂博二寸亦非也又不言厚葢知聘禮記襍記之
不可誣也而姑置之云剡其上葢古琰圭之屬按琰義從剡剡之爲言炎也火
之炎其上必鐵故圭之剡也其上綱也琰則剡上而判規故凡圭皆剡而獨得
琰名非剡上卽爲琰也然琰之異以判規而其爲剡上左右各寸半則同此玉

圖 8　中國國家圖書館藏吴廷康校本(書號：A03013)《古玉釋名》篇“琰”字頁

愧以下才遇賞君丁始則窮鳥投懷實蒙恩分與年流言不信旣而縲紲從公
共涉夷險凡所披陳惟不詳盡嘗恐朝露有期將使老母弱女累君高義而一
辭祖道遽至撫棺遂以衰疾餘生哀述舊德天道人事其何可量銘曰
邈矣公高光我文昭畢分晉國馮出秦朝東陽其延十世艮德和龍亦雄四裔
代州之顯當明末造綿祀二百自他有耀君生而貴亦與憂俱保世守官尺寸
不踰高柴用刑刖人感惠汲孺閉閣淮陽稱治君雖習吏澤不及民盛德在抱
萬物知春在邦在家曰有篚筐何以飭之臣心如水朝醋夜歌彼維何人乃速
高位以康其身此焉小心履冰集木飾筩尺書倉皇詔獄釣金孔棘俯首汗顏
隕我國寶傷哉百鍰牽復有時交推莫訢如彼敬通坎坷末路目營四海受纏
朱紱金玉滿堂泊如無物一材一藝百年千里闇名鬱風莪衿載喜生館死殯
其歸如林外無德色內無勩心戚戚兄弟莫遠具邇女憂女嘆如余在髏窮年
奔命一肉不完人賴舉火君死勤官年栽中壽家亦屢空完然白璧君子之窮
百世有師淸風不墜我無愧辭人惟墮淚
大淸故貢士馮君墓銘 并序
有馮廷重者衰而造門以其叔父邵所爲狀請中爲銘而納諸其父之墓邵爲
人敦篤好學與中雅故知其言不苟乃屬詞曰
君諱鄧字翼續先世壽光人明成化中有曰盛者以軍隸振武衛遂籍代州至
君凡九世曾祖雲驌禮科給事中祖欽刑部四川司主事父祖悅陝西整飭洮
岷兵備道按察使司副使君七歲喪母居喪如成人事副使孝謹未嘗有過乾
隆二十年副使以雷州府知府卒官君年二十有二副使故廉貧官數遷謫垂
老投瘴地飾終之日餘俸不足共斂事代州水陸萬里歸無居業葬無地墓老
幼百口莫知所依君年以弱年爲家督謀慮枝梧卒中夜廢寢北行未半資糧
垂竭其家遂散君使諸婦孺各依其母氏而自與弟舁棺以歸間出稱貸四方
經營生事以葬以養以迎其親屬督諸子弟就學取婦生子嫁其二妹凡更十
餘年副使之家遂立[illegible]生也副使年四十有三人以爲晚至是竟收其力
焉君與其弟鄭邵相愛甚鄭旣前天邵久客無子君命邵歸而身授學京師越

圖 9　中國國家圖書館藏吴廷康校本(書號：A03013)《馮按察碑銘》篇異文頁

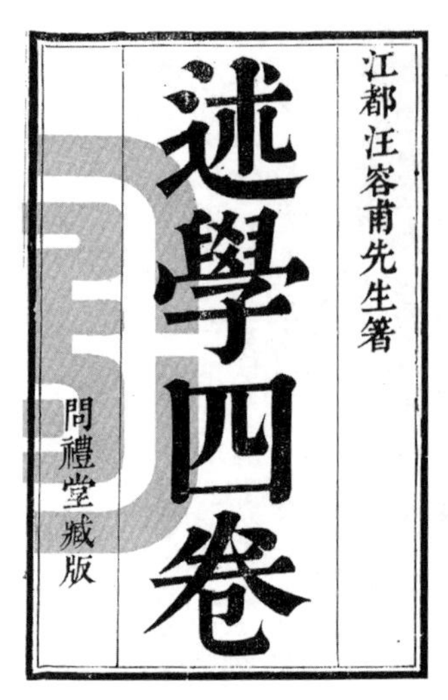

圖10　中國國家圖書館藏"述學四卷"本（書號：94200）扉頁

國圖94200號本，扉頁鐫"問禮堂藏版"（見圖10）。問禮堂係汪容甫父子所用堂號，則此四卷本爲汪氏家刻無疑。汪喜孫乃容甫獨子，而《汪荀叔自撰年譜》記敘劉顧六卷本校訂、刊印始末甚詳，唯於此四卷本剞劂事宜，自始至終並無片言提及。初印吴校本，《古玉釋名》篇"琰"字仍作"琰"，未避嘉慶帝諱；後印本已改作諱字。《釋晨㬠二文》篇，初印本"㬠""宿"多用古字，間用異體；後印本則挖改爲畫一古字，與上引《劉先生與畢成之貴生書》所云容甫自刊本"舊刻多用古字，……又不畫一"盡合。由此三者觀之，是問禮堂家刻四卷本亦分前後印，初印本畢工於乾隆五十七年，係汪容甫生前初刊自槧。而葉郎園或爲後印本嘉慶二十年王序所惑，遂定其爲第三刻本。

三

汪氏問禮堂所刊，於清刻本中久負盛名。黄裳《清代版刻一隅》，録《孤兒編》《從政録》兩種；黄永年《清代版本圖録》，亦選《廣陵通典》《述學》《春秋公羊經傳解詁》三編。其《述學》圖版解説云："《述學》刻本最多，此其子喜孫最後編定仿宋小字刻足本，最後又附入《春秋述義》二頁，惟外篇六頁首行'無所惑'上鏟去五字，十頁首行'誣'字上鏟去四字。刷印精美，《四部叢刊》即用以影印。至未鏟字本世尚有之，惟未附《春秋述義》，轉不得謂足矣。"

同治八年揚州書局本《〈述學〉校勘記》（下稱《校勘記》）又云："《述學》凡經三刻。一爲先生手定《内篇》，嗣經哲嗣孟慈年丈分别《内篇》《補遺》，其不載手定篇目者别爲《外篇》《别録》，是爲小字初刻本，……一則年丈彙刻《遺書》時就小字本增入《春秋述義》《行狀》《附録》本。"乃知小字初刻本未附《春秋述義》，《遺書》本附之；上引《述學》解説又稱未鏟字本未附入《春秋述義》而鏟字本附之，是未鏟字本應爲小字初刻本，鏟字本當係《遺書》本。鏟字本蓋由未鏟字本鏟字而來，則劉顧六卷本於《遺書》彙印之前，初刊單行當有小字初刻本。

再按《校勘記》所載，則除《遺書》彙印時增入《春秋述義》《行狀》《附録》外，小字初刻本與《遺書》本間尚有如下十二篇另存文字差異。

卷一《内篇一》：《婦人無主答問》《女子許嫁而婿死從死及守志議》

卷二《内篇二》：《古玉釋名》

卷三《内篇三》：《墨子序》

卷四《外篇一》:《漢上琴臺之銘》

卷五《述學補遺》:《亳州渦水堤銘》《老子攷異》

卷六《述學别録》:《與劍潭書》《繁昌縣學宮後碑系》《浙江始祀先蠶之神碑文》《提督楊凱傳》《魏次卿誄》

辛卯年德寶所售心太平盦藏本,黄永年跋稱:"此壽薆堂舊藏,乙未冬以五金得之漢文淵。《外篇》六、十兩葉,板無剜缺;扉葉及《附録》《春秋述義》亦未補入,實矤斁初印。生平所見,惟碧雙慶藏王伯申本與此吻合。餘若小緑天藏本亦在寒齋,精美寬大,然已缺字,不若此本之可珎矣。壬寅三月廿六日記。此本《内篇》卷一(十四、十五)葉,卷二(十、十一)葉,卷三(二)葉,字迹略異,審是重刻。王伯申舊藏本,亦然。"此壽薆堂本《述學》,亦即黄氏所云未鏟字本,今燕入誰家已不可知。遂以寒齋所藏同版未鏟字本驗之,則《内篇》卷一(十四、十五)頁爲《婦人無主答問》篇尾、《女子許嫁而壻死從死及守志議》全篇;卷二(十、十一)頁爲《古玉釋名》全篇;卷三(二)頁爲《墨子序》篇中,恰在上文所列前三卷異文篇目内。

復細察黄跋所言各頁,其文字皆已修訂,與《遺書》本同;除字迹略異外,各頁板框框高亦較其前後頁短半指。重檢上引《校勘記》所列篇目校訂諸頁,以寒齋藏未鏟字本視之,則其文字近於《遺書》本,而非《校勘記》所言小字初刻本。以板框框高計,各頁或短半指,當係刊落更改文字需抽板重刻所致;或框高未變,衹挖版削改。再以上海圖書館藏善 760345 號本(陶北溟舊藏)、長 019077 號本較之,亦然。是未鏟字本亦分前後印,初印本或即《校勘記》所云小字初刻本,修板重刻後印本即如陶北溟本、長 019077 號本及寒齋所藏未鏟字本。

至若此未鏟字後印本板修於何時,《校勘記》云"初刻本有《魏次卿誄》";《汪荀叔自撰年譜》"嘉慶二十五年"條則稱"以《述學・别録》'哀魏次卿誄'是先君少作,質之王先生,先生命不存稿";《汪氏學行記・王先生與喜孫書》又稱"《魏次卿誄》爲尊甫先生少作,可不存"。復檢陶北溟本、長 019077 號本及寒齋所藏未鏟字本,《魏次卿誄》已全篇抹去,其修版當在嘉慶二十五年後。而小字初刻本,則依《汪荀叔自撰年譜》"嘉慶二十三年"條"《述學》刊成,哭奠於神主前"所云,當完蕆於是年。

又若李金松《述學校箋・魏次卿誄》案語稱,此篇據南圖藏"江寧本"補入。檢南京圖書館聯機查詢目録,得澤存書庫舊藏嘉慶刊六卷本《述學》,書號:GJ/7002891。以此本與前述未鏟字後印本相較,則《婦人無主答問》《女子許嫁而壻死從死及守志議》《古玉釋名》《墨子序》四篇尚未修版,其與《校勘記》所言小字初刻本正同;而《漢上琴臺之銘》《亳州渦水堤銘》《老子攷異》《與劍潭書》《繁昌縣學宮後碑系》《浙江始祀先蠶之神碑文》《提督楊凱傳》七篇,恰與未鏟字後印本相合。此則澤存書庫本前三卷猶爲原刊,餘三卷已作後印矣。而此本尾卷《别録》第二十八頁，猶存《魏次卿誄》全文，次於前頁《經舊苑弔馬守真文》、後頁《汪純甫哀詞》篇間。則其印年，當在汪喜孫依王懷祖嘉慶二十五年回札修版之前。是未鏟字初印本，即《校勘記》所云小字初刻本，亦分前後印。後印本尾三卷已然修版，以其《魏次卿誄》篇尚在，故歸入初刻耳。(見圖 11、12)

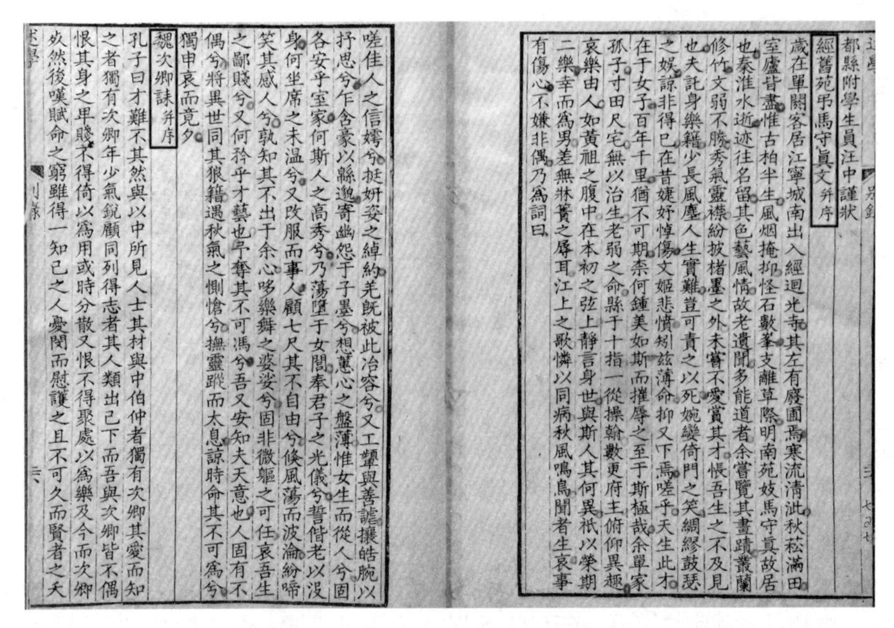
都縣附學生員汪中謹狀
經舊苑弔馬守眞文并序
歲在單閼客居江寧城南出入經迴光寺其左有廢圃焉寒流清泚秋菘滿田
室廬皆盡惟古柏半生風烟掩抑怪石數峯支離草際明南苑妓馬守眞故居
也秦淮水逝迹往名留其色藝風情故老遺聞多能道者余嘗覽其畫蹟叢蘭
修竹文弱不勝秀氣靈襟紛披楮墨之外未嘗不愛賞其才悵吾生之不及見
也夫託身樂籍少長風塵人生實難豈可責之以死婉孌倚門之笑綢繆鼓瑟
之娛諒非得已在昔婕妤悼傷文姬悲憤矧茲薄命抑又下焉嗟乎天生此才
在于女子百年千里猶不可期柰何鍾美如斯而摧辱之至于斯極哉余單家
孤子寸田尺宅無以治生老弱之命縣于十指一從操翰數更府主俯仰異趣
哀樂由人如黃祖之腹中在本初之弦上靜言身世與斯人其何異祇以榮期
二樂幸而爲男差無牀簀之辱耳江上之歌憐以同病秋風鳴鳥聞者生哀事
有傷心不嫌非偶乃爲詞曰

嗟佳人之信嫮兮挺妍姿之綽約羌既被此冶容兮又工顰與善謔攘皓腕以
抒思兮乍含豪以緜邈寄幽怨于子墨兮想蕙心之盤薄惟女生而從人兮固
各安乎室家何斯人之高秀兮乃蕩墮于女閭奉君子之光儀兮誓偕老以沒
身何坐席之未温兮又改服而事人顧七尺其不自由兮倏風蕩而波淪紛啼
笑其感人兮孰知其不出于余心哆樂舞之娑娑兮固非微軀之可任哀吾生
之鄙賤兮又何矜乎才藝也乎奪其不可馮兮吾又安知夫天意也人固有不
偶兮將異世同其狼籍遇秋氣之惻愴兮撫靈蹤而太息諒時命其不可爲兮
獨申哀而竟夕
魏次卿誄并序
孔子曰才難不其然與以中所見人士其材與中伯仲者獨有次卿其愛而知
之者獨有次卿年少氣銳顧同列得志者其人類出己下而吾與次卿皆不偶
恨其身之卑賤不得倚以爲用或時分散又恨不得聚處以爲樂及今而次卿
歿然後嘆賦命之窮雖得一知己之人憂閔而慰護之且不可久而賢者之夭

圖 11　南京圖書館藏澤存書庫本(書號：GJ/7002891)《魏次卿誄》篇首頁

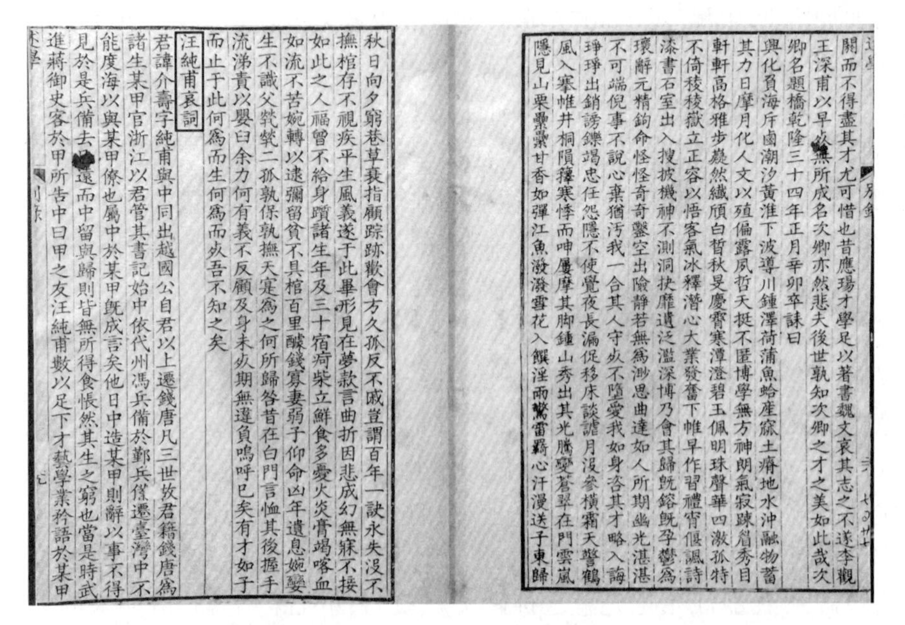
閼而不得盡其才尤可惜也昔應瑒才學足以著書魏文哀其志之不遂李觀
王深甫以早歿無所成名次卿亦然悲夫後世孰知次卿之才之美如此哉次
卿名題橋乾隆三十四年正月辛卯卒誄曰
興化負海斥鹵潮汐黃淮下波導川鍾澤荷蒲魚蛤產家土瘠地水沖融物蓄
其力日摩月化人文以殖偏露夙哲天挺不匱博學無方神朗氣寂踈眉秀目
軒軒高格雅步巍然纖傾白皙秋旻慶霄寒潭澄碧玉佩明珠聲華四激孤特
不倚稜稜嶽立正容以悟客氣冰釋潛心大業發奮下帷早作習禮宵偃諷詩
漆書石室出入搜披機神不測洞抉靡遺泛濫深博乃會其歸既鎔既孕鬱爲
瓌辭元精鉤命怪怪奇奇鑿空出險靜若無爲渺思曲達如人所期幽光湛湛
不可端倪事不說心棄猶汚我一合其人守歿不墮愛我如身洛其才略入誨
琤琤出銷謗鑠竭忠任怨隱不使覺夜長漏促移床談謔月沒參橫霜天警鶴
風入寒帷井桐隕蘀寒悸而呻屢摩其脚鍾山秀出其光騰變蒼翠在門雲嵐
隱見山栗纍纍甘香如彈江魚潑潑雪花入饌淫雨驚雷羇心汗漫送子東歸

秋日向夕窮巷草莽指顧踪跡歡會方久孫反不戚豈謂百年一訣永失沒不
撫棺存不視疾平生風義遂于此畢形見在夢款言曲折因悲成幻無寐不接
如此之人福曾不給身躓諸生年及三十宿疴柴立鮮食多憂火炎膏竭喀血
如流不苦婉轉以遠彌留貧不具棺百里醵錢寡妻弱子仰命凶年遺息婉孌
生不識父煢煢二孫孰保孰撫天寔爲之何所歸咎昔在白門言恤其後握手
流涕責以嬰臼余力何有義不反顧及身未歿期無違負嗚呼已矣有才如子
而止于此何爲而生何爲而歿吾不知之矣
汪純甫哀詞
君諱介壽字純甫與中同出越國公自君以上遷錢唐凡三世效君籍錢唐爲
諸生某甲官浙江以君管其書記始中依代州馮兵備於鄞兵備遷臺灣中不
能度海以與某甲僚也屬中於某甲既成言矣他日中造某甲則辭以事不得
見於是兵備去臺還而中留與歸則皆無所得食悵然其生之窮也當是時武
進蔣御史客於甲所告中曰甲之友汪純甫數以足下才藝學業矜語於某甲

圖 12　南京圖書館藏澤存書庫本(書號：GJ/7002891)《魏次卿誄》篇中、尾頁

今依《校勘記》小字初刻本、《遺書》本例，統稱未鏟字前後印本爲嘉慶初印本、後印本。餘若嘉慶後印本至道光《遺書》彙印各本間之印次演變，此前於《買書記歷》"我和《述學》的緣分"篇中已作細述，此處不再贅言。而郭立暄《顧廣圻校刻本〈述學〉之謎》所舉劉顧六卷本八帙，合小字初刻初印；德寶所售羅、秦舊藏未鏟字足本（浙江大學圖書館亦有一帙，書號：綫方 087）；《校勘記》所據底本（刊落《亳州渦水堤銘》篇"大"字、《老子攷異》篇"蓋"字），則劉顧六卷本印次已過十數。其道光彙印諸本，亦有迹象表明或另存所謂裝訂版本體系，如《徑山藏》故事，以暫無刊本實據，故留此存疑。

四

綜前文所述，則汪容甫著《述學》，其版本源流似爲：

（一）問禮堂四卷本

宋體，十三行三十字；左右雙欄，白口，單魚尾；版心刻書名，卷名，頁碼及字數。

初印本刊於乾隆五十七年，係汪容甫生前初刻自槧。此本"琰"字未諱；《大清誥授通議大夫湖北提刑按察使司按察使兼管驛傳馮君碑銘》篇亦未重刻，文中仍作"及其當官則清操彌厲""春秋五十有八""秦朝東陽"和"倉皇"；《釋晨曑二文》篇，"曑""宿"多用古字，間用異體。今中國國家圖書館藏 A03103 號本，即爲初印本。

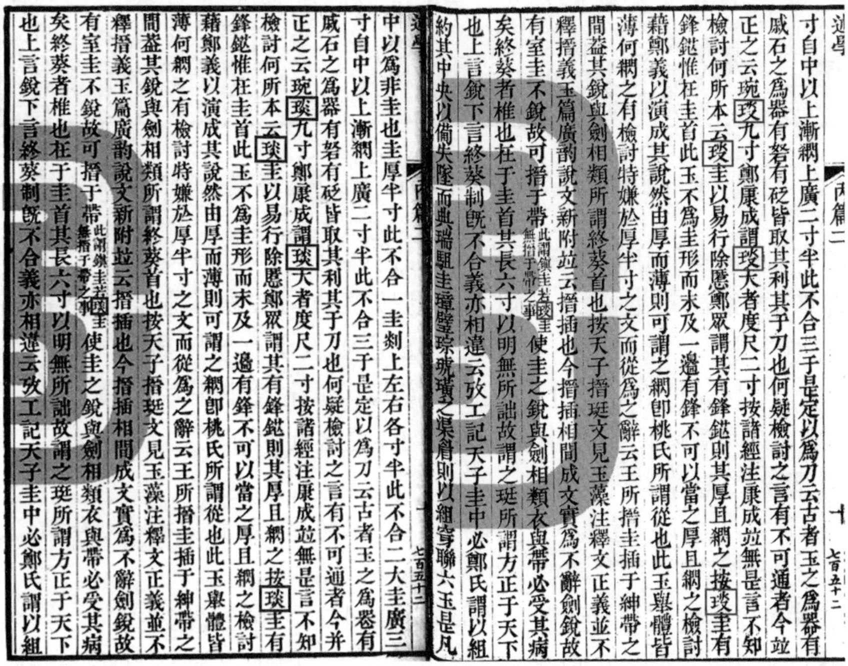

圖 13　問禮堂四卷初後印本《古玉釋名》篇"琰"字頁

後印本於嘉慶間由汪喜孫增刻扉頁及王序;《古玉釋名》篇改諱“琰”(見圖 13);《大清誥授通議大夫湖北提刑按察使司按察使兼管驛傳馮君碑銘》篇大部重刻,文中“及其當官則清操彌厲”“春秋五十有八”“秦朝東陽”和“倉皇”改作“及其當官清操彌厲”“春秋五十有七”“秦朝上黨東陽”與“蒼黃”;《釋曟曑二文》篇,“曑”“宿”純用古字(見圖 14)。今中國國家圖書館藏 94200 號本,浙江圖書館藏 5167 號本,皆是。

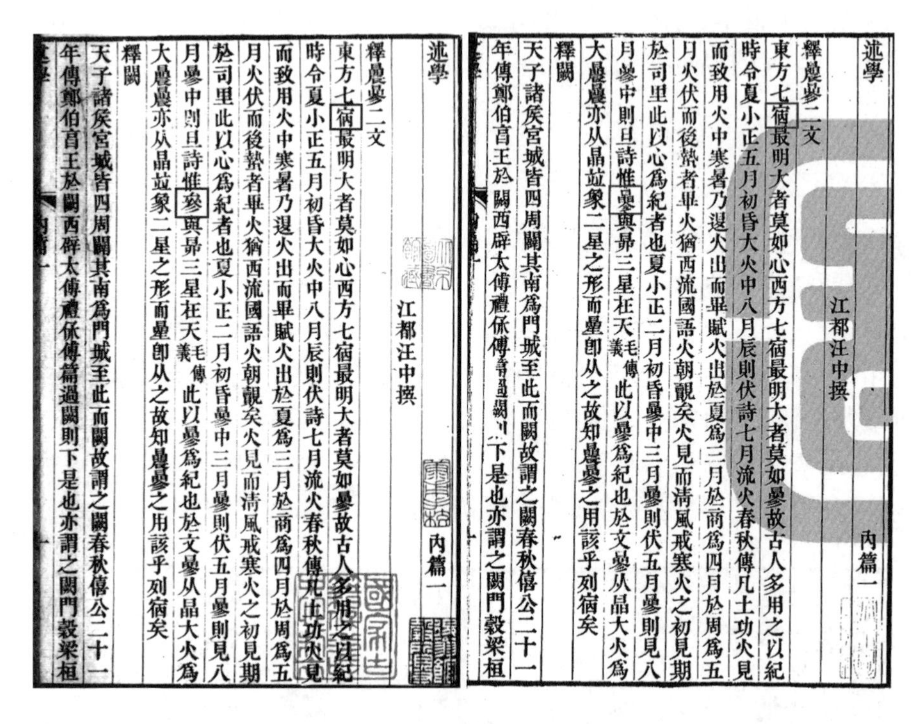
述學　內篇一
釋曟曑二文　江都汪中撰
東方七宿最明大者莫如心西方七宿最明大者莫如曑故古人多用之以紀時令夏小正五月初昏大火中八月辰則伏詩七月流火春秋傳凡土功火見而致用火中寒暑乃退火出而畢賦火出於夏爲三月於商爲四月於周爲五月火伏而後蟄者畢火猶西流國語火朝覿矣火見而清風戒寒火之初見期於司里此以心爲紀者也夏小正二月初昏曑中三月曑則伏五月曑則見八月曑中則旦詩惟參與昴三星在天毛傳義此以曑爲紀也於文曑从晶大火爲大曟曟亦从晶竝象三星之形而曐卽从之故知曟曑之用該乎列宿矣
釋闕
天子諸侯宮城皆四周闕其南爲門城至此而闕故謂之闕春秋僖公二十一年傳鄭伯肓王於闕西辟太傅禮依傳篇過闕則下是也亦謂之闕門穀梁桓

述學　內篇一
釋曟曑二文　江都汪中撰
東方七宿最明大者莫如心西方七宿最明大者莫如曑故古人多用之以紀時令夏小正五月初昏大火中八月辰則伏詩七月流火春秋傳凡土功火見而致用火中寒暑乃退火出而畢賦火出於夏爲三月於商爲四月於周爲五月火伏而後蟄者畢火猶西流國語火朝覿矣火見而清風戒寒火之初見期於司里此以心爲紀者也夏小正二月初昏曑中三月曑則伏五月曑則見八月曑中則旦詩惟曑與昴三星在天毛傳義此以曑爲紀也於文曑从晶大火爲大曟曟亦从晶竝象三星之形而曐卽从之故知曟曑之用該乎列宿矣
釋闕
天子諸侯宮城皆四周闕其南爲門城至此而闕故謂之闕春秋僖公二十一年傳鄭伯肓王於闕西辟太傅禮依傳[illegible]下是也亦謂之闕門穀梁桓

圖 14　問禮堂四卷初後印本卷一首頁《釋曟曑二文》篇

初印本訛誤甚多,詳見陳援庵撰《汪容甫〈述學〉年月日多誤》文,而後印本未全改。即如《大清誥授通議大夫湖北提刑按察使司按察使兼管驛傳馮君碑銘》篇,初印本作“是爲乾隆五十年十一月乙丑,春秋五十有八”,後印本改作“是爲乾隆五十年十一月乙丑,春秋五十有七”。按馮廷丞生於雍正六年,享年五十七歲,則此處當作“是爲乾隆四十九年十一月壬子,春秋五十有七”。

(二)阮刻二卷本

宋體,十一行二十一字;左右雙欄,白口,單魚尾;版心刻書名,卷數,頁碼,卷一前十四頁鐫“內篇”。

初印本刊於嘉慶三年,阮芸臺將其刻入《小琅嬛僊館敘録書》。今上海圖書館藏長 481505 號本,即是。道光間,彙印入《文選樓叢書》,尾頁另鐫“儀徵阮亨梅朩校”七字。今上海圖書館藏 013188 號本,即爲彙印本。(見圖 15)

阮刻二卷本《古玉釋名》篇,“琰”字諱作“炎”;《大清誥授通議大夫湖北提刑按察使司按察使兼管驛傳馮君碑銘》篇,仍作“及其當官則清操彌厲”“春秋五十有八”“秦朝東陽”和“倉皇”;《釋農曑二文》篇,“曑”字多用古字、間用異體,“宿”字純用古字。阮本合初刻四卷爲二卷,篇目及文字亦多依初刻本,卷一前十四頁尚存初刻内篇痕迹。

葉郎園稱阮本“與其子喜孫刻小字四卷本篇數相同”“文亦全無異同”,其説未確。以篇目論,此本較初刻四卷本多《明堂通釋》初稿上中下三篇;以文字論,《釋闕》篇: 初刻本作“十有七者”,阮本作“十有六者”。

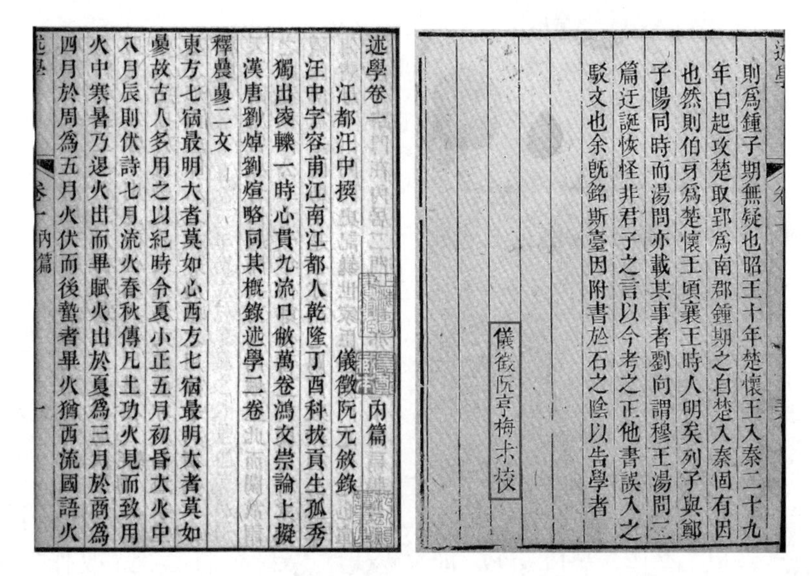
述學卷一　內篇
江都汪中撰　儀徵阮元敘錄
汪中字容甫江南江都人乾隆丁酉科拔貢生孤秀
獨出淩轢一時心貫九流口敝萬卷鴻文崇論上擬
漢唐劉焯劉炫略同其概錄述學二卷
釋農曑二文
東方七宿最明大者莫如心西方七宿最明大者莫如
曑故古人多用之以紀時令夏小正五月初昏大火中
八月辰則伏詩七月流火春秋傳凡土功火見而致用
火中寒暑乃退火出而畢賦火出於夏爲三月於商爲
四月於周爲五月火伏而後蟄者畢火猶西流國語火
述學　卷一　內篇　一

則爲鍾子期無疑也昭王十年楚懷王入秦二十九
年白起攻楚取郢爲南郡鍾期之自楚入秦固有因
也然則伯牙爲楚懷王頃襄王時人明矣列子與鄒
子陽同時而湯問亦載其事者劉向謂穆王湯問二
篇迂誕恢怪非君子之言以今考之正他書誤入之
駁文也余既銘斯臺因附書於石之陰以告學者
儀徵阮亨梅叔校

圖 15　阮刻二卷初印本卷一首頁與彙印本尾頁

(三)劉刻三卷本

宋體,九行二十一字;左右雙欄,白口,單魚尾;刊行本版心刻“述學一(二、三)”及頁碼,上方鐫字數。

此本刊於嘉慶初,係劉端臨校刻四卷本之前三卷。其刊行本扉頁鐫“汪氏藏板”、下摹“容甫”印,似有不負所托、歸板喜孫之意。(見圖 16)劉刻四卷本終未完蕆,故敘是本於此。今南開大學圖書館藏善 847・4/710−31 號本,浙江圖書館藏 5166 號本,上海圖書館藏長 090483 號本、長 084055 號本,皆是。

此本變亂初刻體例,卷三雜入汪容甫駢文名篇,或爲其子喜孫所不喜。劉顧六卷本出,此本遂廢。

劉端臨校理容甫文稿,以《女子許嫁而婿死從死及守志議》篇語多譏刺,後跋言袁子才妹素文遇人不淑事;《婦人無主答問》篇後跋稱方望溪爲不學,皆删削之。而此本首刊《哀鹽船文》《經舊苑弔馬守真文》及《自序》諸篇,梁任公曾云“清人頗自誇其駢文,其實極工者僅一汪中”,於此可窺豹斑。

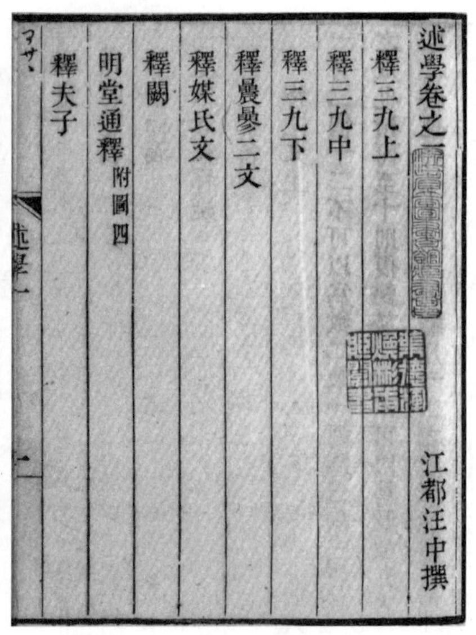
述學卷之一

江都汪中撰

釋三九上

釋三九中

釋三九下

釋曟曑二文

釋媒氏文

釋闕

明堂通釋附圖四

釋夫子

圖 16　劉刻三卷刊行本扉頁與卷一首頁

（四）劉顧六卷本

元體，十三行三十字；左右雙欄，白口，單魚尾；版心刻書名，卷名，頁碼及字數。

嘉慶初印本，即同治間揚州書局本《〈述學〉校勘記》所云小字初刻本，刊成於嘉慶二十三年，係汪喜孫屬顧千里校刻者。其尾卷《别録》中，尚存《魏次卿誄》全篇。今南京圖書館所藏 GJ/7002891 號本，即爲初印本。（見圖 17）

嘉慶後印本，則印於嘉慶廿五年後。此本删落《魏次卿誄》；《墨子序》篇，“其以耳食，無足怪也”改作“衆口交攻，抑又甚焉”，“自今日言之”改作“自儒者言之”，“自當日言之”改作“自墨者言之”，“雖欲平情覈實，其可得乎？是故墨子之誣孔子，猶孟子之誣墨子也”改作“此在諸子百家，莫不如是。是故墨子之誣孔子，猶老子之絀儒學也”；《古玉釋名》篇，刊落“琬琰九寸，鄭康成謂‘琰大者度尺二寸’。按諸經注，康成並無是言。不知檢討何所本”“檢討特以《玉人》‘四圭’、《長發》注‘小球’、《釋器》‘大圭’皆有‘尺有二寸’之文而遷就之”；《女子許嫁而婿死從死及守志議》篇，“今也不爲牉合而强與同穴，生爲來婦、没稱先妣，其可恥孰甚焉”改作“今也生不同室而死則同穴，存爲貞女、没稱先妣，其非禮孰甚焉”，“若使齊楚之君死，魯衛之臣號呼而自殺，則必爲狂易失心之人矣。何以異於是哉”改作“若使巖穴之士，未執贄爲臣，號呼而自殺，則亦不得謂之忠臣也。何以異於是哉”；《婦人無主答問》篇後跋，方苞侍郎條“正之如此”下删落文字。今上海圖書館藏善 760345 號本、長 019077 號本，皆是。

道光彙印諸本，增入《春秋述義》《行狀》與《附録》，《外篇一》六、十兩頁陸續鏟字，間削王序後劉文奎子刻款。今上海圖書館藏長 020343 號本、長 007671 號本、長 489336 號本、長 012900 號本、372665 號本，南開大學圖書館藏善 847・4/

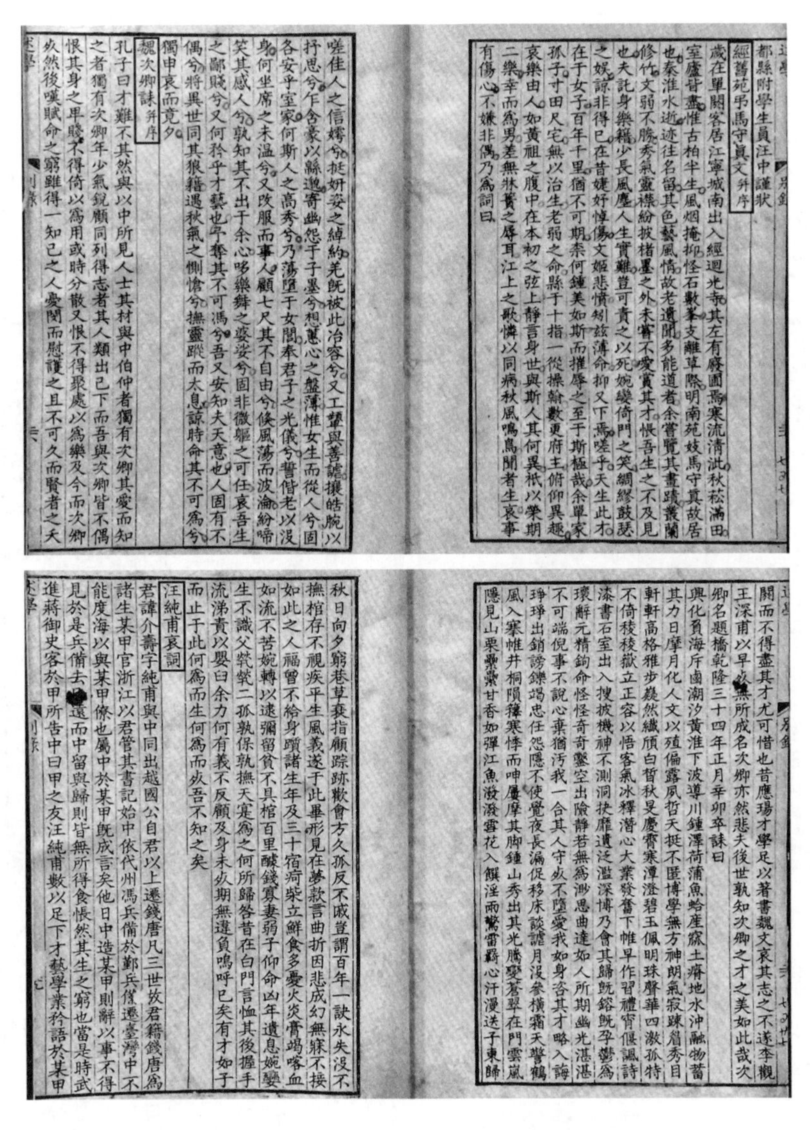

都縣附學生員汪中謹狀

經舊苑弔馬守眞文并序

歲在單閼客居江寧城南出入經迴光寺其左有廢圃焉寒流清泚秋菘滿田室廬皆盡惟古柏半生風烟掩抑怪石數峯支離草際明南苑妓馬守眞故居也秦淮水逝迹往名留其色藝風情故老遺聞多能道者余嘗覽其畫蹟叢蘭修竹文弱不勝秀氣靈襟紛披楮墨之外未嘗不愛賞其才悵吾生之不及見也夫託身樂籍少長風塵人生實難豈可責之以死婉孌倚門之笑綢繆鼓瑟之娛諒非得已在昔婕妤悼傷文姬悲憤矧茲薄命抑又下焉嗟乎天生此才在于女子百年千里猶不可期柰何鍾美如斯而摧辱之至于斯極哉余單家孤子寸田尺宅無以治生老弱之命縣于十指一從操翰數更府主俛仰異趣哀樂由人如黃祖之腹中在本初之弦上靜言身世與斯人其何異祇以榮期二樂幸而爲男差無牀簀之辱耳江上之歌憐以同病秋風鳴鳥聞者生哀事有傷心不嫌非偶乃爲詞曰

嗟佳人之信嫮兮挺妍姿之綽約羌既被此冶容兮又工顰與善謔攘皓腕以抒思兮乍含豪以緜邈寄幽怨于子墨兮想蕙心之盤薄惟女生而從人兮固各安乎室家何斯人之高秀兮乃蕩墮于女閭奉君子之光儀兮誓偕老以沒身何坐席之未溫兮又改服而事人顧七尺其不自由兮倏風蕩而波淪紛啼笑其感人兮孰知其不出于余心哆樂舞之婆娑兮固非微軀之可任哀吾生之鄙賤兮又何矜乎才藝也予犇其不可馮兮吾又安知夫天意也人固有不偶兮將異世同其狼藉遇秋氣之惻愴兮撫靈蹤而太息諒時命其不可爲兮獨申哀而竟夕

魏次卿誄并序

孔子曰才難不其然與以中所見人士其材與中伯仲者獨有次卿其愛而知之者獨有次卿年少氣銳顧同列得志者其人類出己下而吾與次卿皆不偶恨其身之卑賤不得倚以爲用或時分散又恨不得聚處以爲樂及今而次卿歿然後嘆賦命之窮雖得一知己之人憂閔而慰護之且不可久而賢者之夭閟而不得盡其才尤可惜也昔應瑒才學足以著書魏文哀其志之不遂李觀王深甫以早歿無所成名次卿亦然悲夫後世孰知次卿之才之美如此哉次卿名題橋乾隆三十四年正月辛卯卒誄曰

興化負海斥鹵潮汐黃淮下波導川鍾澤荷蒲魚蛤產殖土瘠地水沖融物蓄其力日摩月化人文以殖偏露夙哲天挺不匱博學無方神朗氣寂踈眉秀目軒軒高格雅步嶷然纖頎白皙秋旻慶霄寒潭澄碧玉佩明珠聲華四激孤特不倚稜稜嶽立正容以悟客氣冰釋潛心大業發奮下帷早作習禮宵偃諷詩漆書石室出入搜披機神不測洞抉靡遺泛濫深博乃會其歸既鎔既孕鬱爲瓌辭元精鉤命怪怪奇奇鑿空出險靜若無爲渺思曲達如人所期幽光湛湛不可端倪事不說心棄猶汙我一合其人守歿不墮愛我如身咨其才略入誨琤琤出銷謗鑠竭忠任怨隱不使覺夜長漏促移床談謔月沒參橫霜天警鶴風入寒帷井桐隕籜寒悸而呻屢摩其脚鍾山秀出其光騰變蒼翠在門雲嵐隱見山栗纍纍甘香如彈江魚潑潑雪花入饌淫雨驚雷羇心汗漫送子東歸秋日向夕窮巷草衰指顧踪跡歡會方久孫反不戚豈謂百年一訣永失沒不撫棺存不覩疾平生風義遂于此畢形見在夢款言曲折因悲成幻無寐不接如此之人福曾不給身躋諸生年及三十宿疴柴立鮮食多憂火炎膏竭咯血如流不苦婉轉以遠彌留貧不具棺百里醵錢寡妻弱子仰命凶年遺息婉孌生不識父煢煢二孤孰保孰撫天寔爲之何所歸咎昔在白門言恤其後握手流涕責以嬰臼余力何有義不反顧及身未歿期無遺負嗚呼已矣有才如子而止于此何爲而生何爲而歿吾不知之矣

汪純甫哀詞

君諱介壽字純甫與中同出越國公自君以上遷錢唐凡三世故君籍錢唐爲諸生某甲官浙江以君管其書記始中依代州馮兵備於鄞兵備遷臺灣中不能度海以與某甲僚也屬中於某甲既成言矣他日中造某甲則辭以事不得見於是兵備去[illegible]遠而中留與歸則皆無所得食悵然其生之窮也當是時武進蔣御史客於甲所告中曰甲之友汪純甫數以足下才藝學業矜語於某甲

圖 17　劉顧六卷初印本《魏次卿誄》篇全文

710-3 號本,浙江大學圖書館藏綫方 087 號本,皆是。

劉顧六卷本前四卷,其篇目及編次一依初刻。而此本搜羅最詳,或可爲汪容甫文集定本。唯初印難得;後印彙印各本,已失原貌。

乾嘉間,斥容甫最力者三人:翁覃溪、方植之與章實齋。喜孫從翁覃溪遊,後納貲爲内閣中書、遷户部員外郎,外放河南懷慶知府。官居四品,不可謂不達;較其父科名僅止於拔貢,相去何啻霄壤。而數十年間紅塵宦遊,焉得任意隨心,《孤兒編》卷三所載六篇《正誤》,率替其父洗刷文;嘉慶後印、道光彙印各本,修補删削,亦多爲改易汪容甫譏斥方望溪、朱竹垞、袁子才及喜習宋學者與非聖無君語。

（五）《經解》二卷本

宋體，十一行二十四字；左右雙欄，白口，單魚尾；版心刻“皇清經解”，卷數，頁碼及“汪拔貢述學”。

初印本刊於道光九年，阮芸臺命嚴杰輯入《皇清經解》者。今上海圖書館藏長 272973 號本，即是。咸豐七年，英軍攻粵，此板亦損。咸豐十年，勞崇光督兩廣，補刻之。今上海圖書館藏長 265449 號本，即爲補刊本。（見圖 18）

皇清經解卷七百九十九　學海堂

述學　江都汪拔貢中著

釋曟曑二文

東方七宿最明大者莫如心西方七宿最明大者莫如曑故古人多用之以紀時令夏小正五月初昏大火中八月辰則伏詩七月流火春秋傳凡土功火見而致用火中寒暑乃退火出而畢賦火出於夏爲三月於商爲四月於周爲五月火伏而後蟄者畢火猶西流國語火朝覿矣火見而清風戒寒火之初見期於司里此以心爲紀者也夏小正正月初昏曑中三月曑則伏五月曑則見八月曑中則旦詩惟曑與昴三星在天毛傳義此以曑爲紀也於文曑从晶大火爲大曟曟亦从晶並象三星之形

皇清經解　卷七百九十九　汪拔貢述學　一

皇清經解卷七百九十九　學海堂

述學　江都汪拔貢中著

釋曟曑二文

東方七宿最明大者莫如心西方七宿最明大者莫如曑故古人多用之以紀時令夏小正五月初昏大火中八月辰則伏詩七月流火春秋傳凡土功火見而致用火中寒暑乃退火出而畢賦火出於夏爲三月於商爲四月於周爲五月火伏而後蟄者畢火猶西流國語火朝覿矣火見而清風戒寒火之初見期於司里此以心爲紀者也夏小正正月初昏曑中三月曑則伏五月曑則見八月曑中則旦詩惟曑與昴三星在天毛傳義此以曑爲紀也於文曑从晶大火爲大曟曟亦从晶並象三星之形

皇清經解　卷七百九十九　汪拔貢述學　一　庚申補刊

圖 18　《經解》二卷初後印本卷一首頁

《經解》本篇目多依初刻而雜以它文，文字則多從劉顧六卷嘉慶後印本。

葉德輝《郎園讀書志》卷十“又一部三卷”稱此《經解》本“大抵學海堂本以經義爲主，故凡無關經義者概不入録”，確然。

主要參考文獻

《述學》問禮堂四卷本　汪中著

乾隆初印本　國家圖書館藏 A03103 號本

嘉慶後印本　國家圖書館藏 94200 號本，浙江圖書館藏 5167 號本

《述學》阮刻二卷本　汪中著

《小琅嬛僊館敘録書》本　上海圖書館藏長 481505 號本

《文選樓叢書》彙印本　上海圖書館藏 013188 號本

《述學》劉刻三卷本　汪中著

校樣本　南開大學圖書館藏善 847・4/710–31 號本

刊行本　浙江圖書館藏 5166 號本，上海圖書館藏長 090483 號本、長 084055 號本
《述學》劉顧六卷本　汪中著
嘉慶初印本　南京圖書館藏 GJ/7002891 號本
嘉慶後印本　上海圖書館藏善 760345 號本、長 019077 號本
道光彙印本　上海圖書館藏長 020343 號本、長 007671 號本、長 489336 號本、長 012900 號本、372665 號本，南開大學圖書館藏善 847・4/710-3 號本
《述學》《經解》二卷本　汪中著
道光初印本　上海圖書館藏長 272973 號本
咸豐補刊本　上海圖書館藏長 265449 號本
《述學》揚州書局本　汪中著
同治八年刻本　雙舍利塔齋藏本

《孤兒編》　汪喜孫編撰　道光《汪氏遺書》本　雙舍利塔齋藏本
《汪氏學行記》　汪喜孫編撰　道光《汪氏遺書》本　上海圖書館藏 372665 號本
《容甫先生年譜》　汪喜孫編撰　道光《汪氏遺書》本　上海圖書館藏 372665 號本
《先君年表》　汪喜孫編撰　《江都汪氏叢書》本　上海圖書館藏長 002392 號本
《汪荀叔自撰年譜》　汪喜孫撰　民國間灰格抄《壽母小記》本　影印本
《劉端臨先生年譜》　劉文興編撰　國立北京大學國學季刊三卷二號本　影印本
《淩次仲先生年譜》　張其錦編撰　黄山書社《清代徽人年譜合刊》本　通行本
《收庵居士自敘年譜略》　趙懷玉撰　道光十二年刻本　上海圖書館藏長 748356 號本
《淮海英靈集》　阮元輯　《文選樓叢書》本　上海圖書館藏 013188 號本
《廣陵詩事》　阮元輯　嘉慶六年刻本　雙舍利塔齋藏本
《春融堂集》　王昶著　嘉慶十二年塾南書舍本　上海圖書館藏長 013292 號本
《校禮堂文集》　淩廷堪著　道光六年刻本　上海圖書館藏長 013559 號本
《安吴四種》　包世臣著　道光二十六年白門倦遊閣本　上海圖書館藏 365817 號本
《郋園讀書志》　葉德輝著　民國十七年上海澹園本　上海圖書館藏 344039 號本
《江都汪氏叢書》　秦更年等輯　中國書店影印本　上海圖書館藏長 002392 號本
《中國古籍善本書目》　編委會編　上海古籍出版社　1989—1998 年
《清代版本圖録》　黄永年、賈二强撰集　浙江人民出版社　1997 年
《述學校箋》　李金松校箋　中華書局　2014 年
《汪中〈述學〉版本述略》　劉枚撰　《江蘇教育學院學報》1998 年第 1 期　電

子版
《汪中著述及版本考述》 顏建華撰 《西南交通大學學報》第5卷第5期 電子版
《汪中〈述學〉版本考述》 林勝彩撰 《文與哲》第十四期 電子版
《清代版本散論》 楊成凱撰 《文獻》季刊2004年4月第2期 電子版
《杭州圖書館古籍善本題跋探賾》 仇家京撰 《圖書館工作與研究》總第235期 電子版
《汪容甫〈述學〉年月日多誤》 陳垣撰 《陳垣史源學雜文》 人民出版社 1980年

感謝内子姚芳女士的勉勵與支持！
本文亦是對她多年寬容與等待的回報與交待。

宗旨 復旦大學中華古籍保護研究院 兼職研究員

A research on the edition origin and development of Wang Rongfu's *Shuxue*

Zong Zhi

Abstract: Based on the actual publication, this paper combs and analyzes the relevant literature. By using the "double evidence method" of mutual verification of traditional literature records and corresponding print evidence, the original self - printed version of Wang Rongfu's Shuxue is verified as the four volume version of the auditorium; Ye Dehui's first three volumes are the first three volumes of the four volumes of Liu Taigong's collated edition in Jiaqing (not yet finished); Wang Xisun carved Liu Gu's six volumes, which were published in the 23rd year of Jiaqing, and can be divided into three progressive print types: the first print of Jiaqing, the later print of Jiaqing, and the consolidated print of Daoguang's "Remaining Book". The purpose of this paper is to supplement the previous theories, and then build a more solid and credible version source structure system, laying a foundation for the literature collation of *Shuxue* and academic research based on different editions and printed texts.

Keywords: Wang Zhong *Shuxue* Edition origin and development Ye Dehui *Xiyuan's Reading Annals*

新見錫活字印本《武備志》淺説

艾俊川

摘　要: 明茅元儀著《武備志》有一個清代活字印本,歷來被看作道光間木活字本,今經鑒定,實爲廣東鄧(Tong)氏在咸豐初年用錫活字所印,是目前甄别出的第六種鄧氏錫活字印本。錫活字本《武備志》的主要版面特徵是:純文字版爲錫活字排印,同一文字的活字用同一字模翻鑄而成,字形一致;圖文版的圖和文字均爲雕版刷印。這個印本的發現,爲深入研究鄧氏錫活字及其他材質金屬活字的鑄造、排印工藝提供了新資料。

關鍵詞: 錫活字本　武備志　錫活字　金屬活字　活字印刷

近十年來版本學的一個重要成果,是對清代廣東鄧(Tong,曾誤譯爲唐)氏錫活字印書的鑒定和研究取得突破。這種特殊材質的活字本,原先只見記載不知面目,而自2011年以來已甄别出多種,都是卷帙浩繁的大部頭書,爲研究這一創新性的活字印刷技術提供了豐富的實物資料。

2011年,中國嘉德國際拍賣有限公司徵集到一部《十六國春秋》,疑爲廣東鄧氏錫活字印本,經宋平生、韓琦兩先生和筆者鑒定,確爲錫活字本。宋先生并由此認定天津圖書館所藏的《三通》(《通典》《通志》《文獻通考》),同爲鄧氏錫活字所印。他隨後撰成《新發現的清咸豐廣東鄧氏錫活字印本〈十六國春秋〉鑒定記》[①],

① 宋平生:《新發現的清咸豐廣東鄧氏錫活字印本〈十六國春秋〉鑒定記》,《嘉德通訊》2011年第一期,第138—140頁;又見《版本目録學研究》第三輯,國家圖書館出版社,2012年。

詳細介紹了鑒定過程。其後不久,筆者甄别出鄧氏錫活字所印《陳同甫集》。①2020 年,李國慶先生等發表文章,對錫活字印本《三通》及錫活字印刷相關問題進行了更深入的研究。②

近期,筆者又發現一部一直被認爲是木活字印本的《武備志》,實爲鄧氏錫活字印本,這樣,現在已知的存世錫活字印本達到六種。

2021 年 9 月,北京泰和嘉成拍賣有限公司舉辦的常規古籍拍賣會,上拍了一部明茅元儀著、清活字印本《武備志》殘書,存 9 册 35 卷。③ 經筆者比對,這是此前未曾報道過的用鄧氏錫活字印刷的書,現就有關情況略作介紹。需要説明的是,《武備志》是一部二百四十卷的大書,對它的研究自應圍繞全書進行,但因疫情防控,不便到圖書館借閱古籍,因此僅就 9 册殘書做一些簡單探討,更詳細深入的研究有待後續。

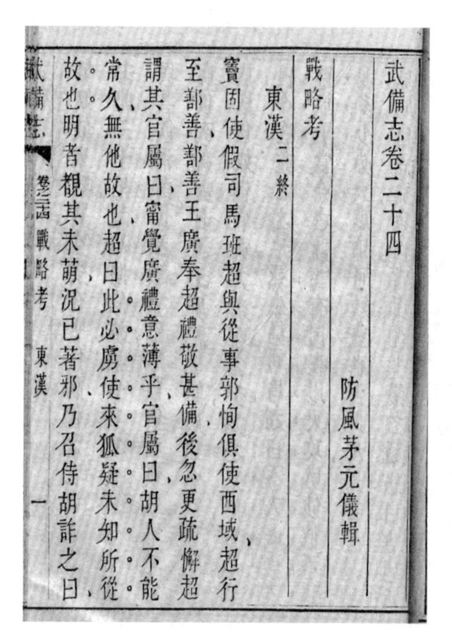
武備志卷二十四

戰略考　　防風茅元儀輯

東漢二終

竇固使假司馬班超與從事郭恂俱使西域超行至鄯善鄯善王廣奉超禮敬甚備後忽更疏懈超謂其官屬曰寧覺廣禮意薄乎官屬曰胡人不能常久無他故也超曰此必虜使來狐疑未知所從故也明者覩其未萌況已著邪乃召侍胡詐之曰

武備志　戰略考　東漢　一

圖 1　錫活字印本《武備志》卷二十四首葉

這部《武備志》,是活字與雕版印刷結合而成的産物,純文字的版爲活字版,有圖的版,圖與文字均爲雕版。

活字版 9 行 19 字,小字雙行,上下雙邊,左右或雙邊或單邊,半葉版框高 21.5 釐米,寬 15.2 釐米。行間有批點符號,書眉有評語。全書版框拼合而成,四角未能對齊,上下框線稍長,突出於左右邊欄之外約 0.3 釐米,是一種罕見的版框形式。

觀察活字版,可見同一葉的相同文字字形高度一致,很多字存在共同的瑕疵,屬同模制字。如卷二十四首頁若干“馬超”的“超”字,不僅字形相同,而且“走”旁的長豎在中部均有一個斷點,説明模子的原有瑕疵被翻製到活字上。

與衛三畏提供的鄧氏錫活字本字樣比對,④《武備志》的活字與它們同出一模,可確定爲鄧氏錫活字印本。

① 艾俊川:《錫活字印本〈陳同甫集〉和中國歷史上的錫活字印刷》,《北京印刷學院學報》2011 年第 6 期。後收入《文中象外》,浙江大學出版社,2012 年。

② 李國慶:《發明于清代的活字泥版和錫活字印書技術略述》,《古籍保護研究》2020 年第 2 期;李國慶、王嘉遇、趙前:《第一部錫活字印本〈文獻通考〉再議——對張秀民〈中國印刷史〉所載“佛山鄧姓印工”條目的增補》,《印刷文化(中英文)》2020 第 1 期。

③ http://www.thjc.cn/web/auctionShow/viewAuctionItem?auctionItemId=117971&fromPage=

④ 見《中國印刷史 下(插圖珍藏增訂本)》,浙江古籍出版社,2006 年,第 613 頁。

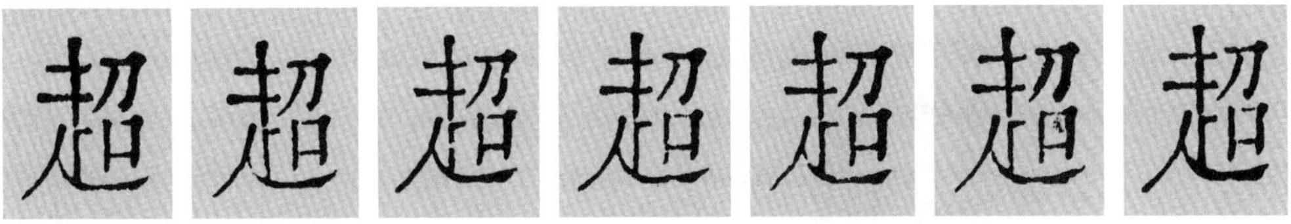

圖2　字形一致并具有相同瑕疵的“超”字

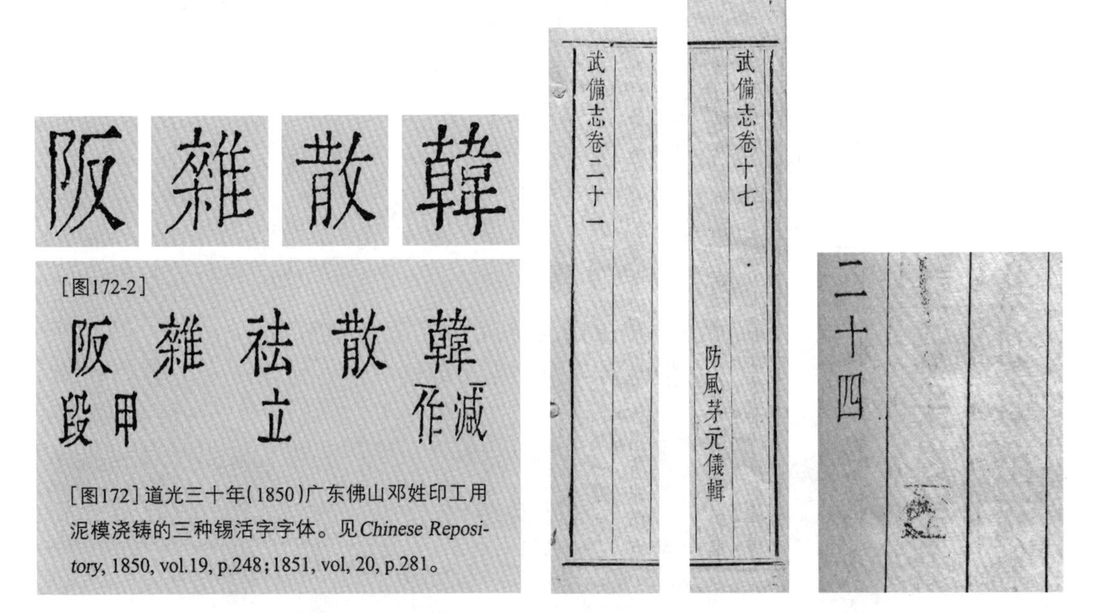

圖3　《武備志》中活字與衛三畏報告的錫活字字形相同

圖4　左、中,版框拼合情形;右,字丁印迹

與此前已甄别出的錫活字本相比,《武備志》行間有批點符號,天頭又有眉批,排版工藝要複雜得多。下面根據版面上的各種墨痕印迹,分析一下排版工藝。

正文部分,在没有批點的地方,使用夾條固定活字。不滿一行的地方,使用高度低於活字的字丁填充版面,偶爾可見字丁印迹。

行間批點部分,使用圓圈、空心點、空心豎線、實心豎線和實心點五種符號。由豎線可知,這些符號是預先製成長短不一的符號活字,排版時根據具體情況取用,長的可達六個符號相連,短的只有一個符號。其餘未加批點的地方,使用細而低的字丁填空,偶爾也可以見到其印迹。

眉批用小字,與注文型號相同,每行三字。從葉面殘存的墨痕看,《武備志》在排眉批的時候,在正文版的上方,外加一個與版等寬、三字高的外框,排字不滿三字,也用字丁填空。

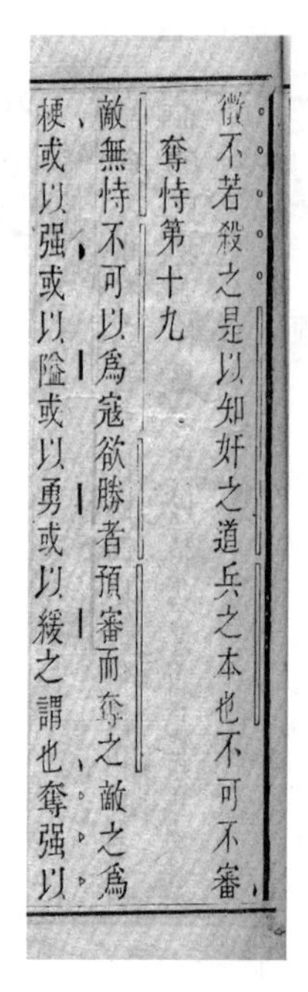
償不若殺之是以知奸之道兵之本也不可不審
奪恃第十九
敵無恃不可以爲寇欲勝者預審而奪之敵之爲
梗或以强或以險或以勇或以緩之謂也奪强以

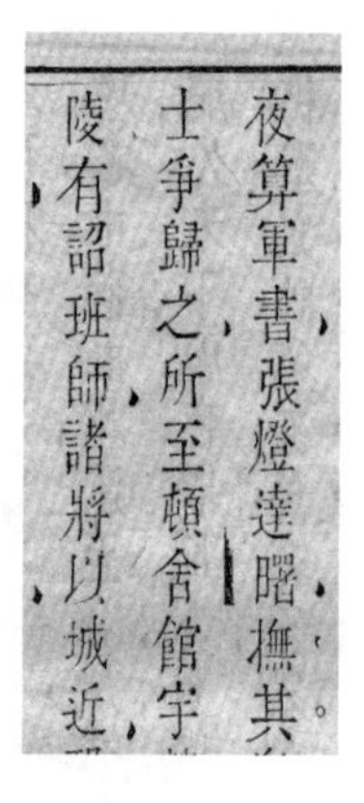
夜算軍書張燈達曙撫其
士爭歸之所至頓舍館宇
陵有詔班師諸將以城近

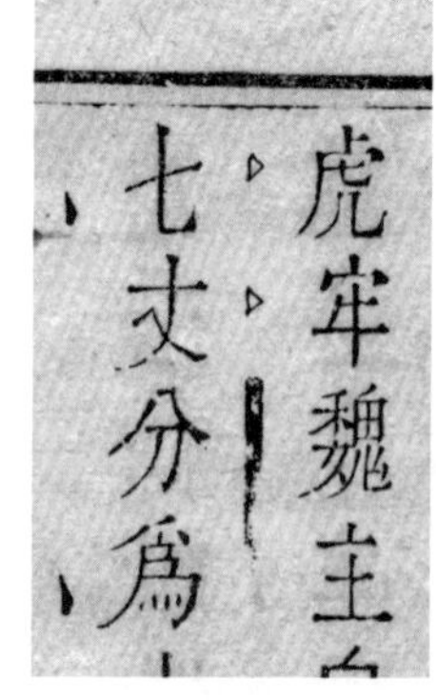
虎牢魏主
七丈分爲

圖 5　左，批點符號的活字長度一字至六字不等。
中、右，批點行列中的字丁印迹

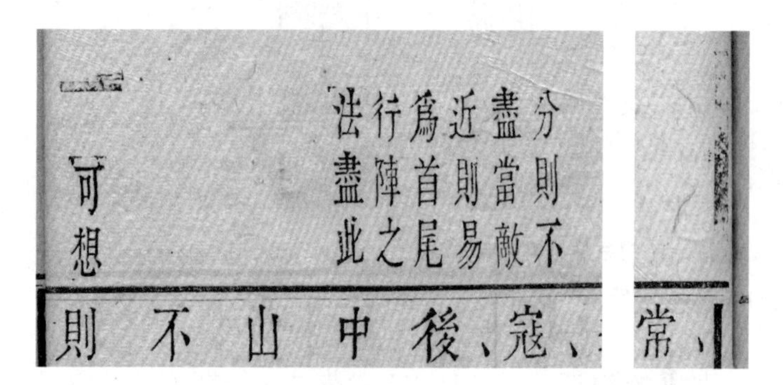
分則不
盡當敵
近則易
爲首尾
行陣之
法盡此
可想
則　不　山　中　後、寇、　常、

圖 6　左，眉批與外框的上框線印迹；右，外框的右框線印迹

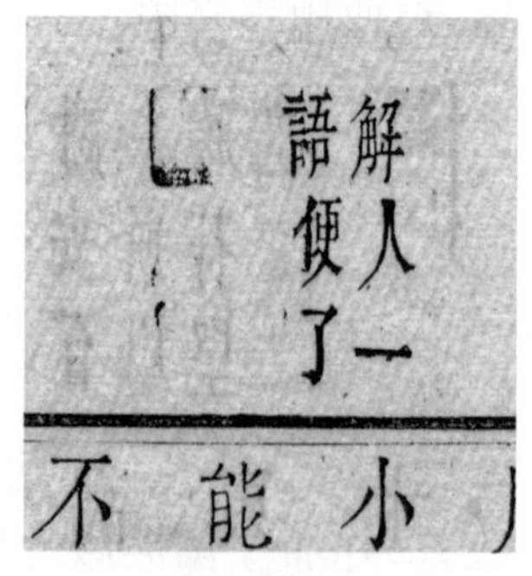
解人一
語便了
不　能　小

圖 7　眉批的填空字丁印迹

圖像版的圖與文字，均爲雕版，9 行 19 字，但版面要比活字版短 1 釐米左右。這是因爲插圖需要雕版，而在活字版中排入圖像版工藝更爲複雜，所以連圖帶文字一體雕版。

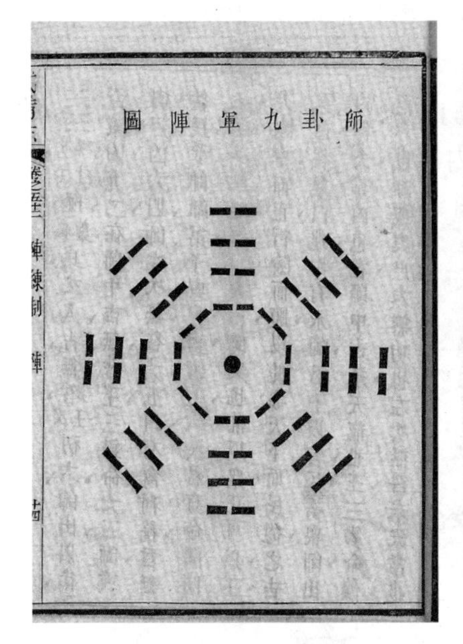

圖 8　雕版所印圖

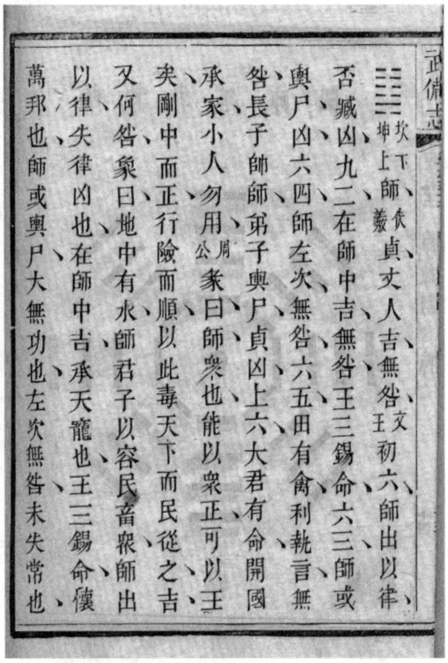

武備志

☷☵ 坎下坤上 師 伏羲 貞丈人吉無咎 文王 初六師出以律
否臧凶九二在師中吉無咎王三錫命六三師或
輿尸凶六四師左次無咎六五田有禽利執言無
咎長子帥師弟子輿尸貞凶上六大君有命開國
承家小人勿用 周公 象曰師衆也能以衆正可以王
矣剛中而正行險而順以此毒天下而民從之吉
又何咎象曰地中有水師君子以容民畜衆師出
以律失律凶也在師中吉承天寵也王三錫命懷
萬邦也師或輿尸大無功也左次無咎未失常也

圖 9　雕版所印文字

此前的研究認爲，《武備志》有三部“道光”活字本。天津圖書館所藏活字本，相同文字的每個活字字形都不相同，是一部木活字本。取二本相較，有些地方錫活字本有誤字，如卷十七，第七葉十一行，“卑辭厚弊”，“弊”應爲“幣”；十六行“驕不反其驕”，“不”應爲“者”；第十葉十三行，“埃塌之多”，“塌”應爲“壒”；第十二葉十六行，“以内嬖爲問”，“問”應爲“間”；第十七葉一行，“氏人富庶”，“氏”應爲“民”；十七行，“遺中寇敵窮匱”，“遺”應爲“圍”；等等，木活字本均正確無誤。因此，如果這兩個版本有因襲關係的話，當是木活字本在前，錫活字本在後。

根據張秀民先生《中國印刷史》轉引的衛三畏報告，佛山鄧姓印工爲了印刷彩票，在道光三十年(1850)開始鑄造錫活字，當年五月以前就鑄成兩副活字，字數超過十五萬。他花了一萬元以上資本，前後造成三副活字，共二十多萬個，一副是扁體字，一副是長體大字，又一副爲長體小字，作正文的小注用。鄧氏用了兩年的時間，在咸豐二年(1852)印成元代史學家馬端臨的名著《文獻通考》三百四十八卷，凡一萬九千三百四十八面，訂成一百二十大册，字大悦目，紙張潔白，墨色清楚，是世界印刷史上第一部錫活字印本。①

① 張秀民著，韓琦增訂：《中國印刷史 下(插圖珍藏增訂版)》，浙江古籍出版社，2006 年，第 613—614 頁。

鄧氏在道光三十年鑄字，鑄成後首先排印《文獻通考》，咸豐二年完成，而咸豐四年這套錫活字就在戰爭中毁失了。如此，印刷錫活字本《武備志》應是咸豐二年至四年之間的事，此本實爲咸豐間印本。與鄧氏錫活字本印本《陳同甫集》相比，《武備志》中的活字質量不高，筆劃缺損變形較多，應爲多次翻鑄的活字，是鄧氏活字的後期印品。

書中有些錫活字筆劃不直，形狀彎曲（見圖 10），應是翻砂鑄造的時候型砂擾動造成的。此前筆者在《清康熙内府銅活字鑄造初探》一文中曾指出類似情況，認爲屬鑄造瑕疵，是鑒定金屬鑄造活字的一個特徵。① 鄧氏錫活字爲此提供了更多例證。

圖 10　錫活字筆劃彎曲現象

圖 11　《古今圖書集成》銅活字筆劃彎曲現象

對《武備志》的活字印本，此前的研究均未分清活字的材質，而且所述版本信息也不是很清晰。如許保林《〈武備志〉版本考略》指出美國國會圖書館藏有兩種道光木活字本，其中一種是白紙本，一種是黄紙本。實際上，僅憑紙的顔色并不能有效區别版本類型；②喬娜《〈武備志〉版本源流考》指出《武備志》有三種道光活字本，北京大學圖書館藏有兩種，天津圖書館藏有第三種，各書版本均不相同。③今檢各館在線目録及書影，北大館藏活字本只有一種，天津圖書館也只藏一種，而且兩館所藏爲同一版本。造成差异的原因，不知是兩家圖書館的在線目録不完整，還是《〈武備志〉版本源流考》鑒定有誤，需要進一步核實。目前通過圖像比

① 艾俊川：《清康熙内府銅活字鑄造初探》，《中國出版史研究》2019 年第 2 期。又收入《中國出版史新論》，中華書局，2022 年。

② 許保林：《〈武備志〉版本考略》，原刊《兵家史苑》第一輯，軍事科學出版社，1988 年。此據《〈武備志〉版本源流考》引述。

③ 喬娜：《〈武備志〉版本源流考》，《清史論叢》2016 年第 1 期。

對,可以確定中山大學圖書館藏本爲鄧氏錫活字印本,其他圖書館的藏本尚待甄别。

艾俊川　金融時報社　編輯

A study on the newly-discovered tin movable type edition of *Wu Bei Zhi*

Ai Junchuan

Abstract: There is a movable type edition of *Wu Bei Zhi* written by Mao Yuanyi in the Ming Dynasty, which has always been regarded as a wooden movable type edition in Daoguang. Now it is identified that it was actually printed with tin movable type by Tong in Guangdong in the early years of Xianfeng. It is the sixth kind of tin movable type edition identified by Tong at present. The main layout features of the tin movable type version of *Wu Bei Zhi* are as follows: the plain text version is printed by tin movable type, and the movable type of the same character is cast from the same mold, with the same shape; The figures and characters of the graphic version are all engraved and printed. The discovery of this printed version provides new information for the in-depth study of the casting and printing process of Tong's tin movable type and other metal movable type materials.

Keywords: tin movable type　*Wu Bei Zhi*　xi movable type　metal movable type　movable type　printing

錢載《蘀石齋詩文集》編刻版本考

楊 柳

摘 要: 錢載(1708—1793)作爲清代前期"秀水詩派"之中堅,有《籜石齋詩集》五十卷、《籜石齋文集》二十六卷行世,但對於這兩部詩文集的編刻版本問題,前人多言之不詳,現行目録中也存在著録不確切的情形。本文對《籜石齋詩集》三十六卷初編本、四十九卷初刻本、五十卷續刻本,《籜石齋文集》二十六卷本以及籜石齋詩文集的首個合刻本進行逐一考證,基本釐清了《籜石齋詩文集》完整的編刻過程。

關鍵詞: 錢載 籜石齋詩集 籜石齋文集

錢載(1708—1793),字坤一,號蘀石,又號萬松居士,晚號萬蒼翁,浙江秀水(今嘉興)人。乾隆十七年(1752)進士,由編修累官禮部左侍郎,公暇不廢吟詠,尤以詩筆名世,刊有《蘀石齋詩集》五十卷、《蘀石齋文集》二十六卷。清代詩苑以浙中爲盛,而浙中又莫盛於嘉禾。作爲秀水詩派之中堅,錢載振詩學於竹垞之後,在當時已頗受譽揚,如洪亮吉(1746—1809)《北江詩話》云:"近時九列中詩,以錢宗伯載爲第一。"①錢仲聯(1908—2003)《夢苕盦詩話》評錢詩:"清真鑱刻,神景開闔,體大思精,卓然大家。在雍、乾間無敵手。"②有關錢載的詩文研究整理近年

① 〔清〕洪亮吉著,《北江詩話》六卷,清光緒三年(1877)洪用懃授經堂重刻本,卷一,第十五葉。

② 錢仲聯主編:《清詩紀事》(乾隆朝卷),鳳凰出版社,2004年,第1354頁。

來已有諸多成果①,但對於《籜石齋詩集》《籜石齋文集》的編刻版本問題,前人多言之不詳,本文試作考證。

一、《籜石齋詩集》三十六卷初編本

錢載生於詩文世家,自幼從父炌學詩,"案所常置者,汲古閣初印本《劍南詩集》《渭南文集》"②,所自爲詩者漸積有帙。據《籜石齋詩集》自序,是集首次編定於乾隆三十九年(甲午,1774)四月,而事實上,至少在乾隆三十二年(丁亥,1767)之前,編選工作已陸續展開。中國國家圖書館藏有錢載手批《翁覃溪詩》稿本③,翁方綱(1733—1818)自題爲《籜批》,册尾所附錢載致翁方綱信札對《籜石齋詩集》的編録之事屢有言及:

《籜批七》:"弟詩將存千六百之局。"册首有翁方綱自識"丁亥十一月十一日,三水到",時在乾隆三十二年(丁亥,1767)。

《籜批又二》:"拙詩今春又看過一番,三月停止後不曾抄付,伺抄出再商量。詞則竟棄去矣,白白用過工夫。"據卷末錢載所云"十八年來""范大兄之殁"等語,批復時間約在乾隆三十四年(己丑,1769)。

《籜批又九》:"弟拙詩亦不得不删存。雖不好,且亦存之。然自上年一年,不曾有整工夫寓目一過,甚難,甚難……今年但得定出王、汪兩稿,而弟之詩亦抄定,則此後甚閒,可從容領略耳。"(見圖1)此册首有翁方綱自識云:"庚寅臘月十九日至辛卯二月廿四日",時在乾隆三十五年(庚寅,1770)至三十六年(辛卯,1771)間。

又據乾隆三十七年(壬辰,1772)十月《翁覃溪先生讀書札記》(海上容軒藏),錢載曾爲詩集手訂版式及書寫體例十八條,如"十二行、三十二格,依曝書亭格""題中同時人,書官,書姓、名,書行,皆可。序與注中,則書官,書號。亡友特異處,或書名""恭引御製序與注,皆用'曰'字,不用'云'字"等,可見錢氏作風之謹細。④

翁方綱與錢載相知在通籍之前,談藝知心於同年中爲最。乾隆四十一年(丙申,1776)翁方綱編選《籜石齋詩抄》四卷,序云:"秀水錢閣學所爲詩曰《籜石齋

① 近年來錢載研究成果如:潘中華著:《錢載年譜》,上海古籍出版社,2014年;〔清〕錢載著,丁小明整理:《籜石齋詩集·籜石齋文集》,上海古籍出版社,2012年3月;程日同著:《錢載詩歌研究綜述》,《嘉興學院學報》第24卷第14期,2012年;平志軍著:《錢載詩歌研究》,上海大學博士學位論文,2010年等。

② 〔清〕錢載著:《籜石齋詩集》四十九卷,清乾隆五十三年(1788)初刻本,自序,第一葉。

③ 相關録文見潘中華、楊年豐著:《錢載批點翁方綱詩整理》,載《古代文學理論研究》(第三十六輯)——《中國文論與名家典範》,2013年,第264—298頁。

④ 參潘中華著:《錢載年譜》,第397—398頁。

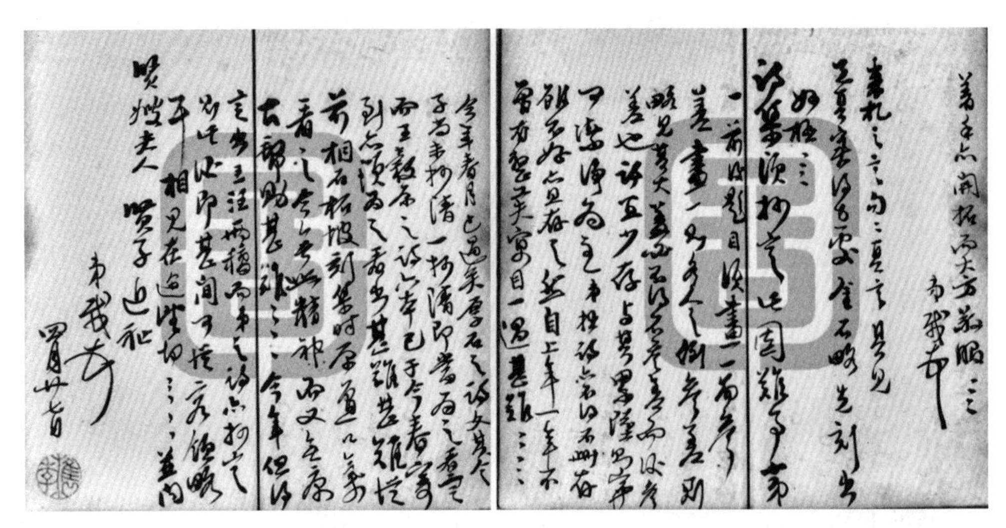

圖 1　錢載手批《翁覃溪詩》之《蘀批又九》，卷末附錢載信札，中國國家圖書館藏

集》者三十有六卷，閣學既自序之……爰略摘取爲四卷，以見其概，以俟其全集之刻云。”①可知《蘀石齋詩集》於乾隆三十九年（甲午，1774）最初編定時爲三十六卷，但并未付梓。同年夏，錢載將删除的早年詩作以及與舉業相關、翰林當職之作輯成《宣南篋存稿》，惜此稿已佚，其序文見收於《蘀石齋文集》卷八。

二、《蘀石齋詩集》四十九卷初刻本

《蘀石齋詩集》的第二次編定并正式付刊時在乾隆五十三年（戊申，1788）九月，凡四十九卷，當是在三十六卷初編本的基礎上續編而成。今見楓江書屋藏本扉頁隸書刊：“蘀石齋詩集”五字，版式爲白口，單魚尾，左右雙邊。卷首刊乾隆三十九年（甲午，1774）、乾隆五十三年（戊申，1788）自序兩篇并總目，總目止於“第四十九卷，戊申五十二首”（見圖 2）。全書以編年排次，内收乾隆二年（丁巳，1737）至乾隆五十三年（戊申，1788）間所作詩二千五百九十三首，卷一附録雍正六年（戊申，1728）、雍正十年（壬子，1732）詩各一首，總計二千五百九十五首。

通覽全卷，雖然乾隆二年（丁巳，1737）之前的詩作未刊入正文，但仍有部分作品以詩注的形式得以保留，頗見編纂者之措心。如卷七《倪翁村居録壁閒舊句感述》注曰：“雍正乙巳（1725）春日過倪翁村居，作‘村午不勝煙，齋居日窅然。紫藤花緑簌，白練鳥翩翾。挑菜出傖婢，罱泥歸朴船。聊成竹溪酌，曷羨武陵仙’。”又如卷九《王瓜園》注曰：“丙辰（乾隆元年，1736）五月過此，賦《騎驢》絶句云：‘葛衫草笠趁風輕，驢背青山掠而生。一直柳陰涼似水，亂蟬聲裏出東平。’”郭曾炘

① 〔清〕翁方綱著：《復初齋文集》三十五卷，清道光間李彦章校刻本，卷四，第一葉。

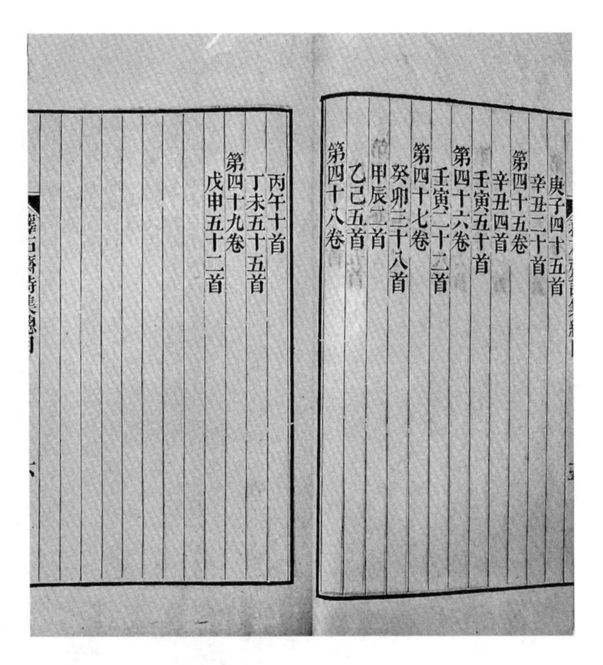
庚子四十五首
辛丑二十首
第四十五卷
辛丑四首
壬寅五十首
第四十六卷
壬寅二十六首
第四十七卷
癸卯三十八首
甲辰二[illegible]首
乙巳五首
第四十八卷
丙午十首
丁未五十五首
第四十九卷
戊申五十二首

圖 2 《籜石齋詩集》四十九卷本目録,乾隆五十三年(戊申,1788)初刻本,楓江書屋藏

(1855—1928)《雜題〈國朝諸名家詩集〉後》云:"《籜石齋詩》戛戛獨造,近人尤盛推之。少年頗多清婉之作,不以入集,間見於詩注中。"①錢鍾書《談藝録》亦有讚:"試觀其自注中附早作詩,未嘗不求風神澹宕也。"②

另外值得一提的是,嘉善詞人黄安濤(1777—1848)在《詩娱室詩集》卷十六的《題籜石齋集》一詩中,保留了《籜石齋詩集》刊刻的一則珍貴史料:"率意小心論不同,憑何幸苦證詩翁。晚年手稿多塗乙,須問當年老刻工。"其自注曰:"嘉善東門外有劉子端者,剞劂老手也。《籜石集詩》是其寫刻,親見手稿改易甚多,旁行斜注,幾有不可辨者。劉嘗爲先子言如此,此亦足見作者苦心矣。此段世無知者,爰題一絶志之。"③

三、《籜石齋詩集》第五十卷的續刻

在《籜石齋詩集》四十九卷本刻成前數月,錢載已中風疾,不良於行④,但《籜

① 〔清〕郭曾炘著:《匏廬詩存》九卷,民國十六年(1927)刻本,卷七,第十八葉。

② 錢仲聯主編:《清詩紀事》(乾隆朝卷),第 1354 頁。

③ 〔清〕黄安濤著:《詩娱室詩集》二十四卷,清道光十四年(1834)刻本,卷十六,第十一葉。

④ 〔清〕錢世錫撰:《皇清誥授資政大夫上書房行走禮部左侍郎恩予原品休致顯考籜石府君行述》,載《錢載年譜·附録》,第 430 頁。

詩》的續編工作并未因此而停滯。乾隆五十五年(庚戌,1790)五月袁枚相訪嘉禾,時錢載"年八十有三,猶能譚譚清談"①。乾隆五十八年(癸丑,1793)九月錢載過世,又兩年,長子錢世錫(1733—1795)去世,據錢世錫《皇清誥授資政大夫上書房行走禮部左侍郎恩予原品休致顯考蘀石府君行述》:"府君所著《蘀石齋詩集》五十卷,已刊行。"則第五十卷的續刻最遲至錢世錫去世前,即乾隆六十年(乙卯,1795)之前應已完成。

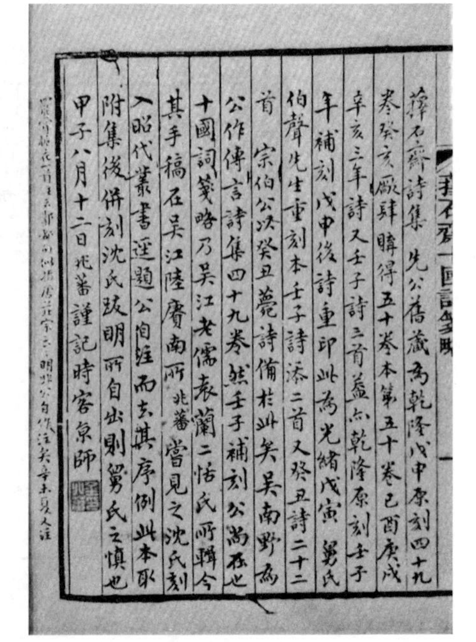
蘀石齋詩集 先公舊藏爲乾隆戊申原刻四十九
卷癸亥厰肆購得五十卷本第五十卷己酉庚戌
辛亥三年詩又壬子詩三首蓋亦乾隆原刻壬子
年補刻戊申後詩重印此爲光緒戊寅 舅氏
伯聲先生重刻本壬子詩添二首又癸丑詩二十二
首 宗伯公以癸丑薨詩備於此矣吳南野爲
公作傳言詩集四十九卷然壬子補刻公尚在也
十國詞箋略乃吳江老儒袁蘭二恬氏所輯今
其手稿在吳江陸賡南所 兆蕃嘗見之沈氏刻
入昭代叢書逕題公伯姪而去其序例此本取
附集後併刻沈氏跋明所自出則舅氏之慎也
甲子八月十二日兆蕃謹記時客京師

圖 3 《蘀石齋文集》卷末金兆蕃題記,光緒四年(戊寅,1878)錢卿銤蘇州府署重刻本,楓江書屋藏

關於《蘀石齋詩集》的版本,金兆蕃(1868—1951)在自藏光緒四年(戊寅,1878)錢卿銤蘇州府署重刻本《蘀石齋詩集》五十卷《蘀石齋文集》二十六卷(楓江書屋藏)的卷末有長跋考證(見圖3):

> 《蘀石齋詩集》,先公舊藏爲乾隆戊申原刻四十九卷,癸亥廠肆購得五十卷本,第五十卷己酉、庚戌、辛亥三年詩,又壬子詩三首,蓋亦乾隆原刻、壬子年補刻戊申後詩重印。此爲光緒戊寅舅氏伯聲先生重刻本,壬子詩添二首,又癸丑詩二十二首。宗伯公以癸丑薨,詩備于此矣。吴南野爲公作《傳》言"詩集四十九卷",然壬子補刻,公尚在也……甲子八月十二日兆蕃謹記,時客京師。

從筆者目前所見的《蘀石齋詩集》五十卷本來看,乾隆間的續刻至少經歷過兩次。第一次時在乾隆五十七年(壬子,1792,下稱"壬子本"),即金兆蕃跋中所云"乾隆原刻、壬子年補刻戊申後詩重印"本,此時錢載尚在世。楓江書屋藏壬子本的卷五十收録乾隆五十四年(己酉,1789)詩一首、乾隆五十五年(庚戌,1790)詩一首、乾隆五十六年(辛亥,1791)詩四首、乾隆五十七年(壬子,1792)詩三首,總計九首,終以《題南樓陳太夫人秋塘花草蟲魚卷子二首》,此卷共刷印兩葉零三

① 袁枚《隨園詩話》二十六卷《補遺》卷一曰:"丙辰召試者二百餘人,今五十五年矣,存者惟錢蘀石閣學,與余兩人耳。庚戌五月,相訪嘉禾,則已中風,半身不遂;年八十有三,猶能譚譚清談。家徒壁立,賣畫爲生,官至二品,屢掌文衡,而清貧如此:真古人哉!刻《蘀石齋詩集》四十九卷。"

行,留空一行,後紙被裁斷(見圖4)。第五十卷目録緊連於“第四十九卷,戊申五十二首”之後,止於“辛亥四首”,未刊壬子年詩目,字體較四十九卷本略瘦(見圖5)。①

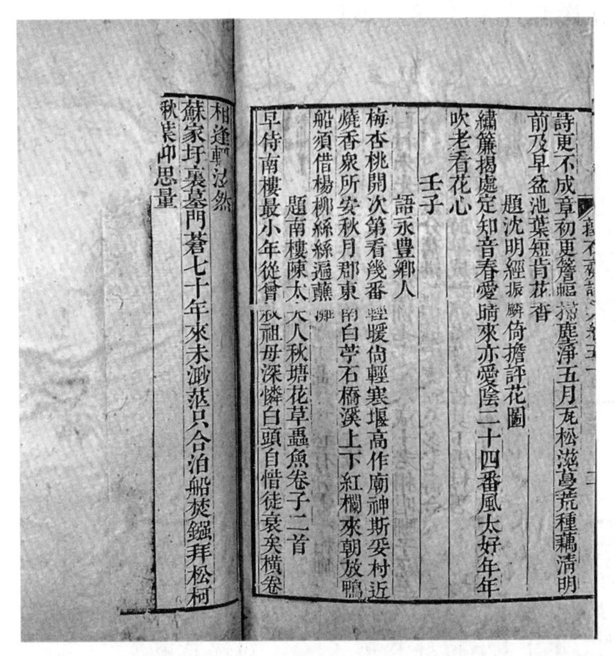
詩更不成章初更簷霤掃塵淨五月瓦松蕩蔓荒種藕清明
前及早盆池葉短肯花香
題沈明經振麟倚擔評花圖
繡簾揭處定知音春愛晴來亦愛陰二十四番風太好年年
吹老看花心
壬子
語永豐鄉人
梅杏桃開次第看幾番輕暖倚輕寒堰高作廟神斯妥村近
燒香衆所安秋月郡東的白苧石橋溪上下紅欄來朝放鴨
船須借楊柳絲絲遍蘸
題南樓陳太夫人秋塘花草蟲魚卷子二首
早侍南樓最小年從曾祖母深憐白頭自惜徒衰矣橫卷

相逢軒汲然
蘇家圩裏墓門著七十年來未涸菼只合泊船焚鏹拜松柯
秋柴門思量

圖4 《蘀石齋詩集》卷五十末尾,第一次續刻本(壬子本),楓江書屋藏

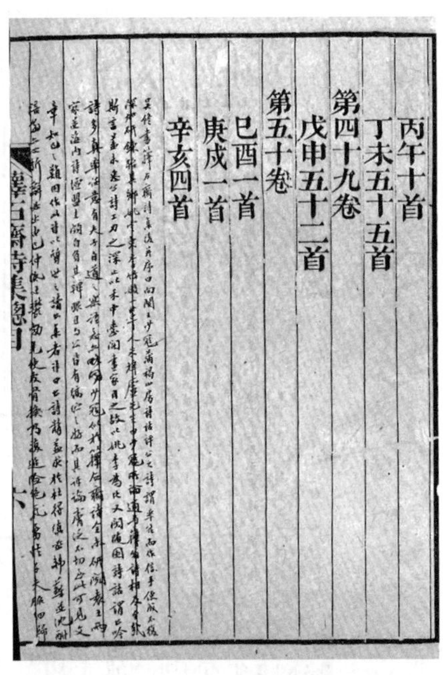
丙午十首
丁未五十五首
第四十九卷
戊申五十二首
第五十卷
己酉一首
庚戌一首
辛亥四首

圖5 《蘀石齋詩集》卷五十目録,第一次續刻本(壬子本),楓江書屋藏

在此需要指正的是,金兆蕃所言後添的壬子詩二首、癸丑詩二十二首,并非光緒重刻本始有,而是在乾隆六十年(乙卯,1795)錢世錫去世前已刻成。今中國國家圖書館藏五十卷本(索書號09446)即《蘀石齋詩集》的第二次續刻本。此本第五十卷目録在“辛亥四首”之後又添“壬子五首”“癸丑二十二首”(見圖6),共計二十七首,全卷總計二千六百二十八首。正文從壬子詩三首之後的留空行依次續補《載以雍正壬子科副浙江鄉試榜今乾隆壬子科六十年矣得循恩例九月十二日鹿鳴宴重赴有述》《憶西湖》二首(見圖7),次癸丑詩二十二首,殿以《聚文週歲》,尾刊“蘀石齋詩集卷五十”字樣,是爲卷終之意。第二次續刻的詩目與正文字體一致,較壬子本略寬扁。

① 另有紹興圖書館藏五十卷本,館方著録爲“清乾隆古香書屋刻本”。經筆者核驗,此本與楓江書屋藏本實爲同版,扉頁“秀水錢載坤箋,蘀石齋詩集,古香書屋藏”字樣乃墨筆手題。目録亦止於“辛亥四首”,刷印甚初,惜僅存卷一至二十六。在此感謝紹興圖書館古籍部唐薇老師提供書影。

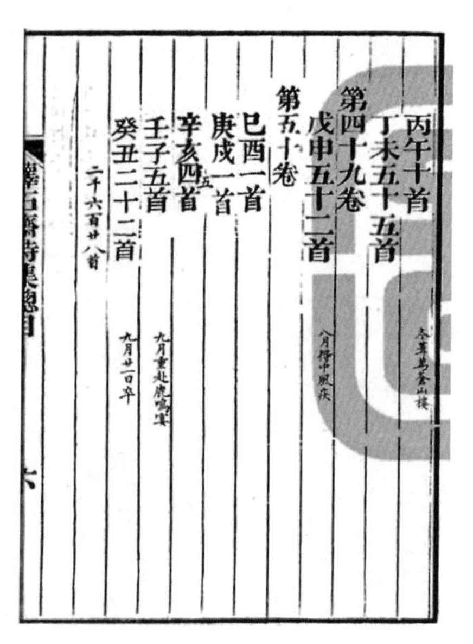

丙午十首　冬暮焉蒼山樓
丁未五十五首
第四十九卷
戊申五十二首　八月侍中風疾
第五十卷
巳酉一首
庚戌一首
辛亥四首
壬子五首　九月重赴鹿鳴宴
癸丑二十二首　九月廿一日卒
二十六首廿八首

蘀石齋詩集總目　六

圖 6 《蘀石齋詩集》卷五十目録，第二次續刻本，中國國家圖書館藏

蘀石齋詩集卷五十　二

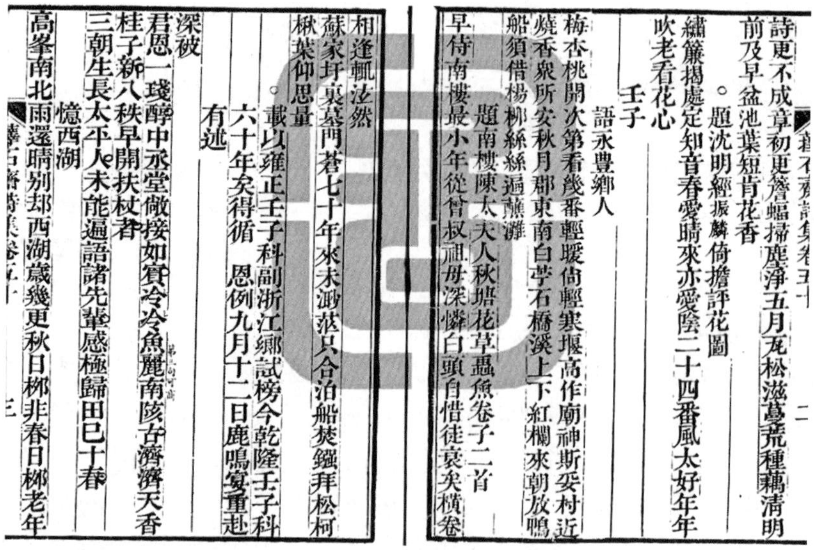

詩更不成章初更簷蝠掃塵淨五月芄松滋蔓荒種藕清明
前及早盆池葉短肯花香
○題沈明經振麟倚擔評花圖
繡簾揭處定知音春愛晴來亦愛陰二十四番風太好年年
吹老看花心
壬子
語永豐鄉人
梅杏桃開次第看幾番輕暖倚輕寒堰高作廟神斯妥村近
燒香衆所安秋月郡東南白苧石橋溪上下紅欄來朝放鳴
船須借楊柳絲絲過蘸灘
題南樓陳太夫人秋塘花草蟲魚卷子二首
早侍南樓最小年從曾叔祖母深憐白頭自惜徒衰矣橫卷
相逢輒泫然
蘇家圩裏墓門著七十年來未溯洄只合泊船焚鏹拜松柯
楸葉仰思量
○載以雍正壬子科副浙江鄉試榜今乾隆壬子科
六十年矣得循　恩例九月十二日鹿鳴宴重赴
有述
深破
君恩一醆醇中丞堂徹接如賓冷冷魚麗南陔右濟濟天香
桂子新八秩早開扶杖者
三朝生長太平人未能遍語諸先輩感極歸田已十春
憶西湖
高峯南北雨還晴別却西湖歲幾更秋日郴非春日郴老年

蘀石齋詩集卷五十　三

圖 7 《蘀石齋詩集》卷五十壬子年詩，第二次續刻本，中國國家圖書館藏

楓江書屋所藏壬子本雖然刊印時間早於國圖本，但可以注意到，在卷五十第二葉的中上部已出現一道寬約 2 毫米的斷板痕迹，而國圖本此處版裂不甚明顯，且細察裂版左起第三字“灘”，國圖本應爲重刻（見圖 8）。由於此葉是壬子本完整葉面中的最後一葉（第三葉僅刻三行），筆者推測書版可能被壓在最底層而導致斷版，刊印者在第二次續刻時，對此版進行過修復再行刷印，因而後印本（國圖本）反而比較早的印本（楓江書屋本）裂口更小。

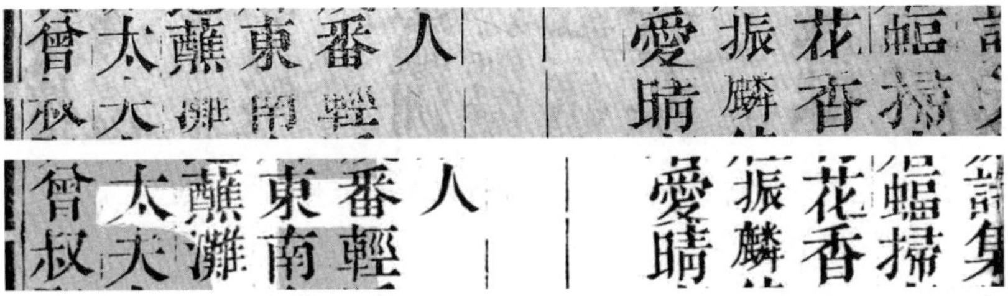

圖8 《擇石齋詩集》卷五十第二葉裂版對比。上：楓江書屋本；下：國圖本

四、《擇石齋文集》二十六卷的續刊

錢載還有《擇石齋文集》二十六卷行世，版式行款悉同《擇石齋詩集》。扉頁隸書題“擇石齋文集”，次總目，内收翰林院撰文、奏折、簡策、序、記、傳、跋、贊、銘、賦、約、募疏、告示、呈、碑、墓志銘、墓表、祭文、萬松居士詞等十九類文章，共計二百八十篇。其中創作年代最晚的是卷十四中乾隆五十八年（癸丑，1793）的《乾隆癸丑五十八年夏仲日〈題董北苑夏山深远圖〉》，爲錢載去世當年所作。

《擇石齋文集》二十六卷前人均著録爲乾隆間刻本，但究竟刻於何時，還有待考證。據錢世錫乾隆六十年（乙卯，1795）前所撰《行述》：“府君所著《擇石齋詩集》五十卷，已刊行，《文集》二十六卷、《詩文別集》共十二卷、《擇石齋詩集補》二卷，尚未付梓。”吴文溥（1740—1801）嘉慶四年（己未，1799）十月朔日撰《故禮部侍郎錢公傳》云“所刊《擇石齋詩集》四十九卷，未梓者文集、别集、補集共若干卷”①，則其應未見到《擇詩》五十卷本，而《擇文》則遲至嘉慶四年（己未，1799）仍未刊行。另據錢儀吉（1783—1850）《廬江錢氏藝文略》，至嘉慶十三年（戊辰，1808）《藝文略》成書時，《擇石齋文集》二十六卷、《别集》十二卷、《詩集補》二卷均未梓，其中《别集》六卷、《詩集補》二卷今已佚。

從上述文獻來看，《擇石齋文集》二十六卷的實際刊行應在嘉慶年間，而非前人著録的乾隆年間。

五、《擇石齋詩集》《擇石齋文集》的首次合刻

《擇石齋詩集》《擇石齋文集》在咸、同年間未見翻刻，但進入光緒、民國之後，著録中出現了諸多版本，主要分爲以下兩種：第一種是清光緒四年（戊寅，1878）秀水錢卿鉌刻本（又著録爲蘇州交通圖書館刻本、蘇州府署刻本、錢卿鉌刻蘇州交

① 〔清〕吴文溥撰，《故禮部侍郎錢公傳》，載《碑傳集》卷三十六，清道光六年（1826）刻本，第二葉。

通局圖書館印本、錢卿和蘇州府署刻本、清末至民國間蘇州交通圖書館刻本等),第二種是清長興王氏仁壽堂刻本(又著録爲清末至民國間長興王氏仁壽堂刻本、清光緒四年(戊寅,1878)長興王氏仁壽堂刻本等)。

但實際上,上述本子實爲一刻,即《蘀石齋詩集》《蘀石齋文集》在光緒四年(戊寅,1878)的首個合刻本。此本由錢載的玄孫錢卿鉌(1858—1882)重刻於蘇州府署,後書版歸長興王氏仁壽堂,由蘇州交通圖書館印行。

筆者所見浙江圖書館藏本三種,第一種是清光緒四年(戊寅,1878)秀水錢卿鉌蘇州府署刻本《蘀石齋詩集》五十卷《蘀石齋文集》二十六卷附《蘀石齋十國詞箋略》一卷(索書號: 普 814.7/8343/(2)),共 10 册。《蘀詩》扉頁刊隸書牌記"蘀石齋詩集,光緒四年歲次戊寅冬十月重刊于蘇州府署",前刊自序,次詩集總目,止第五十卷"己酉一首、庚戌一首、辛亥四首、壬子五首、癸丑二十二首"。版式爲半葉十二行,行二十三字,白口,單魚尾,左右雙邊,與乾隆刻本相同。《蘀文》扉頁正面刊隸書牌記"蘀石齋文集",背葉刊:"光緒四年歲次戊寅冬十月終刊於蘇州府署",次刊文集總目,止第二十六卷《萬松居士詞》,行款悉同《蘀詩》。《蘀文》卷末附《蘀石齋十國詞箋略》①,卷尾刊有"光緒四年冬十月元孫卿鉌重刊"字樣并附刻翠嶺沈栐惪跋。

第二種是長興王氏仁壽堂藏板蘇州交通圖書館後印本《蘀石齋詩集》五十卷(索書號: 普 811.17/8343/c1),1 函 6 册。是書重刻隸書牌記"長興王氏仁壽堂藏板蘇州交通圖書館發行",首刊自序,次詩集總目,止第五十卷"己酉一首、庚戌一首、辛亥四首、壬子五首、癸丑二十二首",五十卷末亦附《蘀石齋十國詞箋略》,卷尾刊"光緒四年冬十月元孫卿鉌重刊"字樣并附翠嶺沈栐惪跋。與前一種的卷五十目録相較,此本書版的斷痕更加明顯,當爲後印之本。

第三種是光緒四年(戊寅,1878)刻《蘀石齋詩集》四十九卷本(索書號: 普 811.17/8343/3),6 册。此本與前兩種屬同一版,行款悉同,但未存牌記,有"龍山余越園藏"朱文長方印、"余紹宋"白文方印。前刊詩集自序,次詩集總目,目録止第四十九卷"戊申五十二首"。這似乎表明錢卿鉌在光緒四年(戊寅,1878)合刻《蘀石齋詩集》《蘀石齋文集》時先刊印了《詩集》的四十九卷。

此外,錢載的詩集還有一些選本刊行,今列述於下: 清嘉慶五年(庚申,1800)刻本《蘀石齋詩選》三卷(上海圖書館藏)②;道光七年(丁亥,1827)紫薇山館刻本《浙西六家詩鈔》卷之四《蘀石齋詩》,此集由海鹽吴應和榕園、海昌查有新春園同選,海昌查人淵冲泉、查人驥巽瀾較訂,内收《登燕子磯望金陵》《華及堂桐花歌同

---

① 據潘中華《錢載年譜》卷三考證,《十國詞箋略》一書實出袁蘭之手,道光十三年(癸巳,1833)由沈栐惪刻入世楷堂《昭代叢書·甲集補卷十四》,今有袁蘭稿本一卷藏南京圖書館。

② 此本因破損無法調閱。

汪七署正筠作》等132首詩;民國二十五年(丙子,1936)金兆蕃刻《檇李叢書》本,此本將《萬松居士詞》一卷單獨輯出刊行。另外還著録有抄本4種:《蘀石齋詩抄》四卷,乾隆四十二年(1777)孔繼涵抄本(首都圖書館藏);《蘀石齋詩》一卷,清抄本(中國國家圖書館藏);《蘀石齋詩集》一卷,清傳抄乾隆間刻本(廣東省中山圖書館藏);《蘀石齋詩注》一卷,清同治間管廷芬待清書屋輯抄本(天津圖書館藏)。

參考文獻

〔清〕錢載著:《蘀石齋詩集》四十九卷,清乾隆五十三年(1788)初刻本。
〔清〕錢載著:《蘀石齋詩集》五十卷,清乾隆五十七年(1792)第一次續刻本(楓江書屋藏)。
〔清〕錢載著:《蘀石齋詩集》五十卷,清乾隆間第二次續刻本(中國國家圖書館藏)。
〔清〕錢載著:《蘀石齋文集》二十六卷,清嘉慶間刻本。
〔清〕錢載著:《蘀石齋詩集》五十卷《蘀石齋文集》二十六卷,清光緒四年(1878)秀水錢卿銖蘇州府署刻本。
〔清〕吴文溥撰:《故禮部侍郎錢公傳》,載《碑傳集》卷三十六,清道光六年(1826)刻本。
〔清〕翁方綱著:《復初齋文集》三十五卷,清道光間李彦章校刻本。
〔清〕郭曾炘著:《匏廬詩存》九卷,民國十六年(1927)刻本。
〔清〕黄安濤著:《詩娱室詩集》二十四卷,清道光十四年(1834)刻本。
潘中華著:《錢載年譜》,上海古籍出版社,2014年12月。
錢仲聯主編:《清詩紀事》,鳳凰出版社,2004年4月。
潘中華、楊年豐著:《錢載批點翁方綱詩整理》,載《古代文學理論研究》(第三十六輯)——《中國文論與名家典範》,2013年,第264—298頁。

楊柳　中國美術學院　博士生

A research on edition of *Tuo Shi Zhai Anthology* of Qian Zai

Yang Liu

Abstract: As the key member of Xiu Shui Poets Society in the early Qing dynasty, Qian Zai(1708—1793) has published his Tuo Shi Zhai Collection of Poems

(50 volumes) and Essays(26 volumes). Nevertheless, in library bibliography there still remains some questions about the edition of Qian's works. This paper aims to clarify the process of compiling and publishing Qian's anthology in current bibliographier and studies, which includes various editions such as the primary compilation of *Tuo Shi Zhai Poems Collection* (36 volumes), the original edition of *Tuo Shi Zhai Poems Collection* (49 volumes), the subsequent edition of *Tuo Shi Zhai Poems Collection* (50 volumes) and *Tuo Shi Zhai Essays Collection* (26 volumes), the first compilations of *Tuo Shi Zhai Poems and Essays Collection.*

Keywords: Qian Zai *Tuo Shi Zhai Poems Collection* *Tuo Shi Zhai Essays Collection*

南宋撫州本《春秋經傳集解》版本研究*

郭　帥

摘　要: 臺北"故宫博物院"及中國國家圖書館藏的撫州本《春秋經傳集解》原爲同帙,該書約於乾隆末年自江蘇地區收入内府,卷一、卷二於民國初年流出宫外,遞經傅增湘、周叔弢收藏。在今存宋刻《左傳》版本中,撫州本刊刻精善,與興國本的關係尤爲密切,異文多與日本金澤文庫藏抄卷相合,可證此本多存古本舊貌。

關鍵詞: 撫州本　《春秋經傳集解》　版本關係

南宋撫州公使庫刻《九經》在當時即稱佳刻①,流傳至今者唯《周易》《禮記》《左傳》《公羊傳》四經,其中《周易》《左傳》僅有殘本,皆爲稀世之寶,彌足珍貴。撫州本《春秋經傳集解》(下簡稱撫州本)是今存宋刻《春秋經傳集解》中最重要的版本之一,有極高的文獻價值。由於該本長期深藏内府,今又分藏海峽兩岸,故阮元《十三經校勘記》等未曾利用,前輩學者對該本的研究也主要集中在版本認

* 本文得到中國博士後科學基金項目"經注本《春秋經傳集解》版本譜系研究"(2021M702006)資助。文章在修改過程中得到北京大學張麗娟教授指正,謹致謝忱。

① 南宋黄震《修撫州六經跋》云:"六經官板,舊惟江西撫州、興國軍稱善本。己未,虜騎偷渡,興國板已燬于火,獨撫州板尚存。"參〔宋〕黄震:《慈溪黄氏日抄分類》卷九十二,《中華再造善本》影印元後至元三年刻本,第三十四頁B面。

定、刊刻及修補時間等方面。本文在前人研究的基礎上,詳加比勘文字異同,從撫州本的版本特徵、遞藏源流、版本關係等方面,考量其在《左傳》文本研究中的地位。

一、撫州本的版本特徵

撫州本《春秋經傳集解》三十卷,今殘存一部,凡二十三卷,其中卷一、卷二、卷十九現藏中國國家圖書館,卷三至十六、卷十八、卷二十至二十四現藏臺北"故宫博物院"①。《天禄琳琅書目後編》著録該本爲宋監本,全帙三十卷,共四函二十八册。實際上,這部書的卷十七、卷二十五至二十八、卷三十等六卷配以宋紹興間江陰郡刻遞修本(下簡稱江陰本),卷二十九配以明覆相臺岳刻本,合爲三十卷。今查臺北"故宫博物院"藏本,知卷三、四合爲一册,卷十六、十七合爲一册,共二十五册,再加中國國家圖書館藏的三册,恰爲二十八册,與《天禄琳琅書目後編》所載册數相符。通校全書發現,第十一册卷十二第 24 頁缺,所缺文本爲成公七年《傳》"是以爲賦"下至"晉晉反戚焉"上内容。

撫州本每半頁十行,行大字十六、十七字,小字雙行,行二十三至二十四字,版心白口,雙魚尾,四周雙欄,版心上記大小字數,次標"春秋幾",下標頁數,最下署刻工姓名。補版頁在"春秋幾"下標記補版時間,如"癸丑重刊""壬戌刊""癸酉刊""癸酉刀""壬戌刀"等字樣。撫州本的書體爲歐體字,字體方正,刀法圓潤,筆鋒内斂,刊刻精美。在用字方面也出現一些異體字,如"冀"作"兾"、"肉"作"宍"、"棄"作"弃"、"啓"作"啓"、"號"作"号"、"賢"作"賢"、"遲"作"遟"等。宋諱玄、弦、珽、敬、儆、弘、殷、匡、胤、恒、貞、徵、懲、屬、豎、讓、瑣、吉、姞、桓、瑗、完、萑、構、慎、敦等字缺筆,避諱嚴格。關於撫州本的刻工及補版情況,學者已有詳細考察②。張麗娟先生研究認爲:"(撫州本)《春秋經傳集解》至少經過了紹熙四年、嘉泰二年、嘉定六年的修補(因此本殘破,又有缺卷,或有其他修補年號,今已不詳),刷印時間當在嘉定六年之後。"③撫州本首卷《序》接經文,未另起一頁,各卷首行頂格題"春秋經傳集解某公第幾",次行中間題"杜氏　盡某年",卷末頂格題"春秋第幾",下越三格雙行小字記經注字數(個别卷缺)。各卷所記經注字數如下:

---

① 本文以臺北"故宫博物院"圖書文獻數位典藏資料庫公佈的電子本及中國國家圖書館藏該本膠捲爲研究對象,臺北"故宫博物院"圖書文獻數位典藏資料庫地址: http://rbk-doc.npm.edu.tw/npmtpc/npmtpall?ID=36&SECU=476923892&PAGE=main@@224748561。

② 參張麗娟:《南宋撫州本經書的刊刻與修補》,《版本目録學研究》第 3 輯,2012 年,第 223 頁。

③ 張麗娟:《宋代經書注疏刊刻研究》,北京大學出版社,2013 年,第 77 頁。

卷一：經七千二百六十三字，注七千四百十八字。
卷二：經五千六百九字，注六千三百二十七字。
卷三：經六千八百八字，注七千五百六十九字。
卷四：經一千八百一十三字，注一千六百五十一字。
卷五：經七千二百五十四字，注六千六百一十六字。
卷六：經六千三百九十六字，注五千三百七十二字。
卷七：經五千六百五十六字，注四千九百二十四字。
卷八：經五千五百九十八字，注五千二百四十一字。
卷九：經五千七百二十字，注四千一百四十一字。
卷十：缺。（版心爲"癸酉刊"）
卷十一：經六千五十字，注四千二十四字。
卷十二：經八千二百七十四字，注五千三百三十四字。
卷十三：缺。（版心爲"癸丑重刊"）
卷十四：經六千八百三十二字，注五千三百八十二字。
卷十五：經六千九百八十五字，注五千二百一十七字。
卷十六：經六千四百四十九字，注四千五百一十一字。
卷十八：經七千八百一十九字，注五千三百一十字。
卷十九：經六千八百六十一字，注三千九百五十四字。
卷二十：經七千一百二十字，注五千八十二字。
卷二十一：經八千三百四十一字，注五千四百三十六字。
卷二十二：經五千六百二字，注四千三百三十三字。
卷二十三：經七千五百字，注五千二十字。
卷二十四：經七千一百六十五字，注四千四百三十七字。

日本金澤文庫藏卷子本《春秋經傳集解》卷末亦附記經注字數，個別卷末也存在漏抄情況，如卷二、卷二十二。對比兩本所記經注字數發現，二者僅有三卷差異，分别爲：金澤本卷三題"本六千六百九十一字，注八千四十九字"；卷十一題"注四千二十字"；卷二十一題"經八千二百四十字"。今傳宋本《春秋經傳集解》中卷末附記經注字數這一形式的版本已不多見，可以説這些版本應有較早的版本來源。

撫州本每册前後扉頁鈐蓋"五福五代堂寶"（朱文方印）、"八徵耄念之寶（朱文方印）"、"太上皇帝之寶"（朱文方印），每册首頁A面鈐蓋"天禄繼鑑"（白文方印）、"乾隆御覽之寶"（朱文橢圓印），每册末頁B面鈐蓋"天禄琳琅"（朱文方印）、"乾隆御覽之寶"（朱文橢圓印）。以上六枚印章均爲清内府所用，各册的其他藏書印章情況如下（包括配補的江陰本）：

第一册卷一首頁A面依次鈐有"北京圖書館藏"（朱文方印）、"周暹"（白文方印)。卷一末頁B面鈐有"淵之私印"(白文方印)。①

第二册卷二首頁A面鈐有"周暹"(白文方印)。卷二末頁B面依次鈐有"北京圖書館藏"(朱文方印)、"白拙居士"(白文方印)。

第四册卷五末頁B面鈐有"白拙居士"(白文方印)。

第七册卷八末頁B面鈐有"白拙居士"(白文方印)。

第十册卷十一末頁B面鈐有"白拙居士"(白文方印)。

第十二册卷十三末頁B面鈐有"白拙居士"(白文方印)。

第十四册卷十五末頁B面鈐有"白拙居士"(白文方印)。

第十五册卷十七首頁A面依次鈐有"楊灝之印"(白文方印)、"繼梁"(朱文方印)。(此卷爲江陰本)

第十七册卷十九末頁B面依次鈐有"北京圖書館藏"(朱文方印)、"白拙居士"(白文方印)。

第十九册卷二十一末頁B面鈐有"白拙居士"(白文方印)。

第二十册卷二十三末頁B面鈐有"白拙居士"(白文方印)。

第二十二册卷二十五首頁A面依次鈐有"楊灝之印"(白文方印)、"繼梁"(朱文方印)。(此卷爲江陰本)

第二十六册卷二十八首頁A面依次鈐有"楊灝之印"(白文方印)、"繼梁"(朱文方印)。(此卷爲江陰本)

第二十八册卷三十末頁B面依次鈐有"楊灝之印"(白文方印)、"繼梁"(朱文方印)。卷後扉頁A面鈐有"彭城仲子審定"(朱文長印)。(此卷爲江陰本)

二、撫州本的遞藏源流

(一)清代流傳情況

清嘉慶二年(1797)冬乾清宫大火,殃及昭仁殿,所藏的天禄琳琅書籍盡燬。災後重建宫殿的同時,命大學士彭元瑞開始編纂《天禄琳琅書目後編》。嘉慶三年(1798)十一月十二日彭元瑞回稟的奏摺云:

> 現在昭仁殿陳設書籍内,成安家書籍約有十分之三,每本均有謙牧堂圖記,其七分皆御花園舊藏之書,尚有康熙年間南書房認片在内。查前次宋版書共貯七架,今裝十一架,即屬較多,而宋版内如《春秋經傳集解》、《資治通鑑》、《通鑑紀事本末》、杜氏《通典》,又如影宋抄《算書》各種,尤爲稀世之寶,

① 據王文進《文禄堂訪書記》載,該書卷一或卷二内當有李盛鐸手跋及印章,但筆者在中國國家圖書館内查閱該書膠捲時未見。參王文進著,柳向春標點:《文禄堂訪書記》,《中國歷代書目題跋叢書》第2輯,上海古籍出版社,2007年,第32頁。

實較從前更爲美備。至御花園書籍,除宋元舊版揀出外,所存書籍甚多。①

彭元瑞奏摺内提到的《春秋經傳集解》當指撫州本,這在《天禄琳琅書目後編》中可以得到印證。《天禄琳琅書目後編》著録撫州本云:

按,是本乃真宋監版,希世之珍,其證有四:不附入《音義》一也;自《序》後連卷一,不另篇二也;闕筆極謹嚴,如桓二年"珽"字,諸書從未見避三也;明傳刻監本誤字一一無譌四也。得此真于讀書者有益,不特元明諸刻,即同時麻沙本度越遠矣。

書末有近人跋云:昭二十年,衛侯賜北宫喜謚曰"貞子",賜析朱鉏謚曰"成子",杜注云"皆未死而賜謚及墓田,《傳》終而言之"。王伯厚《困學紀聞》引爲是人臣生而賜謚也。後之考訂如升庵、寧人輩,皆據以爲古人有生而謚者。昔何義門得宋槧不全《左傳》,注中云"皆死而賜謚及墓田,《傳》終言之",無"未"字"而"字,以示閻百詩,相爲擊節。且若有"未"字,則與"《傳》終言之"句不相屬。余見宋槧《左傳》多矣,即如南宋相臺岳氏、世彩堂廖氏所刻《九經》稱最善本。廖本未見,岳本及諸本檢之,皆有"未"字。癸巳歲,余至虞山席玉照家,得汲古閣所藏宋本《左傳》全帙及殘本五册,檢之皆作"死而賜謚",故毛氏並殘本而藏之也。蓋"未"字之增已久,伯厚不加細審,爲所誤耳。余因取翻岳本校之,無甚大謬,然此一字之增,何啻霄壤間! 正數十字,皆岳本不及,此本真可寶也。因誌之,以破千古之誤。乾隆丙午秋仲彭城仲子識。又云:漁洋《池北偶談》十四卷《談藝》亦引其説,亥豕之誤人如此,學者能不考之? 按,是跋作於近人,不著名氏,而其説頗有考訂,且足彰是本之善。其所引何焯語,出所評《困學紀聞》中,亦有根據,故附鈔之。

……

闕補卷三十(十三、二十八)②。③

《天禄琳琅書目後編》共著録六部《春秋經傳集解》,唯此本稱"希世之珍"。編修館臣不識撫州本,將該書定爲真宋監本,且未區分配補卷。今核對原書知卷三十爲江陰本,該卷第十三、二十八頁爲後人抄配。又據《國朝宫史續編》卷八一《聖製五經萃室記》載:

天禄琳琅之書久成,所録諸書皆以四庫分類,架貯昭仁殿,其丙申(1776)

---

① 中國第一歷史檔案館編:《嘉慶道光兩朝上諭檔》第3册,廣西師範大學出版社,2000年,第144頁下欄。

② 括弧内爲雙行小字。

③ 〔清〕彭元瑞等編:《天禄琳琅書目後編》卷三,《清人書目題跋叢刊》第10册,中華書局,1995年,第257—258頁。

以後所獲之書别弆於御花園之養性齋,以待續入。①

據以上史料,撫州本當在嘉慶三年從御花園養性齋移藏昭仁殿。該書末題跋寫於乾隆丙午(1786),即乾隆五十一年,可知該書約在乾隆末期流入宫内。題跋位於配補的江陰本,所校内容位於第二十一册卷二十四第十二頁,該卷爲撫州本,知彭城仲子見該書時已經配補爲全帙。

據書内所鈐藏書印情况,"楊灝之印""繼梁"僅在江陰本出現,"白拙居士"僅在撫州本出現,知這三枚印章當鈐蓋於配補之前。楊灝,字繼梁,生平不詳。據黄丕列《蕘圃藏書題識》卷七"《李元賓文集》五卷舊抄本"條載:

> 己巳得葉林宗本校一過,行間脱字增補十之三四,儻再遇善本補完此書,殆無遺憾矣。虞山楊灝志。
>
> ……
>
> 道光紀元之三月得見葉林宗本,即楊繼梁所據以校者。……蕘夫。②

此書後歸韓應陛收藏,據《雲間韓氏藏書題識彙録》載:

> 舊抄本。大順元年陸希聲序。每半頁八行,每行二十字。藏章有"安定季子"朱文、"楊灝之印"白文、"繼梁"朱文、"席氏玉照"朱文四方印,"席玉照讀書記"白文長方印,"黄印丕烈"、"蕘圃"、"平江黄氏圖書"朱文三方印。
>
> 楊氏手跋曰:"己巳冬得葉林宗本校一過…… 虞山楊灝志。"下鈐"繼梁"印朱文。③

葉林宗爲明末清初著名藏書家,江蘇吴縣人。清前期己巳年有二:一爲康熙二十八年(1689);一爲乾隆十四年(1749)。今可查知鈐有楊灝藏書印的書籍尚有不少,如日本静嘉堂文庫藏南宋初刊《唐百家詩選》、南京圖書館藏《津逮秘書》(善本書號:118061,書内有楊灝跋文,由於該書破損,筆者未能寓目)、黄丕烈《士禮居藏書題跋記》載明抄本《李衛文公集》、張金吾《愛日精廬藏書志》載舊抄本《補漢兵志》、楊紹和《楹書偶録》載影宋抄本《西崑酬唱集》、黄裳《夢雨齋讀書記》載明銅活字本《舊聞證誤》、傅增湘《藏園群書經眼録》載耘業山房寫本《王黄州小畜集》及明刊本《完庵詩集》、王雨《古籍善本經眼録》載明抄本《硯箋》等,這些書多被明清知名藏書家收藏。可以推知,楊灝是清代前期江蘇虞山地區一位頗具實力的藏書家,但《藏書紀事詩》等未載其事,楊灝的藏書情况及生平值得深入

① 〔清〕慶桂等編:《國朝宫史續編》,《故宫珍本叢刊》第 314 册,海南出版社,2000 年,第 225 頁上欄。

② 〔清〕黄丕烈撰;余鳴鴻、占旭東點校:《黄丕烈藏書題跋集》上,上海古籍出版社,2015 年,第 399 頁。

③ 鄒百耐纂;石菲整理:《雲間韓氏藏書題識彙録》,上海古籍出版社,2013 年,第 126 頁。

研究。“白拙居士”藏書印無考。江陰本《春秋經傳集解》自楊灝處散出後才得以配補撫州本,時間約在清康、乾時期。

撫州本卷末有彭城仲子題跋及“彭城仲子審定”藏書印(參圖1)。《藏書紀事詩補正》云:

> 天禄琳琅續編　徐炯藏印曰“傳是樓”朱文長印、曰“彭城仲子審定”朱文長印、曰“徐仲子”朱文長印、曰“御賜”白文、“忠孝堂”朱文長印。①

“彭城仲子審定”爲徐炯藏書印之説多被引用,如《“國立故宫博物院”宋本圖録》對撫州本解題云“彭城仲子乃徐乾學之子徐炯”②。徐炯(約1661—1731)③,字章仲,號自彊,徐乾學(1631—1694)次子,官直隸巡道,繼承家業亦喜藏書。彭城仲子題跋寫於乾隆丙午(1786),在時間上與徐炯生活年代不符。《天禄琳琅書目後編》編修館臣云“是跋作於近人,不著名氏”。從以上資料來看,“彭城仲子審定”藏書印當非徐炯,《藏書紀事詩補正》所云不知何據。彭城爲江蘇徐州古稱,且題跋云“癸巳(1773)歲,余至虞山席玉照家”,撫州本的配補本亦出自虞山楊氏,故彭城仲子當爲江蘇徐州人。據以上藏書印及題跋推測,撫州本在清乾隆末期自江蘇地區收入内府。

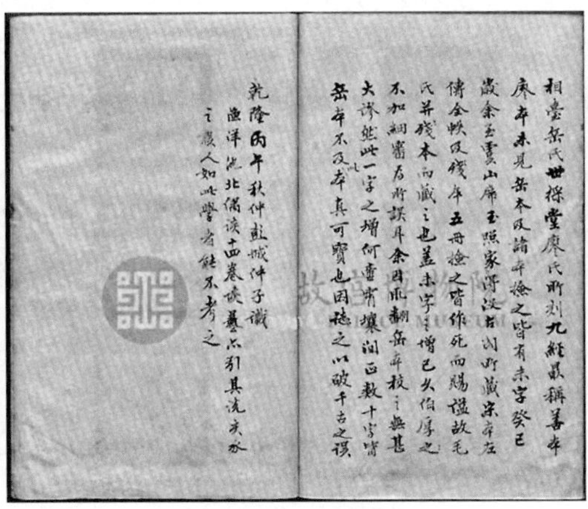

相臺岳氏世綵堂廖氏所刻九經最稱善本
廖本未見岳本及諸本撿之皆有未字癸巳
歲余至虞山席玉照家將汲古閣所藏宋本左
傳全帙及殘本五冊撿之皆作死而賜謚故毛
氏并殘本而藏之也蓋未字之增已久伯厚之
不加細審而所誤耳余因取翻岳本校之無甚
大謬然此一字之增何啻壞亂百數十字皆
岳本不及此本真可寶也因誌之以破千古之誤

乾隆丙午秋仲彭城仲子識

圖1　臺北“故宫博物院”藏撫州本卷三十末題跋

(二)近代流傳情況

隨着清廷的瓦解,天禄琳琅藏書流散宫外,損失大半。1923年,傅增湘先生

① 〔清〕葉昌熾著,王欣夫補正,徐鵬輯:《藏書紀事詩》,上海古籍出版社,1989年,第394頁。

② “國立故宫博物院”編:《“國立故宫博物院”宋本圖録》,華欣綜合印製工業股份有限公司,1977年,第19頁。

③ 參申暢等編:《中國目録學家辭典》,河南人民出版社,1988年,第150頁。

於東華門外橋畔冷攤購得該書的卷一、卷二兩册①,其在《雙鑒樓善本書目》中著録爲宋刊本,後審定爲撫州本。據傅增湘《藏園群書題記·宋撫州本春秋經傳集解殘卷跋》云:

> 原書今尚存昭仁殿中,余領故宫圖書館時曾躬檢得之,此首二卷不知何時流出,余昔年得之東華門外橋畔冷攤者也。
>
> ……以余觀之,乃撫州本耳。撫本傳世諸經有《公羊》何《注》,今藏涵芬樓,《禮記》鄭《注》,藏海源閣,余皆獲見原書,其版式、行格無一不同。余别藏《禮記釋文》殘卷,不獨行款同,其版心標某年重刊亦同,刀法尤酷肖,刊工中相同者,有吴中、嚴思敬、高安國、伯言四人,則審爲撫州本開版固毫無疑義矣。②

傅增湘據傳世撫州本諸經的版式、行款、刻工等信息將該書審爲撫州本,此觀點一出即被學界認同。李盛鐸見此兩卷跋云:

> 此本避諱至慎字止,自是乾道、淳熙間所刊。其重刊之葉,標明癸丑者當爲紹熙四年,壬戌爲嘉泰二年,癸酉爲嘉定六年。玩其字體結構,刊雕刀法,頗爲相合,而半葉十行,每行大字十六,小字二十四,與淳熙四年撫州公使庫《禮記》正同。沅叔得此,審爲撫州,良不誣也。撫州本傳世者,《禮記》外聞有《公羊傳》,得是本堪與鼎峙,雖殘珪斷璧,亦當球圖視之。癸酉(1933)小寒後八日,盛鐸記。③

以上兩位近代著名藏書家的考證是可信的。流出宫外的兩卷後歸周叔弢先生收藏。1933年周叔弢從傅增湘處乞得卷一(實際包括卷二),以配元相臺岳本。據周叔弢藏元相臺岳刻本《春秋經傳集解》題識云:

> 龔氏所得首册,頃聞已毁於上海閘北之難,不在人間,因從沅叔三丈乞所藏宋撫州本第一卷,以補此書之缺,而記其歲月於此。癸酉(一九三三)三月三日叔弢記。④

1944年冬,周叔弢得知元相臺岳刻本卷一在謝剛主處求售。經過兩年諧價,1946年冬終以一兩黄金購得。周叔弢遂決定將前得撫州本卷一、卷二兩册轉讓

---

① 據《藏園群書經眼録》載:"清宫佚書,癸亥(1923)歲得之東華門外冷肆,價一百五十金。丁卯(1927)歲清點故宫藏書,則全帙固在,惟缺此册及第九卷。"從實際佚書情況來看,"九"當爲"十九"之訛。參傅增湘:《藏園群書經眼録》,中華書局,2009年,第54頁。

② 傅增湘:《藏園群書題記》,上海古籍出版社,1989年,第25頁。

③ 同上書,第26頁。

④ 李國慶編:《弢翁藏書題跋年譜》(增訂本),紫禁城出版社,2007年,第61頁。

故宫博物院，並將此事附記在元相臺岳刻本《春秋經傳集解》題識後，題識云：

> 丁亥（一九四七）春，余既獲岳刻首册作延津之合，遂檢前得宋撫州本《左傳》二卷，宋汀州本《群經音辨》二卷，歸之故宫。此二書紙墨精美，宋刻上乘；《群經音辨》猶毛氏舊裝，所謂"宣綾包角藏經箋"者，宛在目前。然故宫所佚，得此即爲完書，余豈忍私自珍秘，與書爲仇耶！去書之日，心意惘然，因記其端委於此。弢翁。[①]

此事詳細始末見周叔弢致趙萬里書。1947 年 3 月，周叔弢致趙萬里書，告知擬將自己珍藏的宋本《群經音辨》和《左傳》托彼代獻故宫。書云：

> 前談宋本《群經音辨》首、末二册近在故宫發現，宋撫州本《左傳》自卷三以下，亦在南遷書中。暹舊藏《音辨》中册，《左傳》卷一、卷二兩册，正可補成完書。此二書皆宋本上駟，然爲劍合珠還計，不應再自秘惜。今特檢出奉上，乞代獻之故宫博物院，書之幸，亦暹之幸也，此等事非尋常交易，豈可言錢？更不能計多寡。區區下忱，乞代達馬先生爲叩！[②]

4 月，周叔弢致趙萬里書，告知收到故宫書款五百萬元。書云：

> 昨奉手書，敬悉一切。宋本三册承故宫惠賜書價五百萬元，頃已收到。優渥之情，曷勝感謝！此因非尋常交易可比也。馬、袁二先生處代達爲叩。[③]

周叔弢先生將畢生珍藏古籍多次捐贈國家，化私爲公，爲保護和傳承祖國優秀文化遺産做出了卓越貢獻，令人崇敬欽佩。至此，撫州本卷一、卷二又重新回到故宫，但撫州本的其他卷（除卷十九）此時却隨故宫文物在南遷途中。1948 年底國民政府將存放在南京的故宫等處文物分批運往臺灣，撫州本也在其中，後入藏臺北"故宫博物院"。1958 年，故宫博物院將撫州本的卷一、卷二、卷十九三册及其他天禄琳琅藏書調撥北京圖書館（今中國國家圖書館）[④]。撫州本的第十九卷流傳情況尚不清楚。1929 年故宫博物院圖書館影印的《故宫善本書影初編》著録該書云："闕卷一、卷二、卷十九共三卷。"[⑤]1934 年張允亮編《故宫善本書目》著録該書云："闕前二卷，存二十六册。"[⑥]前後兩次所述缺卷不同。第十九卷或混入他函，後清點時發現，但仍未歸入原函，否則當隨其他卷一同運往臺灣。

---

① 李國慶編：《弢翁藏書題跋年譜》（增訂本），紫禁城出版社，2007 年，第 62 頁。

② 同上書，第 247 頁。

③ 同上書，第 248 頁。

④ 参劉薔：《天禄琳琅研究》，北京大學出版社，2012 年，第 79 頁。

⑤ 故宫博物院圖書館編：《故宫善本書影初編》，故宫博物院圖書館影印本，1927 年，第 2 頁 B 面。

⑥ 張允亮編：《故宫善本書目》目一，故宫博物院鉛印本，1934 年，第 2 頁 A 面。

三、撫州本的文本比勘

撫州本是今存最早的《春秋經傳集解》刻本之一,《釋文》當附刻在書後,惜已不傳。據筆者統計,撫州本各卷明顯訛誤均在十處以内,且有些訛誤當爲書版漫漶磨脱而産生的壞字、訛字等。宋刻經注本《春秋經傳集解》總字數爲 345 844 字(據江陰本第三十卷末附刻)。總體來看,撫州本的訛誤較少,如卷三至四、卷六、卷九、卷十三、卷十八、卷二十三等各卷的明顯訛誤僅有二、三處,故撫州本屬宋刻精善之本無疑。爲進一步考察撫州本與其他宋刻《左傳》版本的關係,我們以中國國家圖書館藏宋八行本《春秋左傳正義》(下簡稱八行本)爲底本,通校撫州本,並參校日本宫内廳藏興國軍學本《春秋經傳集解》(下簡稱興國本)、日本宫内廳藏卷子本《春秋經傳集解》(下簡稱金澤本)、日本靜嘉堂文庫藏宋刻遞修本《春秋經傳集解》(下簡稱靜嘉本)。以上版本均爲不附《釋文》本,有較早版本來源。撫州本殘存二十三卷,與八行本相校共得異文三百餘處,除去八行本與撫州本的明顯錯訛,實際異文僅有百餘處,僅將可以説明版本關係的異文分類列舉如下:

(一)撫州本與金澤本合,與興國本、靜嘉本、八行本異

1. 桓十五年《傳》:愍其見殺,故載其尸共出國。

撫州本、金澤本"殺"作"尸",靜嘉本、興國本與八行本同。

2. 莊二十八年《傳》注:子元自與三子特建旆以居前廣。

撫州本、金澤本"建"作"造",靜嘉本、興國本與八行本同。

3. 僖元年《傳》注:故無深淺常準。

撫州本、金澤本"準"作"准",靜嘉本、興國本與八行本同。

4. 僖四年《傳》注:涉漢舡壞而溺。

撫州本、金澤本"舡"作"舩",靜嘉本作"船",興國本與八行本同。

5. 僖十六年《傳》注:言石隕、鷁退,陰陽錯逆所爲,非人所生。

撫州本、金澤本無"隕""退"二字,靜嘉本、興國本與八行本同。

6. 僖二十五年《傳》:昏而傅焉。

撫州本、金澤本"昏"作"昬",靜嘉本、興國本與八行本同,注同。

7. 文十年《傳》注:美仲山甫不辟彊禦。

撫州本、金澤本"彊"下無"禦"字,靜嘉本、興國本與八行本同。

8. 成二年《傳》:驂絓於木而止。

撫州本、金澤本"絓"上無"驂"字,靜嘉本、興國本與八行本同。

9. 成六年《經》注:以告成事,欲以示後世。

撫州本、金澤本"告"下無"成"字,靜嘉本、興國本與八行本同。

10. 成九年《經》注：在東海廩丘縣西南。
撫州本、金澤本"廩"作"廪"，靜嘉本、興國本與八行本同。
11. 成十六年《傳》：是大泯曹也。
撫州本、金澤本"泯"作"泜"，興國本與八行本同，靜嘉本缺。
12. 襄十年《傳》注：師，帥也。
撫州本、金澤本"帥"上有"樂"字，興國本作"師，樂師也"，靜嘉本與八行本同。
13. 襄二十九年《傳》：展瑕、展王父爲一耦。
撫州本、金澤本本"王"作"玉"，興國本與八行本同，靜嘉本缺。
14. 昭四年《傳》注：謁，白也。
撫州本、金澤本"白"作"曰"，靜嘉本、興國本與八行本同。
15. 昭十二年《傳》注：杞，世所謂狗杞也。
撫州本、金澤本"狗"作"枸"，興國本與八行本同，靜嘉本缺。

（二）與興國本合，與金澤本、靜嘉本、八行本異

16. 隱八年《傳》注：鄭以天子不能復巡狩。
撫州本、興國本"狩"作"守"，金澤本、靜嘉本與八行本同。
17. 僖四年《經》注：頴川召陵縣南有陘亭。
撫州本、興國本"頴"作"潁"，金澤本、靜嘉本與八行本同。
18. 僖十七年《經》注：與僖公八同盟。
撫州本、興國本"八"訛作"入"，金澤本、靜嘉本與八行本同。
19. 僖二十八年《經》注：故因會共伐之。
撫州本、興國本"因"下脱"會"字，金澤本、靜嘉本、敦煌本與八行本同。
20. 僖三十二年《經》注：同盟踐土、翟泉。
撫州本、興國本"翟"作"狄"，靜嘉本、金澤本與八行本同。
21. 文八年《傳》注：大夫出竟，有可以安社稷、利國家者，專之可也。
撫州本、興國本句末無"也"字，金澤本與八行本同，靜嘉本缺。
22. 文十八年《傳》注：檮杌，頑凶無儔匹之貌。
撫州本、興國本"儔"作"疇"，金澤本作"檮"，靜嘉本缺。
23. 宣九年《傳》注：言周徵也。
撫州本、興國本"徵"作"微"，金澤本、靜嘉本與八行本同。
24. 宣十六年《傳》注：享當體薦而殽烝，故恠問之。
撫州本、興國本"恠"作"怪"，金澤本與八行本同，靜嘉本缺。
25. 成五年《傳》注：前比年鄭伐許故。
撫州本、興國本"比"訛作"此"，金澤本、靜嘉本與八行本同。
26. 成十二年《傳》：晉士燮會楚公子罷、許偃。
撫州本、興國本"燮"作"爕"，金澤本與八行本同，靜嘉本缺。

27. 襄十一年《傳》：詩曰："樂旨君子，殿天子之邦。樂旨君子，福禄攸同。"

撫州本、興國本"旨"作"只"，金澤本上"旨"旁注"只或乍"，静嘉本與八行本同。

28. 昭十三年《傳》注：鄫已滅，其民猶在。

撫州本、興國本"在"作"存"，金澤本"存"字左旁注"抃"，右旁注"在"，知金澤本原本作"在"，與八行本同，静嘉本缺。

（三）與金澤本、興國本合，與静嘉本、八行本異

29. 襄十年《傳》注：使世守其職。

撫州本、興國本脱"守"字，金澤本"守"旁小字注"本无扌ナ"，知金澤本據刊本補"守"字，原本亦脱，與撫州本同，静嘉本與八行本同。

30. 成元年《經》注：茅戎，戎别也。

撫州本、金澤本、興國本"别"下有"種"字，静嘉本與八行本同。

31. 襄元年《傳》注：瓠丘，晉地，河東東垣縣東南有瓠丘。

撫州本、金澤本、興國本"瓠"作"壺"，静嘉本與八行本同。

32. 襄十六年《經》：秋，齊侯伐我北鄙，圍成。

撫州本、金澤本、興國本"成"作"郕"，静嘉本與八行本同。

（四）與静嘉本合，與金澤本、興國本、八行本異

33. 僖四年《傳》注：南巡狩。

撫州本、静嘉本"狩"作"守"，金澤本、興國本與八行本同。

34. 僖二十七年《傳》注：賦納以言，觀其志也。

撫州本、静嘉本"賦"作"取"，金澤本、興國本與八行本同。

35. 襄三年《傳》注：在丹陽無湖縣東。

撫州本、静嘉本"無"作"蕪"，金澤本、興國本與八行本同。

（五）與八行本合，與金澤本、興國本、静嘉本異

36. 桓五年《經》注：爲下寔來書也。

金澤本、静嘉本、興國本"寔"作"實"，撫州本與八行本同。

37. 桓六年《傳》注：父義、母慈、兄友、弟共、子孝。

金澤本、静嘉本、興國本"共"作"恭"，撫州本與八行本同。

38. 文四年《經》注：滅例在十五年。

金澤本、静嘉本、興國本"在"下有"文"字，撫州本與八行本同。

39. 文十一年《經》：夏，叔彭生會晉郤缺於承筐。

金澤本、静嘉本、興國本"叔"下有"仲"字，撫州本與八行本同。

40. 宣十一年《傳》注：慮事，無慮計功。

静嘉本、興國本"無"作"謀"，金澤本"無"作"既"，撫州本與八行本同。

（六）與八行本、金澤本合，與興國本、靜嘉本異

41. 僖二十八年《傳》：謂楚人："不卒成也。"

興國本、靜嘉本"人"下有"曰"字，撫州本、金澤本與八行本同。

42. 文三年《傳》注：取其"顯顯令德，宜民宜人，受禄於天"。

興國本、靜嘉本"取"上有"義"字，撫州本、金澤本與八行本同。

43. 文十二年《傳》：胥甲佐之。

興國本、靜嘉本"甲"訛作"申"，撫州本、金澤本與八行本同。

44. 宣十年《傳》注：明春秋有因而用之，不皆改舊。

興國本、靜嘉本"舊"下有"史"字，撫州本、金澤本與八行本同。

（七）與八行本、金澤本、興國本、靜嘉本均異

45. 僖三年《經》注：勝國而不用大師，亦曰取。例在襄十三年。

撫州本"例"上有"取"字，金澤本、靜嘉本、興國本與八行本同。

46. 僖十二年《傳》注：國子、高子，天子所命爲齊守臣。

撫州本"守"作"侍"，金澤本、靜嘉本、興國本與八行本同。

47. 成六年《傳》注：言請人救難，勝非己功。

撫州本"功"作"力"，金澤本、靜嘉本、興國本與八行本同。

48. 成十年《經》：丙午，晉侯獳卒。

撫州本"獳"作"孺"，金澤本、靜嘉本、興國本與八行本同。

49. 襄二年《傳》注：故言未改。

撫州本"未"作"不"，金澤本、靜嘉本、興國本與八行本同。

50. 昭十一年《傳》注：到昭十三年，歲復在大梁。

撫州本無"到""歲"二字，金澤本、靜嘉本、興國本與八行本同。

從上文的比勘情況來看，撫州本異文與金澤本、靜嘉本、興國本互有參差，與所校版本都有相同之處，也都有不同之處，似乎難以判斷版本的親屬關係。不過，通過一些典型的校記，至少可以得出以下兩點推論：

首先，相比其他宋本，撫州本多存古本舊貌。金澤本源於唐抄本，與刻本系統不同。撫州本異文與金澤本相合之處較多，説明撫州本保留了較早的文本面貌。若僅爲異體字差異還不足以説明問題，如例 1"愍其見殺"，撫州本與金澤本"殺"均作"尸"；例 7"美仲山甫不辟彊禦"，撫州本與金澤本"彊"下均無"禦"字；例 9"以告成事"，撫州本與金澤本"告"下均無"成"字等，這些異文不見於其他刊本，足證撫州本存古。此外，有些異文爲撫州本獨有，如例 46"天子所命爲齊守臣"，撫州本"守"作"侍"；例 47"勝非己功"，撫州本"功"作"力"等，與八行本、金澤本、興國本、靜嘉本均不同，當有其他版本淵源。整體來看，撫州本的諸多異文不僅與宋刻諸本相異，而且多與日傳抄卷相合，可見該本存古。

其次,撫州本與興國本的版本關係相對密切。拋開金澤本(卷子本)不論,在本文例舉的七類比勘情況中,撫州本獨與興國本相合的條目達17條之多(第二、三類),而獨與八行本相合的只有9條(第五、六類),數量相差近一倍。就宋刻本而言,撫州本異文與興國本相合最多。除從數量上作出推論,一些典型例證也很能説明版本問題。如例18“與僖公八同盟”,撫州本與興國本“八”均訛作“入”;例19“故因會共伐之”,撫州本與興國本“因”下均脱“會”字;例25“前比年鄭伐許故”,撫州本與興國本“比”均訛作“此”。撫州本與興國本的多處明顯訛誤呈現一致,可知二者關係密切。

張麗娟研究南宋余仁仲本《春秋經傳集解》云:“從所得異文來看,除元刻明修十行本及阮元本明顯訛誤外,絶大部分異文余仁仲本與元刻明修十行本、阮元本同,而撫州本與越刻八行本同,形成明顯的兩個陣營。”①的確,除去明顯訛誤,撫州本與八行本的異文僅有百餘處,相較於南宋建陽書坊刻本,撫州本與八行本的文本差異不大,本文列舉的第五、六兩類情況也可以説明撫州本與八行本關係較近,這與本文推論的觀點並不矛盾。實際上,撫州本、八行本、興國本都是南宋早期的官刻本,上承北宋國子監本,其版本關係自然相近,只是與八行本相比,撫州本與興國本的版本關係似乎更加密切。

四、結　　語

撫州本是現存較早且校勘精審的官刻本,具有重要文獻價值。臺北“故宫博物院”及中國國家圖書館藏的撫州本原爲同帙。該書約於清乾隆末期自江蘇地區收入内府,始藏故宫御花園養性齋,後藏昭仁殿。民國初年,卷一、卷二流出宫外,遞經傅增湘、周叔弢收藏,後由周叔弢轉讓故宫博物院,以作延津之合。但事與願違,撫州本歷經坎坷,至今分藏海峽兩岸。彭城仲子、《天禄琳琅書目後編》館臣、傅增湘、李盛鐸、王文近、李致忠等先後撰寫題跋,介紹該書的版本特徵及文獻價值。在宋刻《左傳》版本中,撫州本與八行本、興國本屬同一版本陣營,其與興國本的版本關係尤爲密切。在校勘價值方面,撫州本異文不僅多與宋刻諸本相異,而且與日傳抄卷之金澤本相合甚多,保留古本舊貌。因此,在新的《左傳》校勘、整理工作中,撫州本值得充分重視和利用。

郭帥　山東大學文學院　博士後

---

① 參張麗娟:《宋代經書注疏刊刻研究》,第157頁。

Research on the edition of "*Chun Qiu Jing Zhuan Ji Jie*" in Fuzhou of Southern Song Dynasty

Guo Shuai

Abstract: The edition of "*Chun Qiu Jing Zhuan Ji Jie*" in Fuzhou of Southern Song Dynasty, which collected by the Taipei Palace Museum and the National Library of China, was originally a same book. The book was circulated from the Jiangsu area into the Qing Dynasty imperial storehouse around the end of Qianlong. The first and second volumes flowed out of the court in the early years of the Republic of China and were handed over to the collections of Fu Zengxiang and Zhou Shutao. Among the editions of "*Zuo Zhuan*" engraved in the Song Dynasty today, the Fuzhou edition is exquisitely engraved, and is particularly closely related to the Xingguo edition, and the variant texts are mostly consistent with the Japanese Kanazawa Library banknote roll, which proves that this edition inherits many old editions.

Keywords: Fuzhou version *Chun Qiu Jing Zhuan Ji Jie* version relationship

復旦大學圖書館藏盧文弨批校《水經注》殘本考論*

高　超

摘　要: 復旦大學圖書館藏有署名爲盧文弨批校的《水經注》殘本十二卷,混入他本成二十卷,曾藏於嘉業堂。該書體例與特點同盧文弨這一時期其他校勘成果相似,校勘記中的天氣記録可與官方檔案相應,但字迹和用印等方面頗有可疑之處,最有可能爲書賈牟利起見摹録節選原本之作。該書可反映盧氏在乾隆四十三年和四十五年一月兩次閲讀批校《水經注》的成果,卷後校記載其行迹,可補史闕。盧氏以黄晟刊本《水經注》爲底本,參校以孔繼涵寄送戴震所校之微波榭本與殿本,重視他校和以小學理校,頗有可取之處。該校本面貌可與其他著作中體現的盧氏對酈《注》之認識印證,且是目前所見最早反映戴氏兩本差異的《水經注》校本。

關鍵詞: 盧文弨　戴震　《水經注》

筆者在復旦大學圖書館得見一部盧文弨批校《水經注》殘本(簡稱盧校本)。該書未見於現有《盧文弨鈔校題跋本目録》①,各卷校記所言行迹亦多未見於年

* 本文係國家社會科學基金重大項目“《水經注》校箋及水道與政區復原研究”(22&ZD265)項目的階段性成果。

① 參見陳修亮編著:《盧文弨鈔校題跋本目録》,收入陳東輝主編:《盧文弨全集》(第十五册),浙江大學出版社,2017 年,第 373—476 頁。

譜,似尚未被學界了解①。《水經注》是一部明清學者關注頗多的重要古籍,盧氏不應不措意於此。但學界對盧文弨的酈《注》研究尚乏關注,也未曾將其視作酈學家②。因而該書在研究盧文弨的生平和豐富酈學研究兩方面均有一定幫助。故不譾淺陋,簡述如下。

一、盧校本的基本情況

該書一函九册,均爲乾隆十八年(1753)黄晟槐蔭草堂刻本,曾爲劉承幹嘉業堂所藏,後入復旦大學圖書館。每半葉十一行二十字,單魚尾。(見圖1)第一册卷九至卷十二,第二册卷十三至十四,第三册卷十五至十六,第四册卷二十二,第五册卷二十三,第六册卷二十八至三十一,第七册卷三十至三十一,第八册卷三十七至三十八,第九册卷三十九至四十。

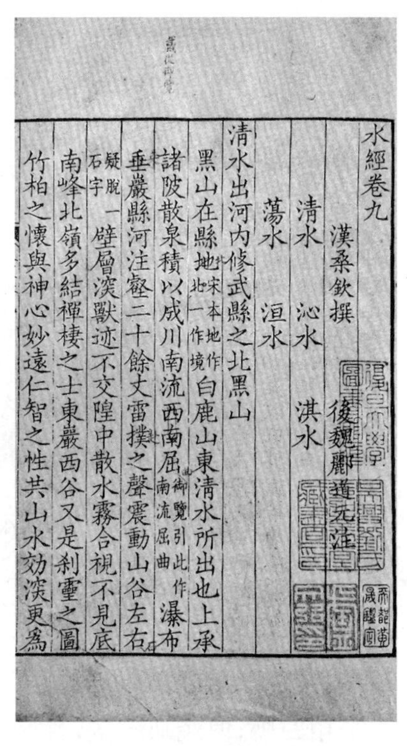
水經卷九
漢桑欽撰　後魏酈道元注
清水　沁水　淇水
蕩水　洹水
清水出河内修武縣之北黑山
黑山在縣地（宋本地作北一作境）白鹿山東清水所出也上承
諸陂散泉積以成川南流西南屈（御覽引此作南流屈曲）瀑布
垂巖懸河注壑二十餘丈雷撲之聲震動山谷左右
（疑脱一石字）壁層深獸迹不交隍中散水霧合視不見底
南峰北嶺多結禪棲之士東巖西谷又是刹靈之圖
竹柏之懷與神心妙遠仁智之性共山水効深更爲

圖1　盧校本卷九書影

各册鈐印情況各有不同,第一、二、八册有"復旦大學圖書館藏""吴興劉氏嘉業堂藏書印""盧文弨印"三印;第六、八册有有"復旦大學圖書館藏""劉承幹字貞一號翰怡"二印;第三、四、五、七、九册無印。

各册書底皆有書名題記,第一、二、三、六、八、九册書底題記作"水經注盧文弨校本",四、五、七三册作"水經注"。但僅有第一、二、三、八、九五册文中有圈閲和校語。

記雖然不同,但"水經注"三字寫法相同,應出於同一人之手。由該書流傳史推測最有可能爲入藏嘉業堂時所書。頗疑嘉業堂原先藏有多部相似的黄晟本《水經注》,後由於種種原因自相混淆,其後收入復旦大學圖書館。下文重點討論有圈閲和校語的五册,共計十二卷。

由於該書流傳過程除嘉業堂印外别無迹可尋,而現存的嘉業堂藏書目録中未見著録,剩餘部分也不見於浙江省圖書館等今日嘉業堂藏書的主要保管地,不知

① 張波、趙玉敏編著:《清盧抱經文弨先生年譜》(下簡稱《年譜》),收入陳東輝主編:《盧文弨全集》(第十六册)。

② 陳橋驛《歷代酈學家治酈傳略》(收入氏著《酈學新論》,山西人民出版社,1992年)中列舉歷代對《水經注》進行研究的學者百餘人,未見盧文弨之名。

是否尚存於天壤之間,所以在利用此書之前,必須判斷該書的真僞。主要有三種可能:第一爲該書確實出於盧文弨之手,是爲"全真";其次爲内容出自盧文弨之手,但曾經人謄録,是爲"半真";最後爲假託盧文弨之名而作,是爲"僞書"。在該書所言校勘時間段前後盧文弨其他手校本,如樊綽《蠻書》十卷(該書校於乾隆四十三年五月,而盧校本校記言校於同年十一月)全本尚存於南京圖書館,其用印情況、校勘體例和筆迹均頗具比對價值,是主要的判斷標準。

用印方面,盧校本諸册雖除最後一册外首頁均鈐有"盧文弨印",但字型頗呆板,有摹刻痕迹,也未見於同期其他盧文弨手校本中。校勘體例則符合盧氏習慣,如在原字上打方框表示删除,有替换則在右側補寫内容,不同版本有異説且無法確定何者更爲妥當時,則在該字右上角作 ∟ 型標記等。校語字體與盧文弨這一時期字迹頗爲相似,但是細查用筆細節則似較爲呆板,多有模仿痕迹。(見圖2)

圖2　盧校本所鈐"盧文弨印"與真迹對照圖

從内容方面考慮,該書校勘較爲精審,錯誤不多,且多有未見於此前其他酈學著作的理校、他校之處,非平常人所能成,此外,校語中反映的看法與盧文弨其他著作中所反映其對《水經注》版本認識相似①,校記也部分内容能與目前所知盧氏生平相對應;但殘缺過多,且殘餘篇目未有江河淮濟等《水經注》中錯誤較多,頗考驗考證功力的部分。

具説服力的是,校記中多處提及當日天氣。中國第一歷史檔案館保存有清代江寧、蘇州、杭州織造匯報天氣情況的晴雨檔奏摺。然杭州的紀録到乾隆三十九年爲止,本文涉及的乾隆四十三年前後的天氣狀況只得以蘇州的天氣紀録爲參考。蘇杭兩地相距較近,天氣狀況亦當近似②。比勘之下,校記中所言天氣,均可與當日官方天氣紀録相照應。如乾隆四十三年十一月十五日校記言其在杭州"冒

---

① 詳見下文。

② 晴雨檔中所言蘇州天氣情況參見蘇州織造全德:《呈乾隆四十三年十一月份蘇州晴雨表》(乾隆四十三年十二月二十五日收),中國第一歷史檔案館藏檔案,04-01-40-0020-049;同氏:《呈乾隆四十五年正月份蘇州晴雨録》(乾隆四十五年收),中國第一歷史檔案館藏檔案,04-01-40-0021-045。

雨奔波”，晴雨表中所言蘇州天氣爲“西北風，丑時微雨，辰時止。酉時又微雨，戌時止”，可見確有降雨。類似案例還如四十三年十一月十八日校記言“入夜風雨交作”，晴雨表中所言蘇州天氣則爲“東北風，酉時微雨起，亥時未止”，可見十八日入夜後確有風雨。四十五年正月五日校記中分别稱“昨日大風，今日寒甚”“去冬無雪，昨夜始雪，今日大晴”，而這兩日晴雨表中所言蘇州天氣則分别爲“西北風，丑時微雨即止，未時又微雨即止”“晴，西北風”，雖然有雨雪之異，但是五日大風有降水，六日天氣晴朗的記載相同。這些記載是後來人極難僞造的内容。

綜合以上各種特徵，目前來看“半真”的可能性最大。即校語校記内容應出自抱經先生之手，但經人依盧氏原本摹録而非過録，故雖非盧氏曾批閲之原件，但與原本各方面特徵多有近似之處。

故而，雖然該書頗有可能並非真迹，但主要内容仍可加以利用。這爲下文的討論夯實了前提。

二、盧校本之校記及其學術價值

盧校本各卷後的校記有兩種：一種朱色，字迹較清楚；一種也爲朱色，但已褪色，字迹約略可識。這一特徵極爲獨特。現迻録校記文如下，前爲濃墨，後爲淡墨：

> 卷九濃墨校記：十一月二日閲；淡墨校記：己亥正月二日。
>
> 卷十濃墨校記：十一月七日閲；淡墨校記：正月二日閲，得蕪湖陳郎書言詩賦已爲劉學使所取，可以應召試。
>
> 卷十一濃墨校記：十一月十一日閲；淡墨校記：庚子小年朝[1]。
>
> 卷十二濃墨校記：十一月十二日出武林門至許家窪[2]尋地還閲 盧弓父；淡墨校記：庚子新正三日閲。
>
> 卷十三濃墨校記：戊戌十一月十三日閲 梁山舟[3]爲余書抱經堂扁因托友雙鉤之；淡墨校記無。
>
> 卷十四濃墨校記：十一月之望冒雨奔波，薄晚歸來閲此卷竟；淡墨校記：庚子正月三日閲。
>
> 卷十五濃墨校記：十一月十八日閲 入夜風雨交作；淡墨校記：正月六日閲 昨日大風，今日寒甚。

---

① 即正月初三。

② 地名不詳，應在杭州城西北。

③ 清代書法家，杭州人。

卷十六濃墨校記：十一月二十日早約看大樹巷①屋，晚飲項氏②，作望雪詩，余未作③，燈下校此卷 弓父；淡墨校記：庚子正月六日燈下校，去冬無雪，昨夜始雪，今日大晴。

卷三十七濃墨校記：戊戌十二月二十六日弓父閲；淡墨校記：庚子正月二十日閲 欲往吊諸虛白之喪 ，無力乘輿，僅遣力送禮而已。

卷三十八濃墨校記：廿七日晡後與趙瞰江④東城散步，歸閲覽；淡墨校記：庚子正月二十日閲，瞰江仍在杭，頊腰痛，竟不能出遊。

卷三十九濃墨校記：廿七入夜又閲竟此卷；淡墨校記：正月二十三日閲，有余生來謁。

卷四十後無校記。

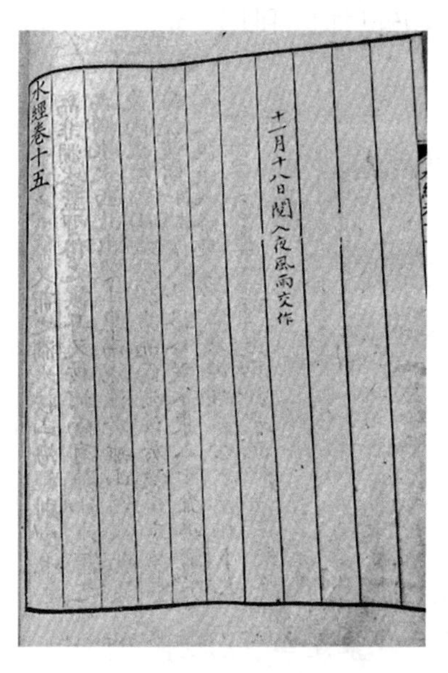
水經卷十五
十一月十八日閲入夜風雨交作

圖3　盧校本卷十五尾頁書影，第四行爲濃墨校記，第五行爲淡墨校記

這些校記所言時間前後相合。個别卷次無校記。

由校記内容可知，盧文弨至少閲讀過該書兩次，一次自戊戌年（應即乾隆四十三年，1778）十一月初至十二月末，另一次自庚子年（應即乾隆四十五年，1780）年初（可能前一年年底已經開始）至正月底。卷九記年己亥，可能是新年伊始盧氏恍惚誤書之故。兩次校對速度差别明顯，第一次約一日一卷，用兩個多月的時間才閲覽一過；第二次則多一日數卷，僅用一月時間便告完成。相應的，現存校語和圈點絶大多數都是濃墨，淡墨僅有寥寥數處圈閲痕迹，更無一字校語，另有部分黑筆校記。（見圖3）各種校語比例之懸殊足以説明圈閲校勘工作主要是在盧氏第一次閲讀時完成。值得一提的是，現存盧氏著作中引用《水經注》最爲頻繁的《駁堯塚在平陽議》與《後議》⑤恰是在第二次閲覽盧校本後的乾隆庚子年所成，兩者之間很有

① 杭州城内街巷名，在杭州城東北。

② 此事《年譜》中有記，《抱經堂詩鈔》中有《自鳴鐘歌》，作於此時。項氏，指盧文弨友人項墉，字金門，號秋子，錢塘人。袁枚《隨園詩話》稱讚其“大開壇坫，一時風雅之士歸之如雲”。

③ 據盧氏《東觀餘論》校記所言，是冬江南地區多雪，影響農時，致使穀價飛漲。這可能是盧氏未作望雪詩所由。

④ 即趙曦明，字敬夫，江陰人。曾幫助盧文弨校對古籍。庚子年五月盧文弨北上入京前留詩作别。

⑤ 收入《抱經堂文集》卷二十一。

可能存在一定聯繫。

據《年譜》,自乾隆四十三年四月辭去鍾山書院教職至四十五年初,盧氏均寓居杭州,致力校勘古籍。以上校記進一步豐富了對其這一時期的行迹的瞭解。如由同一時期盧文弨其他校記可知,其自四月返杭後寄居友人王氏家中,如《癸辛雜誌》校記言“謀居甚急”(九月十三日記),十月初一日仍居於王氏家中(見其《東觀餘論》校記)。而卷十二、卷十六校記表明迨至十一月中旬盧氏仍未尋到合意居所,並爲此在杭州城内外奔走。此外,卷十三校記所記梁山舟書抱經堂匾事,卷三十七校記所言諸克任之喪期事均未見於他書,可補史闕。

三、盧校本之校語價值

盧校本除各卷校記外,隨文有校語二百五十餘條。這一部分的價值主要體現在其内容上。

盧校本校語中多言及“戴”“戴本”,如卷九《淇水》篇“淇水東北逕柱人山”條校語“戴作白溝”;卷十一《滱水》篇“北至長城注于易水者也”校語“戴無者字”。比勘之下所言文本基本與《戴氏遺書》本《水經注》(下簡稱微波榭本)相合①。此外亦多提及“館”“館本”“新本”,如卷十六《漆水》篇“漆沮二水名”條校語“館本一水,云今《書傳》作二水”;卷四十《漸江水》篇“王莽之進睦也”校語“新本因汪文盛本之訛改作淮睦”,這一類所述文本内容與乾隆三十九年刊行的武英殿聚珍本《水經注》(下簡稱殿本)②相合。

值得注意的是,盧文弨在其他著作中也多有比勘《水經注》不同版本進行考證者,如《鍾山札記》卷三“原圃具圃”条云“《水經》瀡水下所引本是具圃,新校本乃改作具囿”;“東平王雲”条云“《水經》汶水注載息夫躬告東平王雲事引《漢書·五行志》,此酈氏之誤,新校本改作《宣元六王傳》,是也”。此外還有“山陽橐縣”條、“鼈令”條等③。這些札記中均提及《水經注》“舊本”“新校本”,並加以辨析。核對之下,所言“舊本”文字普遍與黄晟本相合,“新校本”内容則與殿本相合,未提及其他版本。校語中未提及其他版本。版本稱謂的用法可進一步印證這些校語内容應出自盧文弨之手。

盧校本的底本黄晟刊本爲當時世面上易得之本④,但質量頗差,主要參考的

① 戴震校,孔繼涵微波榭刊《戴氏遺書》本《水經注》不分卷,日本國立國會圖書館藏。

② 戴震校,乾隆三十九年武英殿聚珍本《水經注》四十卷,《四部叢刊初編》影印本,商務印書館,1919年第1版。

③ 〔清〕盧文弨撰,楊曉春點校:《鍾山札記》卷三《山陽橐縣》,中華書局,2010年,第64頁。

④ 觀盧氏其他校勘成果中所言之“舊本”亦多指代該書易得之通行本。這也是盧氏校勘一大特色。

酈《注》版本也只有微波榭本與殿本，未能廣求善本。故而，盧氏似未對《水經注》進行系統研究。可能是亡友戴震成果珠玉在前，盧氏並未另起爐灶，而是在戴震的校勘成果上加以修訂利用。

雖然未進行深入研究，但盧氏之校勘成果亦不乏令人激賞之處。其對正文所做改動，多於殿本相同，尤其注意核對酈《注》所引材料出處，並輔以己意，加以去取。如卷十二《聖水》篇"東逕涿縣故城北，王莽更名垣翰"條校語云"莽所更是郡名，則縣字似當作郡，於下文又合"；卷十三《濕水》篇[①]"王莽更名富臧"條校語云"今《漢志》作富代"；卷十五《洛水》篇"乃作大邑成周於中土"條校語云"今《作雒》篇作'土中'"等。所用他校書籍有《山海經》、《竹書紀年》、《史記》及《索隱》、《漢書》、《太平御覽》等。這反映了盧文弨一貫重視他校，廣徵博引的校勘學原則[②]。此外，盧氏亦頗重視運用文字音韻等小學知識，如卷十六《穀水》篇"其中多瑻玉"條校語云"瑻不見字書"；"穀水又東逕魏將作大匠毋丘興盛墓前"條校語云"當做毌，音貫"。又爲盧氏校勘古籍一貫特色。

附言之，校語中有部分爲黑筆所寫，這些黑色校記所記均是引用他書參校，且字迹同朱色校語頗爲不同，還有黑筆補朱筆闕處。但不是所有他校校記均是黑色。

此外，盧校本在酈學學術史上亦有其獨特的價值。主要體現在戴震名下兩種《水經注》的關係問題上。

乾隆四十三年（戊戌年）八月盧文弨成《〈戴氏遺書〉序》，稱"東原在館校定《大戴禮記》《水經注》《五經算術》《孫子算經》等書，既已官爲版行。而其遺書尚夥，或不免有零墜之患，意獨竊竊然慮之。今年春，得曲阜孔君葓穀書，則已爲之開雕，以其先成若干種寄余"[③]。可知孔繼涵於是年春將部分已刻好的《戴氏遺書》寄給了盧文弨，其中很有可能有《水經注》。這也應是盧文弨措意《水經注》校勘的動機所在。盧校本中以水道順序用短橫線分爲若干段落，這一特徵也與微波榭本面貌相合。據此足證孔繼涵寄給盧文弨的部分內容中定有《水經注》，可將微波榭本的刊刻時間進一步精確到乾隆四十三年春之前。

微波榭本同殿本雖均出自戴震之手，文本內容也大同小異，但結構上區別頗大，酈學界對兩者之間的關係也聚訟紛紜，未有統一認識。盧校本是目前所見最早對兩者進行比勘的校本，具有獨特的學術價值。戴震爲微波榭本所做《自序》中未提及殿本，李曉傑師認爲其意將微波榭本定爲私作，以與殿本相區分。[④] 盧

---

① 殿本作"灅水"。

② 參見許殿才：《盧文弨校勘學述》，《史學史研究》1988 年第 3 期，第 68—73 頁；魏哲銘：《論盧文弨校勘學的原則和方法》，《西北大學學報》1995 年第 2 期，第 74—77 頁。

③ 收入《抱經堂文集》卷六，寫作時間載於《戴震集》。

④ 李曉傑、楊長玉、王宇海、屈卡樂：《水經注現存主要版本考述》，《歷史地理》第三十一輯，2015 年。後經修改，收入《古本與今本：現存〈水經注〉版本彙考》，復旦大學出版社，2021 年。

文弨與戴震過從甚密，常有書信往來，孔繼涵寄書時亦應相告，故他對戴震的想法應有充分瞭解。今觀盧文弨分别以“戴本”“館本”稱之，可見其意亦以微波榭本爲戴震私作，反映戴氏觀點，與前説可互相印證。

上文概述了盧校本在補充盧文弨生平行迹和《水經注》學術史方面的價值。值得一提的是，該書其餘部分以及可能存在的盧文弨原本可能尚存於世而尚未爲人所知。

參考文獻

〔清〕戴震校，孔繼涵微波榭刊《戴氏遺書》本《水經注》不分卷，日本國立國會圖書館藏。

〔清〕戴震校，乾隆三十九年武英殿聚珍本《水經注》四十卷，《四部叢刊初編》影印本，商務印書館，1919年。

〔清〕盧文弨撰，楊曉春點校：《鍾山札記》，中華書局，2010年第1版。

陳橋驛：《酈學新論》，山西人民出版社，1992年

陳修亮編著：《盧文弨鈔校題跋本目録》，收入陳東輝主編：《盧文弨全集》（第十五册），浙江大學出版社，2017年。

張波、趙玉敏編著：《清盧抱經文弨先生年譜》，收入陳東輝主編：《盧文弨全集》（第十六册），浙江大學出版社，2017年。

許殿才：《盧文弨校勘學述》，《史學史研究》1988年第3期，第68—73頁。

魏哲銘：《論盧文弨校勘學的原則和方法》，《西北大學學報》1995年第2期，第74—77頁。

李曉傑、楊長玉、王宇海、屈卡樂：《水經注現存主要版本考述》，《歷史地理》第三十一輯，2015年。

高超，復旦大學歷史地理研究中心博士研究生

A textual research on the remnant edition of *Shuijingzhu* by Lu Wenjiao in the library of Fudan University

Gao Chao

Abstract: In the Fudan University Library, there are 12 volumes of the incomplete edition of *Shuijingzhu*, which was proofread by Lu Wenchao and mixed with others into 20 volumes. It was once stored in the Jiaye Hall. The style and characteristics of the book are similar to those of other proofreading achievements made by Lu Wenchao during this period, and the weather records in the proofreading records correspond with the official files, but there are quite suspicious aspects such as handwriting and seal usage. It is most likely to be copy excerpts from the original work for the benefit of the bookseller. This book can reflect the achievements of Lu Wenchao's work when reading and proofreading in the 43rd and 45th years of Qianlong's reign, and the proofreading record about his tracks after the volume can supplement the historical records. Lu Wenchao used Huang Sheng's publication *Shuijingzhu* as the base proofreading book, and referred to Dai Zhen's Weiboxie edition sent by Kong Jihan and Wuyingdian edition. He attached great importance to other schools and managed them with philology, which had considerable merit. The appearance of this edition can be confirmed by Lu's understanding of *Shuijingzhu* reflected in other works, and it is the earliest school edition of *Shuijingzhu* that reflects the differences between Weiboxie edition and Wuyingdian edition.

KeyWords: Lu Wenchao　Dai Zhen　*Shuijingzhu*

目録 版本目録學研究

《首届向全國推薦優秀古籍整理圖書書目》中的目録版本類著作管見*

陳東輝

摘　要：本文對《首届向全國推薦優秀古籍整理圖書書目》中的《中國古籍總目》等十種目録版本類著作逐一進行了簡要評述，在充分肯定其重要學術意義及實用價值之基礎上，也提出了若干建議。

關鍵詞：古籍整理　目録學　版本學　書目

國家新聞出版廣電總局、全國古籍整理出版規劃領導小組於 2013 年 8 月 9 日公佈《首届向全國推薦優秀古籍整理圖書書目》後，在學術界和出版界引起很大反響，也受到海内外廣大讀者的高度關注。全國古籍整理出版規劃領導小組辦公室還爲此專門編了《萬卷縹緗——首届向全國推薦優秀古籍整理圖書圖録》，由中華書局於 2018 年 2 月出版。該書目收録 1949 至 2010 年間出版的優秀古籍整理圖書九十一種（叢書以一種計），是從其間出版的約二萬五千種古籍整理圖書中優中選優之精品，其中包括目録版本類著作十種，分别是《中國古籍總目》編纂委員會編的《中國古籍總目》（中華書局、上海古籍出版社），《中國古籍善本書目》編委會編的《中國古籍善本書目》（上海古籍出版社），王重民撰的《中國善本書提要》（上海古籍出版社），上海圖書館編的《中國叢書綜録》（上海古籍出版

* 本文係全國高等院校古籍整理研究工作委員會直接資助項目“二十世紀古文獻學史”（項目編號：0446）階段性成果。

社),余嘉錫著的《四庫提要辨證》(中華書局),孫猛校證的《郡齋讀書志校證》(上海古籍出版社),陳先行等編著的《中國古籍稿鈔校本圖録》(上海書店出版社),上海圖書館編、王鶴鳴主編的《中國家譜總目》(上海古籍出版社),楊殿珣編的《中國歷代年譜總録(增訂本)》(國家圖書館出版社),北京圖書館(今國家圖書館)編的《中國版刻圖録》(文物出版社)。就總體而言,上述著作代表了新中國目録版本學研究的最高水平。

一、《中國叢書綜録》等四種書目之重要價值

在這十種書中,其中的《中國叢書綜録》《中國古籍善本書目》《中國古籍總目》《中國家譜總目》屬於對傳世古籍資源進行全面梳理之重要工具書,乃整個古籍整理研究事業中的基礎性工作,便於摸清家底,在古籍普查編目、整理研究、編輯出版等諸多工作中發揮着極爲重要的作用,功德無量。編纂於半個多世紀之前的《中國叢書綜録》,在分類、著録、查檢方法等方面頗具獨創性,並且經歷了時間的考驗。不但從事古籍整理和古代文史研究的學者需要經常查閲該書,而且它也是圖書館工作者在古籍編目、普查時不可或缺之工具書,尤其是查檢古籍叢書時首先需要利用的最爲重要的工具書。

20世紀70年代末開始編纂的《中國古籍善本書目》,採用全國一盤棋的方式,各地、各單位緊密協作,團結奮戰,並且有顧廷龍、冀淑英、潘天禎等著名目録版本學家審訂、把關,堪稱以舉國之力而編成,其重要價值有目共睹。當時爲了明確《中國古籍善本書目》的收録標準和範圍,規定了著名的"三性"(即歷史文物性、學術資料性、藝術代表性)和"九條"(核心内容是流傳較少的古籍),從而成爲被學界廣泛引用的關於"善本"含義之權威性規定。這雖然只是編纂《中國古籍善本書目》之"副産品",但它所産生的巨大影響在一定程度上却不亞於書目本身。

《中國古籍總目》共計2 500餘萬字,首次將中國古籍書目彙集著録爲約二十萬種,乃現存中國漢文古籍之總目録,較爲全面地反映出中國大陸和港澳臺地區主要圖書館以及部分海外圖書館現存中國漢文古籍的品種、版本及收藏現狀,具有重要的學術價值。該書作爲權威性工具書,一出版即受到學術界的高度關注和重視,正在各級古籍普查以及編目工作中發揮重要作用。在2010年12月舉行的全國古籍保護工作會議上,有多位領導和專家提及應該在古籍保護等工作中,充分重視和利用《中國古籍總目》。誠如嚴佐之所云:"《總目》編纂之意義還在於開創了新時期圖書館目録工作的新模式。與産生於'大躍進'時代的《中國叢書綜録》不同,與産生於舉國體制、計劃經濟時代的《中國古籍善本書目》也不同,那時的編纂管理模式現已不可複製。在市場經濟意識已經滲透至文化生産領域的情

勢下,《總目》編纂者摸索出一個以若干大館爲核心爲骨幹,協同全國各館,以一定經濟因素予以潤滑推進的新模式。可以預見,在今後相當一個時期内,這恐怕是實施超大型、全國性、綜合性圖書館藏書聯合目録編纂工程的一個行之有效的組織管理工作模式。"①該書作爲古籍整理圖書的傑出代表,榮獲了第三届中國出版政府獎圖書獎。

《中國家譜總目》收録了中國家譜 52 401 種,共計 608 個姓氏,乃目前收録中國家譜數量最多,著録内容最爲豐富的一部專題性聯合目録,被譽爲"中國家譜的總匯,家譜研究的津梁"②,在中國家譜整理和研究史上具有里程碑意義。該書附有"譜名索引""譜籍索引""纂修者索引""堂號索引""先祖索引"和"名人索引",甚便讀者。同時,因該書可以爲海内外華人尋根問祖提供十分詳細的線索,故其知名度、影響力以及使用頻率等遠高於其他許多古籍書目,這應該也是古籍整理出版工作所産生的重要社會效益。該書同樣作爲古籍整理圖書的傑出代表,榮獲了第二届中國出版政府獎圖書獎。

需要説明的是,作爲目録類工具書,或多或少都存在收録不全、著録内容不够準確等問題。不可否認,作爲目録類工具書中的佼佼者的上述四種書目,也同樣存在這些不足。然而,我們應該認識到,相對於上述書目所取得的重大成就而言,這些小問題當屬白璧微瑕。近年來,筆者也主持編纂並出版過《清代學者研究論著目録》初編和續編、《民國學者研究論著目録》初編和續編、《著名古籍保護專家研究文獻目録》、《清代學術大師專人研究文獻目録叢刊》等多種目録類工具書,深深體會到要真正編好目録有時比撰寫專著還要困難,要做到完全没有遺漏,著録内容完全準確無誤幾乎是不可能的。因此,筆者對於上述書目的美中不足特别能够理解,相信廣大讀者也一樣。

二、《四庫提要辨證》等其他六種著作之重要價值

余嘉錫的代表作《四庫提要辨證》,乃迄今爲止在"四庫學"研究領域成就最大之名著。該書對《四庫全書總目》中所著録的 488 種典籍進行了系統、翔實和深入的考辨、訂正,涉及原書内容、版本、作者生平諸方面的問題。就著作的時代而言,488 種典籍中宋人著述幾近一半,多達 230 種。這與余氏本人的學術專長有很大關係。該書博大精深,乃作者殫畢生精力撰寫而成,"莫不表現出作者能爲深湛

---

① 嚴佐之:《〈中國古籍總目〉的"正能量"》,《古籍新書報》2013 年 4 月 28 日。

② 葛劍雄:《中國家譜的總匯,家譜研究的津梁——〈中國家譜總目〉評介》,《安徽史學》2010 年第 1 期。

之思，長於考證，精於辨析，尚論事實然否與是非曲直，近百年來，很少有人能與之相比”[①]。該書是代表目録版本學乃至古代文史研究領域最高水平的專著之一，對於研究古代文獻、歷史、文學和哲學等均有很大參考價值，堪稱具有永恒魅力的傳世之作。前人著述對該書子、史二部之考辨成果多有論及，此不贅述。筆者認爲，該書經部小學類所涉及的書籍雖然僅有 20 種，但也較爲充分地顯示出余氏在傳統語言文字學領域的深厚功底。除了正文之外，該書之“序録”雖然僅約 4 000 字，但却提綱挈領，常有畫龍點睛之妙。余氏本人也因爲該書而在 1947 年當選爲中央研究院院士，足見當時學術界對該書重視之程度。該書之所以“對於目録學以及學術史的研究是不可磨滅的貢獻”[②]，具有如此高的價值，是同余氏在古文獻學和古代文史領域的深厚功底密不可分的。該書雖然是一部艱深的學術專著，但同樣受到許多讀者的喜愛。

孫猛的《郡齋讀書志校證》乃高水平的古籍整理著作。《郡齋讀書志》係傳世名著，有衢、袁二本，歷代刻本及影印本、抄本、批校本衆多，情況複雜，因此整理底本及參校本之選擇顯得極爲重要。孫氏繼承了清末王先謙以衢、袁二本合校之形式，所選擇的底本與王先謙合校本一致，採用汪士鐘刊衢本爲底本，而合校則改用涵芬樓 1933 年版《續古逸叢書》中的宋淳祐年間所刊袁本之影印本，從而避免了王先謙合校本因採用訛誤甚多的陳師曾刊袁本而導致的諸多不足。同時，孫氏從所寓目的《郡齋讀書志》29 種本子中，精選衢本系統的 8 種本子、袁本系統的 6 種本子作爲參校本。該書之所以爲人稱道，更在於其疏證和考訂。前人對於《郡齋讀書志》的整理，基本上屬於文字之比勘。該書在吸收前人相關成果之基礎上，重點對衢、袁二本存在的重要異文，以及著録書中的佚書或僞書，編著人事迹不見正史者等進行了細緻而又深入的疏證和考訂，學術價值極高。因此，該書不僅是一部高水平的關於《郡齋讀書志》的古籍整理圖書，而且也是研究《郡齋讀書志》的集大成之作。值得一提的是，該書的附録也十分齊備並且有用，其中的《晁公武傳略》是在前人之基礎上增補的，乃迄今爲止最爲完備的晁公武傳記資料之彙編，所輯録的内容可以讓讀者詳細瞭解晁公武的生平經歷及著述情況；另有《歷代著録及研究資料彙編》《現存諸本叙録》以及曾經刊布於《文史》第 20 輯的孫猛的《〈郡齋讀書志〉衢袁二本的比較研究》一文。此外，該書卷首尚有孫氏所編的《郡齋讀書志目録》和《讀書附志目録》；書末則附有王立翔編制的“書名索引”和“著者索引”。該書在遵循學術規範方面做得十分出色，堪稱典範。

近年來歷代書目題跋類著作受到學術界的關注和重視，出版了許多整理點校

---

① 周祖譔、余淑宜：《余嘉錫先生傳略》，載《余嘉錫文史論集》，嶽麓書社，1997 年，第 672 頁。

② 李學勤：《余嘉錫小傳》，載劉夢溪主編：《中國現代學術經典 · 余嘉錫、楊樹達卷》，河北教育出版社，1996 年，第 6 頁。

本，然而從總體來説質量參差不齊，很少見到像《郡齋讀書志校證》這樣的成果。筆者認爲，不少整理點校本之所以問題較多，除了時間緊迫、校對不精以及對古籍整理的規範不够瞭解之外，很重要的一個原因是對所整理的古籍缺乏必要的研究。而《郡齋讀書志校證》之所以經受了時間的考驗，並入選《首屆向全國推薦優秀古籍整理圖書書目》，最根本的原因還是校證者下了苦功，對《郡齋讀書志》進行了全方位的深入研究。這可以從該書豐富的引證、仔細的校核、深入的考證明顯地看出來。

王重民的《中國善本書提要》，筆者剛進入大學中文系古典文獻專業本科學習時就購買了，當初覺得有些難，某些内容不太看得懂。後來逐漸能看懂了，時常翻閲，收獲頗豐。到了自己也撰寫一些目録版本學論文時，就更加認識到它的重要價值。該書中的提要雖然大多字數並不多，但言簡意賅，點評到位，往往有畫龍點睛之妙，並且提要中有大量考證，學術含量極高(尤其是史部提要)。如"《皇明大記》"條先注明該書殘存一册(北圖藏)，係明鈔本，十行二十字，然後曰："明吴朴撰。按原書不著撰人姓氏，考《明史·藝文志》有吴朴《洪武大政記》二十卷，《千頃堂書目》作《洪武大記》，注云：'朴字華甫，詔安人，嘉靖中布衣。'《天一閣書目》作：'《皇明大紀》二十八卷，藍絲闌鈔本，嘉靖丁未閩嶠吴村序。'[按，村或朴字之誤，或是朴之兄弟行。]所記書名卷數雖不同，當並是一書。此本僅存洪武二十四、二十五兩年事，書根標：'皇朝大記，廿六'，蓋謂第二十六册也。其自二十六年至三十一年，尚當有三册或兩厚册，蓋天一閣藏本不分卷，編者以册爲卷耳。書内論按，述及英宗，其爲吴朴所撰，當可無疑。又按，《存目》著録吴朴《龍飛紀略》八卷，核《提要》所述，當即是書。考何喬遠《名山藏·本土記》有朴傳，置杜瓊前，蓋誤以爲明初人。"①筆者曾想節引上述文字，但覺得很難取捨，説明王氏之提要十分精煉，没有水分。同時，該書糾正了前人書目中的不少疏漏之處，如"《皇明曆朝資治通紀前編》八卷《後編》三十四卷"條指出："《八千卷樓書目·編年類》載明本《明資治通紀》十卷，又紀事本末類載明本《皇明啓運録》八卷，竟不知原爲一書，而分在兩類中。"②再則，該書非常注重著録序跋，對於重要序跋全文抄録，而這些善本中的序跋，一般讀者很難見到原書原文，因此該書中的相關信息，對相關研究者甚有助益。

如果説《中國叢書綜録》是代表20世紀五六十年代古籍目録學方面最高水平之書，那麽《中國版刻圖録》則是那個時代古籍版本學領域當之無愧的代表之作。該書選圖、解説精審，印刷、裝訂考究，可謂内容、形式俱佳。該書分爲版刻、活字、版畫三大部分，對所選收的每一幅圖版均附有簡明扼要的説明文字，涉及版刻特

① 王重民：《中國善本書提要》，上海古籍出版社，1983年，第109頁。

② 同上書，第106頁。

點以及版本鑒定之依據等。該書實際主編趙萬里專門爲該書撰寫了一篇約 7 000 字的序言,系統論述了中國印刷術的起源和發展歷程。該序言深入淺出,言簡意賅,既具有很高的學術水平,也十分適合一般讀者閱讀,乃名副其實的雅俗共賞之作。該序言的主要内容,以《中國版刻的發展過程》爲題,刊登於 1961 年 5 月 4 日的《人民日報》。該書從形式上看是一部工具書,但它融入了趙萬里等學者在版本學、印刷史等方面長期、深入研究之諸多心得,是一部學術含量極高的圖書,乃中國版本學史上具有里程碑意義的重要著作,可謂那一代圖書館古籍工作者大量心血之結晶。

陳先行等編著的《中國古籍稿鈔校本圖録》,收録了從魏晉至清末具有代表性的古籍稿本 109 種、鈔本 153 種、校本(即手書批校、評注之本)113 種,所收的每種圖書均附有一至三幅彩色圖版,並有較爲詳細的書志提要,書末附有分類、書名、作者(包括鈔者、批校者)、字號等四種索引。另有陳先行爲該書所撰的長達 10 000 多字的"前言",包括古籍版本學的主要功用與特徵、從《留真譜》看版本圖録的價值、編纂稿鈔校本圖録的意義、該書編纂始末四大部分,乃編纂者長期實踐經驗之總結,在很大程度上提升了該書的品味。該書既有重要的學術價值,又給古籍稿鈔校本之整理和鑒定提供了很大幫助(稿鈔校本個性特徵明顯,其鑒定難度一般要高於刻本)。另外,建議讀者在利用該書時,可以同時參考陳先行、石菲的《明清稿抄校本鑒定》①,因爲後者對稿鈔校本的種類、價值、鑒定等有較爲詳細的論述。近年來,各地、各單位編印了不少古籍圖録,但質量參差不齊,殷切盼望能有更多高水平的古籍圖録問世。

楊殿珣編的《中國歷代年譜總録》(增訂本)著録年譜 4 450 種,反映譜主 2 396 人。該書雖然篇幅不大,但質量很高,十分有用,是從事文史研究時經常需要查考的重要工具書。

筆者主編的《歷代文獻學要籍研究論著目録》②涉及二十九種歷代文獻學要籍,其中中華人民共和國成立以後編纂出版的共計四種,分别是《中國版刻圖録》《中國叢書綜録》《中國古籍善本書目》《中國善本書提要》。這種選擇與《首屆向全國推薦優秀古籍整理圖書書目》中的十種目録版本類著作高度吻合。除了《中國版刻圖録》等四種書之外,關於《四庫提要辨證》《郡齋讀書志校證》的相關研究論著,分别包含在《〈四庫全書總目〉研究論著目録》《〈郡齋讀書志〉研究論著目録》之中。而《中國古籍總目》《中國古籍稿鈔校本圖録》《中國家譜總目》的出版時間距今不長,《中國歷代年譜總録》(增訂本)則篇幅較少,相關研究論著還不多,因此未將其列爲《歷代文獻學要籍研究論著目録》的收録對象。需要説明的

① 上海古籍出版社,2009 年。
② 浙江大學出版社,2014 年。

是，筆者是在 2013 年 3 月確定《歷代文獻學要籍研究論著目録》所涉及的二十九種歷代文獻學要籍之具體書目的，當時並不知曉《首屆向全國推薦優秀古籍整理圖書書目》收入了哪些書。筆者强調這一點，並非爲了顯示"英雄所見略同"，而是想説明真正優秀的著作，是會得到大家普遍認可和重視的，同時也説明此次公佈的《首屆向全國推薦優秀古籍整理圖書書目》確實是經過認真、仔細挑選的，所收録的基本上都是最爲優秀的古籍整理圖書。

此外，從這十種目録版本類著作可以明顯地看出，作爲編纂單位的上海圖書館、北京圖書館（今中國國家圖書館），作爲出版單位的上海古籍出版社、中華書局在其中發揮了主力軍的作用。除了明確署名上海圖書館所編的 2 種書，北京圖書館所編的 1 種書之外，兩館均爲《中國古籍總目》的主要編纂單位，上海圖書館具體負責史部，國家圖書館具體負責集部。《中國古籍善本書目》的主編顧廷龍生前長期擔任上海圖書館館長，副主編冀淑英生前係北京圖書館研究館員。王重民曾在當時的北平圖書館（今國家圖書館）工作多年，《中國古籍稿鈔校本圖録》是由上海圖書館研究館員陳先行及其上圖同人編著而成，楊殿珣生前是北京圖書館研究館員。這一事實，再一次充分顯示出中國國家圖書館、上海圖書館在目録版本學著作編纂和相關研究領域的雄厚實力，以及在全國圖書館古籍界的領頭羊地位。

國家公佈《首屆向全國推薦優秀古籍整理圖書書目》的意義十分重大，對於今後的古籍整理研究工作具有非常重要的導向作用。近年來，國内學術評價越來越重項目（主要看立項級别和數量），而包括古籍整理研究類項目在内的不少國家級項目結題後出版的成果水平很一般，這對於古籍整理事業的長遠、良性發展是不利的。最終檢驗古籍整理水平高低的應當是相關出版物。

三、對十種目録版本類著作的若干建議

當然，從求全責備的角度而言，上述十種目録版本類著作也不是完全没有可以改進之處。《中國叢書綜録》和《中國古籍總目》在編排、分類、著録、排版等方面，存在一些可以改進或商補之處。[①] 同時，由於當時的客觀條件所限等原因，《中國古籍總目》和《中國家譜總目》還是有不少遺漏的。前些年全國各地爲了認真貫徹國務院頒發的《關於進一步加强古籍保護工作的意見》（國辦發〔2007〕6 號），開展了大規模古籍普查，目前這項工作業已告一段落，準備在此基礎上編纂《中華古籍總目》，收録品種將更加齊備，著録内容將更加準確。

---

① 參見彭喜雙、陳東輝：《〈中國古籍總目·叢書部〉與〈中國叢書綜録〉比較研究》，《澳門文獻信息學刊》2012 年第 2 期。

《中國古籍善本書目》(徵求意見稿)是著録行款的,但後來發現其中有不準確之處,出於慎重等原因,《中國古籍善本書目》最終出版時删去了行款信息。雖然這是編纂者反復權衡利弊後作出的决定,但行款畢竟是版本鑒定的重要依據,删去之後總有些遺憾。筆者認爲,基本上根據《中國古籍善本書目》(徵求意見稿)而編成的《中國古籍善本總目》①,定價高昂,之所以仍有一定銷量,並被不少讀者經常使用,最重要的原因是該書保留了行款信息。若干年以後,隨着全國性的古籍普查工作(要求著録詳細的行款信息)的完成,《中國古籍善本書目》將具備全面修訂之條件,行款信息可以較爲準確地著録了。

與目録版本類的其他九種書不同,《四庫提要辨證》的版本較多。《四庫提要辨證》的全稿是科學出版社於1958年出版的。中華書局據科學出版社的本子,改正了若干錯字,加以標點重排,於1980年出版。後來,中華書局將其編入《余嘉錫著作集》,並在書末增加了書名音序和筆劃兩種索引,於2007年出版(即第2版)。因此,對於讀者而言,中華書局2007年版《四庫提要辨證》更爲理想,《首届向全國推薦優秀古籍整理圖書書目》應該注明。此外,雲南人民出版社又將該書列入"二十世紀學術要籍重刊",根據中華書局1980年出版的本子,更正了個别錯字(標點的處理也略有不同),採用電腦重排,於2004年出版。該版本版面十分清晰,並且有著名學者陳尚君所撰的學術含量甚高的《四庫提要辨證重刊弁言》,因此也是很好的版本。

《中國版刻圖録》1960年初版本選書500種,有圖版662幅;1961年增訂本選書550種(增加了清代中後期刻本50種),有圖版724幅。而1990年第3次印刷本,則是杭州富陽古籍印刷廠根據1961年增訂本影印的,圖版的清晰度等均遜色於1961年的版本(清晰度對於古籍圖録而言是十分重要的)。因此,1961年增訂本當爲該書先後三個本子中最理想的版本,應當告知讀者。

《郡齋讀書志校證》的2005年第2次印刷本(精裝上、下册)、2006年第3次印刷本(精裝上、下册)以及2011年版的平裝上、下册本,都是根據1990年版的精裝一册本影印的,版面明顯不如後者清晰。不僅僅是《郡齋讀書志校證》,近年來重印的許多古籍整理著作,都是根據20世紀90年代之前的鉛印本影印的,基本上都存在版面不够清晰的問題。如果採用電腦重排,假使校對不够仔細,也會帶來新的問題,總體質量反而不如此前鉛印的版本(有一些這樣的例子)。這一問題如何解决,值得我們認真思考。

最後,筆者認爲北京圖書館編的《北京圖書館古籍善本書目》②,上海圖書館

---

① 綫裝書局,2005年。此處暫且不討論其版權問題。

② 書目文獻出版社,1987年。

編的《上海圖書館藏宋本圖録》①,羅偉國、胡平編的《古籍版本題記索引》②總體質量很高,也十分有用,希望能在討論、公佈下一屆《向全國推薦優秀古籍整理圖書書目》時給予考慮。

陳東輝　浙江大學漢語史研究中心　副教授

A brief comment on the bibliography and bibliology works in the *First Recommended Excellent Ancient Books to the Whole Country*

Chen Donghui

Abstract: This paper makes a brief comment on ten kinds of books of bibliography and bibliology, such as the *General Catalogue of Chinese Ancient Books*, in the *First Recommended Excellent Ancient Books to the Whole Country*, and puts forward some suggestions on the basis of fully affirming their important academic significance and practical value.

Keywords: Collation of ancient books　Bibliography　Bibliology　Catalog of books

① 上海古籍出版社,2010年。

② 上海書店,1991年;華東師範大學出版社,2011年修訂版。

周叔弢《古書經眼録》的文獻學價值*

趙　嘉

摘　要：《古書經眼録》大約作於1933—1948年，是民國時期大藏書家周叔弢先生在這一時期經眼部分古籍的彙集。《古書經眼録》與常見的經眼録類版本目録在體例上無明顯差別，著録的古籍也並不以宋元善本爲主，自影印出版以來鮮有學者對其加以研究和利用。通過對該書的整理，筆者發現其中著録的古籍與當時書賈所編經眼録類版本目録關係緊密，較爲集中地反映了當時古籍流通的特點，具有獨特的文獻價值，爲民國時期的藏書研究提供了新的資料和視角。

關鍵詞：《古書經眼録》　周叔弢　選購書目　書賈　古籍版本圖録

《古書經眼録》共著録古籍414部（有多書合裝一册者計1部的情況），手稿本，正文用“建德周叔弢自莊嚴堪制”格紙繕寫而成，共4册①。《古書經眼録》與另外4種弢翁手稿合編爲《周叔弢古書經眼録》，由國家圖書館出版社在2009年

* 本文係2018年國家社科青年项目“近百年來古籍版本圖録研究”（18CTQ012）階段性成果。

① 按，弢翁雖在《古書經眼録》著録419部古籍，但其中《三孔清江文集》、元本《爾雅》、景宋鈔本《漢書》、殘宋本《咸淳臨安志》、《北溪先生大全文集》均重複著録兩次，故實際著録414部古籍。另外，《誠齋牡丹百詠》《誠齋梅花百詠》《誠齋玉堂春百詠》以及《妙法蓮華經》亦在《古籍經眼録》中兩見，但著録信息較爲簡略，僅版本時代和行款相同，因此在缺少其他判斷依據的情況下，不能簡單判斷爲重複著録。弢翁在每册封面題“古書經眼録”，但在第三册、第四册卷端題名“自莊嚴堪古書經眼録”。

影印出版。

《古書經眼録》在著録古籍數量和内容上都較爲豐富,但弢翁在稿本中未直接寫明該書的編寫時間。周景良先生在《周叔弢古書經眼録》一書的《整理前言》中説:"然此録起止年代、取材範圍及其經過,已無法弄清楚了。"①

在整理《古書經眼録》的過程中,筆者根據手稿中出現的時間線索,結合其他參考資料,進一步明晰了該書的編寫時間和取材範圍。

一、《古書經眼録》的編寫時間與著録書籍的順序

(一)《古書經眼録》的編寫時間

《古書經眼録》中有四處與編寫時間相關的線索,分别是:

① 第一册《佩觿》一書解題的頁眉上有弢翁批注:"自此以下,皆王晉卿新從上海收來松江韓氏書。"②

② 第三册《絶妙古今》一書解題的頁眉上有弢翁批注:"壬午(1942)三月,鬻明本書百餘種以爲衣食之資,而書友送閱之書仍多明本,乃詳記之,聊以慰情耳。"③

③ 第四册卷端題名下有弢翁署時間:"壬午(1942)三月。"④

④ 第四册《誠齋牡丹百詠》《誠齋梅花百詠》《誠齋玉堂春百詠》(第405號⑤)解題中有"弢藏,丙戌(1946年)售去"⑥。《春秋經傳集解》(第407號)解題中有"弢藏,丁亥(1947年)售故宫"⑦。

依據以上時間線索,同時結合相關資料,可以大體推測出《古書經眼録》的編寫時間。

1. 關於時間線索【1】

《弢翁藏書題跋(年譜)》一書中記録有一部弢翁題跋本的《雲間韓氏藏書目》,其中弢翁題跋爲:

> 王晉卿自滬攜鈔校本數十種來,選購三十種,乃費七千餘金,爲余從來未有之豪舉,而所得皆非上乘也。癸酉(1933)十月中旬,韓氏書在上海散出,余

---

① 周叔弢:《周叔弢古書經眼録》,國家圖書館出版社,2009年,第1頁。

② 同上書,第21頁。

③ 同上書,第293頁。

④ 同上書,第305頁。

⑤ 按,第405號爲筆者所加,指該書是《古書經眼録》著録的第405部古籍。下皆如此。

⑥ 《周叔弢古書經眼録》,第371頁。

⑦ 同上書,第372頁。

爲事所羈，手中又極窘，不得親往搜羅，坐失良機，可歎可歎。此七千餘金，以宋本《通鑑綱目》抵二千餘元，可云癡矣。萬事有緣，何獨收書！强而行之，自招尤悔。韓氏書中宋、元刻本余未得一册，亦命也夫。戊寅(1938 年)十月十九日記。①

由此可知，1933 年 10 月雲間韓氏藏書在上海出售藏書，弢翁曾在此時經由北平書商王文進購得部分韓氏藏書。

檢《古書經眼録》第一册，自第 34 號《佩觿》起，至第 103 號《仁山金先生文集》止，所著録皆爲雲間韓氏藏書(第 90 號《蜕岩詞》非韓氏書，弢翁注"此非韓氏書，誤録入此")，共計 69 部，當即《古書經眼録》時間線索【1】所指王氏所收韓氏藏書。因此可以推斷，【1】所在的時間不會早於 1933 年，《古書經眼録》第一册共著録古籍 103 部，大部分寫在 1933 年或之後。

2. 關於時間線索【2】

時間線索【2】位於第三册第 310 號《妙絶古今》的頁眉上，該册自第 212 號《吹劍録》起，至第 324 號《史通訓詁》止。時間線索【2】所指之事是弢翁因經濟窘迫，在 1942 年將所藏部分明版書售予陳一甫。弢翁曾爲此編有《壬午鬻書記》，詳細記録這些出售的古籍版本情況。因此可知第三册的部分内容寫在 1942 年 3 月以後。

3. 關於時間線索【3】

《古書經眼録》時間線索【3】説明第四册起筆於 1942 年 3 月，該册自第 325 號《鐵崖文集》起，至第 419 號《臞仙肘後神樞》止。其中第 409 號元本《爾雅》爲弢翁購藏，見於其自撰《戊子(1948)新收書目》中②。因此可以推斷，第四册的結束時間不會晚於 1948 年③。

4. 關於時間線索【4】

時間線索【4】的兩處文字在稿本中並非後補入，而是連綴成文。

弢翁在《古書經眼録》中寫明出售《誠齋牡丹百詠》《誠齋梅花百詠》《誠齋玉堂春百詠》(第 405 號)的時間在 1946 年，説明這部分文字的撰寫時間不會早於 1946 年。同理，轉讓《春秋經傳集解》(第 407 號)的時間在 1947 年，撰寫這部分

① 李國慶：《弢翁藏書題跋(年譜)》，紫禁城出版社，2007 年，第 101 頁。

② 周叔弢：《周叔弢古書經眼録》，第 737 頁。

③ 按，弢翁《歷年新收書目》(1936—1948)均寫於當年年末，是對一年古籍購藏的總結。比較《古書經眼録》和《歷年新收書目》二目録，前者所録古籍共 416 部，含弢翁購得古籍 107 部；《歷年新收書目》著録包括古籍在内的新書、書法作品、近世影印古籍共 200 部左右，二者相同者僅有 40 部，後者著録之本皆見於前者中。可以推知，弢翁應當是先寫《古書經眼録》，再將其中部分古籍選入《歷年新收書目》中的。因此，《古書經眼録》中著録的第 409 號《爾雅》不應晚於 1948 年。

文字的時間不會早於 1947 年。

總之,四册《古書經眼録》手稿中,第一册大部分寫在 1933 年或之後,第三册的部分内容寫在 1942 年 3 月以後,第四册寫在 1942 年 3 月以後,結束時間不會晚於 1948 年,第二册的編寫時間雖尚不明確,但在時間順序上應該介於第一册與第三册之間。如果四册《古書經眼録》是弢翁按照時間的先後順序依次編寫的話,那麽該書編寫的時間約在 1933—1948 年間。

(二)《古書經眼録》著録書籍的順序

藏書家在收藏古籍時,是按照先經眼、再購藏的順序進行的,因此經眼時間不會晚於購藏時間。通過對整部《古書經眼録》所著録弢翁購藏書籍的經眼時間、得書時間與著録順序加以比較,筆者發現,該書所著録的書籍順序就是按照其經眼書籍時先後的順序排列,與得書時間先後無關。

《古書經眼録》共著録古籍 414 部,有 107 部爲弢翁購藏,其中有明確得書時間的有 50 部,按著録順序條列得書時間如下:(依《古書經眼録》著録先後順序排列,書名前有○者爲弢翁所加,"古"爲《古書經眼録》的簡稱,後接阿拉伯數字表示該書在《古書經眼録》中的順序號)

(1) 注心賦 (古 12) 1944 年[①];

(2) 芝秀堂鈔澄懷録、附登西臺慟哭記、平江記事 (古 79) 1934 年[②];

(3) 歐陽文忠公居士全集 (古 94) 1935 年[③];

(4) 水經注 (古 97) 1935 年[④];

(5) 國策節本 (古 98) 1938 年[⑤];

(6) 月泉吟社 (古 99) 1938 年[⑥];

(7) 建炎復辟記 (古 100) 1938 年[⑦];

(8) ○蘭亭續考 (古 115) 1933—1934 年[⑧];

(9) ○相山居士詞 (古 133) 1937 年[⑨];

---

① 按,此本爲弢翁獲贈,據弢翁題跋,獲贈時間爲 1944 年。周一良:《自莊嚴堪善本書影》,國家圖書館出版社,2010 年,第 860—861 頁。

② 按,據傅增湘《藏園群書題記》,弢翁獲得此書的時間爲 1934 年。傅增湘:《藏園群書題記》,上海古籍出版社,1989 年,第 447 頁。

③ 按,據弢翁題跋,購藏時間爲 1935 年。李國慶:《弢翁藏書題跋(年譜)》,第 124 頁。

④ 同上。

⑤ 按,題跋作於 1938 年,見於《戊寅(1938)新收書目》,周叔弢:《周叔弢古書經眼録》,第 677 頁。

⑥ 同上。

⑦ 同上。

⑧ 按,據題跋,購藏於 1933 年末,1934 年初抄補完畢。周一良:《自莊嚴堪善本書影》,第 567 頁。

⑨ 按,此本見於《丁丑(1937)新收書目》,周叔弢:《周叔弢古書經眼録》,第 671 頁。

（10）○蘭雪集 （古134） 1937年[1]；

（11）○鶴山長短句 （古135） 1937年[2]；

（12）甫田集 （古146） 1943年[3]；

（13）○國語 （古152） 1934年[4]；

（14）○畫墁録 （古162） 1934年[5]；

（15）○復古編 （古164） 1934年[6]；

（16）○緯略 （古187） 1935年[7]；

（17）○張司業詩集 （古200） 1936年[8]；

（18）○吹劍録 （古212） 1936年[9]；

（19）○玉照新志 （古213） 1936年[10]；

（20）○龜巢稿 （古227） 1937年[11]；

（21）○唐張處士詩集 （古228） 1937年[12]；

（22）○閑閑老人滏水文集 （古229）1936年[13]；

（23）○新刊山堂先生章宫講考索 （古232） 1936年[14]；

（24）熊士選集 （古233） 1937年[15]；

（25）○北狩見聞録、北狩行録、建炎復辟記、採石瓜洲斃亮記 （古238）1937年[16]；

（26）○河嶽英靈集 （古241） 1937年[17]；

---

① 按，此本見於《丁丑（1937）新收書目》，周叔弢：《周叔弢古書經眼録》，第671頁。

② 同上。

③ 按，此本見於《癸未（1943）新收書目》，同上，第719頁。

④ 李國慶：《弢翁藏書題跋（年譜）》1934年載弢翁致王文進手劄有"《國語》價稍貴，唯陸敕先校本暹處尚無，只可忍痛收之，便中希帶下爲荷"，第123頁。

⑤ 按，據題跋，此本購藏於1934年末。周一良：《自莊嚴堪善本書影》，第742頁。

⑥ 按，據題跋，購藏於1934年小除夕。同上書，第134頁。

⑦ 按，據題跋，購藏於1935年。同上書，第724頁。

⑧ 按，此本見於《丙子（1936）新收書目》，同上書，第663頁。

⑨ 同上書，第665頁。

⑩ 按，此本見於《丙子（1936）新收書目》，周叔弢：《周叔弢古書經眼録》，第666頁。

⑪ 按，此本見於《丁丑（1937）新收書目》，同上書，第669頁。

⑫ 同上書，第669頁。

⑬ 按，此本見於《丙子（1936）新收書目》，同上書，第666頁。

⑭ 同上書，第667頁。

⑮ 按，此本見於《丁丑（1937）新收書目》，同上書，第669頁。

⑯ 同上書，第670頁。

⑰ 同上書，第671頁。

（27）○顔氏家訓 （古 244）1938 年[1]；

（28）○賈浪仙長江集 （古 248） 1938 年[2]；

（29）○剪綃集、梅花衲 （古 249）1938 年[3]；

（30）○增節標目音注精義資治通鑑 （古 251） 1939 年[4]；

（31）○唐甫里先生文集 （古 252） 1938 年[5]；

（32）○劉隨州文集 （古 258） 1938 年[6]；

（33）○宋待制徐文清公家傳 附《毅齋詩集別録》（古 262） 1938 年[7]；

（34）古賢小字録(名賢小字録) （古 264） 1939 年[8]；

（35）山谷詩注 （古 281） 1941 年[9]；

（36）歷代紀元曆、外卷 （古 284） 1941 年[10]；

（37）○師山先生文集 （古 295） 1941 年[11]；

（38）○思庵文粹 （古 298） 1941 年[12]；

（39）武安王集 （古 319） 1942 年[13]；

（40）○梅溪先生文集、廷試策並奏議、詩文前集、後集 （古 328） 1942 年[14]；

（41）○揭文安公文粹 （古 350） 1943 年[15]；

（42）○齊乘 （古 352） 1943 年[16]；

（43）○新編孔子家語句解 （古 353） 1943 年[17]；

---

① 按,此本見於《戊寅(1938)新收書目》,周叔弢:《周叔弢古書經眼録》,第 676 頁。

② 同上書,第 677 頁。

③ 同上。

④ 按,此本見於《己卯(1939)新收書目》,同上書,第 681 頁。

⑤ 按,此本見於《戊寅(1938)新收書目》,同上書,第 678 頁。

⑥ 同上書,第 678 頁。

⑦ 同上。

⑧ 按,此本見於《己卯(1939)新收書目》,同上書,第 681 頁。

⑨ 按,此本見於《辛巳(1941 年)新收書目》,同上書,第 696 頁。

⑩ 同上書,第 698 頁。

⑪ 同上書,第 703 頁。

⑫ 同上。

⑬ 按,此本見於《壬午(1942)新收書目》,同上書,第 711 頁。

⑭ 同上。

⑮ 按,此本見於《癸未(1943)新收書目》,同上書,第 715 頁。

⑯ 同上書,第 716 頁。

⑰ 同上書,第 717 頁。

（44）○説苑　（古 357）　1943 年①；

（45）○三教出興頌　（古 358）　1943 年②；

（46）○環溪詩話　（古 359）　1943 年③；

（47）文場備用排字禮部韻注　（古 368）　1944 年④；

（48）趙清獻公文集　（古 376）　1944 年⑤；

（49）○周禮　（古 406）　1947 年⑥；

（50）○爾雅　（古 409）　1948 年⑦。

以上所列各書，前半部分的著録順序與得書時間明顯不一致，多有錯雜，説明《古書經眼録》的著録順序與得書時間的先後無關，弢翁在這一時期經眼古籍的時間與得書時間間隔久，但也符合經眼在先、得書在後的規律；後半部分的著録順序與得書時間的先後一致，説明弢翁在這一時期經眼古籍的時間與得書時間距離較近。

如《注心賦》一書（第 12 號），原爲天津藏書家李典臣所有，1944 年李氏出售藏書，將此本贈予弢翁。弢翁在此書題跋有"去書之日，檢此書爲贈，蓋以數年前余曾借閲也"⑧。再結合此書在《古書經眼録》中的位置，與"數年前余曾借閲"呼應，可以判斷該書的著録順序是按照弢翁經眼古籍的先後順序排列的。

以上分别論述了《古書經眼録》的編寫時間和著録書籍的順序，根據推論，編寫時間約在 1933—1948 年間，跨度在十五年左右；全書共著録古籍 414 部，分成 4 册；第 1 册至第 3 册的大部分寫在 1933—1942 年 3 月前，著録古籍 308 部，第三册剩餘部分和第四册都寫在 1942 年 3 月年以後，著録古籍 108 部。《古書經眼録》的編寫週期並不固定，與弢翁每年經眼古籍數量的多寡相關。又，該書的著録順序是按照經眼古籍的先後而非得書的先後排列，説明弢翁編寫《古書經眼録》的時間跨度雖然有十幾年之久，但並未對之前的記録加以調整修改，因此該書是一部較爲直觀的、反映藏書家選購古籍初始狀態的稿本目録。

二、《古書經眼録》的取材範圍

《古書經眼録》共著録古籍 414 部，這些古籍的取材範圍根據來源的不同可以

① 按，此本見於《癸未（1943）新收書目》，周叔弢：《周叔弢古書經眼録》，第 717 頁。

② 同上。

③ 同上。

④ 按，此本爲獲贈，見於《甲申（1944）新收書目》，同上書，第 722 頁。

⑤ 按，此本見於《甲申（1944）新收書目》，同上書，第 722 頁。

⑥ 按，此本見於《丁亥（1947）新收書目》，同上書，第 731 頁。

⑦ 按，此本見於《戊子（1948）新收書目》，同上書，第 737 頁。

⑧ 李國慶：《弢翁藏書題跋（年譜）》，第 231 頁。

劃分爲書賈、私人以及其他渠道三類。

（一）源自書賈

此類的劃分依據是見於書賈所編目録，藏書家撰寫的題跋、收購書目或其他可以説明來自購買渠道的資料。①《古書經眼録》中共有 212 部古籍源自書賈這一渠道，其中弢翁所購占 107 部。

通過對這 107 部弢翁所有古籍的購得或經眼時間加以梳理，筆者發現其中有 70 部有時間線索，具體情況如下：

有明確購得或獲贈時間者 50 部（詳見上文）；

有明確出讓時間者 3 部：

（1）○余忠宣集 （古 13） 1942 年②；

（2）○宋學士文粹、補遺 （古 145） 1942 年③；

（3）春秋經傳集解 （古 407） 1947 年④。

爲弢翁購藏，被他人記録經眼時間者 10 部：

（1）○高季迪賦姑蘇雜詠 （古 32） 1935 年⑤；

（2）淮海先生文集、後集、長短句 （古 38） 1933 年⑥；

（3）水經注 （古 39） 1935 年⑦；

（4）滏水文集 （古 53） 1933 年⑧；

（5）冀越集記二卷附相宅管説 （古 54） 1933 年⑨；

（6）經鉏堂雜志 （古 59） 1933 年⑩；

（7）謝宣城集 （古 60） 1933 年⑪；

---

① 按，筆者所用書賈所編目録有王文進《文禄堂訪書記》、鄒百耐《雲間韓氏藏書題識彙録》以及王子霖《古籍善本經眼録》；收購書目主要利用了弢翁的《歷年新收書目》（1936—1948）；其他參考資料則來自傅增湘《藏園群書經眼録》《藏園群書題記》以及《弢翁藏書題跋（年譜）》。

② 按，此本見於《壬午（1942 年）鬻書記》，周叔弢：《周叔弢古書經眼録》，第 551 頁。

③ 同上書，第 553 頁。

④ 按，據題跋，弢翁配齊此本後於 1947 年轉讓故宫博物院。同上書，第 372 頁。

⑤ 《藏園群書經眼録》："乙亥（1935 年）正月六日見，周叔弢藏。"傅增湘：《藏園群書經眼録》，中華書局，2019 年，第 1161 頁。

⑥ 傅增湘：《藏園群書經眼録》："癸酉（1933 年）十一月十二日見，周叔弢藏。"第 994 頁。

⑦ 同上書，第 378 頁。

⑧ 同上書，第 1077 頁。

⑨ 同上書，第 604 頁。

⑩ 同上書，第 591 頁。

⑪ 同上書，第 832 頁。

(8) 梅磵詩話 (古 62) 1933 年①;
(9) 許白雲先生文集、補遺、附録 (古 73) 1933 年②;
(10) 二老堂雜志 (古 75) 1933 年③。
涉及其他時間信息者 7 部:
(1) ○新編翰苑新書 (古 9) 1934 年④;
(2) ○唐張司業詩集 (古 11) 1934 年⑤;
(3) ○宋遺民録 (古 21) 1934 年⑥;
(4) 甘白先生文集 (古 63) 1934 年⑦;
(5) 演繁露、續集 (古 64) 1934 年⑧;
(6) 韓非子 (古 69) 1934 年⑨;
(7) 九域志 (古 70) 1934 年⑩。

通過對以上時間線索的梳理,可知最早有明確購入時間的是宋本《蘭亭續考》(《古書經眼録》第 115 號),此書爲弢翁在 1933 年末購自文禄堂書店。因原書殘缺第二卷,弢翁遂倩勞健補抄。勞氏在 1934 年初抄補完畢並寫有題跋:

> 癸酉(1933)歲暮,叔弢復得諸北平文禄堂書鋪,以示健,屬爲依知不足齋刻本補寫足之。……拙書續貂陋劣,愧不相稱。幸佚册儻猶在人間,會有延津劍合之時,姑視此爲筌蹄以俟異日覆瓿可耳。甲戌(1934)正月桐鄉勞健篤文書於唐山。⑪

最晚的是 1948 年 2 月購入的元本《爾雅》(古 409),見於弢翁所編《戊子(1948 年)新收書目》。

---

① 傅增湘:《藏園群書經眼録》:"癸酉(1933 年)十一月十二日見,周叔弢藏。"第 1328 頁。
② 同上書,第 1096 頁。
③ 同上書,第 588 頁。
④ 李國慶:《弢翁藏書題跋(年譜)》:(1934 年)是年,致王晉卿書,索閲《翰苑新書》。第 109 頁。
⑤ 李國慶:《弢翁藏書題跋(年譜)》:(1934 年)是年,致王晉卿書,委託代爲裝訂此本。第 120 頁。
⑥ 李國慶:《弢翁藏書題跋(年譜)》:1934 年弢翁致王晉卿書,索閲此書。第 120 頁。
⑦ 李國慶:《弢翁藏書題跋(年譜)》:1934 年弢翁致王晉卿信劄,請其代購書目中即有此本。第 121 頁。
⑧ 同上書,第 120 頁。
⑨ 同上。
⑩ 同上書,第 122 頁。
⑪ 周一良:《自莊嚴堪善本書影》,第 564 頁。

（二）源自私人藏家

此類的劃分依據是弢翁在《古書經眼録》中著録爲某家藏書，或未見於書賈所編目録而著録有私家藏書印的書籍，共138部。如著録有趙鈁、常熟翁氏藏書等私人藏書多種，爲考查當時一些藏家藏書的流散提供了重要線索。

（三）源自其他渠道

此類是指弢翁在《古書經眼録》中著録較爲簡略，只有書名、卷數、刻書序跋等較爲常見的信息，並未著録藏書印、藏家題跋等重要内容的書籍，共69部。因爲缺少作爲區别的關鍵信息，所以無法確定這批書籍的流傳情况。

另外，弢翁在《古書經眼録》中用○○、○以及無符號對414部古籍加以標識，但其未説明這些符號的含義。經過數量統計及書目核對，情况如下：

標○○者僅1部，爲《李衛公文集》（古351），是書今不知藏於何處；

加○者共58部，除《妙法蓮華經》（古209）未找到爲弢翁藏本的依據外，其餘均見於《自莊嚴堪善本書目》《壬午鬻書記》或《歷年新收書目》，説明這57部皆爲弢翁所有；

無符號者360部，其中有49部爲弢翁購藏，見於《自莊嚴堪善本書目》《壬午鬻書記》或《歷年新收書目》，其餘311部爲弢翁經眼。

以上數據説明，除○○者含義不明外，加○者可能表示爲弢翁購藏，但無○者中亦有爲弢翁購藏者。根據上文所列時間信息，筆者猜測弢翁可能會在其認爲重要，考慮優先購買的書前加○，以示區别。①

三、《古書經眼録》的特點

《古書經眼録》約編寫於1933—1948年間，與當時其他經眼録類的目録相比，具有以下顯著之處：

（一）一部具有選購性質的經眼目録

在目録學史上，有藏書家因出售藏書而編寫的鬻書目録，如鄧邦述《寒瘦山房鬻存善本書録》、張乃熊《�圃善本書目》等；有書賈編寫的販賣目録，如孫殿起《販書偶記》、嚴寶善《販書經眼録》等；有學者經眼諸家藏書而編寫的經眼訪書目録，如傅增湘《藏園群書經眼録》等。《古書經眼録》與上述目録不同，是弢翁以古籍購買者身份來編寫的具有選購性質的經眼選購書目。

由弢翁信劄及題跋可知，向舊書店的書賈購買圖書，是其購藏古籍的途徑之

① 《古書經眼録》所著録者多爲弢翁經眼待售古籍（説詳下文），弢翁欲購得者也有被其他買家經眼者，待售古籍會在不同賣家、買家間經歷流轉、競價等過程，因此弢翁在最初經眼時所中意者未必能够立即購得，經眼和購得出現了時間差，符合經眼在先，購得在後的規律。

一。經過初步統計,《古書經眼録》所著録的414部古籍中,僅是見於書賈王文進《文禄堂訪書記》、鄒百耐《雲間韓氏藏書題識彙録》、王子霖《古籍善本經眼録》以及弢翁《歷年新收書目》者就有167部,其中見於《文禄堂訪書記》者80部,見於《雲間韓氏藏書題識彙録》者60部,見於《古籍善本經眼録》者13部,見於《歷年新收書目》者37部,這一特點和比例在已知藏書家所編寫的經眼類目録中是罕有的。整部《古書經眼録》所經眼者絶大部分都爲待售古籍,既具有以往經眼類目録的特點,同時也是一部選購書目。

同時,弢翁經眼的以上古籍中,除了確爲其購藏者,其餘亦有弢翁試圖購買而未果,最終爲當時其他藏家所有者。

1. 曾經弢翁試圖購買而未果者

如《古書經眼録》所著録的《史記集解》(古26),爲海源閣"四經四史齋"所藏三種宋本《史記》之第二種。弢翁在《楹書隅録》是書旁批註有:

> 此書頗思購之,頃聞已歸東萊銀行劉氏矣。①

再如《古書經眼録》所著録的《論語集説》(古369)、《爾雅》(古373),皆爲翁氏藏本。弢翁在《甲申(1944)新收書目》後有題識:

> 見宋湖頻本《論語集説》、元雪窗本《爾雅》而不能得。②

又在1945年致趙萬里信劄中提到:

> 一年以來,除翁氏書外,未見佳槧。《論語集説》《爾雅》曾商讓未許。③

以上材料説明,《古書經眼録》著録的古籍,有些是被其納入購買計畫的。

2. 爲當時其他藏家所有者

全書中除弢翁購藏者外,有據可證爲邢之襄購藏者9部,爲陳清華購藏者6部,爲趙鈁購藏者13部。④

如上文中提到《古書經眼録》自第34號至103號爲弢翁經眼的王文進帶回的雲間韓氏藏書,其中有5部爲邢之襄購得:

---

① 周叔弢:《周叔弢批註楹書隅録》,國家圖書館出版社,2009年,第197頁。

② 周叔弢:《周叔弢古書經眼録》,第723頁。

③ 李國慶:《弢翁藏書題跋(年譜)》,第240頁。

④ 按,邢之襄所購9部爲:《三孔清江集》《朝野類要》《王無功集》《笠澤叢書》《漢官儀》《張説之文集》《高漫士詩集》《河南程氏經説》《寶晉英光集》;陳清華所購6部爲:《孟東野詩集》《後漢書》《新刊山堂先生章宮講考索》《儒門經濟長短經》《王梅邊集》《策選(宋策選)》四册;趙鈁所購13部爲:《青瑣高議》《唐四十四家詩》《可齋詞》《醉翁琴趣外編》《溧陽路總管水鏡元公詩集》《清波别志》《程氏演繁露》《續演繁露》《鹽鐵論》《後山先生集》《蜀檮杌》《道園遺稿》《渭南文集》。

(1)《三孔清江文集》(古 35),傅增湘《藏園群書經眼録》著録是本"邢贊亭新收,甲戌(1934)四月見"。

(2)《朝野類要》(古 40),今藏中國國家圖書館(索書號 10137),有邢氏藏印可證爲其藏書。

(3)《王無功集》(古 44),今藏中國國家圖書館(索書號 10184),《弢翁藏書題跋(年譜)》載 1934 年弢翁致王文進信劄,言及欲以廉價購買此本。

(4)《笠澤叢書》(古 48),今藏中國國家圖書館(索書號 10245),有邢氏藏印可證爲其藏書。

(5)《漢官儀》(古 82),今藏中國國家圖書館(索書號 10115),有邢氏藏印可證爲其藏書。

以上資料中,材料(1)説明邢之襄購得此書的時間與弢翁經眼此書的時間幾乎同時,都在 1933 年前後;材料(3)則直接説明弢翁亦曾有意廉價購買此書,但此書最終歸邢氏所有,當是邢氏出價更高。這説明弢翁《古書經眼録》記録的這些古籍是來自其作爲候選的購書單,這些古籍處於待價而沽的階段。

(二)著録細節帶有古籍交易的特點

《古書經眼録》不僅詳細著録了古籍在行款、題跋、鈐印等方面的特徵,有時也在細節中體現出了古籍交易秘而不宣、交易過程隱秘的特點。弢翁在《古書經眼録》中一般不著録藏書中的近人藏書印,但亦有例外,這一差異恰是古籍交易的體現。

比如《古書經眼録》共著録了 18 部海源閣藏書,弢翁在其中 16 部中著録了海源閣藏印:《注心賦》《史記集解》《蘭亭續考》《復古編》《昭明太子集》《新定三禮圖》《咸淳臨安志》《拱和居士詩集》《龜巢稿》《重校添注音辯唐柳先生文集》《三蘇先生文粹》《漢雋》《增節標目音注精義資治通鑑》《爾雅》《宋季三朝政要》《因話録》。這 16 部海源閣舊藏中,又有 11 部見於王文進等書賈編寫的書目中;特别是《因話録》一書,雖不見於書賈編寫的目録中,但弢翁注明觀書地點在藻玉堂舊書店,此本之後便不知所蹤,今不知藏於何處。

海源閣藏書在 20 世紀二三十年代便開始大批流散,很多舊藏都是海源閣主人經由王文進等書賈售賣,所以弢翁在這種情況下著録了海源閣藏印,當在情理之中。與此類似,雲間韓氏藏書在當時也是公開售賣,弢翁在《古書經眼録》著録韓氏藏書時均著録其藏印。

另外,弢翁所購書籍中有些雖是得自王文進、鄒百耐、王子霖各書賈處,却有未見於這些書賈所編之目者。

如《古書經眼録》著録的《畫墁録》(古 162),爲弢翁購藏,書中有弢翁題跋:

甲戌(1934)冬,文禄堂主人王晋卿從蘇州購此書至,只重其爲明抄,未知校出誰氏手。余審是胡氏手迹，因以重價收之。黑紙書衣，金雲莊家舊裝皆如是。韓渌卿嘗問之黄氏滂喜園火友朱某者，此藏書家之故實，不可不記。書中"愛閒居士""桐軒主人"藏書印二印疑是金氏圖記，俟再考之。甲戌十二月弢翁志。①

由題跋可知交易完成於 1934 年，王文進《文禄堂訪書記》刊行於 1942 年，却未著録此本，屬於遺漏。

同樣，《古書經眼録》著録《因話録》，注有觀書地點爲"藻玉"。"藻玉"即指藻玉堂舊書店，主人爲王子霖，王子霖《古籍善本經眼録》中未著録此本；《古書經眼録》著録有《國策節本》，爲雲間韓氏藏書，書中有鄒百耐"百耐眼福"藏書印，鄒百耐《雲間韓氏藏書題識彙録》亦未著録此本。

總之，民國時期的藏書目，出於某些原因，可能在著録過程中被有意無意地略去了一些當時可見的信息。因此，我們在研究利用這一時期的目録時，要儘可能廣泛利用其他書目及資料，儘量避免盲從和遺漏的出現。

（三）記録内容較書賈所編目録更可靠

傳統經眼類目録中常有對古籍題跋和藏印的著録，受到種種主觀、客觀條件的制約，抄録的題跋和藏印信息往往會出現些許的訛誤，這些現象較爲常見並且通常不會對讀者産生較大的影響。筆者在整理《古書經眼録》時，發現弢翁所記與書賈所録有差異極大者。

如《古書經眼録》著録的《演繁露》，爲明代姚咨手抄本，其中有清人沈欽韓題跋一則。經核對，弢翁所録與原文一致：

《容齋五筆》冗贅語多，却少謬妄，此則敢於詆呰先儒，横肆胸臆，要諸《史》《漢》之書，皆未能貫串，妄欲評斷古今，深誤後學，故卷中略辯之。學者於此等書不觀可也。沈欽韓識。②

鄒百耐《雲間韓氏藏書題識彙録》、王文進《文禄堂訪書記》亦著録是本及沈氏題跋，但所録題跋皆有訛誤，其中《文禄堂訪書記》還有缺文及改寫之處：

《容齋五筆》冗贅語多，却少謬妄，此則敢於詆呰先儒，横肆胸臆，要諸《史》《漢》之書，皆未能貫串，妄□評斷古今，深誤後學，故□略辯之。學者於此等書，不可觀也。沈欽韓識。③

諸如此類者還有《高東溪文集》《梅磵詩話》《甘白先生文集》《韓非子》《復古

① 周一良：《自莊嚴堪善本書影》，第 742 頁。

② 周叔弢：《周叔弢古書經眼録》，第 56 頁。

③ 王文進：《文禄堂訪書記》，中華書局，2019 年，第 231 頁。

編》《龜巢稿》《花間集》等。

在藏印著録方面，如《古書經眼録》著録的《默齋遺稿》，曾爲清代藏書家顧錫麒收藏，書中有其"謏聞齋"藏印，王子霖《古籍善本經眼録》著録爲"談聞齋"①。

以上差異説明，"經眼録"類目録著録内容的特點與作者身份相關。書賈對古籍價值的判定未必準確可靠，其所記録的"經眼"内容甚至可能並非本人所作，他們編寫的這些目録，當是源於招攬潛在買家的説明文字②。而作爲交易中的買家，自然要對所見之本的各個方面做到儘可能的準確詳細，這樣才能權衡一書的價值幾何，所以由買方編寫的目録一般在内容上更爲可靠。

四、對民國藏書研究資料的補充

《古書經眼録》中對經眼古籍的記録，能够爲當今的民國藏書研究提供資料上的補充，下面僅舉其中較爲顯見者爲例。

（一）關於雲間韓氏藏書的流散

雲間韓氏藏書在 20 世紀 30 年代流散，記録其藏書數量較爲豐富的當屬書賈鄒百耐所編《雲間韓氏藏書題識彙録》，共著録韓氏藏書 406 部。王文進將韓氏藏書中的一部分攜至北方售賣，然而所攜韓氏藏書數量、版本情況在其《文禄堂訪書記》中並不多見。

弢翁《古書經眼録》集中記録了一批王文進北上所攜韓氏藏書，同時還分散記録了零星的韓氏藏書。《古書經眼録》是目前諸家書目中罕見的一部反映韓氏藏書北上流傳的目録。

上文中提到弢翁《古書經眼録》第 34 號至 103 號爲弢翁經眼的王文進帶回的雲間韓氏藏書，計 69 部（第 90 號《蜕岩詞》非韓氏書，弢翁注"此非韓氏書，誤録入此"）；此後又在書中分散記録了 12 部雲間韓氏藏書，合計 81 部。弢翁詳細地著録了其所經眼的每一部古籍的版本情況，如行款、題跋、藏印等。這批古籍或歸弢翁購藏，或爲平津其他藏家所有，或繼續流落廠肆，豐富了這批北上書籍在遞藏源流上的環節。

弢翁《古書經眼録》所集中記録的王文進北上所攜韓氏藏書，爲深入研究其收藏韓氏藏書的經過提供了新的參考。

《弢翁藏書題跋（年譜）》記載了弢翁藏有一部《雲間韓氏藏書目》，上有弢翁

---

① 王雨：《王子霖古籍版本學文集·古籍善本經眼録》，上海古籍出版社，2006 年，第 106 頁。

② 按，沈津先生在《書城風弦録》一書中撰有《王文進與〈文禄堂訪書記〉》一文，提及王氏曾就該書的編纂向顧廷龍先生求助，且《文禄堂訪書記》當時已經他人修改過，非王氏一人所作。沈津：《書城風弦録》，廣西師範大學出版社，2006 年，第 166—172 頁。

題識(題跋見上文),且夾紙二片,爲弢翁所寫一簡目。簡目包含題名、册數及價錢。此目共著録藏書 36 種,92 册,合計 7 510 元。① 整理者據簡目在著録書籍數量及價格上符合弢翁題跋所謂"王晉卿自滬攜鈔校本數十種來,選購三十種,乃費七千餘金,爲余從來未有之豪舉,而所得皆非上乘也",認爲此簡目當是其購買王氏所攜韓氏藏書的清單②。弢翁《古書經眼録》則爲這一推論提供了新的參考。

據《古書經眼録》及《自莊嚴堪善本書目》,可知弢翁共購得王文進集中北上攜來的韓氏藏書共 36 部;《弢翁藏書題跋(年譜)》中弢翁所寫簡目雖亦爲 36 部,但其中僅有 5 部見於《古書經眼録》,有 10 部與《自莊嚴堪善本書目》著録書名相同,但只有 6 部爲雲間韓氏藏書,這顯然與弢翁題跋所言購得均爲韓氏藏書不符。③ 至於弢翁所寫紙片簡目,應該是其擬購來自其他渠道的書單,亦屬於選購書單,而非已購清單。

(二)關於木犀軒藏書的流散

木犀軒藏書在李盛鐸晚年多被抵押,其去世之後,木犀軒藏書的流散情況也較爲複雜,大部分藏書最終收藏於當時的"北京大學圖書館",但亦有流散在外者。弢翁在《古書經眼録》中共著録了其經眼的 19 部李氏藏書,這批藏書中除 18 部今藏北京大學圖書館外,唯有《新刊名臣碑傳琬琰之集》下落不明。④

《新刊名臣碑傳琬琰之集》亦見於《木犀軒藏書題記及書録》之中,其著録的版本信息與《古書經眼録》一致。⑤ 民國時期流傳的《木犀軒收藏舊本書目》同樣

---

① 按,36 種書目爲:《後村詩集》《百經考》《糖霜譜》《山居新語》《稼圃輯》《三禮圖》《韋蘇州集》《歐陽文忠公全集》《人身圖説》《鶴林玉露》《建炎復辟記》《契丹大金國志》(應是二書《契丹國志》《大金國志》)《燕對録》《陳伯玉集》《李翰林集》《周易參義》《六經奥論》《泰軒易傳》《蛩溪詩話》《梅花字字香》《省心雜言》《寓圃雜記》《山村遺稿》《娱書詩話》《歲寒詩話》《吴地記》《李文溪》《和陶詩》《墓銘舉例》《留史》《柳唐外集》《四書箋異》《桐譜》《括異》《歐陽年譜》《復古編》。

② 李國慶:《弢翁藏書題跋(年譜)》,第 102—104 頁。

③ 5 部見於《古書經眼録》:《糖霜譜》《歐陽文忠公全集》《鶴林玉露》《建炎復辟記》《墓銘舉例》;10 部與《自莊嚴堪善本書目》書名相同:《糖霜譜》《歐陽文忠公全集》《鶴林玉露》《建炎復辟記》《墓銘舉例》《梅花字字香》《後村詩集》《契丹大金國志》《陳伯玉文集》《李太白文集》;6 部爲雲間韓氏舊藏《糖霜譜》《歐陽文忠公全集》《鶴林玉露》《建炎復辟記》《墓銘舉例》《李太白文集》。如《梅花字字香》,《自莊嚴堪善本書目》僅著録一部,爲海源閣舊藏,非雲間韓氏藏書,是書有弢翁題跋,言得書於 1938 年。

④ 按,19 部李氏藏書爲:《禮記》《新雕皇朝文鑒》《增廣注釋音辯唐柳先生集》《尚書》《重廣眉山三蘇先生文集》《宋元人詞七十家》《文選》《雪崖先生詩集》《石刻鋪敘》《張文潛文集》《宣和奉使高麗圖經》《列女傳》《晝上人集》《猗覺寮雜記》《春秋金鎖匙》《圭塘欸乃》《二禮集解》《景德傳燈録》《新刊名臣碑傳琬琰之集》。但《古書經眼録》中對《二禮集解》的著録中的《二禮集解》未記録藏書印,在行款、刻工以及版刻時代上與北京大學圖書館所藏李氏舊藏《二禮集解》相同。

⑤ 張玉範:《木犀軒藏書題記及書録》,北京大學出版社,1985 年,第 119 頁。

著録該本,且所見影印本中還在此條後有佚名批注"400?",當指此書的售價,唯不知批注者及批注時間①。

同樣,《古書經眼録》中其餘的18部李氏藏書也均見於《木犀軒收藏舊本書目》,每部書後均有佚名批注的售書價格,極有可能説明弢翁所經眼的這些李氏舊藏在當時即處於抵押出售時期。

另外,前人研究已發現有8部李氏藏書中鈐有弢翁"周暹"的藏印,指出當時李氏曾將這些藏書抵押給弢翁。②《古書經眼録》中便有其中3部:《增廣注釋音辯唐柳先生集》《尚書》《張文潛文集》,但其餘5部並未著録。筆者猜測弢翁選擇其中3部加以著録,可能是對這3部書較爲中意,有日後收購的意向。

(三)關於遷播至臺北的古籍

弢翁在《古書經眼録》中著録了一批今藏臺北的古籍,其中藏於臺北"國家圖書館"33部,藏於臺北"故宫博物院"3部,藏於臺北傅斯年圖書館1部,共37部。③《古書經眼録》顯示弢翁經眼這批古籍的時間約在20世紀30至40年代,此後這些古籍或被文獻保存同志會收購,或被汪僞政府的澤存書庫收購,或被弢翁購得後捐出,最後遷播至臺北。

此外,《古書經眼録》中還記録了弢翁經眼了民初軍閥張懷芝、傅增湘、常熟翁氏等人藏書的精品,其中一些也被弢翁購藏,同樣具有參考價值。

(四)關於弢翁藏書目録的整理

目前,我們主要通過弢翁自編《歷年新收書目》(1936—1948)、《壬午鬻書記》、《自莊嚴堪書目》以及冀淑英先生所編《自莊嚴堪善本書目》這四部目録來了解弢翁藏書的規模和特點。筆者在整理弢翁《古書經眼録》時發現,其作爲弢翁所編目録具有以上四部目録所不能替代的作用。

首先,《古書經眼録》在時間上延伸了弢翁自編目録的時間上限,在數量上豐富了收録的古籍。

---

① 按,所見《木犀軒收藏舊本書目》影印本爲《中國著名藏書家書目匯刊》本,林夕主編,商務印書館,2005年。

② 欒偉平:《李盛鐸與周叔弢的藏書抵押關係小考——兼述北京大學圖書館之鈐"周暹"印善本來源》,《圖書館工作與研究》2013年第4期,第92—94頁。

③ 臺北"國家圖書館"藏33部:《陸狀元集百家注資治通鑑詳節》《絳雲樓書目》《法書考》《爾雅注疏》《新刊大元混一平宋寔録》《四書箋義》《讀四書叢説》《烘堂集 審齋詞 壽域詞 知稼詞》《查藥師手鈔陶杜詩選》《陳伯玉集》《吴地記》《仁山金先生文集》《校正新刊標題釋文十八史略》《猗覺寮雜記》《翠屏集》《梅屋詩餘 石屏長短句》《盤洲樂府》《金子有集》《吴郡志》《北夢瑣言》《嫣蜼子集》《重校添注音辯唐柳先生文集》《經進新注唐陸宣公奏議》《集注太玄經》《止齋先生奥論》《江淮異人録》《昌平山水記》《釣磯立談》《雲臺編》《尚書》《大易粹言》《五代史記》《人物志》《文場備用排字禮部韻注》;臺北"故宫博物院"藏3部:《虎鈐經》《春秋經傳集解》《新刊名臣碑傳琬琰之集》;臺北傅斯年圖書館藏1部:《周易本義》。

《歷年新收書目》《壬午鬻書記》《自莊嚴堪書目》作爲弢翁自編目録,具有第一手資料的參考價值,但是《歷年新收書目》記録的是1936—1948年期間弢翁收購的部分藏書,《壬午鬻書記》記録的只是1942年弢翁出讓的100部明本書;以上三者在時間範圍及著録數量上都不及其《古書經眼録》。

上文提到弢翁《古書經眼録》著録古籍414部,購藏古籍107部,編寫時間範圍約是1933—1948年。具體來説,弢翁《丙子(1936)新收書目》著録的第一部見於《古書經眼録》的古籍是《張司業集》,該書是《古書經眼録》著録的第200部古籍;《歷年新收書目》著録書籍在200部左右(含書法作品、近世影印書籍及新書),其見於《古書經眼録》著録者僅有40部。《自莊嚴堪書目》著録古籍369部,其中有少量書籍被重複著録,僅著録書名、版本及册數。該書目具體編寫的時間不明,因弢翁後將藏書捐出,該書目並未編完。①

由此可知,弢翁《古書經眼録》無論在著録的時間範圍還是數量上,都是弢翁自編目録中不可忽視且非常重要的一部。

其次,《古書經眼録》記録的是弢翁某一階段藏書的情況,與最後編成的《自莊嚴堪善本目録》具有不同的特點,兩相比較,可反映出藏書家藏書的動態過程。

冀淑英先生所編《自莊嚴堪善本書目》著録弢翁所藏古籍726種,反映的是弢翁於1952年將藏書捐獻國家後的狀態;弢翁《古書經眼録》著録其購藏古籍107部,數量上雖不及前者,但有4部古籍却不見於《自莊嚴堪善本書目》(此4部非弢翁售予陳一甫者)。4部古籍分别如下:

> (1)《新刊山堂先生章宫講考索》(古232),《自莊嚴堪善本書目》未著録。《丙子(1936)新收書目》著録此本,知曾爲弢翁所有。
>
> (2)《宋待制徐文清公家傳》(古262),《自莊嚴堪善本書目》未著録,但收録有弢翁所作題跋,知曾爲弢翁所有。
>
> (3)《齊乘》(古352),《自莊嚴堪善本書目》未著録。《癸未(1943)新收書目》著録此本,知曾爲弢翁所有。
>
> (4)《文場備用排字禮部韻注五卷》(古368),《自莊嚴堪善本書目》未著録。此本今藏臺北"國家圖書館",《"國立中央圖書館"金元本圖録》著録此本,書中有弢翁鈐印。②《甲申(1944)新收書目》亦著録此本。知曾爲弢翁所有。

以上4部古籍曾爲弢翁所有,當在其捐獻國家之前流出,故而未被《自莊嚴堪

① 關於弢翁編寫《自莊嚴堪書目》的細節,可參考《周叔弢古書經眼録》一書的《出版前言》以及史睿:《從藏書家到史學家——周叔弢、周一良父子的藏書、讀書與著書》,《文匯學人》2016年8月12日。

② "國立中央圖書館":《"國立中央圖書館"金元本圖録》,1961年,第106頁。

善本書目》著録。若無稿本《古書經眼録》《歷年新收書目》等相關資料的提示，我們將很難察覺到弢翁藏書的動態過程。

總之，通過以上對弢翁《古書經眼録》的梳理，爲我們深入了解民國時期的藏書目録提供了一個新的視角。處於古籍交易日趨頻繁的背景下，無論是售書方還是購書方，抑或是中間的書賈，其所編寫的目録雖然在形制上保留了之前傳統目録的特點，但同時也受到了新要素的影響，在編寫目的上已有變化，使這些目録具有不同的特點。因此，在利用這一時期的目録時，應該注意到這一變化，利用相關資料，挖掘其中的價值。

趙嘉　中國國家圖書館　博士後
河北大學文學院　副教授

The philological value of Zhou Shutao's
Gu Shu Jing Yan Lu

Zhao Jia

Abstract: *Gu Shu Jing Yan Lu* was written about 1933 - 1948, which is a collection of some ancient books about the Index of ancient books by Zhou Shutao, a great bibliophile in China. There is no obvious difference in the style between the *Gu Shu Jing Yan Lu* and the common Index of books versions, and the ancient books described are not mainly books of the Song and Yuan Dynasties. Since the photocopies were published, few scholars have studied and used them. Through the collation of the book, the author found that the ancient books described in the book were closely related to the bibliographic version of the sutras compiled by the calligraphers at that time, which more intensively reflected the characteristics of the circulation of ancient books at that time, and had unique document value, providing new materials and perspectives for the study of book collection in China.

Keywords: *Gu Shu Jing Yan Lu*　*Zhou shutao*　Selected Bibliography　book sellers　Catalogue of Ancient Books

《六經正誤·周易正誤》南宋監本異文考*

顧永新

摘　要： 毛居正校勘南宋孝宗朝後期國子監重刻六經三傳經注本及附經別行的各經《釋文》，其校勘成果纂集而成《六經正誤》。初刻本爲南宋國子監本，明嘉靖中郝梁刻本和清康熙中《通志堂經解》本皆據之翻刻，四庫本又出自通志堂本。本文以《周易正誤》爲例，悉數輯出所引今已不存之監本《周易》經注本及其《釋文》（《周易音義》）的異文，並校以傳世宋元刻本，進而探求它們之間的關係。撫本、天禄本、建本與監本並無直接的淵源關係，而纂圖本、岳本與經過毛氏校改的監本有一定的淵源關係。見存三種體式的《周易音義》分别有宋本、十行本和建本、纂圖本，大多同於監本的正確異文，而與其譌誤異文同者較少，這説明前三者與監本並無直接的淵源關係，而纂圖本當與毛氏校改的監本有淵源關係。總之，通過對《正誤》所見監本異文的研究，不僅可以深入探究南宋監本，也爲宋刻《周易》經注本及其《釋文》的研究打開了一扇窗口。

關鍵詞： 毛居正　《六經正誤》　《周易》　南宋監本　經注本　《經典釋文》（《周易音義》）

---

* 本文爲國家社會科學基金後期資助重點項目“《周易》文獻學研究”（批准號 20FZWA003）、教育部人文社會科學重點研究基地北京大學中國古文獻研究中心重大項目“儒家經典整理與研究·《周易》經傳注疏定本（附校勘記）”（批准號 19JJD750001）的階段性成果。

南宋國子監本多係臨安府及江南州郡所刻，取其版置國子監，直接作爲監本。其中的儒家經典經注本既有紹興初監本，又有孝宗朝後期重刻監本。監本群經刷印頻數，書版頗多漫漶、損壞，又經修補，參差錯雜，無從取正，所以南宋中期國子監曾組織人力校訂重刻監本六經三傳（經注本）以及與之配套相輔而行的各經《釋文》（陸德明《經典釋文》），董其事者即毛居正（字義甫，一作誼父）。關於毛氏校勘監本群經及其《六經正誤》編刻緣起，筆者研究南宋國子監校刻群經之專文約略及之①，兹不贅述。本文擬以《六經正誤》卷一《周易正誤》（以下簡稱《正誤》）爲例，校輯重刻監本異文，進而揭示監本的特徵及其與傳世宋元刻本的關係。

一、《正誤》版本源流系統

據《正誤》卷首魏了翁（號鶴山）序可知，"因縱吏其成而序識之"②，陳振孫亦稱鶴山"爲之序而刻傳之"③，由是知其書乃魏了翁推動刊行的。我們推斷，初刻本當即南宋監本，理由是明嘉靖中書版猶存南京國子監，所謂"三朝版"，見於《南雍志・經籍考》下篇著録，原注："存者一百五十八面外，濫重板二十一塊。……大德三年刊補。"今存《正誤》重要版本有宋、明、清刻本各一及四庫本。中國國家圖書館（以下簡稱國圖）藏"元刻本"（卷三至五配清抄本）④，三册，每半葉十行，行二十二字。左右雙邊，細黑口，版心記"六經正誤幾"，上象鼻記字數，下象鼻記刻工姓名，可辨識者有侯仁、俞忠、徐志、余武、□年、昌等⑤。卷首《〈六經正誤〉序》，次"六經正誤目録"。卷端題"六經正誤卷第一"，次行低一字題"周易正誤（空七字）柯山毛居正挍勘"，三行正文起，卦名（或《易傳》名）提行低二字，正文平

① 《經學文獻的衍生和通俗化》第一章"正經注疏的衍生和傳刻"第三節"南宋國子監校刻群經考"，北京大學出版社，2014 年。

② 宋魏了翁《鶴山先生大全文集》卷五三《毛義甫居正〈六經正誤〉序》，《四部叢刊》影印劉氏嘉業堂舊藏宋刻本。"吏"字疑誤，宋刻本《正誤》卷首《〈六經正誤〉序》其字漫漶，明刻本作"臾"，"縱臾"意謂鼓動，是也。

③ 《直齋書録解題》卷三《六經正誤》六卷解題，上海古籍出版社，1987 年，第 84 頁。

④ 《北京圖書舘古籍善本書目》經部著録爲元刻本（書目文獻出版社，1987 年，第 138 頁）。《中國古籍善本書目》經部群經總義類著録亦同（上海古籍出版社，1985 年，第 355 頁）。本文所採用之《四庫提要著録叢書》影印本（北京出版社，2011 年，經 023—105 册）亦稱元刻本。

⑤ 俞忠，南宋初期浙江地區刻工，參與明州本《文選》刊刻及補版。俞昌，南宋淳祐中刻工，刻過《國朝諸臣奏議》。徐志、余武皆爲南宋寶慶中刻工，刻過寶慶二年建寧府郡齋刻本《東漢會要》。魏了翁序即作於寶慶中，加之有刻工以爲佐證，頗疑此本即刻於此時。

書。翁方綱《通志堂經解目録》引何焯云:"焦氏宋本。"①瞿鏞《鐵琴銅劍樓藏書目録》著録此本爲宋刊本,"讓、貞、恒、朂、桓字俱闕筆。宋本止存卷一、卷二、卷六,凡三卷,餘鈔補全。(原注:卷首有'弱侯''漪南生'二朱記。)"②。知爲焦竑舊藏,即何焯所云宋本。我們認爲,《正誤》古來刊行無多,從刻工和避諱來看,此本實爲宋本,曾經元代修補,當即《南雍志·經籍考》所著録之"三朝版"。明嘉靖二年(1523)郝梁刻本,四册,每半葉十行,行十八字。左右雙邊,白口。卷首序及目録與宋刻本同("朝廷"等字提行亦無不同),卷端首行大題,次行、三行分别低八字署"柯山毛居正誼父挍勘/江都郝梁子高重校刊"(以下每卷首亦皆有郝梁校刊九字),四行小題,五行正文起,以下行款同宋刻本。卷末有郝梁嘉靖癸未(二年,1523)跋,稱"歲己卯(正德十四年,1519),予□□南畿書肆中偶獲有宋刻本,連閲□□□毛氏之學邃於六書,而大有功於□□□,遂爲刻而傳之",由是知其底本即宋刻本。清康熙中《通志堂經解》本,每半葉十行,行二十字。左右雙邊,白口。卷首序及目録與宋刻本同("朝廷"等字提行亦無不同),卷端略有異同,首行大題,次行低十字署"柯山毛居正挍勘",三行小題,四行正文起,行款略同宋刻本。另有四庫本③,卷首有序而無目録("朝廷"等字不提行),卷端題"六經正誤卷一(空五字)宋　毛居正　撰"。

我們以四庫本爲底本,校以宋、明刻本及通志堂本,通過分析異文可知,雖然此四本總體上屬於同一系統,異文不多,差異性不大;但具體而言,明刻本出於宋刻本,四庫本出於通志堂本,系統内部又可分出兩個子系統。如下異文所示:

1.《乾》九四注云"進退无恒",通志堂本同,宋、明刻本"恒"作"恒"。

2.《乾·文言》"進退无恒","案恆字从心从亙。亙……从二从月。月,扁旁舟字。恆,胡登反,久也。……恒字从亘,今寫恆作恒,無此字也"。通志堂本同。宋明刻本"恒""恆"並作"恒","亙"作"亙","月"作"月","恒字"作"恒字","無"作"无"。

① 《通志堂經解目録》,林慶彰、蔣秋華主編《通志堂經解研究論集》,臺北"中研院"中國文哲研究所,2005年,上册,第385頁。

② 《鐵琴銅劍樓藏書目録》卷六經部六宋刊本《六經正誤》六卷解題,中華書局影印光緒二十四年瞿啓甲校刊本,1990年,第91頁。

③ 本文採用臺灣商務印書館影印文淵閣《四庫全書》本(第183册)。據《四庫提要》,四庫底本爲"兩淮馬裕家藏本"(《四庫全書總目》卷三三經部三十三五經總義類《六經正誤》提要,中華書局影印清乾隆中浙江杭州刻本,1965年,第271頁)。《各省進呈書目·兩淮商人馬裕家呈送書目》著録《六經正誤》六卷一本(《叢書集成續編》影印民國十年《涵芬樓珍本》第十集據舊鈔本排印本,上海書店,1994年,第67册,第989頁。亦見於吴慰祖校訂《四庫採進書目》,商務印書館,1960年,第67頁),當即此本。

3.《同人》九五“後笑”,“戲言以譏王荆公《字説》之穿鑿爾”。通志堂本同,宋明刻本“爾”作“耳”。

4.《噬嗑·大象》“先王以明罰勑法”,“如此之類,改便驚俗,但不可不知爾。……敕字雖見於《史記》,亦是从束,非从約束之束也”。通志堂本同,宋明刻本“爾”作“耳”,“敕”誤“敇”。

5.《習坎》九五“祇既平”,“案祇字从示从氏,俗作祗”。通志堂本“祇”並作“衹”,宋明刻本“衹”作“祇”。

6.《姤》九二注“非爲犯奪”,“犯作妃”。通志堂本同,宋明刻本“妃”作“妃”。

7.《鼎·彖傳》“亨上帝”,“今本作亨誤”。通志堂本同,宋明刻本“作亨”作“作享”。

8.《中孚》九五注“信何可舍”,通志堂本同,宋明刻本“舍”作“舎”。

9.“坤,本又作巛;巛,今字也”,“不可復考爾”。通志堂本同,宋明刻本“爾”作“耳”。

10.《豫·釋文》“盱”字,通志堂本同,宋明刻本“盱”作“盱”。

11.《隨·釋文》“故舍”,通志堂本同,宋明刻本“舍”作“舎”。

12.“音辨”《乾》“近乎,附近之近”“後準此”。通志堂本同,宋明刻本“準”作“准”。

13.“音辨”《比》“有它,敕多反”,“案敕多反則與初字聲相近,無此音也。蓋吴人呼敕爲惕,故反成它字,當作惕多反”。通志堂本同,宋明刻本三敕字並作“敇”。

此外,《正誤》所舉己巳互譌諸例,宋明刻本基本上皆不誤,而通志堂本、四庫多有己誤作巳者。説詳下文。上述諸例異文,既有字形上的點畫之别,又有異體字、假借字,四庫本同於通志堂本,而明刻本同於宋刻本,明顯地呈現出兩種傾向,知其析爲兩個子系統。當然,宋、明刻本之間亦略有不同,如亨、享二字,通志堂本分别作亨、享,宋明刻本作亨同,宋刻本享均作享,明刻本亦大多作享,僅一處例外作享。“音辨”《乾》“邪,字又作耶,似嗟反”,“案邪僻之邪”。通志堂本同,宋刻本“案邪”下一字漫漶不可辨,故明刻本臆補作“正”字。這應該是在明刻本據宋刻本翻刻過程中造成的。又有宋刻本顯誤者,如《繫辭上》“化之无主”,又“无所止也”,“无皆作元,誤”。通志堂本、明刻本同,宋刻本脱誤字。明刻本顯誤者,如《繫辭下》“其上易知本末也”,“古文一在木下爲本,一在木上爲末”。通志堂本、宋刻本同,明刻本“木上”誤作“本上”。“音辨”《乾》“猶與”,“犬曲一足爲尢,尢或轉爲尣”。通志堂本、宋刻本同,明刻本脱一尢字。“音辨”《乾》“相應,應對之應”,“案《釋文》六經中相應字皆云應對之應”。通志堂本、宋刻本同,明刻本“釋文”誤作“釋丈”。通志堂本亦有顯誤者,如《夬·大象》“居德則忌”注“忌,禁也”,“忌作㤇”。宋明刻本同,通志堂本㤇誤作忌,四庫本並未因仍。總之,宋刻本是兩個子系統的共同祖本,明刻本和通志堂本雖然皆出自宋本,但通志堂本在校刊過程中曾有一定程度的校改(或無意的錯謁),明刻本亦有無意的錯謁或有意的臆補。其中,明刻本顯誤者通志堂本並未沿襲,所以大致可以説明通志堂本所從出之底本當爲宋刻本而非明刻本。①

另外,我們發現避諱亦可顯見各本之間的關係,除四庫本於宋諱字全不避、"朝廷"等字全不提行外,其餘三本均有不同程度的避諱。如卷首《〈六經正誤〉序》,"本朝""南渡""(奏)御""阜陵""寧考""朝廷"諸字三本均提行。《乾·文言》"進退无恒","作恒誤",三本恒字缺筆;"犯廟諱,故去下畫,爲字不成",三本"廟諱"提行;"恒字从亘",通志堂本同,宋明刻本"恒"作"桓"。《噬嗑·大象》"先王以明罰勑法","伏覩高宗皇帝御書石經作'勑法'",三本"高宗皇帝"提行。《釋文·説卦》"離爲蟹","及考《禮記·檀弓》'蠶則績而蟹有匡'音户買反",三本匡字缺筆。"音辨"《屯》"媾,古后反","案媾字無上聲音"。通志堂本同,宋明刻本二媾字並缺筆。"音辨"《蒙》"時中,張仲反,又如字","《尚書·堯典·釋文》貞仲反同"。通志堂本、明刻本貞字不缺筆,宋刻本貞字缺筆。可見,宋刻本避諱極嚴,明刻本雖然是翻刻,也基本上保持原貌,而通志堂本提行完全一致,但缺筆是有選擇性的,並不徹底。

二、《正誤》所見重刻監本經注異文

先是,我們通過對《相臺書塾刊正九經三傳沿革例》及《元西湖書院重整書目》《南雍志·經籍考》進行研究,提出《沿革例·書本》"見行監本"(或稱"監中見行本")是與"京師承平監本"及"紹興初監本"相對而言的,北宋國子監據五代監本九經重刻經注本並新刻單疏本,南宋人稱之爲"京師承平監本";南宋初國子監下江南諸州翻刻北宋監本即所謂"紹興初監本";而經過毛居正校改、迄至南宋末通行不輟的紹興初監本即"見行監本",主要的證據是今存單疏諸本大體刻於高宗紹興末年至孝宗、光宗時期,並無南宋中、後晚期刊刻的。② 現在看來,這個觀點頗有可以修正之處,一是模糊了版本類型,《沿革例》所從出之《九經總例》是廖瑩中刊刻九經經注本的凡例,故其所論各本當以兼具經、注文者爲主(除主體爲經注本外,另有白文本(唐石經)和八行本、十行本(注疏合刻本),似無單疏本),

① 《鐵琴銅劍樓藏書目録》卷六經部六《六經正誤》解題稱"通志堂本即從此出,覈之無異,惟《易》爲每行二十字"(第91頁)。其説並不十分準確,如上所述,通志堂本與其所從出之宋刻本還是有着較爲明顯的差異的。

② 詳參拙作《經學文獻的衍生和通俗化》第一章"正經注疏的衍生和傳刻"第三節"南宋國子監校刻群經考",第75頁。

而“監中見行本”，其上是“紹興初監本”，其下是“蜀大字舊本”，皆爲經注本，所以我們有理由相信其所指亦爲經注本。二是據《玉海》記載，紹興九年應張彦實之請，翻刻北宋監本，基本上都是群經經注本，經過數年經營，經注本大體齊備，即所謂“紹興初監本”，所以到十五年才有博士王之望請令雕造群經疏義事。因爲疏義刊行工程浩大，所以一直到孝宗、光宗朝才全部完成，但終宋之世當未再翻刻。而經注本當又重刻於孝宗朝後期，即所謂“監中見行本”①，後經毛居正校勘，“自時厥後，無復以爲意矣”，一直到宋末，“歲久磨滅散落，未有能脩補之者”。三是《書本》所謂“見行監本”並不等同於“監中見行本”，二者外延有所不同。如上所述，後者係指相對於“紹興初監本”的重刻經注本；而前者的語境是“九經本行於世多矣，率以見行監本爲宗，而不能無譌謬脱略之患”②，當爲泛指五代、北宋直至南宋不同時期的監本。廖氏之意蓋指不同時期的經注刻本大率宗主不同時期的監本。四是前揭《書本》“九經本行於世多矣”云云，原注：“監中大小本凡三，歲久磨滅散落，未有能脩補之者。”《南雍志・經籍考》著録的經注本《春秋經傳集解》即有三種，《春秋左傳集解》三十卷、《春秋經傳集解》二十卷（原注：舊板大字）、《春秋左傳附釋音》二十六卷，或可解釋所謂“大小本凡三”，當包括“紹興初監本”和“監中見行本”及另一本。綜上所述，我們認爲《正誤》所見監本異文是孝宗朝後期重刻監本（“監本見行本”）的，而非紹興初監本的。

《正誤》實際上是毛居正校勘重刻監本“六經三傳”經注本及其《釋文》的附產品，自然是以異文爲主，而且如其書名“正誤”所示，所臚列者基本上都是監本的舛誤。不過，毛氏並非簡單地校異同，揭示異文，而是“參以子史、字書、選粹、文集，研究異同，凡字義、音切毫釐必校”，所以才會出現儒官稱嘆、莫有異辭的效果。這也就是爲什麽魏了翁稱“余觀其書，念今之有功於經者，豈無《經典釋文》《六經文字》《九經字様》之等，然此書後出，殆將過之無不及者，其於後生晚學祛蔽寤疑，爲益不淺”③，當非虚言。鶴山可謂解人，其書不僅校勘異文，可比於陸氏《釋文》；更有正字之功，所以與唐張參《五經文字》、唐玄度《九經字様》併稱。職此之

---

① 張麗娟教授根據臺北“故宫博物院”藏南宋國子監本《爾雅》刻於孝宗朝後期，提出此説（《宋代經書注疏刊刻研究》第一章“單經注本”第一節“北宋國子監刻九經與南宋國子監重刻本”之四“關於南宋國子監本《爾雅》”，北京大學出版社，2013年，第52頁）。

② 南宋國子監《周易》經注本書版至元代尚存，但明初已不存（王國維《兩浙古刊本考》卷上《西湖書院書板考》曰：“《易》古注，此即南宋監本之王弼注，九卷，《略例》一卷。明初版亡，故《南雍志・經籍考》不載。”（《王國維全集》第七卷，浙江教育出版社、廣東教育出版社，2009年，第62頁））。據《正誤》知，南宋監本《周易》正文九卷、《略例》一卷除外，當有《釋文》一卷配套相輔而行。

③ 以上《鶴山先生大全文集》卷五三《毛義甫居正〈六經正誤〉序》。宋刻本《正誤》“選粹”作“選粋”，“毫釐”作“豪釐”。

故,陳振孫稱其所辨正“大抵多偏傍之疑似者也”①,翁方綱以爲“訂《易》《書》《詩》《禮記》《周禮》《春秋三傳》字體之誤”②。四庫館臣指出,雖然“其中辨論既多,不免疏舛者……論其大致,則審定字畫之功,固有不可泯没者矣”③。試看卷一《周易正誤》的内容構成,大體分爲四個部分: 1. 監本《乾》至《説卦》經傳、注文校記(《同人》及《説卦》各一條校記闌入下文);2. 監本《釋文》校記;3. “監本新修刊四十四版正誤”,監本補版校記,包括經傳、注文和《釋文》;4. “音辨”,辨析《釋文》音切正誤,間及異文。其中,“音辨”部分主要是辨正音切,校記部分除校正異文外,間及正字,如笑笑、勑勑、兩兩、月月等。值得注意的是,《正誤》編排略嫌混亂,而且爻題及經傳、注文出文等也都存在一些明顯的舛誤,如《乾》九四注云“進退无恒”,今本作“无常”。《需》上九注“巳居難終”,今本爻題作“上六”。《泰》六五注“陰陽配合”,今本“配合”作“交配”。《復·彖傳》注“往則小人道長”,今本“長”作“消也”二字。《姤》九四注“不爲己乘”“災非己招”,今本爻題作“九三”。故可推知,《正誤》係據毛氏校勘監本的校記整理而成,不但内容有前後失次者,記録亦有譌舛之處。

正是因爲“南渡草創,則僅取版籍於江南諸州,與京師承平監本大有徑庭,與潭、撫、閩、蜀諸本互爲異同,而監本之誤爲甚”,所以嘉定十六年(1223)春④,朝廷才命國子監“刊正經籍”,“盡取六經三傳諸本”校勘監本。由鶴山序所記載的工作流程“旬歲間,刊修者凡四經,猶以工人憚煩詭竄墨本以紿有司,而版之誤字實未嘗改者什二三也”來看⑤,毛氏校出監本譌誤,隨即由工人進行修版操作,所以才有工人未嘗修版、只改印本(墨本)以欺瞞的做法。如上所述,《正誤》所校異文僅及《周易》經傳、注文及其《釋文》,所以可以肯定,毛氏所校監本僅爲經注本,以及與之相輔而行的《釋文》。且所校者不止有原版,還有補版,不過是分别進行的,故所撰校記亦是各自獨立的。

下面,我們對《正誤》所記監本原版和補版的異文分别加以考覈,校以宋元刻本,以探求重刻監本的特徵及其與傳世諸本的關係。今傳宋元刻《周易》經注本凡五: 國圖藏季振宜舊藏南宋淳熙撫州公使庫刻遞修本(存卷一至六,卷七至十

---

① 《直齋書録解題》卷三《六經正誤》六卷解題,第84頁。清周中孚駁斥其説:“然監版爲有司程式,義取通行,不偏旁之講而何講乎?”(《鄭堂讀書記》卷二《六經正誤》六卷解題,中華書局影印商務《國學基本叢書》本,1993年,第8頁)

② 《通志堂經解目録》,林慶彰、蔣秋華主編:《通志堂經解研究論集》上册,第385頁。

③ 《四庫全書總目》卷三三經部三十三五經總義類《六經正誤》提要,第271頁。

④ 《相臺書塾刊正九經三傳沿革例·書本》相關内容係敷述魏了翁序而成,時間却改作“辛巳春”,十六年爲癸未,而辛巳爲十四年,與鶴山序所記時間有所不同。

⑤ 以上《鶴山先生大全文集》卷五三《毛義甫居正〈六經正誤〉序》。宋刻本《正誤》“草創”作“艸刱”。

配清影宋抄本,簡稱撫本)、清宫天禄琳琅舊藏南宋孝宗朝浙刻本(首半葉缺,抄配,簡稱天禄本)、鐵琴銅劍樓舊藏南宋初建陽坊刻本(簡稱建本)、涵芬樓舊藏元相臺岳氏荆谿家塾刻本《周易》(簡稱岳本),以及臺北"中央圖書館"藏南宋建刻本《纂圖互注周易》(簡稱纂圖本)。其中前三者刊刻的時間早於或與重刻監本大致同時,更早於毛氏校勘之時,後二者則在重刻監本刊行之後(岳本係據南宋晚期廖瑩中世綵堂本覆刻),所以探求此五本與監本關係的參照系容有不同。從校勘所得之異文來看,大致呈現出兩種不同的類型,一爲傳世諸本均不同於監本之譌誤,如:

1.《乾》九三注"至于夕惕","于作子,誤"。諸本作"于"。

2.《乾》用九注"九,天之德也","九作凡,誤"。諸本作"九"。

3.《大有·彖傳》注"體无二陰","无作元,誤"。諸本作"无"。

4.《大有·大象》注"成物之美","作羙誤"。諸本作"美"。

5.《隨》初九注"上无其應","无作元,誤"。諸本作"无"。

6.《噬嗑·大象》"先王以明罰勑法","監本誤作敕,舊作勑,紹興府注疏本、建安余氏本皆作勑"。諸本作"勑"。

7.《習坎》九五爻辭"祗既平","祗作祇,誤"。諸本"祇"作"祗"。

8.《益》初九爻辭(或《小象》,或六三爻辭)注"乃得无咎","无作元,誤"。諸本作"无"。

9.《姤》九二注"擅人之物","擅作壇,誤"。諸本作"擅"。

10.《困》卦辭注"處困而得无咎","无作元,誤"。諸本作"无"。

11.《困·彖傳》注"能正而不能大博","而作元,誤"。諸本作"而"。

12.《困》初六爻辭(或《小象》)"入于幽谷","于作千,誤"。諸本作"于"。

13.《困》六三注"上比困石","比作此,誤"。諸本作"比"。

14.《困》九四注"欲往則畏","往作狂,誤"。諸本作"往"。

15.《革》九三注"上卦三爻","上作也,誤"。諸本作"上"。

16.《艮》上九注"不陷非妄","作妾誤"。撫本、天禄本、建本、岳本作"妄"。纂圖本當爲"妄"字,但"亡"字下半左側出頭,故略似"妾"字,但並非"妾"字。

17.《旅·彖傳》注"既乖且散","且作旦,誤"。諸本作"且"。

18.《中孚》六三注"對而不相比","作此誤"。諸本作"比"。

19.《中孚》九五注"信何可舍","信作儻,誤"。諸本作"信"。

20.《中孚》上九注"翰音登天","天作无,誤"。諸本作"天"。

21.《繫辭上》注"化之无主",又"无所止也","无皆作元,誤"。諸本並作"无"。

22.《繫辭上》注"夫无不可以无(明)","夫作大,誤"。諸本作"夫"。

23.《繫辭上》注"必明其所由之宗","由作曰,誤"。諸本作"由"。

24.《說卦》"(坎)爲月","作月誤。月,扁旁肉字也。日月之月有闕"。諸本作"月"。

上述監本誤字,參校諸本均不與之相同,分别言之,先於毛氏校勘監本刊行的撫本、天禄本、建本並不同於校改前之監本譌誤文本,晚出之纂圖本、岳本則不同於監本校改前之譌誤文本而同於校改後之正確文本。因爲這類異文在全部監本異文之中佔比較高,所以可以説明撫本、天禄本、建本與重刻監本整體上並無直接的淵源關係,而它們所從出之底本當爲紹興初監本或北宋監本(甚或五代監本),亦可印證鶴山所云南宋監本既與北宋監本差異較大,又與地方刻本互有異同;而纂圖本、岳本則存在着兩種可能性,一是源出經過毛氏校改的監本,一是與撫本、天禄本、建本同源。爲了進一步探求上述諸本與南宋監本的關係,尚須分析另一種類型的異文,即宋元刻本一本或多本與監本誤字相同者,如:

1.《乾·文言》九四"或躍在淵","作渕誤"。撫本作渕,天禄本、建本、纂圖本、岳本作"淵"。

2.《履》六三注"志存于五","五作王,誤"。撫本、岳本作王,天禄本、建本、纂圖本作"五"。

3.《泰·彖傳》"内陽而外陰",初九注"三陽同志",六五注"陰陽交通",又曰"陰陽配合","並誤作陽"。撫本、天禄本、建本、岳本並作陽,纂圖本《彖傳》作陽,注文並作"陽"。

4.《隨·彖傳》注"爲隨而令大通","令作今,誤"。撫本作今,天禄本、建本、纂圖本、岳本作"令"。

5.《大畜》繇辭"利涉大川","涉作涉,誤。興國軍本作涉"。諸本作"涉"(岳本《彖傳》則作"涉")。

6.《大過》九二爻辭"枯楊生梯","作稊誤"。諸本作"稊"。

7.《離》九三爻辭"不鼓缶而歌","从支者,鼓擊之鼓;从支从皮者,鍾鼓之鼓"。撫本、天禄本作"鼓",建本、纂圖本、岳本作"鼓"。

8.《損》繇辭"二簋可用亨",《彖傳》"二簋可用亨","今皆作享,誤"。諸本作"享"。

9.《困》初六爻辭("臀困于株木")"臀"作"臋","興國軍本作臋"。諸本作"臀"(夬九四"臀無膚",撫本作"臀",天禄本、建本、纂圖本、岳本作"臋")。

10.《困》九二"利用亨祀","今本作享誤,不敢改也"。諸本作"享"。

11.《鼎·彖傳》"亨上帝","今本作享誤,不敢改也"。諸本作"享"。

12.《小過》九四注"不爲貴主","作責誤"。撫本、纂圖本、岳本作貴,天禄本、建本作"責"。

13.《繫辭下》"雜而不越"注"爻繇之辭","作繇誤,繇與由同,繇从卜从䌛,音宙,卦下辭也"。天禄本、建本作"繇",纂圖本、岳本作"繇"。

14.《説卦》“(震)爲旉”,“作旉誤。旉从甫从方,非从亩也”。天禄本、建本、纂圖本、岳本作“旉”。

15.《雜卦》“蠱則飭也”,注“飭,整治也”,“《釋文》音敕,作飾誤”。天禄本、岳本並作“飭”,建本、纂圖本並作“飾”。

其中,有點畫之别或偏旁不同的異體字,毛氏指出其誤,當有正字之考量,如淵渕、陽陽、涉涉、鼓鼔、臀臋、繇繇、飭飾;也有形近而譌的異文,如五王、令今、本夲、梯稊、貴責、旉旉;至於亨作享或享作亨則是毛氏所認定的整個刻本系統盡皆致誤的異文(事實上,《釋文》所反映的寫本既已如此)。除上述兩種類型的異文外,還有個别宋元刻本誤字不同於監本誤字者,如《中孚》九五注“群物之主”,監本主作生誤。天禄本、建本、纂圖本、岳本作主,撫本作王,作王、作生皆爲形近而譌。分析上述異文可知,撫本相較於天禄本和建本,與監本表現出略多的相同點,雖然並無直接的淵源關係。如例1、2、4,撫本皆同於校改前監本之譌誤異文,例9臋字形僅見於撫本,可知二者同樣作爲官刻本,相對而言較爲接近(天禄本雖然也是官刻本,但還是表現出較爲明顯的特異性)。至於纂圖本和岳本,如例1、4、7、12、13,同於監本校改後之正確異文;同於校改前之譌誤異文者,如例14;又如例2、3、15纂圖本、岳本分别同於校改前、後之異文①。《沿革例·書本》所謂九經本“率以見行監本爲宗”,結合異文來看,纂圖本和岳本以校改後之監本爲宗是可以得到合理解釋的。尤其是岳本,我們發現多例岳本不同於其他宋刻本而與《正誤》所謂正字相同者,這可以解釋爲岳本所從出之底本即南宋廖瑩中世綵堂刻本有可能參考了毛氏《正誤》的正字成果。如下所示:

1.《乾·大象》“盈不可久”,“作乆誤”。撫本、天禄本、建本、纂圖本作“乆”,岳本作“久”。

2.《需》初九《小象》“不犯難行也”,“作犯誤”。撫本、天禄本、建本、纂圖本作犯,岳本作“犯”。

3.《同人》九五爻辭“後笑”,“作笑誤”。撫本、天禄本、建本、纂圖本作“笑”,岳本作“笑”。

4.《大過·彖傳》“本末弱也”,“本作夲,誤”。撫本傳文作“夲”,注文則作“本”;天禄本、建本、纂圖本傳、注文並作“夲”,岳本並作“本”。

5.《離·大象》“明兩作”,“兩字中从二入,从人誤”。撫本、天禄本、建本、纂圖本作“兩”,岳本作“兩”。

6.《夬·大象》“居德則忌”注“忌,禁也”,“忌作忌,誤”。撫本、天禄本、建

① 據鶴山《毛義甫居正〈六經正誤〉序》,毛氏校勘成果雖得以刊修,“猶以工人憚煩詭竄墨本以紿有司,而版之誤字實未嘗改者什二三也”(《鶴山先生大全文集》卷五三,宋刻本《正誤》二以字並作目)。因此,毛氏校改後之監本亦有譌誤異文存在。

本、纂圖本並作"忌",岳本並作"忌"。

7. 姤九二"非爲犯奪","犯作妃,誤"。撫本、天禄本、建本、纂圖本作"犯",岳本作"犯"。

8.《説卦》"(坤)其於地也爲黑","黑字从罒從土从火,火今作灬,謂之撒火。罒與囱同,煙突也,音蔥。今从田誤"。天禄本、建本、纂圖本作"黒",岳本作"黑"。

以上諸例皆爲異體字或正俗字,《正誤》所下結論多有正字之考量。雖然我們也可以認爲,世綵堂本刊刻之時具有自覺的、明確的、使用正體字的理念,所以也直接反映在岳本用字上;但與《正誤》有如許吻合之處,結合《沿革例》所論,我們可以認爲岳本所從出之廖氏世綵堂本與毛氏校改後之監本具有直接的淵源關係。①

毛氏校正監本譌誤之時,將原版與補版分開,故《正誤》單列"監本新修刊四十四版正誤"一項,除己巳二字互譌外,其餘異文如下:

1.《小畜》九二爻題"九二作九一,誤"。諸本作"九二"。

2.《履・彖傳》注"言五之德","五作王,誤"。諸本作"五"。

3.《同人》九三爻辭(或《小象》)"歲作歳,誤"。撫本、天禄本、建本、纂圖本作"歳",岳本作"歲"。

4.《觀》六二注"居中得位","中作申,誤"。諸本作"中"。

5.《觀》九五注"將欲自觀","自作目,誤"。諸本作"自"。

6.《復・彖傳》注"往則小人道長","漏人字,誤"。撫本、天禄本、建本、纂圖本(句末有也字)、岳本"長"作"消",不脱"人"字。

7.《大畜》六五注"二剛而進","二作工,誤"。諸本作"二"。

8.《咸》九三注"退不能靜處","退作進,誤"。諸本作"退"。

9.《大壯》六五注"能幹其任","作住誤"。諸本作"任"。

10.《晉・彖傳》注"所之在貴","作責誤"。諸本作"貴"。

11.《睽》九二注"將无所安","作妄誤"。諸本作"安"。

12.《睽》九四注"同志者也","同作目,誤"。諸本作"同"。

13.《睽》九四注"處无所安","无作元,誤"。諸本作"无"。

14.《睽》九四注"志故得行","志作忘,誤"。諸本作"志"。

不難看出,除例3岳本作"歲"、不同於其餘諸本作"歳",與前揭岳本的特異性相符,餘者皆爲監本補版誤而參校之宋元刻本不誤,這一方面説明補版本身譌誤較多,另一方面亦可進一步説明纂圖本、岳本與經毛氏校改之監本的淵源關係。

---

① 世綵堂本九經雖然是私刻本,但由於廖瑩中與權相賈似道的特殊關係,所以實際上帶有一定程度的官方色彩,以毛居正校改後的監本爲宗,參考並吸收毛氏的校勘成果也就是順理成章的了。

此外,我們再就《正誤》中出現頻率最高、着意辨析的己巳一組異文集中進行研討,希望能够尋繹出一定的規律性。

1.《需》上九注“巳居難終”,“作已(通志堂本同,宋明刻本作己)誤”。撫本作“已”,天禄本、纂圖本作“巳”,建本、岳本作“己”。

2.《泰》初九注“己舉則從”,六四注“己退則從”,又曰“莫不與己同其志願”,“己並作巳,誤”。撫本、岳本並作“己”,天禄本、纂圖本並作“巳”,建本分别作“巳”“己”“巳”。

3.《隨》六二注“初處已下”,“已(上下二已字,通志堂本同,宋明刻本並作己)作巳,誤”。撫本、建本、岳本作“己”,天禄本、纂圖本作“巳”。

4.《臨》初九注“四履正位而已(通志堂本、明刻本作己)應焉”,“己作巳,誤”。撫本並作“已”,建本、岳本作“己”,天禄本、纂圖本作“巳”。

5.《觀》九五注“觀民之俗,以察已(通志堂本、明刻本作己)道”,又云“君子風著,己乃无咎”,“已(通志堂本、明刻本作己)皆作巳,誤”。撫本上作“己”,下作“已”;天禄本上作“已”,下作“巳”;建本上作“巳”,下作“己”;岳本並作“己”;建本上作“巳”,下作“己”;纂圖本上作“己”,下作“巳”。

6.《睽》九四注“三與已(通志堂本、明刻本已作己)睽”,“作巳誤”。撫本作“己”,天禄本、岳本作“已”,建本、纂圖本作“巳”。

7.《解》六三注“自已(通志堂本同,宋明刻本作己)所致”,“己作巳,誤”。撫本、天禄本、建本、岳本作“己”,纂圖本作“巳”。

8.《夬》九四注“非己所據”,又云“而已(上下二已字,宋明刻本同,通志堂本並作已)剛亢”,“皆作巳誤”。撫本並作“己”,天禄本、纂圖本並作“巳”,建本、岳本上作“己”,下作“巳”。

9.《姤》九二注“應已(通志堂本及宋明刻本作己)之廚”,“己作巳,誤”。撫本、天禄本、纂圖本作“巳”,建本、岳本作“己”。

10.《姤》九四注“不爲已乘”,又曰“災非已(二已字,通志堂本同,宋明刻本並作己)招”,“皆作巳誤”。撫本、天禄本、纂圖本作並作“巳”,建本、岳本並作“己”。

11.《困》六三注“不受己(明清刻本同,通志堂本作已)者”,“己作巳,誤”。撫本、纂圖本作“巳”,天禄本、岳本作“已”,建本作“己”。

12.《震・彖傳》注“己(宋明刻本同,通志堂本作已)出”,“作巳誤”。撫本、天禄本、纂圖本作“巳”,建本、岳本作“己”。

13.《中孚》六三注“非己(宋明刻本同,通志堂本作已)所克”,“作巳誤”。撫本、岳本作“已”,天禄本、建本作“己”,纂圖本作“巳”。

14.《小過》上六注“災自己致”,“作巳誤”。撫本、天禄本、岳本作“已”,建本作“己”,纂圖本作“巳”。

15.《繫辭上》“功盡乎(今本乎作於)己(宋明刻本同,通志堂本作已)”,“作巳誤”。天禄本、纂圖本作“已”,建本、岳本作“巳”。

需要説明的是,上述《正誤》及《周易》經注各本異文,我們認定的方法是,其字左上缺口不堵及微微出頭、略有楷書起筆意者皆認定爲己,如撫本、岳本較爲普遍(後者亦有個别標準己字);半堵或出頭較爲明顯者皆認定爲已,如天禄本、岳本皆有標準的已字;全堵或幾近全堵者則認定爲巳,天禄本、建本皆有幾近全堵者。雖然如此,但刻本或四庫寫本畢竟都是手工寫版或抄寫而成,所以即便是同一例也有不盡統一者,如例4四庫本“已應焉”和“己作巳”,己和已明顯可見差異;例8四庫本“己道”微微出頭,“己乃无咎”則作“己”,“己皆作巳”作標準的“已”字。例9四庫本“應已”作“已”出頭明顯,而“己作巳”作“己”微微出頭。刻本亦然,如例5岳本“己道”係標準的“己”字,但“己乃无咎”則微微出頭,略似“已”字。例8建本“非己”作標準的“己”字,“而己剛亢”則作標準的“巳”字。

不難看出,毛氏著意釐清二字,《正誤》所舉涉及己、巳二字譌混諸例相對統一,除例1(“巳”誤“己”;當然,也存在着另外一種可能性,那就是己、巳二字誤倒,當亦爲“己”誤“巳”字例)外餘者皆爲“己”誤作“巳”。諸本之中“巳”字均一致,並無異文;異文基本上都出現在“己”字上,特徵也是十分明顯的,宋明刻本基本上都作標準的“己”字,知其對於“己”和“巳”二字尤致意焉;而通志堂本和四庫本“己”作“已”者頗爲不少(四庫本“己”字多微微出頭似“已”字,差可視作楷書起筆的正常筆勢,而通志堂本往往是比較標準的“已”字,或係四庫本有意改正),知其不甚留意,由此亦可見前二者和後二者分别都具有高度的同源性。需要説明的是,毛氏所謂“己”“巳”互譌,作“己”於句義固通,但所謂誤作“巳”者,實當亦包括作“已”者(如例1作“己”、作“已”皆通,作“巳”則殊無義理,可以爲證)。毛氏統一作“巳”字,當出於“己”“巳”二字字形易於明確區分之考量。

己、已、巳三字在宋元《周易》經注刻本中頗爲參差,並不嚴格區分,多有譌混之例。各本作“己”、作“已”、作“巳”者兼而有之,均有譌誤,其中岳本正確率最高,知其所從出之世綵堂本刊刻最爲謹嚴,也符合上文對於岳本特異性的認知。值得注意的是,我們還發現《周易》經注本存在的、具有一定普遍性的現象,那就是其字究爲己抑或已,關鍵看其左上缺口封堵的程度,不堵直至半堵(已字)基本上視作己字,全堵(巳字)或幾近全堵基本上視作已字,蓋以巳字出現頻率不高之故耳,如《正誤》所透露出的、對已、巳不事區分的做法可爲佐證(前揭《正誤》和《周易》經注諸本文字嚴格照録底本,如果應用這個規律,已或可認作己,巳或可認作已)。而且,從文字學上看這種做法似乎淵源有自,《説文》並無已字,表示已然的意思原借巳字,左上角留下缺口的已字是後來分化出來的。至於己和巳雖東漢時一度混同,但至楷書階段則明確加以區分。需要説明的是,《周易》的某些特定用語的用字,宋元刻本還是表現出高度的一致性的。如“巳日”,分别見於《革》

卦辭一,注文二,《彖傳》一,六二爻辭一,注文一,《小象》一,凡七例。除撫本卦辭注文二例似作已外,餘者五例,以及天禄本、建本、纂圖本、岳本以及越刊八行本、建刊十行本七例並作“巳”。事實上,除簡帛讀(作)改(攺)外,熹平石經至開成石經皆作“巳”,這説明漢唐直至宋代《周易》文本傳統的穩定性和連續性,雖然宋元刻本己、已、巳三字頗多譌混,但某些特定用語還是沿襲漢唐以來的用字習慣,未嘗改易。

三、《正誤》所見重刻監本《釋文》異文

傳世《釋文·周易音義》的體式舉凡有三:一是群經彙刻本《釋文》(國圖藏宋刻遞修本《釋文》,簡稱宋本),其中卷二爲《周易音義》;二是十行本《周易兼義》(美國柏克萊加州大學東亞圖書舘藏元刻元印十行本《周易兼義》附經别行《釋文》,簡稱十行本),《周易音義》一卷作爲附録整體附經别行;三是經注附《釋文》本(前揭建本;前揭纂圖本係纂圖互注重言重意本,但亦附《釋文》),《釋文》分附相應注文(標準體式爲經/傳+注結構)之下(無注文者逕附經傳文下)①。宋本、十行本經傳、注文之出文大字單行,音義小字雙行,建本、纂圖本出文及音義皆出以小字雙行,與注文同,其中建本注文之下間隔以○,下次《釋文》;纂圖本則逕接注文之下,出文出以墨圍(另有“互注”“重言”“重意”等)。各本出文有所不同,前二者出文多以詞或句爲單位(間亦有單字出文),而後二者出文基本上都是單字,蓋以其置於經傳、注文之下不易産生疑義之故也。《正誤》所見重刻監本《釋文》出文如下所示:

1.《乾》“之長,張丈反”,宋本、十行本同;建本、纂圖本出文“長”字。

2.《乾》“相應,應對之應”,宋本、十行本同;建本、纂圖本出文“應”字。

3.《乾》“先天,悉薦反。後天,胡豆反”,宋本、十行本同;建本、纂圖本出文“先”“後”二字。

4.《坤》“利牝,頻忍反。徐邈扶忍反,又扶死反”,宋本、十行本同;建本、纂圖本出文“牝”字。

5.《坤》“必爭,爭鬬之爭”,宋本、十行本同;建本、纂圖本出文“爭”字。

6.《坤》“无譽,音餘,又音預”,宋本、十行本同;建本、纂圖本出文“譽”字。

7.《比》“有它,敕多反”,宋本、十行本同;建本、纂圖本出文“它”字。

8.《同人》“量,音良,又音亮”,宋本、十行本出文“量斯”;建本、纂圖本出文“量”字。

---

① 元、明刻《周易》經注本之中另有岳本和味經堂、永懷堂刻本亦皆附《釋文》,但經過删削、改訂,頗爲特異,故本文不列爲參校本。

9.《蠱》“治也，直吏反”，宋本、十行本同；建本、纂圖本出文“治”字。

如果《釋文》涉及句讀，各本出文則一致，皆出整句，如《謙》“鳴者，聲名聞之謂也”，建本、纂圖本出文與宋本、十行本（鳴字四本並作名）同。建本雖出文大多爲單字，但有個别例外，如《屯》“經論”出二字；纂圖本則比較統一，但有個别標識錯誤，如誤將前揭《謙》整句出文“名者”之“名”字施以墨圍。通過與上述四本《釋文》出文的比較，亦可推知監本《釋文》是整體附經别行的，與十行本《釋文》體式相同。

我們以上述四本《釋文》校勘《正誤》第二部分《釋文》校記，所得異文呈現出明顯的傾向性，亦即各本大多與監本的譌誤異文不同，而與毛氏所認定的正確異文相同，略舉數例加以説明：

1.《乾》“能令”，“作今誤”。宋本、十行本、建本、纂圖本作“令”。

2.《屯》“經論”注“黄穎”，“作潁誤”。宋本、十行本、建本（出文“經論”）、纂圖本（出文“綸”）作“潁”。

3.《履》“逼近”音“附近之近”，“作‘附近之事’，誤”。宋本、十行本、建本、纂圖本作“之近”。

4.《隨》“故舍，音捨，下文同”，“捨作社，誤”。宋本、十行本、建本、纂圖本作“捨”。

5.《明夷》“匿，女力反”，“女作如，誤”。宋本、十行本、建本、纂圖本作“女”。

6.《涣》“王假，梁武帝音賈”，“賈作費，誤”。宋本、十行本、建本、纂圖本作“賈”。

7.《既濟》“衣袽”注“《説文》作絮”，“絮作絮，誤”。宋本、十行本、建本、纂圖本作“絮”。

四本之中明確晚於毛氏校勘監本者僅有纂圖本（元刻十行本所從出之底本爲宋刻十行本，刊刻時間當相當早①），恰可與上文通過比勘經注異文所得出的結論相互印證，是以知纂圖本當與經毛氏校改的監本具有淵源關係，餘者三本與監本當無直接的淵源關係。

當然，四本與監本的譌誤異文相同者也是存在的，如《謙》“鳴者，聲名聞之謂也”，“一讀‘鳴者聲’絶句”，“兩鳴字皆誤作名，觀本卦注文可見”。宋本、十行本、建本、纂圖本上下二鳴字並作名。《萃》“涕，他麗反，徐音體。洟，音夷”，“今本‘涕，徐音體。洟，他麗反，又音夷’，誤”。此例審係毛氏理校，並無版本依據，故宋本、十行本、建本、纂圖本皆與“今本”同。鼎“趾倒，丁老反”，“耂作老，誤”。宋本、十行本、建本、纂圖本作老。《繫辭上》“韓伯注，案王輔嗣止注大經”，“大字誤

---

① 張麗娟《今存宋刻〈周易〉經注本四種略説——兼論十行本〈周易兼義〉的經注文本來源》，第33頁。我們認爲十行本《周易兼義》的刊行時間當可上推至紹興中，甚至更早（《正經注疏合刻早期進程蠡測——以題名更易和内容構成爲中心》，《文史》2020年第2輯，第103頁）。

作六”。宋本、十行本、建本、纂圖本作“六”。《説卦》“離爲蟹，音户買反”，“作户賣誤”。宋本、十行本、建本、纂圖本作“賣”。《説卦》“中男，丁沖反”，“沖作仲，誤”。宋本、十行本、建本、纂圖本作“仲”。這種類型異文的數量和佔比都相當小，可以視作南宋諸本僅見的共同特徵。

如上所述，《正誤》第四部分專設“音辨”考辨音切，其中多爲理校，並無版本依據，僅出於毛氏正字、正音之考量，所以各本基本上都與毛氏所謂監本譌誤的異文相同。例如：

1.《剥》“辨，鄭符勉反”，“符當作蒲”。

2.《頤》“悖也，布内反”，“布當作步，吴音呼布如步”。

3.《大過》“滅頂，徐都冷反”，“吴音呼冷如領，故都冷反成頂字，要當作都領反”。

4.《鼎》“未悖，必内反”，“當作怭内反”。

5.《艮》“其背，必内反，徐甫載反”，“甫當作補”。

6.《豐》“沬，武蓋反，又亡對反”，“武當作母，亡當作茫”。

7.《繫辭上》“或默，亡北反”，“亡當作茫”。

8.《繫辭下》“辯物，如字，徐扶勉反”，“扶當作蒲”。

9.《繫辭下》“泯然，亡忍反”，“亡當作茫”。

上述諸例各本均無異文，悉同監本，毛氏校語均有“當作”二字，更可知其確係理校。這類異文在“音辨”之中佔絶大多數，僅有個别數例當有所本，如《豫》“簪，側林反，王肅又祖咸反”，“咸訛作感，非”。宋本、十行本、建本、纂圖本作感。《離》“涕，徐他米反，又音替”，“替作弟，誤”。宋本、十行本、建本、纂圖本作弟。《遯》“係遯，胡詣反”，“胡作古，誤”。宋本、十行本、建本、纂圖本作古。我們認爲，上述3例諸本均與毛氏所謂監本譌誤的異文相同，原本當屬《正誤》第二部分《釋文》，誤羼入“音辨”部分，由其校語某“作”某即可知悉。

前揭“監本新修刊四十四版正誤”之中亦有《釋文》校記，可知重刻監本補版兼及《釋文》。這部分異文的特徵也是十分明確的，與前揭第二部分《釋文》的規律基本相同，那就是參校諸本並無與補版的譌誤異文相同者，如《旅》“斫，諸若反”，“若作苦，誤”；《巽》“先申”，“先作牛，誤”；《繫辭上》“王肅”，“王作主，誤”；“王廙”，“王作三，誤”；“褢作褁，誤”；《説卦》“其究，九又反”，“作力又誤”。以上諸例宋本、十行本、建本、纂圖本均不誤。

除上述參校《釋文》諸本統一、與監本《釋文》或同或異的異文外，各本不盡相同者則頗爲參差，並無明確的規律性。有宋本顯誤或迥異於其餘三本者，如《乾》“近乎，附近之近”，十行本、建本、纂圖本同，宋本乎誤平。《鼎》“鼎，丁冷反”，“冷當作領”。十行本、建本、纂圖本同，宋本“冷”作“令”。《繫辭上》“相盪，衆家作蕩，王肅音唐黨反”，十行本、建本、纂圖本同，宋本“反”作“切”。《繫辭下》“化醇，音淳"，"作亨誤"。十行本、建本、纂圖本同，宋本"淳"作"享"。有建本或纂圖本據其經傳、注文改造《釋文》文字者，如《乾》"猶與"，"猶，以救反。與，音預"。宋本、十行本、纂圖本同，建本"與"作"豫"（注文正作"猶豫"）。《蒙》"包蒙"，"包皆作苞，誤"。宋本、十行本出文及注文包並作"苞"（開成石經原刻作"包"，增刻艹作"苞"），建本、纂圖本並作"包"。有建本脱誤者，如《乾》"上下，並如字。王肅上音時掌反"，宋本、十行本、纂圖本同，建本脱音字。有纂圖本迥異於其餘三本者，如"惕，勑歷反"，宋本、十行本、建本"勑"作"勅"，纂圖本作"敇"（監本《噬嗑·大象》"勑法"字即作"敇"）。

總之，參校《釋文》諸本之中，僅有十行本《釋文》附經别行的體式與監本相同，但從異文來看，並不足以説明二者具有直接的淵源關係。如《大有》"其彭"注"干云：彭亨，驕滿皃。"滿，宋本、建本、纂圖本同，十行本"滿"作"蒲"。皃，宋本、十行本同，建本、纂圖本"皃"作"貌"。《謙》"裒，蒲侯反"，"作褎誤"。宋本、建本、纂圖本同，十行本"裒"作"褎"。《豫》"盱"字注"盱，日始旦"，"日作曰，誤"。宋本、纂圖本作"日"，十行本、建本作"曰"。《井》"甃"字下"爲瓦裏"，"作裹誤"。宋本作"裹"，纂圖本作"褁"，十行本、建本作"裹"。《繫辭上》"霆，蜀才云：疑爲電"，"疑作凝，誤"。宋本、建本、纂圖本作"凝"，十行本作"疑"。上述諸例十行本或同於監本或否，並無一定的規律。當然，確實也存在着個别特異性的異文，如"坤，本又作巛；巛，今字也"，"二巛字皆誤作巜"。宋本、建本、纂圖本（又作亦）並作"巜"，十行本作"巛"。《説卦》"爲羊"注"巛後有八"，"巛作巜，誤"。宋本、建本、纂圖本作"巜"，十行本作"巛"。坤字的異文"巜"和"巛"差異甚小，只是三畫各自相連還是分作六段之别，而毛氏的校訂意見獨與十行本相合，這似乎可以説明二者之間或有一定的淵源關係。

附帶説明一下《正誤》著意辨析的"亨""享"一組異文。高亨先生認爲"亨即享祀之享者……亨、享實一字也"①。裘錫圭老師也指出："亨和享本是一字異體，用法並無區别。"②毛氏發現，《釋文》"凡《易》中亨字，有亨通及亨祀、亨宴兩義者，皆有兩音。蓋王注解作亨通、諸家解作亨祀、亨宴、亨獻者，則先音許庚反，次音香兩反；王注解作亨祀、諸家解作亨通者，則先音香兩反，次音許庚反。雖作兩音，然字作'亨'無畫，斷然可知"。不過，"近世傳寫不考元本及《釋文》，但見王注解作享祀，即加一畫作享字，併連《釋文》所標亨字亦改作享，殊不思字既作享，何緣復音許庚反乎？此字當改從舊無疑。但承訛既久，未敢遽改"。試看《正誤》所及《周易》"用亨""以亨""孝亨""亨祀"諸例：

1. 大有九三爻辭及《小象》"公用亨于天子"，諸本作"享"。

---

① 《周易古經今注》，中華書局，1984年，第111頁。

② 《文字學概要》，商務印書館，1988年，第224頁。

2. 隨卦上六爻辭“王用亨于西山”,諸本作“亨”。

3. 損繇辭及《彖傳》“二簋可用亨”,諸本並作“享”。

4. 益卦六二爻辭“王用亨于帝”,諸本作“享”。

5. 萃卦《彖傳》“致孝亨也”,諸本作“享”。

6. 升卦六四爻辭及《小象》“王用亨于岐山”,諸本作“亨”。

7. 困卦九二爻辭“利用亨祀”,諸本作“享”。

8. 鼎卦《彖傳》“以亨”,注“亨上帝”,諸本並作“享”。

9. 涣卦《大象》“先王以亨于帝”,諸本作“享”。

不難看出,參校之宋元刻經注本異文完全一致,這説明至少刻本時代“用亨”“以亨”等用字已經分化,或作“亨”,如例1、2、6;或作“享”,如例3、4、5、7、8、9。而按照毛氏的觀點,原本皆當作“亨”,作“享”誤。我們再往前追溯,《釋文》《大有》、《隨》、《升》“用亨”,宋刻諸本《釋文》均作“亨”;《損》“用亨”、《萃》“孝亨”、《困》“亨祀”、《鼎》“以亨”及注“亨上帝”、《涣》“亨于帝”,宋刻諸本《釋文》均作“享”。僅有《益》“用亨”,宋本作“亨”同,十行本、建本、纂圖本作“享”,或可認定爲宋本誤。這説明至少在唐前寫本時代亨、享用字已固定下來。不過,由於寫本的個性化和不穩定性,寫本時代却並非完全統一,如例9敦煌唐寫本作“亨”不作“享”①。總之,至少是在寫本時代亨、享用字基本定型,至刻本時代則更加明確,唐宋《周易》文本遞嬗自有其内在規律性。毛氏所謂《周易》經傳、注文和《釋文》亨作享皆誤的説法是需要具體分析的,他忽略了唐宋《周易》文本遞嬗的傳統以及從寫本時代進入刻本時代的連續性和穩定性。

四、《正誤》所見參校本異文

毛氏校勘重刻監本《周易》經注本及其《釋文》至少使用了三個參校本,即建安余仁仲萬卷堂、興國軍學刻經注本(分别稱作“建安余氏本”和“興國軍本”)和南宋初兩浙東路茶鹽司刻八行注疏本(稱作“紹興注疏本”或“紹興府注疏本”),其中前二者今無傳本,故《正誤》所及異文信息雖僅存片言只語,亦彌足珍貴。其中涉及余仁仲本異文凡四,經傳、注文二,《釋文》二;興國軍學本異文凡五,經傳、注文四,《釋文》一;八行本異文凡二,經傳、注文各一。如下所示:

1.《履》六三注“志存于五”,“五作王,誤。……紹興注疏本、興國軍本皆誤作

① 寫本時代亨、享二字混用的情形應該並不少見,如日本宫内廳書陵部藏金澤文庫古寫本《群書治要·周易·大有·彖傳》“是以元亨”,亨作享。《豐》卦卦辭注“故至豐亨”“用夫豐亨不憂之德”,《治要》亨並作享。《小過·彖傳》“小者過而亨也”,敦煌唐寫本同,《治要》亨作享。既濟《彖傳》“既濟,亨”,敦煌唐寫本同,《治要》亨作享(旁注亨字)。

王,唯建安余氏本作五”。撫本、岳本作王,天禄本、建本、纂圖本作五。

2.《同人》九三爻辭(或《小象》)“歲作歳,誤。興國軍本作歲,是”。撫本、天禄本、建本、纂圖本作歳,岳本作歲。

3.《噬嗑》象辭“先王以明罰勑法”,“監本誤作敇,舊作勑,紹興府注疏本、建安余氏本皆作勑”。毛氏以爲勞勑字从來從力,音力代反;約勅、勅法字从來从力,音敕。所以,他嚴格區分此勑、勅二字①。實際上,毛氏所謂作“勑”的八行本作“勅”,參校之撫本、天禄本、建本、纂圖本、岳本亦皆作“勅”。

4.《大畜》繇辭“利涉大川”,“涉作渉,誤。興國軍本作涉”。撫本、天禄本、建本、纂圖本、岳本作“涉”(岳本《彖傳》則作“渉”)。

5.《困》初六爻辭“臀作臋,興國軍本作臀”。撫本、天禄本、建本、纂圖本、岳本作“臀”。《夬》九四爻辭“臀無膚”,撫本作“臋”,天禄本、建本、纂圖本、岳本作“臀”。

6.《釋文》《隨》“故舍,音捨,下文同”,“捨作社,誤。興國軍本亦然,唯建安余氏本不誤”。宋本、十行本、建本、纂圖本作“捨”。

7.《釋文》“爲羊”注“巛後有八”,“巛作巜,誤”。“震爲五”,“作王誤”。“坎爲揀”,“作楝誤。並當據建安余氏本爲正”。巛,十行本同,宋本、建本、纂圖本作“巜”。五、揀,十行本、建本、纂圖本分别作“王”“楝”,宋本分别作“王”“揀”。

分析上述異文,可知余仁仲本、興國軍學本與參校之宋元刻本中任何一本皆不盡相同,由於異文數量過少,尚不足以釐清版本源流。如果排除作爲元刻本的岳本,同樣作爲官刻本的撫本與興國軍學本較爲接近,同樣作爲建刻本的建本、纂圖本與余仁仲本較爲接近,天禄本則更接近於後者②。

結　語

南宋嘉定中,毛居正校勘孝宗朝後期國子監重刻經注本《周易》及附經别行的《釋文》,參校本計有興國軍學本、余仁仲本、八行本等,其校勘成果纂集而成《周易正誤》一卷。《正誤》版本系統較爲簡單,初刻本爲南宋國子監本,所謂“三朝版”,元代又有修補,明代尚存部分版片。明嘉靖中郝梁刻本和清康熙中《通志

① 《四庫提要》指出《正誤》“其中辨論既多,不免疏舛者,如勑古文作敇,隸變作勅。居正乃因高宗御書石經,誤寫作勑,遂謂來字中從兩入,不從兩人”(《四庫全書總目》卷三三經部三十三五經總義類《六經正誤》提要,第 271 頁)。

② 張麗娟教授曾據以考察宋刻《周易》經注本版本源流系統,兹不贅述。詳參氏著《今存宋刻〈周易〉經注本四種略説——兼論十行本〈周易兼義〉的經注文本來源》(《歷史文獻研究》第 45 輯,廣陵書社,2020 年)。

堂經解》本皆據宋本翻刻,四庫本又出自通志堂本。此四本屬於同一系統,但又可分爲兩個子系統,即一爲明刻本,一爲通志堂本、四庫本。

《正誤》實爲毛居正校勘重刻監本的附産品,那麽它的重要意義之一就是揭示了今已不傳的監本的異文,由此可進一步研究監本的特徵及其與傳世宋元刻本的關係。如上所述,以嘉定十六年毛居正校勘監本爲限,撫本、天禄本和建本刊刻或補版遠在其先,纂圖本和岳本則在其後。通過校勘可以發現,監本正文(經傳、注文)無論是原版還是補版,毛氏校勘之前存在的譌誤異文大多都不同於撫本、天禄本和建本,這説明三者與監本並無直接的淵源關係,其中撫本相對而言與之具有較多的共同點,蓋以其同爲官刻本之故也。而經過毛氏校改之後的監本的正確異文大多同於纂圖本和岳本,這説明二者確如《九經總例》所云"率以見行監本爲宗",即源出經過毛氏校改的監本,尤以岳本最爲顯豁,不但文本多依從校改後之監本,而且還吸收了毛氏正字、正音的成果。監本《釋文》與經注本配套相輔而行,所以毛氏校勘經注本的同時也校勘《釋文》。見存三種體式的《釋文·周易音義》有宋本、十行本和建本、纂圖本,其中明確晚於毛氏校勘監本者僅爲纂圖本。參校諸本《釋文》大多同於監本正確異文,而與其譌誤異文同者較少,這説明宋本、十行本、建本與監本並無直接的淵源關係;至於纂圖本,當與經注本一致,與經毛氏校改的監本有淵源關係。十行本附經别行的體式雖與監本相同,二者亦有個别特異性的異文相同,但總體上並無直接的親緣關係。總之,通過對《正誤》所見南宋監本異文的研究,確實爲我們研討宋刻《周易》經注本及《釋文》的源流系統打開了一扇窗口,值得深入探求。

顧永新　北京大學中國古文獻研究中心　研究員

Study on the variant writing in the Guozijian version of the Southern Song Dynasty in *Correcting Mistakes of the Six Classics* · *Correcting Mistakes of the Book of Changes*

Gu Yongxin

Abstract: Mao Juzheng collated the annotated version of the Six Classics and Three Biography and Annotations of Classics attached to them in the later period of the Xiaozong of the Southern Song Dynasty, the results of his collation were compiled into *Correcting Mistakes of the Six Classics*. This paper takes *Correcting Mistakes of the Book of Changes* as an example, completely compiles all the the variant writing of the annotated version in the *Book of Changes* and Annotations of Classics which have not existed today, collates the editions of the *Book of Changes* engraved in the Song and Yuan Dynasties, as to explore the relationship between them. In a word, by studying the variant writing of the Guozijian Version found in the *Correcting Mistakes of the Six Classics*, we can not only deeply explore the Guozijian Version of the Southern Song Dynasty, but also open a window for the study of the annotated version of the *Book of Changes* and its Annotations of Classics carved in the Song Dynasty.

Keywords: Mao Juzheng *Correcting Mistakes of the Six Classics* *the Book of Changes* the Guozijian Version of the Southern Song Dynasty Annotated version *Annotations of Classics*

《周易注疏校勘記》與盧文弨《周易兼義》校本關係補考

張學謙

摘　要：盧文弨《周易兼義》校本有兩部過録本存世。國圖藏本爲張作楠、韓應陛舊藏，其中朱、墨二色爲盧文弨校語，緑色爲後人校語，浮簽爲張爾耆校語。湖北省圖藏本爲張爾耆據韓應陛藏本轉録，皆用朱筆，泯滅了盧校與後人補校的標識。《周易注疏校勘記》初稿由李鋭完成，以毛本爲工作本，通校諸本，再將底本轉换爲十行本。李鋭初稿僅從盧校本中轉録"錢本"異文，明確引及盧氏校勘意見的條目皆嚴杰覆校時據《群書拾補》補入。引《七經孟子考文補遺》乃據阮元新刻原書。引《周易集解》、浦鏜《正字》亦據原書，但嚴杰所補有從《群書拾補》轉引者。《周易注疏校勘記》的編纂歷經多人之手，所用材料不盡相同，盧校本只是引據資料的一種，其重要性不應過度誇大，《校勘記》的纂修仍應視爲當時整體學術氛圍的影響。

關鍵詞：周易注疏校勘記　周易兼義　阮元　盧文弨

道光四年(1824)，方東樹館阮元兩廣總督府，將阮氏所藏盧文弨手校本《十三經注疏》過録於《十三經注疏校勘記》之上，並在題記中提出"阮作《校勘記》，以此爲本"。之後，蕭穆亦據以發揚此説。① 由此，阮元校經緣起及《十三經注疏校

① 〔清〕蕭穆撰，項純文點校，吴孟復審訂：《敬孚類稿》卷八《記方植之先生臨盧抱經手校十三經注疏》，黄山書社，1992年，第209—213頁。

勘記》與盧文弨校本的關係成爲清代學術史上的一段公案。不過，方、蕭二氏之説僅是泛言，蕭穆追録的方東樹批記僅爲《毛詩注疏校勘記》和《周禮注疏校勘記》兩種，[①]其印象不一定合於每種《校勘記》的實際情況。若要明確《周易注疏校勘記》與盧文弨校本的關係，仍需將兩者的文本進行直接比對。由於資料所限，前人僅能轉述方、蕭之説，或是依靠間接材料進行推測，理據不足。近來有學者依據清人過録的盧文弨校本，對兩者關係進行了重新梳理。[②] 但所據材料不够原始，推論過程亦有不合理處，導致結論有所偏頗。因此，這一問題仍有重新考察之必要。

一、盧文弨《周易兼義》校本的基本情況

盧文弨《周易兼義》校本原本雖佚，但有兩部過録本存世。中國國家圖書館藏一部明崇禎四年(1631)毛氏汲古閣刻本《周易兼義》(索書號：善 09905)，著録爲佚名録清盧文弨校跋，清張爾耆、韓應陛(1813—1860)跋。[③] 此書鈐"丹邨子"朱方、"丹邨子"白方、"金華張氏翠薇山房"白長方等印，知爲清人張作楠(1772—1850)舊藏，過録者或即此人。先將張爾耆、韓應陛二家跋語迻録如下：

> 抱經盧氏所校《周易注疏》依錢求赤影宋本，阮芸臺相國重刊十行宋本注疏亦取資焉，謂在十行本之上。書中徵引各種以考異同，如陸德明《釋文》、李鼎祚《集解》及他刻本曰宋、曰古、曰足利者，證諸《校勘記》中，尚有遺漏。又有曰沈者，案即浦鏜《十三經注疏正字》。朱墨間出，校閲非止一二過，洵稱完善。惟中有曰盧本者，未知所指，疑此本已非抱經原書，或後人所增也。戊午夏日從渌卿舍人借校畢，書此以志歲月。夬齋學人張爾耆識。

---

① 蕭穆於咸豐九年(1859)在方濤(字山如，方東樹孫)處得見方東樹批校本《校勘記》，此書後毁於寇亂，僅存《周禮注疏校勘記》一册(卷十一、十二及《釋文校勘記》二卷)、《儀禮注疏校勘記》兩册(卷一至七)，方濤得以過録的僅有《周易注疏校勘記》《毛詩注疏校勘記》兩種。僅存的三册原本及兩種過録本皆歸蕭穆收藏，又毁於光緒六年(1880)的鄰人之火。故蕭穆在《記方植之先生臨盧抱經手校十三經注疏》中云："今偶記《詩經校勘記》及《周禮校勘記》植翁批記，追録數則於後。"(《敬孚類稿》，第 210 頁)

② 樊寧：《稀見清儒稿校題跋本五種探微》，《古籍整理研究學刊》2019 年第 3 期。樊寧：《阮元〈周易注疏校勘記〉引據盧文弨校勘成果來源考述》，《周易研究》2019 年第 3 期。

③ 《北京圖書館古籍善本書目・經部》，書目文獻出版社，1989 年，第 13 頁。《中國古籍善本書目・經部》，上海古籍出版社，1989 年，第 42 頁。此本的存在乃北京大學中文系博士生高樹偉兄提示，謹致謝忱。

（書末。鈐印："爾耆"白方、"伊卿"朱方）①

盧氏校本得之蘇州書友蔣恕齋，時在戊午三月中。夬齋主人借校録一過，并多是正處，徧爲貼籤，而後此書方成善校本。蓋此本原非盧氏手校，係他人度本，致多錯誤耳。咸豐八年六月十六日記，應陛。（首册書衣。鈐印："价藩宝此過于明珠駿馬"白長方）②

由張、韓二氏跋語可知，咸豐八年（1858）韓應陛經蘇州書商蔣恕齋之手收得此書，張爾耆借録校語於自藏本，並留識語於原本之上。張氏轉録之本今藏湖北省圖書館，亦是批於汲古閣本。③ 卷首張氏跋文與上引略異，後收入《夬齋雜著》中，④可參看。

此書卷端及書末過録有盧文弨跋語：

明天啓時有錢孫保求赤號匪庵影宋鈔本，與毛氏科段大不相同。今武英殿本略近之，而亦未全是也。今取以校正，稱"錢本"，其殿本稱"新本"。盧文弨識。

大清乾隆四十四年歲在屠維大淵獻四月十有八日文弨校。辛丑又五月十一日復細校。

盧氏先後於乾隆四十四年（1779）、四十六年（1781）兩次校勘此書，正與其《周易注疏輯正題辭》（乾隆四十六年作）所言相合：

余有志欲校經書之誤，蓋三十年於兹矣。乾隆己亥，友人示余日本國人山井鼎所爲《七經孟子考文》一書。歎彼海外小邦，猶有能讀書者，頗得吾中國舊本及宋代梓本，前明公私所梓復三四本，合以參校，其議論亦有可採。然猶憾其於古本、宋本之譌誤者，不能盡加別擇，因始發憤爲之删訂，先自《周易》始，亦既有成編矣。庚子之秋，在京師又見嘉善浦氏鏜所纂《十三經注疏正字》八十一卷，於同年大興翁秘校覃溪所假歸讀之，喜不自禁。誠不意垂老之年，忽得見此大觀，更喜吾中國之有人，其見聞更廣，其智慮更周，自不患不遠出乎其上。雖然，彼亦何可廢也。余欲兼取所長，略其所短，乃復取吾所校

① 張氏懷疑書中校語有後人所增，甚是（說詳下文），然所舉"盧本"確是盧校原有，乃盧氏轉引自浦鏜《正字》。此"盧本"指明盧復《三經晉注》本，參見王曉靜《清代浦鏜〈周易注疏正字〉"盧本"發覆》，《天一閣文叢》第16輯。

② 此爲韓繩夫（1916—?）藏印。繩夫，一名熙，字价藩，亦作介藩，號致軒。松江韓氏世系：韓應陛—韓載陽—韓德均—韓繩夫，參見李軍：《松江讀有用書齋韓氏家世考》，《中國典籍與文化》2012年第4期。

③ 樊寧：《稀見清儒稿校題跋本五種探微》。

④ 〔清〕張爾耆：《夬齋雜著》卷上，影印民國七年刻本，《北京師範大學圖書館藏稀見清人別集叢刊》第23册，廣西師範大學出版社，2007年，第284—285頁。

《周易》,重爲整頓,以成此書,名之曰《周易注疏輯正》。《正字》於郭京、范諤昌之説,亦有取焉。余謂其皆出於私智穿鑿而無所用,故一切刊去。若漢以來諸儒傳授之本字句各異已見於《釋文》者,今亦不録。惟《釋文》本有與此書異者著焉。唐宋人語之近理者,雖於注疏未盡合,亦間見一二焉。如欲考經文之異同,則自有前明何氏楷所著《古周易訂詁》在,學者自求之可耳。毛氏汲古閣所梓,大抵多善本,而《周易》一書,獨於《正義》破碎割裂,條繫於有注之下,致有大謬戾者。蓋《正義》本自爲一書,後人始附於經注之下,故毛氏標書名曰"周易兼義",明乎向者之未嘗兼也。此亦當出自宋人,而未免失之鹵莽。《正字》亦未見宋時佳本,故語亦不能全是,此則今之官本爲近古也。《周易》舊本獨不載《釋文》於經注間,可無竄易遷就之弊。今就通志堂梓本併爲校之。輔嗣《略例》,余案頭祇有官本,亦就校之。噫!余非敢自詡所見出《正字》《考文》上也。既覩兩家之美,合之而美始完,其有未及,更以愚管參之。夫校書以正誤也,而粗略者或反以不誤爲誤。《考文》於古本、宋本之異同,不擇是非而盡載之。此在少知文義者,或不肯如此。然今讀之,往往有義似難通,而前後參證,不覺涣然者。則正以其不持擇之故,乃得留其本真於後世也。既再脱稿,遂書其端云。①

由此可知,盧氏先於乾隆四十四年據山井鼎、物觀《七經孟子考文補遺》校《周易》,又於次年據浦鏜《十三經注疏正字》復校,至乾隆四十六年校畢,所謂《周易注疏輯正》即其手校之本。臧庸《周易注疏挍纂序》云:"余師盧紹弓學士撰《周易注疏輯正》九卷、《略例》一卷,以校正《易疏》之譌。……今所纂從錢孫保影鈔本爲多,有真載其異同而不書所據者,皆錢本也。"②九卷即《周易兼義》之卷數③,亦證明《輯正》即手校本。毛本《周易兼義》無《略例》及《釋文》,故盧氏校《釋文》於通志堂本,校《略例》於武英殿本,今皆不存,亦未見有迻録本傳世。

此本迻録盧氏校語有朱、墨二色:字旁、行間以朱筆標記"「」""⌊"等符號(表示删除)及異文。頁眉、頁脚以墨筆記録版本及相應異文,亦有部分用朱筆。過録者之所以用朱、墨二色,應是盧文弨原本即有區分。盧校所涉主要版本有錢本、新本、宋本、古本、足利本、沈本等。錢本即所謂錢孫保影宋鈔本,新本即乾隆武英殿

---

① 〔清〕盧文弨著,王文錦點校:《抱經堂文集》卷七《周易注疏輯正題辭》,中華書局,1990年,第85—86頁。據同卷《七經孟子考文補遺題辭》(第87頁),友人爲鮑廷博。

② 〔清〕臧庸:《拜經堂文集》卷二《周易注疏挍纂序》,影印民國十九年上元宗氏石印本,《續修四庫全書》第1491册,上海古籍出版社,1995年,第528頁。

③ 臧庸:《皇清故日講官起居注前翰林院侍讀學士盧先生行狀》(《拜經堂文集》卷一,第602頁)謂盧氏自著書"有《周易注疏輯正》十卷",乃是合計《周易兼義》及《略例》卷數。

刻注疏本,宋本、古本、足利本録自《七經孟子考文補遺》,沈本即《十三經注疏正字》。乾隆間,沈世煒以《正字》進呈四庫館,而撰者已改題其父沈廷芳之名,故盧文弨初見此書時稱爲沈本。①

需要注意的是,此本除盧校外,尚有一些後人校語,用緑筆。如《周易正義序》第 1b 頁:"阮芸臺相國重刊十行宋本,'九'作'凡',以下有似此者,稱阮本。"第 5a 頁:"阮元《校勘記》云: 寫本'簡'上有'周'字。"卷二第 4b 頁:"阮本'待',云宋同,毛誤'于'。"緑筆校語與過録的盧校字體相同,或是過録時已有,亦可能爲過録時增補。《校勘記》及阮本刊行時,盧氏已卒,自不得見,討論盧校時應注意排除此類校語。

此外,書中尚有一些浮簽,除極個别爲盧校外,皆張爾耆過録時所校,韓應陛跋文已言之。張爾耆跋文未提及緑筆校語,過録時又因盧校"朱墨間出,莫辨先後",所有校語皆用朱筆録之,泯滅了盧校與後人補校的標識,故湖北省圖藏本不及國圖藏本豐富、原始。

二、《周易注疏校勘記》稿本的基本情況

再來看《周易注疏校勘記》的情況。2010 年中國國家圖書館入藏的《周易注疏校勘記》稿本(索書號: 善 19958)各條校記下多注明頁碼,應是嚴杰覆核時所記。經檢核,這些頁碼均與毛氏汲古閣本相應,而非十行本。也就是説,《周易注疏校勘記》雖以阮元所藏十行本《周易兼義》爲底本,但李鋭的工作本却可能是毛本。揆之情理,時人視十行本爲宋本,阮元亦必寶惜之,不便將衆多校語寫録其上,以通行易得的毛本爲工作本更爲妥當。② 這也可以解釋爲何阮藏十行本《周易兼義》附有《音義》,而《釋文校勘記》却以通志堂本爲底本(因爲作爲工作本的毛本無《音義》)。由此推測,李鋭的工作流程大致爲:(一)以毛本爲底本,通校唐石經、武英殿重刊岳本、十行本、閩本、監本,將異文記於毛本之上。(二)據《七經孟子考文補遺》迻録古本、足利本、宋本異文,據所謂錢校本迻録宋本異文,據盧文弨校本迻録錢本異文,亦記於毛本之上。(三)將底本由毛本轉换爲十行本,以十行本文字爲出文,於校語中記録諸本異文。至此,僅記異文而無按斷的李鋭初稿便形成了。此後,初稿又經嚴杰增補(墨筆、朱筆)及段玉裁按斷(朱筆)。

① 關於《十三經注疏正字》作者題署的情況,詳參拙文《〈孝經注疏校勘記〉編纂考述》,《經學文獻研究集刊》第 15 輯。

② 《尚書注疏校勘記》出文即以毛本爲底本,未經轉换。

三、《周易注疏校勘記》對盧校本的利用及其所引盧氏按語的來源

《周易注疏校勘記·引據各本目録》中明確説:"影宋鈔本,據餘姚盧文弨傳校明錢保孫(當作"錢孫保")求赤校本,今稱錢本。"李鋭初稿從盧校本中轉録錢本異文,絶無掩飾來源之舉。

至於明確引及盧文弨校勘意見的條目,皆嚴杰於李鋭初稿中補入。李鋭初稿於各條間多留空行,嚴杰於行間增補内容,字體與初稿有別,較易區分。如"故易者所以斷天地"整條爲嚴杰補入,而"以爲伏羲畫卦"條中,"盧文韶云"以下爲嚴杰補入。(見圖1)這些盧氏按語皆採自《群書拾補》,而非盧校本。最近,樊寧根據湖北省圖書館所藏張爾耆過録的盧文弨《周易兼義》校本,比勘《周易注疏校勘記》,認爲《校勘記》所引盧氏按語皆來自盧校本,①這是一種誤判。

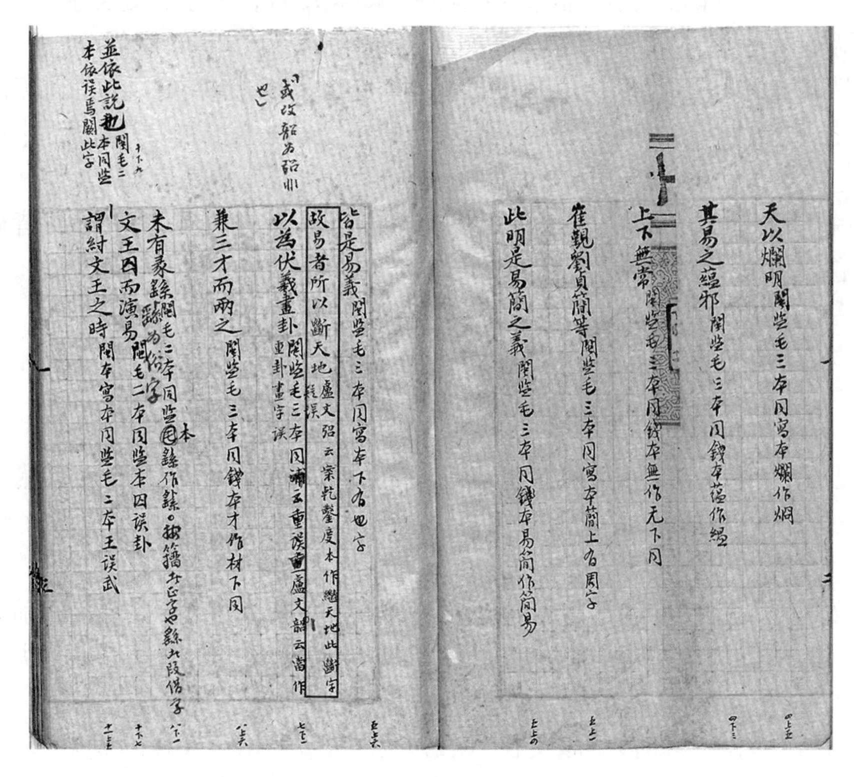
天以爛明 閩監毛三本同宮本爛作燗
其易之蘊邪 閩監毛三本同錢本蘊作緼
上下無常 閩監毛三本同錢本無作无下同
崔覲劉貞簡等 閩監毛三本同宮本簡上有周字
此明是易簡之義 閩監毛三本同錢本易簡作簡易
皆是易義 閩監毛三本同宮本下有也字
兼三才而兩之 閩監毛三本同錢本才作材下同

圖1 《周易注疏校勘記》稿本(卷一,頁2b—3a)

---

① 樊寧:《阮元〈周易注疏校勘記〉引據盧文弨校勘成果來源考述》。

樊文統計《校勘記》卷一、八、九三卷引用盧氏按語12條，謂皆見於盧校本。然經檢核，其中卷一序“故易者所以斷天地”條，所謂盧校本按語乃後人以緑筆補録《校勘記》文字，而非盧氏原校。

盧校本：盧文韶(示)〔云〕，案《乾鑿度》本作“繼天地”，此“斷”字疑誤。(序，頁6b)

《群書拾補》：案《乾鑿度》本作“繼天地”，此“斷”字疑誤。

《校勘記》稿本、謄清本：盧文弨云，案《乾鑿度》本作“繼天地”，此“斷”字疑誤。

《校勘記》刻本：盧文韶云，案《乾鑿度》本作“繼天地”，此“斷”字疑誤。

盧校本中的盧氏校語皆直言各本異文及按斷意見，引其弟盧文韶之説稱“召音弟云”，不會直呼其全名。上文在介紹國圖藏佚名過録盧校本《周易兼義》時已經指出，此本中引及《校勘記》和阮本的緑筆校語乃後人所增，而非盧文弨原批。此條校語在《群書拾補》中未標人名，説明是盧文弨已説，《校勘記》稿本及謄清本自然引作“盧文弨”，而刻本却涉下條而誤作“盧文韶”。這也證明盧校本中的此條校語乃是後人從《校勘記》刻本轉録，該文倒轉兩者關係。總之，此例恰好説明《校勘記》此條乃嚴杰據《群書拾補》增補，而非採自盧校本。

其餘11條盧氏按語中，有10條盧校本與《群書拾補》基本一致，①皆嚴杰補入。僅卷一疏文“心處僻陋”1條爲《群書拾補》所無：

盧校本：“心”當作“身”。(卷一，頁17a)

浦鏜《十三經注疏正字》：“心”疑“身”字誤。(卷一)

《校勘記》謄清本、刻本：盧文弨云：“心”疑“身”之誤。

《校勘記》稿本中並無此條，乃謄清本所補。從文字的一致性上看，顯然是源自浦鏜《正字》，只是誤冠盧文弨之名，不能作爲《校勘記》襲用盧校本而致誤的例子。

該文還舉了盧校本、《群書拾補》及《校勘記》均有，《校勘記》内容與前者同而與後者異的兩個例子，以證明《校勘記》所據爲盧校本。不過，兩例(“决必有所遇”“昔者聖人”)皆屬《校勘記》自行校勘所得並據《七經孟子考文》轉引，與盧校本及《群書拾補》皆無關涉。該文在“《校勘記》大量襲用盧氏校勘成果”的先行觀念下加以推衍，與事實不符，此處不再贅述。

---

① 若仔細比對，《校勘記》所引實際與《群書拾補》更爲接近。

四、《周易注疏校勘記》引《七經孟子考文補遺》是據原書還是轉引自盧校本

李鋭在《引據各本目録》中言明所引古本、足利本、宋本皆據《七經孟子考文補遺》,本無疑義。但樊寧在考察盧校本之後認爲,《周易注疏校勘記》並未翻檢《考文補遺》原書,而是承襲盧校本。[1] 該文舉出兩個《校勘記》引古本、足利本、宋本有誤,而與盧校本相同的例子,來説明兩者的承襲關係。

例一爲卷一疏文"猶豫遲疑"條,《校勘記》云:"閩、監、毛本同,下同。宋本'遲'作'持',與注合。"毛本此段疏文中共出現四處"遲疑"(頁 6b—7a),《考文補遺》所校僅爲"居非所安,遲疑猶豫"一條,而盧校本則將四處"遲"皆改作"持",[2] 並云:"宋,持。"因此,該文認爲《校勘記》承襲盧校本之誤,而未核對原書。實際情況可能較爲複雜,《校勘記》稿本中"下同"二字乃後來補入,且與原條目筆迹不同,很可能是嚴杰覆核時添入。(見圖 2)若不考慮此二字,則李鋭初稿僅是出文之誤,即"猶豫遲疑"當作"遲疑猶豫",尚難坐實爲沿襲盧校本之誤。

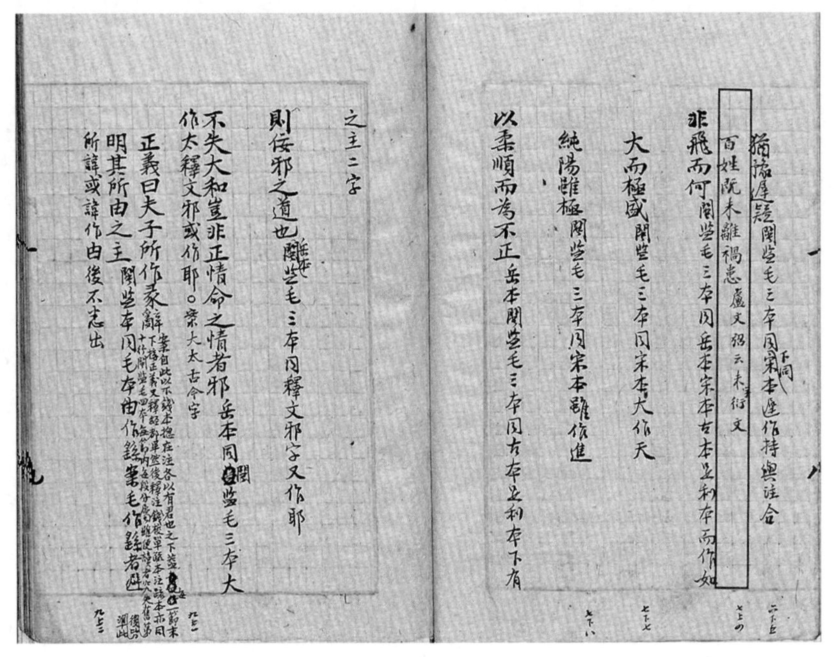
猶豫遲疑 閩監毛三本同下同宋本遲作持與注合
百姓既未離禍患 盧文弨云未衍文
非飛而何 閩監毛三本同岳本宋本古本足利本而作如
大而極盛 閩監毛三本同宋本大作天
純陽雖極 閩監毛三本同宋本雖作進
以柔順而為不正 岳本閩監毛三本同古本足利本下有
之主二字
則佞邪之道也 岳本閩監毛三本同釋文邪字又作耶
不失大和豈非正情命之情者邪 岳本同閩監毛三本大作太釋文邪或作耶。案大太古今字
正義曰夫子所作彖辭
明其所由之主 閩監本同毛本由作繇 案毛作繇者非
所謂或謂作由後不志出

圖 2 《周易注疏校勘記》稿本(卷一,頁 8b—9a)

① 樊寧:《稀見清儒稿校題跋本五種探微》。

② 國圖藏盧校本僅於"欲進於王位,猶豫遲疑""居非所安,遲疑猶豫"兩條之"遲"字旁注"持"。

例二爲毛本卷八疏文:“情謂實情,僞謂虚僞,虚實相感。若以情實相感,則利生。”(頁 33b)盧校本勾畫“實情”二字,云:“錢乙,宋乙。”即謂錢本、宋本作“情謂情實”。《校勘記》刻本出“情謂情實”云:“閩、監、毛本同。錢本、宋本‘情實’作‘實情’。”檢核《考文補遺》卷八云:“若以情實相感,‘情實’作‘實情’。”盧校本、《校勘記》刻本所校疏文對應均誤,而所記異文又相反,令人費解。實際上,《校勘記》原稿作:

若以情實相感,閩、監、毛三本同。宋本“情實”作“實情”。

與《考文補遺》完全一致,並無錯誤,説明李鋭依據的是原書。只是後來嚴杰覆核時,爲了增補錢本,據盧校本將出文改爲“情謂情實”,又於“宋本”下添補“錢本”二字,製造了錯誤。(見圖 3)

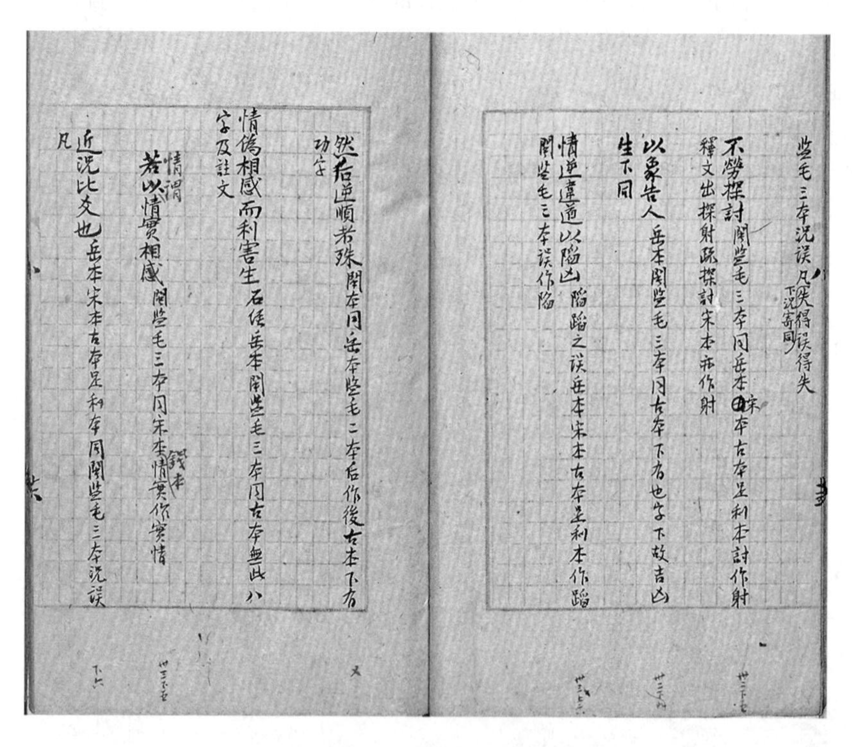
監毛三本同誤 凡失得誤得失 下況寄同
不學探討 閩監毛三本同岳本宋本古本足利本討作射
釋文出探射疏探討宋本亦作射
以象告人 岳本閩監毛三本同古本下有也字下故吉凶
生下同
情逆違 道以陷凶 陷蹈之誤岳本宋本古本足利本作蹈
閩監毛三本誤作陷
然后逆順者殊 閩本同岳本監毛二本后作後古本下有
功字
情僞相感而利害生 石經岳本閩監毛三本同古本無此八
字及註文
情謂
若以情實相感 閩監毛三本同宋本錢本情實作實情
近況比爻也 岳本宋本古本足利本同閩監毛三本況誤
凡

圖 3 《周易注疏校勘記》稿本(卷八,頁 15b—16a)

經過分析,以上二例都難以確認爲《校勘記》轉引盧校本。我們在考慮《校勘記》據原書還是轉引時,除了比對《校勘記》和盧校本的重合條目,更應注意到《校勘記》中一些徵引“寫本”異文的内容不見於盧校本,只能是李鋭據《考文補遺》原書所録。如《校勘記》稿本卷一“欲取改新之義”條云:“閩、監、毛三本同,寫本‘新’作‘辛’。”同卷“考察其事”條云:“閩、監、毛三本同,錢本、寫本‘察’作‘案’。”同卷“崔覲劉貞簡等”條云:“閩、監、毛三本同,寫本‘簡’上有‘周’字。”同卷“皆是易義”條云:“閩、監、毛三本同,寫本下有‘也’字。”以上諸條,盧校本皆無。又卷一“天以爛明”條云:“閩、監、毛三本同,寫本‘爛’作‘烱’。”盧校本云:“足利本,烱。”經檢《考文補遺》,知是寫本異文,盧氏誤記,亦可證明李鋭所據爲《考文補遺》原書,而非襲用盧校。嘉慶二年,阮元於杭州翻刻《七經孟子考文補遺》,四年後開局編纂《十三經注疏校勘記》,李鋭利用此本亦在情理之中。

至於李鼎祚《周易集解》,李鋭、嚴杰所用似爲《集解》原書,故有超出浦鏜《周易注疏正字》、盧文弨《周易兼義》校本及《群書拾補》所引之外者。然嚴杰所補亦偶有誤從《群書拾補》轉引者,如《校勘記》卷九注文“謙者不自重大”條云:“《集解》作‘不自任也’。”然《周易集解》並無此句。經檢核,異文源頭爲浦鏜《正字》:“重大,盧本作‘任也’。”所謂“盧本”指明盧復《三經晉注》。盧文弨校本《周易兼義》於“重大”旁批“任也”二字,並轉録《正字》此條作:“盧,任也。”此後寫入《群書拾補》時亦作:“盧本作‘不自任也’。”嚴杰轉引《拾補》時,誤以“盧本”即盧見曾刻本《周易集解》,故有此誤。

浦鏜《周易注疏正字》,李鋭初稿僅卷一引及數條,稱“浦云”,其中頗有不見於盧校本者,應是引自原書。李鋭校畢《周易》諸書後,在致何元錫札中提及“其經局書存弟處者”,其中就有“浦校一本”。[①] 此後的浦鏜之説則均爲嚴杰覆校時據《群書拾補》補録,稱“浦鏜云”。以上二書與《考文補遺》情況有異,此不具論。

結　　語

《周易注疏校勘記》的編纂是一個漸進的過程,從初稿、謄清本到刊刻成書,經過李鋭、嚴杰、段玉裁、孫同元等多人之手,[②]各人既有分工,所用材料亦不盡相同。我們應當充分認識到集體項目的複雜性,以及《校勘記》文本的不同層次。《周易注疏校勘記》和盧文弨《周易兼義》校本均以異文校爲主,兩者存在大量重合是自然之事。《周易注疏校勘記》對盧文弨《周易兼義》校本的利用僅限於轉引錢本異文,李鋭在《引據各本目録》中言之甚明。此後嚴杰覆校,又據《群書拾補》補入盧氏校勘意見,《周易集解》異文、浦鏜《正字》亦有從此書轉引者。至於《七經孟子考文補遺》,李鋭所據乃是阮元新刻之原書,而非據盧校本轉引,故内容多有溢出盧校本之外者。因此,盧校本《周易兼義》只是引據資料的一種,其對編纂《周易注疏校勘記》的重要性不應過度誇大,《校勘記》的纂修仍應視爲當時整體學術氛圍的影響。

2020 年 12 月補記於北京

---

① 嘉定博物館編《一代儒宗——錢大昕》,上海書畫出版社,2021 年,第 136、168 頁。

② 劉玉才《〈周易注疏校勘記〉稿本、謄清本解題》,劉玉才、陳紅彦主編:《國家圖書館未刊稿叢書·著作編》,鳳凰出版社,2021 年。

附記：此後樊寧又發表《阮元〈周易注疏校勘記〉修纂考述——以與盧文弨〈周易注疏〉校本對勘爲中心》(《文獻》2021年第3期)，其基本結論與上引二文相同，故本文不再增補，謹附此説明。又，"中華古籍資源庫"有國圖藏佚名過録盧文弨《周易兼義》校本全文影像，劉玉才、陳紅彦主編《國家圖書館藏未刊稿叢書·著作編》(鳳凰出版社，2021年)也將《周易注疏校勘記》稿本、謄清本影印出版，讀者自可參看。2021年12月24日

張學謙　北京大學中國古文獻研究中心、北京大學中國語言文學系　助理教授

A Supplementary study on the relationship between the *Zhouyi zhushu jiaokanji* and Lu Wenchao's Marginalia on *Zhouyi jianyi*

Zhang Xueqian

Abstract: There are two copies of Lu Wenchao's Marginalia on *Zhouyi jianyi* in existence. The copy in the National Library of China is from the old collection of Zhang Zuonan and Han Yingbi, in which the vermilion and ink colors are for Lu Wenchao's marginalia, the green color is for the later marginalia, and the notes is for Zhang Erqi's marginalia. The copy in the Hubei Province Library is a transcription by Zhang Erqi from the Han Yingbi collection, all with a vermilion pen, eliminating the markings of Lu and later additions. The first manuscript of *Zhouyi zhushu jiaokanji* was completed by Li Rui, who used the Mao's text as a workbook, and then converted the base text into a ten-line version. The first draft of Li Rui is only a transcription of "Qianben" from Lu's marginalia, and the entries that explicitly cite Lu's critical comments are all added by Yan Jie in his overhaul of the text according to the *Quanshu shibu*. The cites of *Qijing Mengzi kaowen* is based on the original book newly engraved by Ruan Yuan. The *Zhouyi jijie* and *Zhouyi zhushu zhengzi* are also based on the original books, but some of the additions made by Yan Jie are cited from the *Quanshu shibu*. The compilation of *Zhouyi zhushu jiaokanji* has gone through many hands, and the materials used are not all the same. The Lu's marginalia are only one of the cited materials, and its importance should not be overstated. The compilation of *Zhouyi zhushu jiaokanji* should still be considered as an influence on the overall academic atmosphere of the time.

Keywords: *Zhouyi zhushu jiaokanji*　*Zhouyi jianyi*　Ruan Yuan　Lu Wenchao

版畫 版本目録學研究

清初人物版畫《無雙譜》版本考辨

雷天將

摘　要:《無雙譜》是清代版畫史上的一部傑出作品,在其現今可見的五種版本中,中國國家圖書館藏康熙刻本由金古良之子及門人主持刊印,延請名工朱圭雕鐫,繪刻精善,爲現存各本之祖本。臺北"故宫博物院"藏本則是由中國國家圖書館藏康熙本翻刻而來,雕印粗劣,改易闕省頗多,後世各重刻本皆沿襲其謬。中國國家圖書館藏《賞奇軒四種合編》本與乾隆四十八年(1783)沈懋發刻本便是據臺北"故宫博物院"藏本重刻而來,在繼承臺北"故宫博物院"藏本版本特徵的同時又發生了新的變異,與金古良原迹迥殊。上海崇源藝術品拍賣有限公司拍賣所謂金古良《無雙譜》"白描手稿",乃乾隆以後人據《賞奇軒四種合編》本摹繪而來,絶非金氏原稿。如研究此書,中國國家圖書館藏康熙刻本仍是最接近金古良原迹的版本。

關鍵詞: 清初　版畫　《無雙譜》　版本

自17世紀初至1644年明朝滅亡,在大明王朝最後幾十年中,中國木刻版畫的出版達到了極盛時期,藝術上日趨精美,線條、刀法細致高妙,是中國版畫史上木刻及插圖的黄金時代。① 清代早期,尤其是順、康之世,版畫藝苑並未因易代的動盪而歸於沉寂,反而繼承明季繁榮的氣象,呈現出一片生機勃勃的局面,人物、

① 見錢存訓:《中國紙和印刷文化史》,廣西師範大學出版社,2004年,第247頁。

山水版畫空前發展,取得的藝術成就亦不遜於明季盛時。① 清初畫家金古良所繪的《無雙譜》鐫刻精到,人物表情豐富,動感極强,是此一時期人物版畫的佳刻範例。②

目前學界通行的幾部版畫史研究著作中,對《無雙譜》均有介紹,③有關《無雙譜》的學術論文也已有數篇。④ 但由於在材料的搜集與使用上還存在疏漏,這些論著與文章大多僅限於此書内容的評介,對於作爲《無雙譜》研究之基礎的版本問題却未予以深入細致地探討,誤解與模糊不清之處所在多有。本文即就筆者所見《無雙譜》之版本,對此書在清代二百餘年流傳的各版本重新進行考察,釐清各版本之間的關係,前人誤者正之,不足者補之,希望能爲今後對金古良其人其作在版畫史上的研究有所裨益。

一、《無雙譜》的撰繪與初刻

《無雙譜》的作者金古良,初名史,以字行,號南陵,又更字射堂,世稱南陵先生,山陰人(今浙江紹興),與毛奇齡、徐咸清曾爲同學,大約活動於明末天啓、崇禎至清初順治、康熙年間。其撰繪《無雙譜》一卷,又名《南陵無雙譜》,由朱圭雕鐫,有清一代流傳不墜。據《無雙譜》卷首落款時間爲康熙庚午(1690)之《弁言》與毛奇齡(1623—1716)七十七歲時(1699)所撰之《引言》,此書之創作與編纂出版活動很可能前後持續近十年,甚至更久的時間,古人用心之深蓋可想見。

金古良家鄉同宗晚輩金埴(1663—1740)在筆記中所載:

> 吾宗古良,初名史,尋以字行。儀偉器宏,精絶繪事,而題跋獨勝。其尤表表傳世者,畫《無雙譜》,類陳老蓮《博古酒牌圖》而姿態過之。《無雙譜》

---

① 見周心慧:《清代的版畫》,《中國版畫史叢稿》,學苑出版社,2002年,第191頁。

② 鄭振鐸對《無雙譜》十分重視,他在《中國古代木刻畫史略》中説:"《無雙譜》……一個小圖案,乃至一點一劃,作者都有用意,應該細細地考究一番。是有所爲而爲的著作,非一般'圖譜'比也。"見鄭振鐸:《中國古代木刻畫史略》,上海書店出版社,2010年,第174頁。

③ 參見鄭振鐸:《中國古代木刻畫史略》,上海書店出版社,2010年,第174頁;王伯敏:《中國版畫通史》(圖文增訂版),浙江攝影出版社,2019年,第297頁;郭味蕖著,張燁導讀:《中國版畫史略》,上海書畫出版社,2016年,第197頁;周心慧:《中國古代版畫史綱》(第四册),北京聯合出版公司,2018年,第1772頁。

④ 參見許媛婷:《託畫以言志——論金古良〈南陵無雙譜〉版本及其繪編意旨》,《故宫文物月刊》第二十二卷第十一期,2005年,第48—58頁;薄松年:《一部以史爲鑒的畫册——淺論金古良〈無雙譜〉》,《上海文博論叢》2010年第3期,第38—41頁;陳欽安:《清初人物版畫傑作〈無雙譜〉鑒賞與評介》,《圖書與情報》2019年第2期,第141—144頁;張立行:《古版畫〈無雙譜〉白描原稿發現》,《中國拍賣》2006年第3期,第48頁。

者，譜其古來獨一者也。以子房椎擊秦始王之類，凡四十事，事繪一圖，且各有贊。阮亭王尚書極賞之，呼爲"金無雙"。越客遊都者，謁朝彦鉅公，必詢之曰："君行笈中有金無雙畫譜攜來耶？"其爲名流傾慕若此！二子可久、可大並繼美，人物爲丹青家稱首。①

可見，金氏在清初極擅繪事，是一位頗有名的畫家，《無雙譜》在當時即已名揚海内，是一部可堪傳世的藝術佳作。金氏其人其作曾經得到文壇領袖王士禛的稱賞，深受名流士夫之傾慕。

除了善畫之外，金氏亦善詩、書。金氏除《無雙譜》外，尚著有《歷朝詩選》，惜已亡佚。毛奇齡稱"南陵與予同學詩，與徐仲山同學書法"②，毛奇齡爲清初詩文名家，徐咸清好詩且精於字學，金氏與毛、徐同學詩、書法，詩、書亦爲其所擅長是可想而知的。所以，毛奇齡説："是譜名無雙而實具三絶，有書有畫又有詩，不止畫也，而畫特精。"③金古良實際上是一個在詩、書、畫三方面均受過良好訓練的文化精英。

《無雙譜》的鐫刻者爲朱圭，是清初聲名遠揚的"雕龍手"。康熙間印學名家朱象賢《聞見偶録》"刻板名手"條云："吴郡專諸巷内有刻版者，姓朱名圭，字上如，雕刻書畫精細工致，無出其右。有河南畫家劉源繪凌煙閣功臣像，上如雕刻尤爲絶倫。又南陵詩人金史字古良，擇兩漢至宋名人各圖形像，題以樂府名曰《無雙譜》，傳聞亦是上如雕刻。繼而選入養心殿供事，凡大内書畫俱出其手，後以效力授爲鴻臚寺敘班。"④朱圭以雕刻之精效力宫廷，清初名刻一時俱出其手，焦秉貞《耕織圖》、沈喻《避暑山莊詩圖》等名作均由朱氏刻版傳世。《無雙譜》由金氏之妙筆與朱氏之良刀合作創成，是清代版畫史上的珍貴遺産。

中國國家圖書館藏清康熙刻本《南陵無雙譜》一卷（以下簡稱"國圖藏康熙本"），兩册，版框高 19.4 釐米，寬 12.3 釐米。此書第一册除鄭振鐸跋語外，卷首與正文繪像部分皆四周單邊，全書無行格，每葉行數、字數不一。首葉爲陶式玉《無雙譜序》，序文末落款處鈐"陶式玉印"陰方；次毛奇齡《引言》，左下落款處鈐"西河毛氏"陰方與"秋晴"陽方；次宋俊⑤《弁言》，左下落款處鈐"長白"陽方；次"南

① 〔清〕金埴撰，王湜華點校：《不下帶編·巾箱説》卷六，中華書局，1982 年，第 121 頁。

② 〔清〕毛奇齡：《引言》，《南陵無雙譜》卷首，《中華再造善本續編·清代編·史部》（據中國國家圖書館藏清康熙刻本影印），北京圖書館出版社，2009 年。

③ 同上。

④ 〔清〕朱象賢：《聞見偶録》，《叢書集成續編》二一三册，臺北新文豐出版公司，1989 年，第 8 頁。

⑤ 按：薄松年與《中國版畫叢刊》中爲《無雙譜》作的跋均將書中"宋俊拜手題"誤認作"宋俊琴手題"，以爲宋俊名"宋俊琴"，今一並改正。見薄松年：《一部以史爲鑒的畫册——淺論金古良〈無雙譜〉》，《上海文博論叢》2010 年第 3 期，第 39 頁；鄭振鐸編：《中國古代版畫叢刊》（四），上海古籍出版社，1988 年，第 461 頁。

陵無雙譜目”，皆因各人物事迹賦詩取三字爲題，並附人物習稱，左下落款處題“男可久德公、可大業侯較”，下鈐“家庭師友”陰方，仍沿明代舊習避明熹宗朱由校諱；次《無雙譜自敘》，右上鈐“南陵”陽方，左下落款處鈐“良印”陰方；次盧詢、屠緗小篆題辭“詩是無形畫，畫是無聲詩。形聲兩莫測，意到筆隨時。鐫南陵夫子無雙譜敬題於後”，末落款“門人屠緗韋三、盧詢舜徒合訂”，下鈐有“山南海北”陽方。

餘下皆正文部分，右圖左詩，第一册自“留侯張子房”起，迄於“北地王劉諶”，第二册自“羊叔子”起，迄於“文丞相”。共四十幅人物像，各葉人物像上端均鈐“無雙”之印，右邊各繪像前先冠以人物題稱，各就史傳所記約其生平大端略述於旁，部分行間附有後人批注及評語。左邊各因所繪人物之事迹命題作詩，自擬詩題，並配能代表人物事迹之器物、裝飾以發明幽旨，末皆以“射堂”署名（見圖1）。署名後所見鈐印有“古良”“古良子”“金子”“良”“古良之印”“船子”“古良船子”“金古良印”“留金”“良印”“禪止”“禪子”“默禪”等二十餘種。

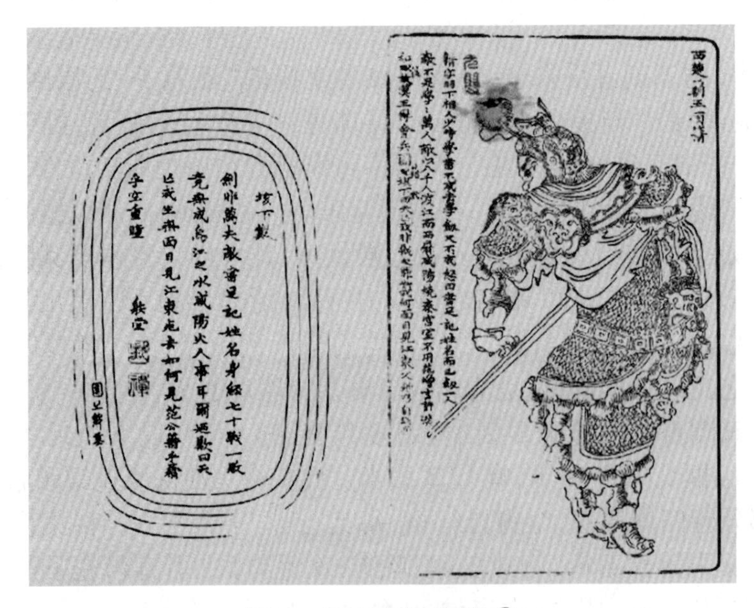

圖1　西楚霸王項籍①

此本四十幅人物圖俱全，且雕鏤細致，線條細挺匀稱，一絲不苟，雖毫髮而必現，顯示出雕鐫者高超的技藝。書中“校”字猶避明諱，陶淵明小傳中“絃”字闕末筆，避諱至康熙帝而止，應當是康熙間刻本。另外，書中鈐大量金古良私印，種類繁多，樣式豐富，篆刻精美，除非是印主自鈐，一般書賈頗難作僞。卷首諸印亦極

① 〔清〕金古良：《南陵無雙譜》，《中華再造善本續編・清代編・史部》（據中國國家圖書館藏・清康熙刻本影印），北京圖書館出版社，2009年。下文所引國圖藏康熙本圖像均出於此，不再出注。

精美,非庸劣作僞者可比。綜合來看,此本當爲金氏二子、門人親自參與,並邀金氏好友作序的精繪精刻之本,爲存世各本之祖本,鄭振鐸先生稱其爲"猶是原刊初印者"①,是符合實際情況的。

二、《無雙譜》之翻刻與重刻

(一) 臺北"故宫博物院"藏本

現藏於臺北"故宫博物院"的《南陵無雙譜》一卷,著録爲清康熙刻本,不分册(以下簡稱"院本"),卷首與正文繪像部分皆四周單邊,版框高18.7釐米,寬11.9釐米。書内封面葉中間大字題"無雙譜",右上方題"於越金古良撰",左側題有"鱸鄉松陵吴江扶風郡祝侯珍藏",右下鈐"古良之印"陰方。

卷首較國圖藏康熙本多出王士禛、徐咸清、董良橚諸序,依次爲: 王士禛《讀無雙譜復言》,右下鈐"阮亭"陽方、"王士禛印"陰方;毛奇齡《引言》,左下鈐"毛奇齡印"陰方與"大可"陽方;陶式玉《無雙譜序》;徐咸清《南陵先生無雙譜敘》;董良橚《讀無雙譜引》;宋俊《弁言》,左下鈐"宋俊之印"陰方與"長白"陽方;金古良《無雙譜自敘》;盧詢題語,首三行以篆文書"詩是無形畫,畫是無聲詩。形聲兩莫測,意到筆隨時",第四行楷書"敬題"二字,第五行楷書"南陵夫子無雙譜,門人盧詢舜徒訂",下鈐"盧詢"陰方與"舜徒"陽方;末爲"南陵無雙譜目",左下署"男可久德公可大業侯較",下鈐"良"字陽方,"較"字仍避朱由校諱。正文部分避諱自康熙而止,與國圖藏康熙本同。全書自"留侯張子房"起,迄於"岳鄂王",共有圖三十九幅,闕最末"文丞相"圖,樂府詩後除題伏生、諸葛亮、李白、岳飛詩外均有鈐印,大多殘斷模糊,其中依稀可辨識者有"問世""良""無雙""船子"等印。

此本即許媛婷所見之本,許氏經過比較之後,認爲此本與鄭振鐸所藏清康熙"原刊初印本"爲同一版本②,但事實却並非如此。觀察卷首諸序,二書確實看起來幾乎没有差别,正文部分内容、字體、行款也大致相同,乍看之下確實像是同一版本。然而,細細地將二者進行對勘,却能發現許多細微的差别。如第一幅"博浪椎張子房"繪像,院本乍看之下雖與國圖藏康熙本差似,細觀之下便可發現院本人物繪像細節刻畫之簡率粗糙,力士雙目處僅以二墨點當之,毫無生氣,反觀國圖藏康熙本則刻畫精致生動,眼睛細節紋理描繪充分,線條流暢。同時,院本力士手中

---

① 鄭振鐸跋云:"金古良《無雙譜》,予曾收得數本,皆不愜意。此本雖爲兒童所塗汙,猶是原刊初印者,紙墨絶爲精良。"參見〔清〕金古良:《南陵無雙譜》卷首,《中華再造善本續編·清代編·史部》(據中國國家圖書館藏清康熙刻本影印)。

② 見許媛婷:《託畫以言志——論金古良〈南陵無雙譜〉版本及其繪編意旨》,《故宫文物月刊》第二十二卷第十一期,2005年,第52頁。

所持鐵錘也較國圖藏康熙本略去錘上紋理,顯得單調無趣(見圖 2a、b)。再如"岳鄂王"繪像,院本與國圖藏康熙本相較,不僅岳飛手持金牌上脱去"金牌"二字,而且連岳飛腰間掛劍上的裝飾紋樣一並省去,粗陋顯甚(見圖 3a、b)。另外如"李青蓮"與"華山陳圖南先生"繪像,國圖藏康熙本二人均眼睛微張,炯炯有神,而院本中却將二人刻成閉目狀,人物的生氣頓無。這樣的情形在書中不勝枚舉,可能是刻工雕刻時草率敷衍、刀法技藝不精所致。

a. 院本　　b. 國圖藏康熙本

圖 2　留侯張子房繪像

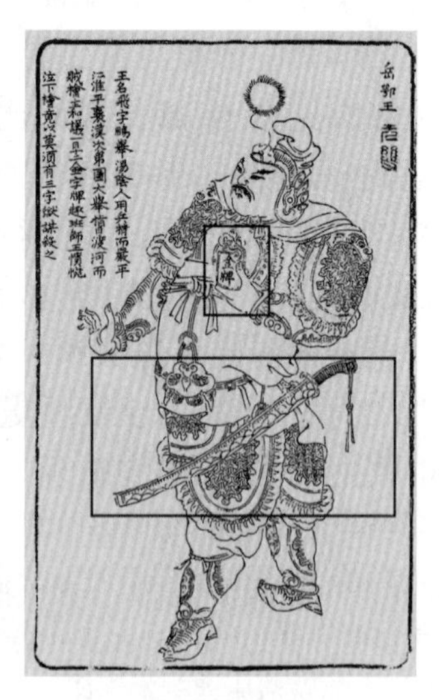

a. 院本　　b. 國圖藏康熙本

圖 3　岳鄂王繪像

另外,院本中所鈐印章也頗有可疑之處,疑爲刻成之後所加。首先,王漁洋之印鈐在篇首而非文末落款處已是反常,許媛婷已疑其僞①。而且,印文中“禎”字已避雍正帝諱,斷非出於漁洋之手,此印乃僞造無疑,或爲後世庸劣作僞者所鈐。其次,書中鈐毛奇齡“大可”之印,“可”字第二筆落於左側,筆者在《中國書畫家印鑒款識》中檢尋毛氏傳世“大可”之印,未見毛氏之印有類此者。② 或許是因爲毛奇齡、王士禛聲名顯赫,所以射利者特僞造其印以抬高聲價。再次,此本“譜目”後金氏二子可大、可久署名落款後鈐“良”字陽方,以父之印鈐子名字落款處,似乎有悖於常理。另外,據國圖藏康熙本例,“無雙”之印一般鈐各葉人物像標題前,題詩落款後一般鈐與作者名、字、號相關之印,而此本却將“無雙”之印鈐於題李鄴侯詩後,全書僅此一處見之,並無規律可言,殊爲反常。

綜上,筆者推測,此本當是金氏及門人所刊《無雙譜》初刻本傳佈之後,受到名流士夫的熱切追捧,好事者爲了迎合坊間廣泛的閱讀需求據初刻本翻刻而來,並且僞造鈐印以充原刻,粗製濫造,所以品質才如此之劣。此種坊間翻刻的營利性質的商業行爲,所刻之書的品質自然無法與金氏“家庭師友”所親自主持刊刻的本子相較。此一翻刻本在《無雙譜》的流傳過程中地位至爲關鍵,成爲後世《無雙譜》在坊間流傳的濫觴。因其品質簡率粗陋,便於獲取,受到商業利益的推動而大行於世,故成爲世人最常見之本,之後坊間流傳的各重刻本及摹本皆從此出。

(二)中國國家圖書館藏《賞奇軒四種合編》清刻本

中國國家圖書館藏《賞奇軒四種合編》,共四册。第一册爲《無雙譜》,第二册爲《竹譜》,第三册爲《官子譜》,第四册爲《東坡遺意》,皆爲圖繪之作,故匯爲一編。

第一册《無雙譜》首葉題“無雙譜”三個大字,次爲“南陵無雙譜目”,譜目落款處題“男可久德公、可大業侯較”。再次爲新增未署名題識一篇,其餘題識序跋悉數删去。正文部分四十幅人物文圖俱全,文字部分均增以句讀。觀書中避諱至康熙而止,“較”字仍沿舊貌,疑亦爲康熙間所刊。

與前述兩本相較,除了字體不同外,此文圖文部分也存在頗多改易。例如“博浪椎張子房”繪像力士手持鐵錘處較國圖藏康熙本亦省去花紋,與院本同(見圖4);“岳鄂王”繪像岳飛手持金牌亦脱去“金牌”二字,腰間掛劍上的裝飾紋理同樣粗糙簡略(見圖5);“李青蓮”與“華山陳圖南先生”繪像刻作閉目狀,與院本亦同。二者承襲痕迹十分明顯,但僅據此尚無法確定二者的先後關係。

---

① 見許媛婷:《託畫以言志——論金古良〈南陵無雙譜〉版本及其繪編意旨》,《故宫文物月刊》第二十二卷第十一期,2005年,第53頁。

② 上海博物館編:《中國書畫家印鑒款識》(上),文物出版社,1987年,第141頁。

圖 4　留侯張子房繪像
國圖藏《賞奇軒四種合編》

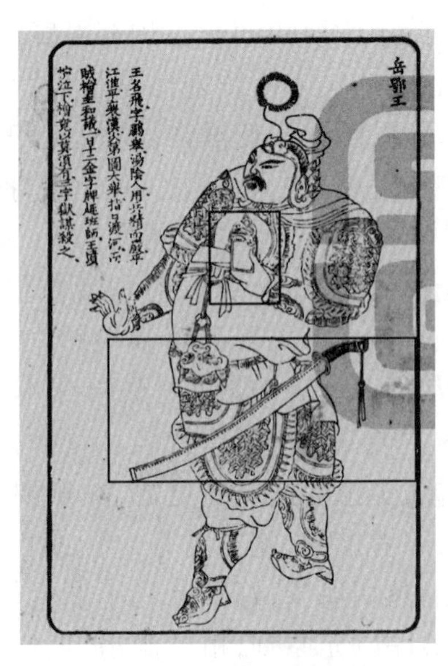

圖 5　岳鄂王繪像
國圖藏《賞奇軒四種合編》

然而,此本文字部分的變化提供了證據。此本在題趙娥詩書葉中脱去"天道好還"四字,而國圖藏康熙本與院本皆有此四字,若院本承襲自此本,則不應有此四字。另外,此本的行款變化也相當大。例如,東方曼倩小傳國圖藏康熙本、院本均爲半葉四行,行九至十字,而此本爲半葉四行,行八字(見圖 6a、b、c);題"龍門司馬子

a. 國圖藏康熙本

b. 院本

c.《賞奇軒四種合編》

圖 6　東方曼倩繪像

長”詩倒數第二行國圖藏康熙本、院本均爲行十二字，此本爲行十三字（見圖7a、b、c）；題“董賢”詩首行國圖藏康熙本、院本均爲行十八字，此本爲行十九字。從上述三個版本的異同來看，《賞奇軒四種合編》本當是據院本重刻而來。觀此本的書法和人物線條風格，已經離金古良原迹越來越遠，不足以作爲研究金古良藝術創作的依據。

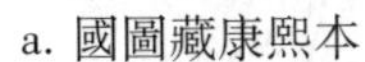

a. 國圖藏康熙本

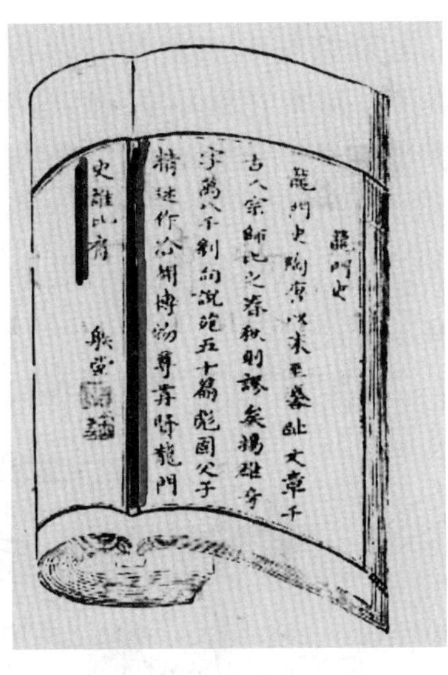

b. 院本

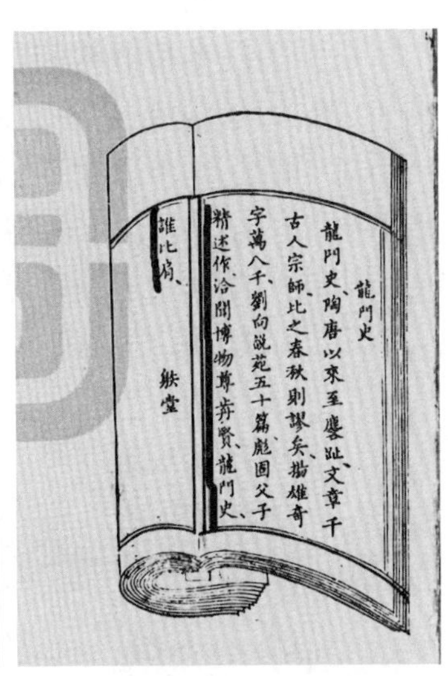

c.《賞奇軒四種合編》

圖7　題司馬子長詩

（三）乾隆四十八年（1783）沈懋發刻本

中國國家圖書館藏清乾隆刻本《南陵無雙譜》一卷，乃乾隆四十八年（1783）沈懋發所刻（以下簡稱“沈懋發刻本”），此本爲許媛婷所未見。全書四周雙邊，花欄。正文次序略有變動，“文丞相”繪像被編次至第三十八，與目録順序不合。

卷首新增沈懋發、鄧宗洛題識兩篇，其他諸序跋依次爲徐咸清《南陵先生無雙譜敘》，陶式玉《無雙譜序》，王士禛《讀無雙譜復言》，毛奇齡《引言》，金古良《無雙譜自敘》，盧詢、屠緗小篆題辭，較院本闕宋俊、董良橚之文。正文之前的“譜目”後脱“男可久德公、可大業侯較”落款，或因違礙而删。

正文部分則有所諱改。例如，改陶淵明小傳中“絃”字敬闕末筆，“弘”改爲“宏”，符合乾隆刻本的特徵。書中“留侯張子房”繪像亦脱去錘上花紋，“岳鄂王”繪像亦脱去“金牌”二字與岳飛腰間掛劍上的裝飾紋樣，“李青蓮”“華山陳圖南先生”繪像亦作閉目狀，種種省闕與院本並無二致，行款亦與院本同，未觀察到受《賞奇軒四種合編》本影響的痕迹，沈氏所據重梓之底本蓋即是坊間所流行之院本。

卷首沈懋發題識云:“吾越前輩金山陰之《無雙譜》刻於國初,當時有三絶之稱,流傳迄今,板多漶漫,余所藏本垂六十餘年矣,尚不失本來面目。念前輩著作不忍任其流散,是用鳩工重梓以期垂久遠。”①以乾隆四十八年(1783)上推六十年,則沈氏所據重梓之本至遲也當已在康熙六十一年(1723)傳佈於世,與院本流傳時間也大致相合。

在承襲院本特徵的同時,沈懋發刻本在重刻的過程中又改變了底本的面貌。例如,題“留侯張子房”詩之配圖,院本在最下方飾以圓形小圈,而沈氏刻本則闕略不見(見圖 8a、b);題“晉太傅謝公”詩配圖之棋盤,院本均用雙線勾勒輪廓,刻畫出棋盤的厚度,沈氏刻本則以墨色填充,顯得頗爲單薄(見圖 9a、b)。沈懋發畢竟不能找到像朱圭那樣的造化妙手,所據底本亦不是最善之本,雖出於保存鄉賢文獻之意,但終究難以復現金氏畫作神韻。

a. 院本

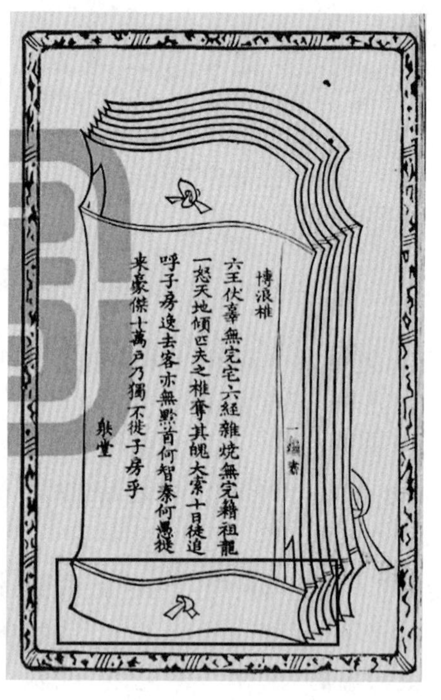

b. 沈懋發刻本

圖 8　題“留侯張子房”詩

① 〔清〕金古良:《南陵無雙譜》卷首,清乾隆四十八年(1783)沈懋發刻本,中國國家圖書館藏。

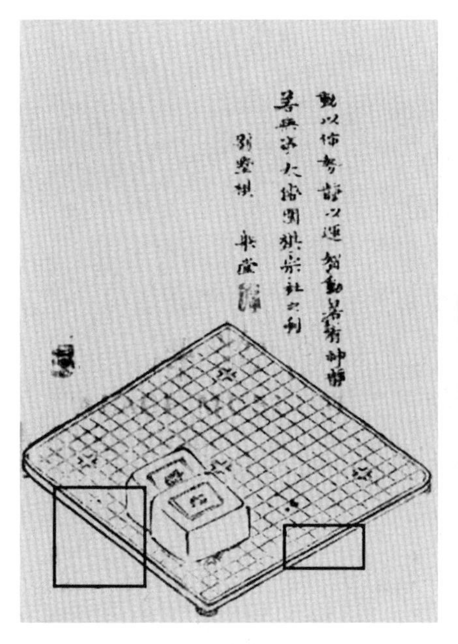

a. 院本

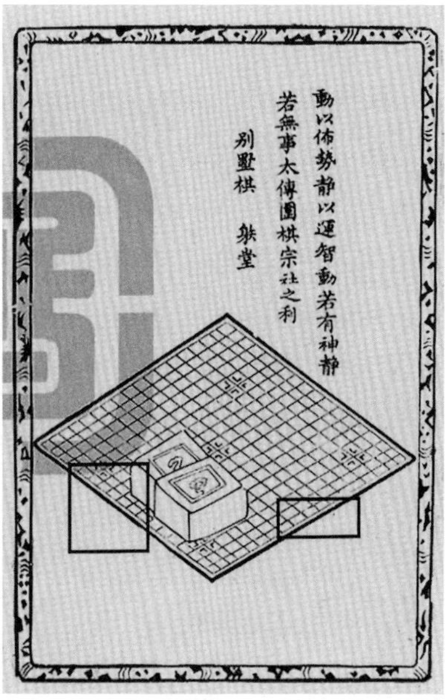

b. 沈懋發刻本

圖 9　題“晉太傅謝公”詩

三、《無雙譜》“白描原稿”辨疑

薄松年在文章中稱：“據悉前兩年上海拍賣會上曾出現《無雙譜》手繪本，全部爲白描畫稿，線描細潤流暢，描繪精妙入微，人物形象比起印本來更富神采，據説爲金古良氏原作，惜我無緣看到這一作品，亦不知此畫册現在何處，如確係金氏手繪原稿，則應給以足够的重視。”①經筆者查考，此所謂金古良氏原作手繪本白描畫稿，出現於 2005 年上海萬豪虹橋大酒店舉行的崇源藝術品拍賣公司拍賣會，並最終以二百餘萬元的價格拍出。事後崇源藝術品拍賣公司將此“白描手稿”以《白描無雙譜》爲名編輯影印出版，書前附該公司董事長季崇建及美術史家劉傳銘序。

《白描無雙譜》原册外框横 22 釐米，縱 36.05 釐米，畫心横 16.8 釐米，縱 28.7 釐米。書中卷首諸序、門人題語、譜目皆無，開册即爲“留侯張子房”圖文，至“文丞相”圖文而止，次序與刻本“譜目”合，全書之圖係以白描單線勾勒而成，文字部分則以楷體精致書寫。季崇建在爲此書作的序中稱：“今之所見白描《無雙譜》則是金古良手繪的版刻《無雙譜》的原稿，册中畫面不僅與版刻均能一一對應，而其演化加工軌迹亦清晰可尋。值得一提的是，白描稿畫面精彩細膩，一絲不苟，充分

① 薄松年：《一部以史爲鑒的畫册——淺論金古良〈無雙譜〉》，《上海文博論叢》2010 年第 3 期，第 41 頁。

顯示了畫家的精湛功力。較之版畫圖譜中翻刻失真的情況相比,實在有天壤之別。"①劉傳銘在序中也稱:"原稿中不僅書法工而不僵、珠圓玉潤、精美無比,而且人物造型、刻畫精致、細膩生動,無論是人物的風動衣飾,還是表情的喜怒拿捏,皆控制得妙到毫巔。當我們將手繪本與刻印本一一對應時,其間演化加工的軌迹清晰可尋。同時對原本的精美和價值有了更深刻的認識……相信手繪《白描無雙譜》真迹對中國繪畫史、版畫史、民俗文化史乃至史學研究都具有重大的意義。"②二人皆認爲此書是金氏手繪原稿,從中窺見《無雙譜》從手繪稿到刻本的演化加工之迹,並且從人物造型、裝飾、表情以及書法等方面盛讚此"白描手稿"精美。如果此"白描手稿"確屬真迹,那當然應該給予極大的重視,然經筆者考察,此"白描手稿"絶非金氏真迹,實乃後人仿作。如果沿此誤識,將會對今後的研究者造成極大誤導,兹於下文辨之。

首先,依書法辨之。按照明清文人刻書的風氣,卷首多邀名人好友作序並依手書上版付刻,《無雙譜》刻本卷首諸序皆是如此,書中金古良所作《自敘》也應當刻的亦是其書法手迹。據國圖藏康熙本中毛奇齡《引言》稱:"是譜名無雙而實具三絶,有書有畫又有詩,不止畫也,而畫特精。"③則《無雙譜》中不僅存有金古良之詩、畫,而且存有金古良之書法,這個"書"應當指的就是金古良所作樂府詩以及爲古今人物所撰的生平小傳。筆者將金氏《自敘》與正文中文字相對照,發現二者書法的風格、佈局、體勢、神態果然極爲相近,如金氏題蘇武詩中的"節"字、題緑珠詩中的"再"字、題蘇若蘭詩中的"君"字、羊叔子小傳中的"也"字、題陶公詩中的"遇"字、緑珠小傳中的"詩"字等,均與《自敘》中的"節""再""君""也""遇""詩"等字如出一轍,當爲金氏手迹無疑。而反觀白描本中的字體,雖然書寫頗爲精美,但不論是從書風還是從筆迹來看,顯然與國圖藏康熙本中金氏手迹不合(見表1)。所謂"白描手稿",應當不是出於金古良之手。

表1　國圖藏康熙本與白描本字體比較

國圖藏康熙本(自敘)	國圖藏康熙本(正文部分)	白　描　本
節(第四行)	節(題蘇武詩第三行)	節(題蘇武詩第三行)
再(第七行)	再(題緑珠詩第四行)	再(題緑珠詩第四行)

① 〔清〕金古良:《白描無雙譜》書首,上海崇源藝術品拍賣有限公司編,2005年。

② 同上。

③ 〔清〕毛奇齡:《引言》,《南陵無雙譜》卷首,《中華再造善本續編·清代編·史部》(據中國國家圖書館藏清康熙刻本影印)。

續 表

國圖藏康熙本(自敘)	國圖藏康熙本(正文部分)	白 描 本
君 (第七行)	君 (題蘇若蘭詩第二行)	君 (題蘇若蘭詩第二行)
也 (第七行)	也 (羊叔子小傳第一行)	也 (羊叔子小傳第一行)
遇 (第八行)	遇 (題陶公詩第三行)	遇 (羊叔子小傳第一行)
詩 (第八行)	詩 (緑珠小傳第六行)	詩 (緑珠小傳第六行)
良 (第九行)	良 (張子房小傳第一行)	良 (張子房小傳第一行)

其次,依人物造型、裝飾及表情刻畫辨之。“白描本”《無雙譜》初看之下,線條流暢,筆力工致,圖飾完備,甚至暗部還敷以陰影表現出造型的體積感,顯得頗爲“完美”。然若將其與國圖藏康熙本比勘,則馬腳畢露,竄改訛謬之迹甚顯。從人物的造型、裝飾來看,除了衣飾、紋樣多有省改之外,人物造型也遠較國圖藏康熙本爲遜。例如“西楚霸王項籍”繪像,“白描本”腰部除多增一大塊裝飾之外,國圖藏康熙本脚部前脚掌、足弓有明顯的弧度,微微翹起,造型生動,而“白描本”的脚部則斜塌向下,頗爲草率,肩部的紋樣造型也較國圖藏康熙本大大簡省(見圖 10a、b)。又如“定遠侯班超”繪像,“白描本”人物腰部同樣多出一塊布面裝飾(見圖 11a、b)。又如“江東孫郎”繪像,孫策手持之斧面向觀衆的角度也發生了偏差(見圖 12a、b)。再如“岳鄂王”繪像,國圖藏康熙本中岳飛手持的金牌,與高宗一日十二金字牌的故事相呼應,而“白描本”中竟然草率地换成一方印璽(見圖 13a、b)。再從人物表情的刻畫來看,雖然“白描本”較國圖藏康熙本細節豐富,人物面部刻畫的圓潤秀美,但却遠不如國圖藏康熙本傳神。如“留侯張子房”繪像,細觀之下便可發現,國圖藏康熙本中通過眼、口部處誇張式的變形,將刺客之勇義、張良之忠智表現得生動有力,而反觀“白描本”雖然刻畫細致,但線條平均且缺乏變化,人物神姿也因之陷入庸態,兩位抗秦義士的神韻畢失,藝術性大打折扣,似非出於畫法高明者之手(見圖 14a、b)。金古良既然“精絶繪事”,尤擅人物且“爲丹青家稱首”,不應作畫如此粗陋,“白描本”絶不似其手筆。

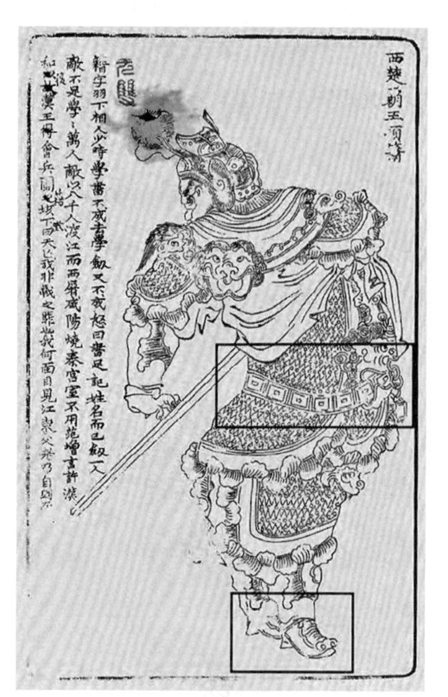

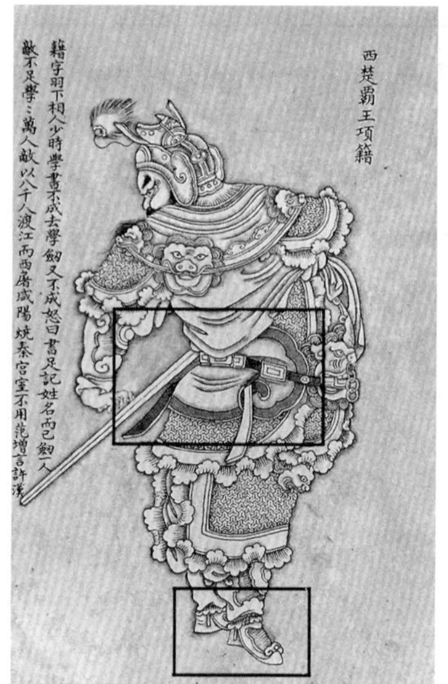

a. 國圖藏康熙本　　　　b. 白描本

圖 10　西楚霸王項籍繪像

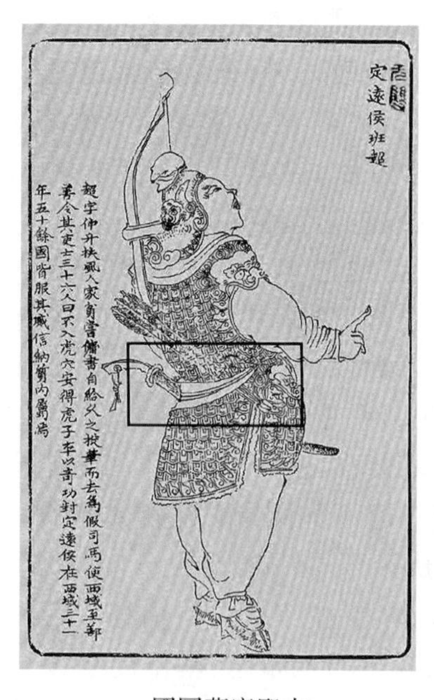

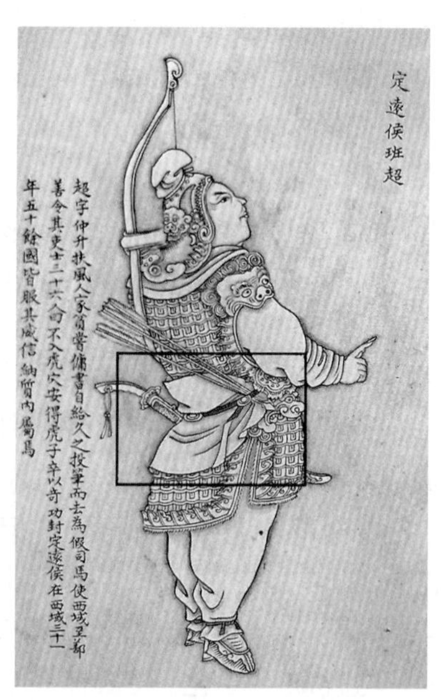

a. 國圖藏康熙本　　　　b. 白描本

圖 11　定遠侯班超繪像

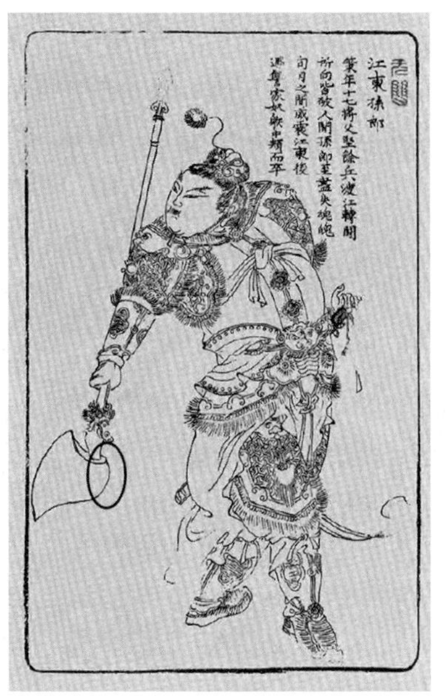

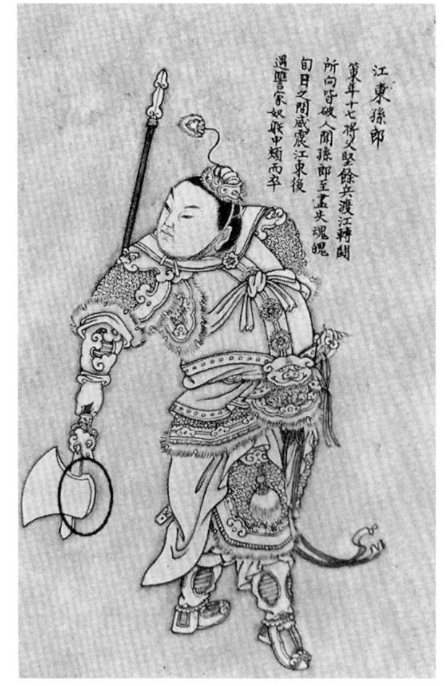

a. 國圖藏康熙本　　b. 白描本

圖 12　江東孫郎繪像

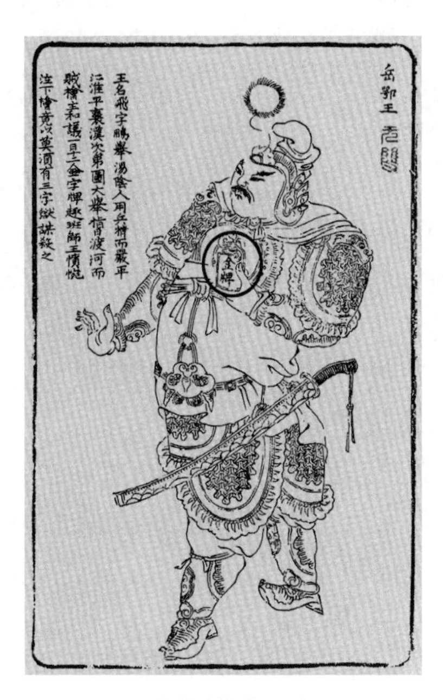

a. 國圖藏康熙本　　b. 白描本

圖 13　岳鄂王繪像

a. 國圖藏康熙本

b. 白描本

圖 14　留侯張子房繪像

既然“白描本”非金氏原稿，那麽它出於何本呢？經筆者與前述幾個版本相校，發現此“白描本”當是據《賞奇軒四種合編》本摹繪而來。首先，前文述及的刺秦力士手持之錘、岳飛腰間掛劍的闕佚，“白描本”與院本、《賞奇軒四種合編》本、沈懋發刻本均一致。再細細察看，“白描本”正文文字部分行款唯獨與《賞奇軒四種合編》相同，如東方曼倩小傳、題“龍門司馬子長”詩行款、題“董賢”詩等行款均與《賞奇軒四種合編》重刻改换後的行款毫無二致。題趙娥詩書葉中亦脱去“天道好還”四字，皆與《賞奇軒四種合編》本的特徵相符。同時，比勘文與圖的空間關係，“白描本”與《賞奇軒四種合編》本也有很多相同之處，如題“張騫”詩倒數第二行之“徑”字，院本與沈懋發刻本均緊貼着下方石頭，而“白描本”與《賞奇軒四種合編》本均與下方石頭保持明顯的空間距離。通過以上版本特徵的比較，可以發現，“白描本”是據《賞奇軒四種合編》本摹繪而來。

“白描本”對《賞奇軒四種合編》本並不是原樣的複製，通過進一步的比勘，可以發現“白描本”在重新摹繪的過程中出現了許多改易和闕省。例如題“留侯張子房”詩配圖中的“一編書”之“書”字，在其他諸本中均爲篆文，“白描本”却徑改爲楷書；題“張騫”詩配圖中脱去“支機”二字，題“董賢”詩配圖中脱去“上方珍寶”四字，題“隱士焦孝然”詩中脱去落款“射堂”二字，題“陶公”詩配圖中脱去“江州刺史造”五字等等，闕漏甚多。另外，如題“國老狄梁公”詩配圖器物黑白配色全然變亂，與《賞奇軒四種合編》本迥異（見圖 15a、b）；題“太學録陳東”詩配圖，除了右側增添了雲紋之外，構圖亦全然改易，失去了原本緊湊的空間關係（見

圖 16a、b）等等，如此之類甚多，不勝枚舉。經過繪寫者的臆改，此本的藝術性大大降低，與《無雙譜》原貌可謂是風馬牛不相及，讀者閱讀和研究時需要小心謹慎，方可不被人誤導。書中“弘”字闕末筆，蓋是乾隆以後之人摹繪而成。

a.《賞奇軒四種合編》

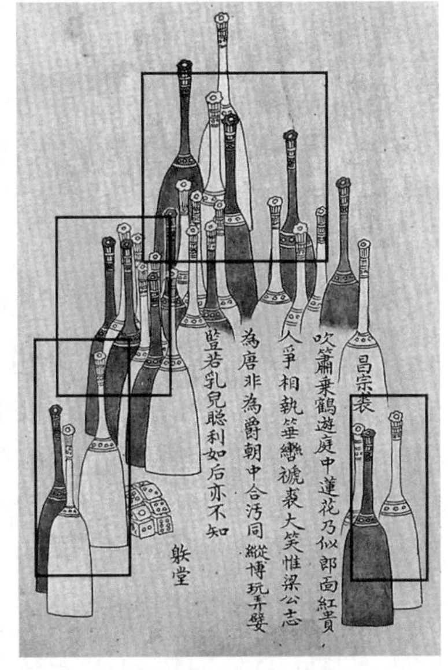

b. 白描本

圖 15　題“國老狄梁公”詩配圖

a.《賞奇軒四種合編》

b. 白描本

圖 16　題“太學録陳東”詩配圖

結　　語

綜上所述，現今流傳的所謂金古良《無雙譜》手繪“白描原稿”並非真迹，乃是乾隆以後的人據《賞奇軒四種合編》摹寫而來。此白描稿與金氏原刻本相較，在書、畫方面均存在着較大的改易和省闕，難以反映金古良詩書畫"三絶"的藝術水準，絶不能以假亂真，當作金氏原稿加以混淆。

現存《無雙譜》最早、最精善的版本，乃是由金可大、金可久以及金氏門人盧詢、屠緗所主持刊刻的國圖藏康熙原刻本。此本書法、繪畫皆出於金古良原迹，由清初著名刻工朱圭雕鐫上版，不僅詩、書、畫"三絶"，刻工亦堪稱一絶，具有十分重要的藝術價值與學術價值，是清初人物版畫的精品，也是後世流傳各版本的祖本。臺北"故宫博物院"所藏康熙刻本即據此原刻本翻刻而來，但由於是坊間所刻，改易闕省頗多，雕刻水準亦遠不如原刻本，在藝術價值和學術價值上大打折扣。不過，院本保存了豐富的題識序跋，可以補充原刻本之闕佚。

此外，需要指出的是，由於院本在世間之流行，它在有清一代《無雙譜》的流傳過程中，反而具有較原刻本更爲關鍵的地位，成爲康熙以後清人重刻、摹寫的底本。之後流傳的《賞奇軒四種合編》本、乾隆四十八年(1783)沈懋發刻本皆據此翻刻本重刻而來。不過，《賞奇軒四種合編》本與沈懋發刻本由於所據底本未爲精善，又無精手雕刻，不僅沿襲了院本的改易和省闕，在重刻的過程中又增加了新的改動，距離金氏書、畫藝術的原貌又遠了一步。

在真正的金古良手繪白描原稿未被發現之前，國圖藏康熙本仍然是最接近金氏書法、繪畫原貌的版本，對於研究金古良的詩、書、畫成就及清代版畫史具有重要價值。目前關於《無雙譜》的研究仍不充分，在辨明所謂"白描原稿"的誤説，以及釐清此書在清代流傳的各版本之間的關係之後，尚待學界進行更深入地解讀分析。

參考文獻

〔清〕金古良:《南陵無雙譜》,《中華再造善本續編・清代編・史部》(據中國國家圖書館藏清康熙刻本影印),北京圖書館出版社,2009年。

〔清〕金古良:《南陵無雙譜》,清康熙刻本,臺北"故宫博物院"藏。

〔清〕金古良《無雙譜》,《賞奇軒四種合編》,清刻本,中國國家圖書館藏。

〔清〕金古良:《南陵無雙譜》,清乾隆四十八年(1783)沈懋發刻本,中國國家圖書館藏。

〔清〕金古良:《白描無雙譜》,上海崇源藝術品拍賣有限公司編,2005年。

〔清〕金埴撰,王湜華點校:《不下帶編・巾箱説》,中華書局,1982年。

〔清〕朱象賢:《聞見偶録》,《叢書集成續編》二一三册,臺北新文豐出版公司,1989年。

郭味蕖著,張燁導讀:《中國版畫史略》,上海書畫出版社,2016年。

錢存訓:《中國紙和印刷文化史》,廣西師範大學出版社,2004 年。
上海博物館編:《中國書畫家印鑒款識》,文物出版社,1987 年。
王伯敏:《中國版畫通史》(圖文增訂版),浙江攝影出版社,2019 年。
周心慧:《中國版畫史叢稿》,學苑出版社,2002 年。
周心慧:《中國古代版畫史綱》,北京聯合出版公司,2018 年。
鄭振鐸:《中國古代木刻畫史略》,上海書店出版社,2010 年。
鄭振鐸編:《中國古代版畫叢刊》(四),上海古籍出版社,1988 年。
薄松年:《一部以史爲鑒的畫册——淺論金古良〈無雙譜〉》,《上海文博論叢》2010 年第 3 期。
陳欽安:《清初人物版畫傑作〈無雙譜〉鑒賞與評介》,《圖書與情報》2019 年第 2 期。
許媛婷:《託畫以言志——論金古良〈南陵無雙譜〉版本及其繪編意旨》,《故宫文物月刊》第二十二卷第十一期,2005 年。
張立行:《古版畫〈無雙譜〉白描原稿發現》,《中國拍賣》2006 年第 3 期。

雷天將　武漢大學國學院　碩士生

The study on the edition of character engraving *Wu Shuang Pu* in early Qing Dynasty

Lei Tianjiang

Abstract: *Wu Shuang Pu* is an outstanding work in the history of printmaking during the Qing Dynasty. As the ancestor of the five existent editions of the book, the Kangxi edition preserved in the National Library of China was characterized by exquisite drawings and engravings. It was published by Jin Gu-liang's sons and his disciples, who invited the renowned engraver Zhu Gui to carry out the engravings. The edition preserved in the Taipei Palace Museum is a reprint of the Kangxi version in the National Library of China However, this version, was poorly carved and printed, with many alterations and omissions involved. Subsequent reprints replicated these flaws. *Shangqixuan Sizhong hebian* and Shen Maofa's block-printed edition published in 1783 were re-engraved from the book found in the Taipei Palace Museum. They have undergone new changes while inheriting the deficiencies in the Taipei Palace Museum edition and are thus highly dissimilar from Jin's original manuscript. The so-called "Line Drawing Manuscript" of Jin Guliang's *Wu Shuang pu*, which was auctioned by

Shanghai Chongyuan Art Auction Co., Ltd., is a copy made by after the Qianlong reign (1711 – 1799) based on the *Shangqixuan Sizhong hebian*. Accordingly, it is not Jin's original manuscript. To study this book, The Kangxi block-printed edition in the National Library of China is still the most reliable source since it bears the strongest resemblance to Jin Guliang's original manuscript.

Keywords: Early Qing Dynasty　Engraving　*Wu Shuang Pu*　Edition

索　　引

G

H

J

K

L

M

N

T

W

X

Y

Z

《版本目録學研究》徵稿啓事

《版本目録學研究》論文要求如下：

1. 行文通順簡練，言之有物，論之有據，不襲舊説，不蹈空言。

2. 請發繁體字版（包括圖版説明），請認真核對繁簡體字。

3. 題目、作者姓名與摘要、關鍵詞須附英譯，均用宋體 4 號字。

4. 内容提要用第三人稱寫法，用宋體 5 號字。

5. 正文用宋體 5 號字。

6. 正文層次序號爲一、（一）、1、（1），層次不宜過多。

7. 正文中儘量少用圖表，必須使用時，應簡潔明瞭，少占篇幅。

8. 正文中的夏曆、歷代紀年及月、日、古籍卷數、葉數等數字，作爲語素構成的定型詞、詞組、慣用語、縮略語、臨近兩數字并列連用的概略語等，用漢字數字。西元紀年及月、日、各種記數與計量等，用阿拉伯數字。

9. 引用文獻隨文注釋，用宋體小 5 號字。每頁單獨編號，編號用①②③……。請認真核對引文。

10. 參考文獻用宋體 5 號字。

11. 文末請附作者姓名、出生年月、工作單位、職務、職稱、聯繫地址、郵編、手機號碼、Email 地址。用宋體 5 號字。姓名、單位、職稱將隨文刊出。

12. 投稿如附圖版，請務必達到清晰度較好和幅面適當，圖版模糊或過小將不予刊出。

13. 凡已經接到編輯部收到投稿的復函，没有接到未能通過審稿的通知函，則所投稿件正在編輯刊發之中，謹請釋念。

14. 論文出版後，出版社向作者支付稿酬，並寄送樣書 1 册、抽印本 15 册。

15. 投稿請勿郵寄紙本，請提供 Word 文檔，可同時提供 PDF 文檔，以 Email 發至《版本目録學研究》編輯部，邮箱如下：bbmlxyj@ fudan.edu.cn。

Contents(英文目録)

Bibliographical Studies of Traditional Chinese Texts, *Diary and Letter*

圖書在版編目(CIP)數據

版本目録學研究. 日記與尺牘/楊光輝主編. —上海: 復旦大學出版社, 2023. 12
(復旦大學中華古籍保護研究院系列叢刊)
ISBN 978-7-309-17022-1

Ⅰ. ①版… Ⅱ. ①楊… Ⅲ. ①版本目録學-中國-文集 Ⅳ. ①G256. 22-53

中國國家版本館 CIP 數據核字(2023)第 189765 號

版本目録學研究. 日記與尺牘
楊光輝 主編
責任編輯/杜怡順

復旦大學出版社有限公司出版發行
上海市國權路 579 號 郵編: 200433
網址: fupnet@ fudanpress. com http://www. fudanpress. com
門市零售: 86-21-65102580 團體訂購: 86-21-65104505
出版部電話: 86-21-65642845
常熟市華順印刷有限公司

開本 787 毫米×1092 毫米 1/16 印張 21. 75 字數 414 千字
2023 年 12 月第 1 版
2023 年 12 月第 1 版第 1 次印刷

ISBN 978-7-309-17022-1/G · 2530
定價: 100. 00 元